プリント形式のリアル過去問で本番の臨場感！

兵庫県

灘中学校

2025年春受験用

解答集

本書は，実物をなるべくそのままに，プリント形式で年度ごとに収録しています。
問題用紙を教科別に分けて使うことができるので，本番さながらの演習ができます。

■ 収録内容

・解答集（この冊子です）

書籍ＩＤ番号，この問題集の使い方，最新年度実物データ，リアル過去問の活用，解答例と解説，ご使用にあたってのお願い・ご注意，お問い合わせ

・2024（令和６）年度 ～ 2019（平成31）年度　学力検査問題

JN132081

○は収録あり

年度	'24	'23	'22	'21	'20	'19
■ 問題(1日目･2日目)	○	○	○	○	○	○
■ 解答用紙※	○	○	○	○	○	○
■ 配点						

全教科に解説があります

※2日目の算数は書き込み式
注)国語問題文等非掲載:2024年度1日目の二，2023年度1日目の二，2022年度1日目の二，2021年度1日目の二と2日目の三，2020年度1日目の五

問題文の非掲載につきまして

著作権上の都合により，本書に収録している過去入試問題の本文の一部を掲載しておりません。ご不便をおかけし，誠に申し訳ございません。

本文の一部を掲載できなかったことによる国語の演習不足を補うため，論説文および小説文の演習問題のダウンロード付録があります。弊社ウェブサイトから書籍ＩＤ番号を入力してご利用ください。

なお，問題の量，形式，難易度などの傾向が，実際の入試問題と一致しない場合があります。

教英出版

■ 書籍ＩＤ番号

入試に役立つダウンロード付録や学校情報などを随時更新して掲載しています。
教英出版ウェブサイトの「ご購入者様のページ」画面で，書籍ＩＤ番号を入力してご利用ください。

書籍ＩＤ番号　109430

（有効期限：2025年9月30日まで）

【入試に役立つダウンロード付録】
「要点のまとめ(国語／算数)」
「課題作文演習」ほか

■ この問題集の使い方

年度ごとにプリント形式で収録しています。針を外して教科ごとに分けて使用します。①片側，②中央のどちらかでとじてありますので，下図を参考に，問題用紙と解答用紙に分けて準備をしましょう（解答用紙がない場合もあります）。

針を外すときは，けがをしないように十分注意してください。また，針を外すと紛失しやすくなりますので気をつけましょう。

① 片側でとじてあるもの

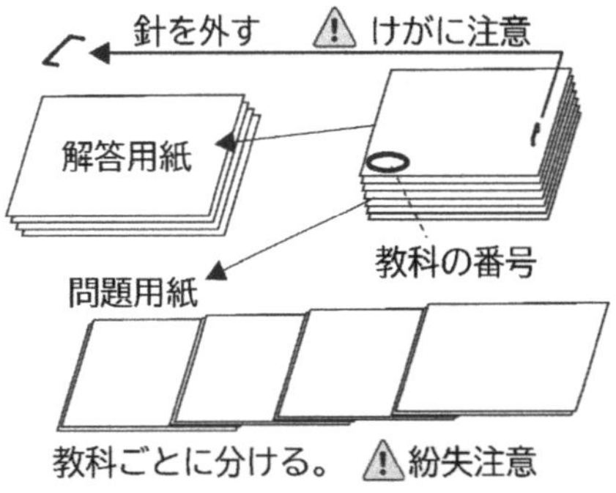

② 中央でとじてあるもの

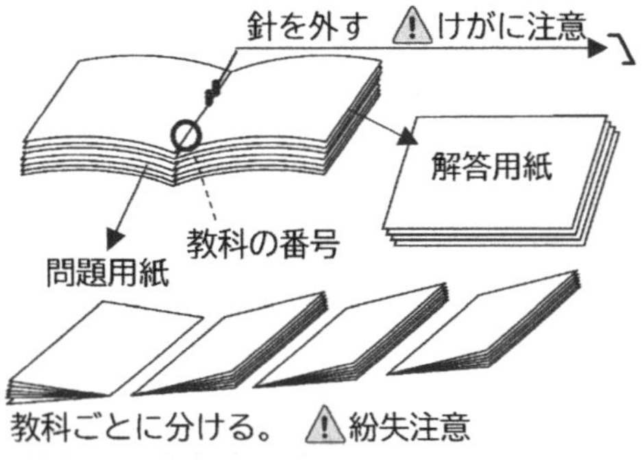

※教科数が上図と異なる場合があります。
解答用紙がない場合や，問題と一体になっている場合があります。
教科の番号は，教科ごとに分けるときの参考にしてください。

■ 最新年度 実物データ

実物をなるべくそのままに編集していますが，収録の都合上，実際の試験問題とは異なる場合があります。実物のサイズ，様式は右表で確認してください。

問題用紙	Ｂ４片面プリント（２日目の算は書込み式）
解答用紙	Ｂ４片面プリント

リアル過去問の活用

～リアル過去問なら入試本番で力を発揮することができる～

本番を体験しよう！

問題用紙の形式（縦向き／横向き），問題の配置や余白など，実物に近い紙面構成なので本番の臨場感が味わえます。まずはパラパラとめくって眺めてみてください。「これが志望校の入試問題なんだ！」と思えば入試に向けて気持ちが高まることでしょう。

入試を知ろう！

同じ教科の過去数年分の問題紙面を並べて，見比べてみましょう。

①　問題の量

毎年同じ大問数か，年によって違うのか，また全体の問題量はどのくらいか知っておきましょう。どのくらいのスピードで解けば時間内に終わるのか，大問ひとつにかけられる時間を計算してみましょう。

②　出題分野

よく出題されている分野とそうでない分野を見つけましょう。同じような問題が過去にも出題されていることに気がつくはずです。

③　出題順序

得意な分野が毎年同じ大問番号で出題されていると分かれば，本番で取りこぼさないように先回りして解答することができるでしょう。

④　解答方法

記述式か選択式か（マークシートか），見ておきましょう。記述式なら，単位まで書く必要があるかどうか，文字数はどのくらいかなど，細かいところまでチェックしておきましょう。計算過程を書く必要があるかどうかも重要です。

⑤　問題の難易度

必ず正解したい基本問題，条件や指示の読み間違いといったケアレスミスに気をつけたい問題，後回しにしたほうがいい問題などをチェックしておきましょう。

問題を解こう！

志望校の入試傾向をつかんだら，問題を何度も解いていきましょう。ほかにも問題文の独特な言いまわしや，その学校独自の答え方を発見できることもあるでしょう。オリンピックや環境問題など，話題になった出来事を毎年出題する学校だと分かれば，日頃のニュースの見かたも変わってきます。

こうして志望校の入試傾向を知り対策を立てることこそが，過去問を解く最大の理由なのです。

実力を知ろう！

過去問を解くにあたって，得点はそれほど重要ではありません。大切なのは，志望校の過去問演習を通して，苦手な教科，苦手な分野を知ることです。苦手な教科，分野が分かったら，教科書や参考書に戻って重点的に学習する時間をつくりましょう。今の自分の実力を知れば，入試本番までの勉強の道すじが見えてきます。

試験に慣れよう！

入試では時間配分も重要です。本番で時間が足りなくなってあわてないように，リアル過去問で実戦演習をして，時間配分や出題パターンに慣れておきましょう。教科ごとに気持ちを切り替える練習もしておきましょう。

心を整えよう！

入試は誰でも緊張するものです。入試前日になったら，演習をやり尽くしたリアル過去問の表紙を眺めてみましょう。問題の内容を見る必要はもうありません。どんな形式だったかな？受験番号や氏名はどこに書くのかな？…ほんの少し見ておくだけでも，志望校の入試に向けて心の準備が整うことでしょう。

そして入試本番では，見慣れた問題紙面が緊張した心を落ち着かせてくれるはずです。

※まれに入試形式を変更する学校もありますが，条件はほかの受験生も同じです。心を整えてあせらずに問題に取りかかりましょう。

2024 解答例　灘中学校
令和6年度

《1日目　国語》

一　問一．ぶどうの味をうまく再現できていない味。　問二．包み紙を見て「ぶどうそのもの」の味を想像して食べると、期待した味とは異なるから。　問三．1．アラ　2．サポ　3．アスリ　4．リモ　5．パスポ
問四．1．Ⅰ．に　Ⅱ．出る　2．Ⅰ．に　Ⅱ．見る　3．Ⅰ．を　Ⅱ．押す　4．Ⅰ．を　Ⅱ．押さえる　5．Ⅰ．が　Ⅱ．変わる　6．Ⅰ．が　Ⅱ．付く　問五．A．お　B．1．を　2．う　3．お　4．お　5．を

二　1．カ　2．イ　3．コ　4．ア　5．サ　6．ク

三　1．ごかし　2．がかり　3．すがら　4．ぐるみ　5．ぼうけ

四　1．オ　2．ア　3．ウ　4．エ　5．イ

五　［和語／漢語］　1．［よるひる／昼夜］　2．［みちひき／干満］　3．［めおと／夫婦］　4．［にしひがし／東西］

六　問一．Ⅰ．A．外　B．視　C．度　Ⅱ．A．灯　B．馬　C．走　Ⅲ．A．体　B．心　C．技
問二．Ⅰ．度外視　Ⅱ．走馬灯　Ⅲ．心技体　問三．Ⅰ．ウ　Ⅱ．イ　Ⅲ．オ

《1日目　算数》

1　2240

2　260

3　875

4　9

5　①3　②9

6　8532

7　69

8　$2\frac{1}{3}$

9　200.96

10　99

11　$\frac{7}{17}$

12　13.5

《1日目　理科》

1　問1．イ　問2．⑴3時7分59秒　⑵①30　②75　③24　⑶イ

2　問1．え　問2．⑴イ　⑵A．お　C．う
問3．［方法／区別のしかた］
［ア／泡が出ている方が炭酸水，泡が出ていない方が塩酸。］，
［イ／つんとしたにおいがする方が塩酸，においがしない方が炭酸水。］，

［ウ／泡が出てくる方が塩酸，泡が出てこない方が炭酸水。］などから1組

問4．う　問5．い，え

3 問1．0.2　問2．19.98　問3．⑴A　⑵A　問4．0.04　問5．0.5

4 問1．B　問2．液体と固体が混ざった状態。　問3．−3.84　問4．G

問5．イ　問6．13.6

5 ①2　②筋肉　③密度　④脱皮　⑤ア　⑥い，え　⑦イ　⑧イ　⑨酸素

⑩ペンギン　⑪塩分　⑫エネルギー　A．数を増やす　B．浮力がはたらく

6 問1．40　問2．ウ　問3．ウ　問4．20　問5．右図

《2日目　国語》

一 問一．A．利発　B．行使　C．隊列　D．一派　E．専門　F．典型　G．階層　H．営　I．地域

問二．怪獣や昆虫に夢中で、自分と他の子とのちがいや共通点などに関心がないから。　問三．仲良くなりたい気持ちの裏返しでいじわるをしたり、親しみを持って近付いたりして、Aちゃんの気を惹こうとすること。

問四．Aちゃんを話や好みが合いそうな子が多いクラスに入れて、孤立化を防ごうと考えた。　問五．飼おうと思って持ち帰った青虫を、母親からさとされて翌日に学校の花壇に帰すことにしたが、登校途中の電車内で見失い、その悲しみや罪悪感を胸にかかえていたが、帰宅して母親の顔を見たらこらえきれなくなった。　問六．絶望しているAちゃんがかわいそうで、この責任は青虫を帰すように言った自分にもあると感じ、何とかして慰めようとする意図。　問七．女の子は、いじコミによって成立する社会が一応の完成をみる一〇歳頃までに自分の立ち位置を決める必要があり、それまでにいじコミを習得していないと孤立するということ。　問八．X．オ　Y．ウ

二 問一．天候次第　問二．視界が良くて波もなく、念願の軍艦島に上陸するのに絶好の日和だということ。

問三．廃墟好きの聖地に来てまい上がり、高い旅行代金のことなど忘れてしまったということ。　問四．坑道内での仕事は常に危険ととなり合わせで、人々は毎日命がけで働き、作業中に死んでしまう人も多かったという厳しい現実。　問五．島に生きた人々の生活感が漂うところ。　問六．観光用の案内をするだけでなく、目に見える物のかげで忘れられがちな、ここで生きた人々の思いや息づかいも感じて欲しいという気持ちを、おしつけがましくなく語るもの。

三 問一．ちがう　問二．夜中に起きた娘を早く寝かせたいのに、娘がむずかってなかなか寝付きそうもないから。

問三．起きていたいのに寝かせようとする親に反抗したい気持ちをうまく伝えられないから。　問四．A．小舟　B．「私」が眠気の波にのみこまれて寝てしまった　問五．いつ寝てくれるかわからない娘に手を焼きながら、娘が寝るまで付き合っている様子。　問六．妻のおかげで娘は眠って朝をむかえ、その様子を見て、筆者が安心したということ。

《2日目　算数》

1 ⑴9，171　⑵(ア)126，872 ※(イ)30

2 ⑴280　※⑵56

3 ⑴9.5，5　⑵(ア)2，620 ※(イ)$7\frac{17}{19}$ ※(ウ)$24\frac{14}{19}$

4 ⑴8.5　⑵4.5，22.5

5 ⑴(ア)192　(イ)1152　※⑵10368

※の文章や式，図などは解説を参照してください。

《2024　1日目　国語　解説》

一　問一　文章中の「ぶどう味の味」と「ぶどうあじあじ」は同じ内容を表している。「ぶどうあじあじ」について筆者は、「みんなが大好きなぶどうの味をがんばってすこしでも再現してみようと思います！　と言わんばかりの、それでいてそこまでうまくいっていない不器用さのようなものもあり愛《いと》おしい」と書いている。

問二　文章中に、「もうずいぶん前から、果物のお菓子は～みんなみんな『ぶどうあじあじ』から『ぶどうそのもの』を求めて進化してしまった」とある。お菓子売り場で「ぶどうあじあじ」のものを探すほうが難しいという状況《じょうきょう》で、「つやつやの巨峰《きょほう》のような絵が描《か》かれた濃い紫色の包み紙」を見たら、きっとわたしたちは「ぶどうそのもの」の味を想像してしまう。「ぶどうそのもの」の味を期待しているのに、「ぶどうあじあじ」の飴《あめ》が出てきたら、「たぶんちゃんとがっかりするだろう」と筆者は考えている。

二　俳句は、基本的に五・七・五の音数になっている。この音数と季語を手がかりに適当な語を選ぶ。

《2024　1日目　算数　解説》

1　**【解き方】35×35＋32×32＝△とし，あとで計算する。**

与式より，$1\div(\frac{1}{9}-\frac{1}{\triangle})=9\times(1+\frac{9}{\square})$　　$1\div\frac{\triangle-9}{9\times\triangle}=9\times\frac{\square+9}{\square}$　　$\frac{9\times\triangle}{\triangle-9}=9\times\frac{\square+9}{\square}$　　$\frac{\triangle}{\triangle-9}=\frac{\square+9}{\square}$

「＝」の左右とも分子が分母より９大きい分数だから，分母は等しい(分子も等しい)ので，

□＝△－９＝35×35＋32×32－９＝1225＋1024－９＝**2240**

2　**【解き方】100円安いペン１本の値段を①とし，所持金を２通りの式で表す。**

所持金は，①×７＋60＝⑦＋60(円)，または，(①＋100)×５－120＝⑤＋380(円)と表せる。

①＝(380－60)÷２＝160(円)だから，求める値段は，160＋100＝**260**(円)

3　**【解き方】７，14，９，４の最小公倍数が252だから，全体の人数を[252]とする。**

Ａ，Ｂ，Ｃに行ったことがある生徒はそれぞれ，[252]×$\frac{2}{7}$＝[72]，[252]×$\frac{5}{14}$＝[90]，[252]×$\frac{1}{9}$＝[28]となる。

したがって，右のようなベン図がかける。

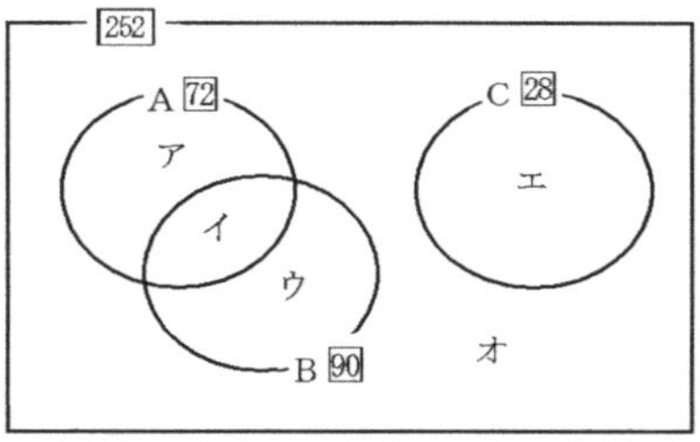

イが[252]×$\frac{1}{4}$＝[63]だから，ア＋イ＋ウ＋エ＝[72]＋[90]－[63]＋[28]＝[127]

よって，オは[252]－[127]＝[125]だから，Ａ，Ｂ，Ｃのどの町にも行ったことがない生徒の人数は125の倍数である。よって，999人以下で最も多い人数は，125×７＝**875**(人)

4　**【解き方】バスの速さを時速ｂkm，太郎君の最初の速さを時速$t_1$km，速くした速さを時速$t_2$km，バスとバスの間隔を$x$kmとすると，$\frac{x}{b-t_1}$は20分，$\frac{x}{b+t_1}$は10分，$\frac{x}{b+t_2}$は９分となる。**

$b+t_1$と$b+t_2$の比は，10：９の逆比の９：10で，この比の数の10－９＝１が時速６kmにあたるので，

$b+t_1$＝時速(６×９)km＝時速54km　　よって，バスとバスの間隔は，$54\times\frac{10}{60}$＝**９**(km)

なお，$b-t_1$と$b+t_1$の比は，20：10＝２：１の逆比の１：２だから，$b:t_1=\frac{2+1}{2}:\frac{2-1}{2}$＝３：１となるが，バスとバスの間隔を求めるのには必要ない計算である。

5　**【解き方】11の倍数かどうか調べるためには，各位の数を１つとばしに足した数を２つ作る。この２数の差が０か11の倍数なら，もとの数は11の倍数である。例えばＡＢＣＤという４けたの数があるとき，Ａ＋ＣとＢ＋Ｄの**

差が０か11の倍数なら，ＡＢＣＤは11の倍数である。以下の解説では，千の位の数，百の位の数，十の位の数，一の位の数をそれぞれＡ，Ｂ，Ｃ，Ｄとする。

①　$\boxed{0}$，$\boxed{2}$，$\boxed{2}$，$\boxed{4}$では２つの位の数の和が11の倍数になることはないから，Ａ＋ＣとＢ＋Ｄが等しくなればよく，(０＋２＋２＋４)÷２＝４ならばよい。したがって，$\boxed{0}$と$\boxed{4}$，$\boxed{2}$と$\boxed{2}$の組で考える。Ａ＋Ｃ＝Ｂ＋Ｄとなればよいので，11の倍数は，2024，2420，4202の**３個**できる。

②　$\boxed{0}$，$\boxed{2}$，$\boxed{2}$，$\boxed{4}$，$\boxed{6}$でも①と同様に，Ａ＋Ｃ＝Ｂ＋Ｄとなる。

$\boxed{6}$を使わない場合，11の倍数は①のように３個できる。

$\boxed{4}$を使わない場合，Ａ＋Ｃ＝Ｂ＋Ｄ＝(０＋２＋２＋６)÷２＝５ならばよいが，そのような数は作れない。

$\boxed{2}$を使わない場合，Ａ＋Ｃ＝Ｂ＋Ｄ＝(０＋２＋４＋６)÷２＝６ならばよい。したがって，$\boxed{0}$と$\boxed{6}$，$\boxed{2}$と$\boxed{4}$の組で考えると，11の倍数は，2046，2640，4026，4620，6204，6402の６個できる。

$\boxed{0}$を使わない場合，Ａ＋Ｃ＝Ｂ＋Ｄ＝(２＋２＋４＋６)÷２＝７ならばよいが，そのような数は作れない。

以上より，11の倍数は全部で３＋６＝**９(個)**できる。

6　**【解き方】数の並びの規則性から，ＡＢＣＤ－ＤＣＢＡが何かの倍数になっていないかを考える。**

ＡＢＣＤ－ＤＣＢＡ＝Ａ×1000＋Ｂ×100＋Ｃ×10＋Ｄ－Ｄ×1000－Ｃ×100－Ｂ×10－Ａ＝Ａ×999＋Ｂ×90－Ｃ×90－Ｄ×999＝(Ａ×111＋Ｂ×10－Ｃ×10－Ｄ×111)×９だから，ＥＦＧＨは９の倍数である。９の倍数は各位の数の和が９の倍数になる。１，２，３，４，５，６，７，８の和は36で９の倍数だから，ＥＦＧＨが９の倍数ならばＡＢＣＤも９の倍数である。１，２，３，４，５，６，７，８から異なる４つを選んで和を９にすることはできないから，36－９＝27にすることもできない。したがって，ＡＢＣＤもＥＦＧＨも，各位の数の和は18である。和が18になるように，１，２，３，４，５，６，７，８から異なる４つを選ぶが，１を含む方を見つければ１を含まない方も見つけられる。探すと，右表の８組が見つかる。ここで，ＡＢＣＤ－ＤＣＢＡについて考えると，Ａ＞Ｄ，Ｂ＞Ｃだから，Ａ－Ｄ＝Ｅとなる。つまり，ＡＢＣＤにおいてＡ－Ｄを計算すると，Ａ，Ｂ，Ｃ，Ｄとは必ず異なる数になる。

１を含む方	１を含まない方
１，２，７，８…㋐	３，４，５，６…㋑
１，３，６，８…㋒	２，４，５，７…㋓
１，４，５，８…㋔	２，３，６，７…㋕
１，４，６，７…㋖	２，３，５，８…㋗

㋐～㋗の８組のうちこの条件にあてはまるのは，㋒，㋔，㋕，㋗である。

選んだ４つの数が㋒だとすると，ＡＢＣＤ－ＤＣＢＡ＝8631－1368＝7263で条件に合わない。

選んだ４つの数が㋔だとすると，ＡＢＣＤ－ＤＣＢＡ＝8541－1458＝7083で条件に合わない。

選んだ４つの数が㋕だとすると，ＡＢＣＤ－ＤＣＢＡ＝7632－2367＝5265で条件に合わない。

選んだ４つの数が㋗だとすると，ＡＢＣＤ－ＤＣＢＡ＝8532－2358＝6174で条件に合う。よって，ＡＢＣＤ＝**8532**

7　**【解き方】右図のように各スイッチに記号をおく。㋕，㋖の状態によって場合分けをしながら，電灯が点灯しないオン・オフの仕方を数える。**

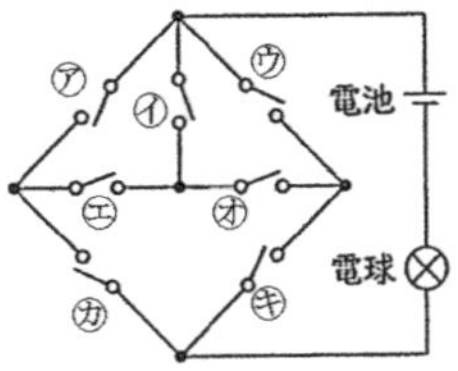

㋕，㋖がともにオフの場合，残り５つの状態に関わらず点灯しない。この場合のオン・オフの仕方は全部で，２×２×２×２×２＝32(通り)

㋕，㋖がともにオンの場合，点灯しないオン・オフの仕方は表Ⅰの５通りである。

㋕がオンで㋖がオフの場合，点灯しないオン・オフの仕方は表Ⅱの11通りである。

㋕がオフで㋖がオンの場合も同様に11通りある。

よって，求めるオン・オフの仕方の数は，

128－(32＋５＋11×２)＝**69**(通り)

表Ⅰ

㋐	㋑	㋒	㋓	㋔
×	×	×	×	×
×	○	×	×	×
×	×	×	○	×
×	×	×	×	○
×	×	×	○	○

表Ⅱ

㋐	㋑	㋒	㋓	㋔
×	×	×	×	×
×	○	×	×	×
×	×	○	×	×
×	×	×	○	×
×	×	×	×	○
×	○	○	×	×
×	○	×	×	○
×	×	○	○	×
×	×	○	×	○
×	×	×	○	○
×	○	○	×	○

8　**【解き方】Ｂを通りＤＥに平行な直線と，ＥＦを延長した直線が交わる点をＩとし，Ｃを通りＤＦに平行な直線と，ＥＦを延長した直線が交わる点をＪとする。四角形ＢＤＥＩは平行四辺形だから，ＡＢ＝ＤＥ＝ＢＩなので，三角形ＢＡＩは二等辺三角形である。同様に，三角形ＣＡＪも二等辺三角形なので，平行線の同位角，錯角はそれぞれ等しいことから，右図で同じ記号をつけた角は等しいとわかる。**

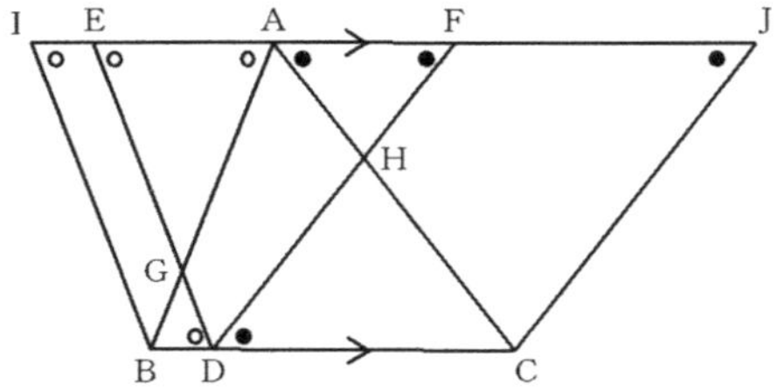

ＡＢ＝ＤＥ，ＡＣ＝ＤＦ，角ＢＡＣ＝角ＥＤＦだから，三角形ＡＢＣと三角形ＤＥＦは合同であり，ＢＣ＝ＥＦ

ＢＤ＝①，ＤＣ＝③とすると，ＥＡ＝ＡＦ＝$\frac{①+③}{2}$＝②

三角形ＡＥＧと三角形ＢＤＧは同じ形だから，ＥＧ：ＤＧ＝ＡＥ：ＢＤ＝②：①＝２：１

三角形ＡＦＨと三角形ＣＤＨは同じ形だから，ＦＨ：ＤＨ＝ＡＦ：ＣＤ＝②：③＝２：３

三角形ＤＥＦの面積を１とすると，三角形ＡＨＦの面積は，$1\times\frac{FA}{FE}\times\frac{FH}{FD}=1\times\frac{1}{2}\times\frac{2}{2+3}=\frac{1}{5}$

三角形ＡＥＧの面積は，$1\times\frac{EA}{EF}\times\frac{EG}{ED}=1\times\frac{1}{2}\times\frac{2}{2+1}=\frac{1}{3}$　四角形ＡＧＤＨの面積は，$1-\frac{1}{5}-\frac{1}{3}=\frac{7}{15}$

よって，四角形ＡＧＤＨの面積は，三角形ＡＨＦの面積の，$\frac{7}{15}\div\frac{1}{5}=\frac{7}{3}=$ $\mathbf{2\frac{1}{3}}$(倍)

9　**【解き方】図１と図２を重ねて考える。**

図１の斜線部分を，右の図Ⅰのように色つき部分と斜線部分に分ける。

図２でＰＱが通過する部分を，図Ⅱのように色つき部分と斜線部分に分ける。

図Ⅰ

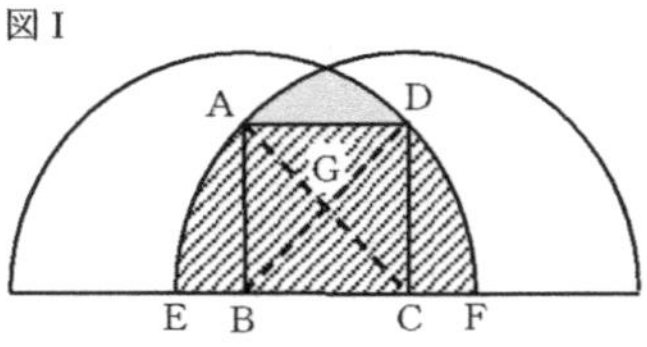

図Ⅱ

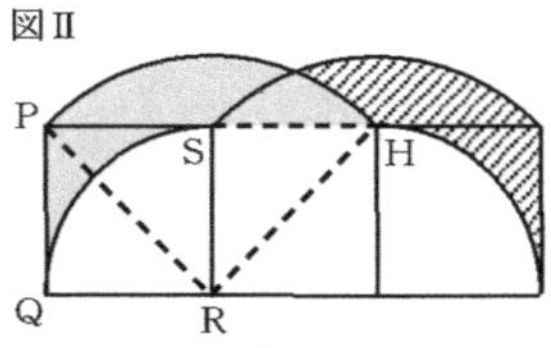

図Ⅰの色つき部分と図Ⅱの斜線部分を合わせると，図Ⅱの色つき部分と同じになるので，求める面積は，図Ⅰの斜線部分の面積と，図Ⅱの色つき部分の面積の２倍の合計である。

三角形ＡＧＤと三角形ＣＧＢは同じ面積だから，図Ⅰの斜線部分の面積はおうぎ形ＣＡＥとおうぎ形ＢＦＤの面積の和である。ＡＣ×ＡＣ÷２＝８×８より，ＡＣ×ＡＣ＝128だから，図Ⅰの斜線部分の面積は，

$(128\times3.14\times\frac{45}{360})\times2=32\times3.14$(㎠)

図Ⅱの色つき部分の面積は，

(おうぎ形ＲＨＰの面積)＋(三角形ＲＰＱの面積)－(三角形ＲＨＳの面積)－(おうぎ形ＲＳＱの面積)＝

(おうぎ形ＲＨＰの面積)－(おうぎ形ＲＳＱの面積)＝128×3.14×$\frac{1}{4}$－８×８×3.14×$\frac{1}{4}$＝16×3.14(㎠)

よって，求める面積は，32×3.14＋(16×3.14)×２＝64×3.14＝**200.96**(㎠)

10　**【解き方】二等辺三角形を作図することで解けそうなので，ＡＤと同じ長さとなるＡＣを引く。ＡＣ＝ＡＩだから，ＣＦとＩＦが同一直線上にあれば㋐の大きさを求められるので，そうなっているかどうか調べる。**

正五角形の１つの内角は108°で，角ＥＡＤ＝角ＢＡＣ＝(180°－108°)÷２＝36°だから，

角ＣＡＤ＝108°－36°×２＝36°

角ＣＡＩ＝36°＋90°＝126°で，三角形ＡＣＩは二等辺三角形だから，

角ＡＣＩ＝(180°－126°)÷２＝27°

三角形ＡＣＤは二等辺三角形だから，角ＡＣＤ＝(180°－36°)÷２＝72°

したがって，角ＡＣＦ＝72°－45°＝27°で，角ＡＣＩ＝角ＡＣＦだから，

ＣＦとＩＦは同一直線上にある。右図の三角形ＡＣＪにおいて，三角形の

外角の性質より，㋐＝角ＣＡＪ＋角ＡＣＪ＝(36°＋36°)＋27°＝**99°**

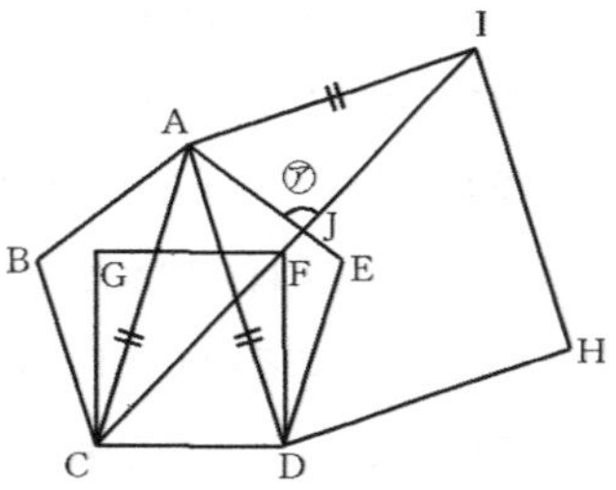

11　**【解き方】ＡＩの延長とＢＣの延長が交わる点をＪとし，ＦＪとＣＧが交わる点をＫとする。Ｃを含む方の立体は，三角すいＪ－ＡＢＦから三角すいＪ－ＩＣＫを取り除いた立体である。三角すいＪ－ＡＢＦと三角すいＪ－ＩＣＫは同じ形で，対応する辺の比は２：１である。**

直方体ＡＢＣＤ－ＥＦＧＨの底面を面ＡＢＦＥとみて三角すいＪ－ＡＢＦと比べる。三角すいＪ－ＡＢＦは，底面積が直方体の$\frac{1}{2}$倍，高さが２倍だから，体積は，$\frac{1}{2}$×２×$\frac{1}{3}$＝$\frac{1}{3}$(倍)

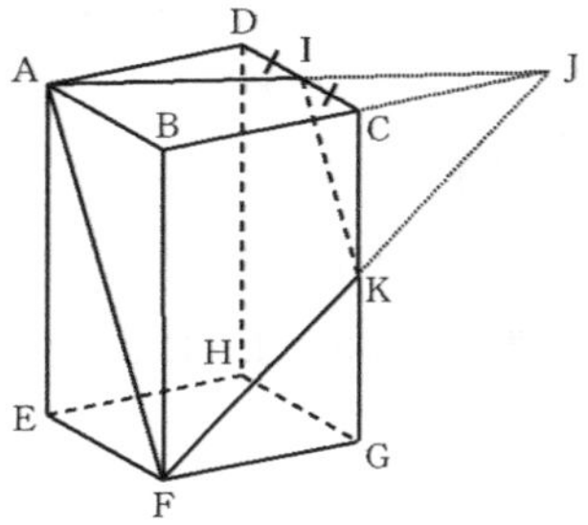

三角すいＪ－ＡＢＦと三角すいＪ－ＩＣＫの体積比は，(１×１×１)：(２×２×２)＝１：８だから，Ｃを含む方の立体の体積は直方体の体積の，$\frac{1}{3}$×$\frac{8-1}{8}$＝$\frac{7}{24}$(倍)

よって，Ｃを含む方の立体と含まない方の立体の体積比は，(１－$\frac{7}{24}$)：$\frac{7}{24}$＝17：７だから，求める割合は$\frac{7}{17}$倍である。

12　**【解き方】正方形の一部を切り取った面が３つ，直角二等辺三角形の面が３つ，正六角形の面が１つあることから，１辺が３cmの立方体を右図のように切り取ってできる立体であることに気がつきたい。**

３×３×３÷２＝13.5(㎤)

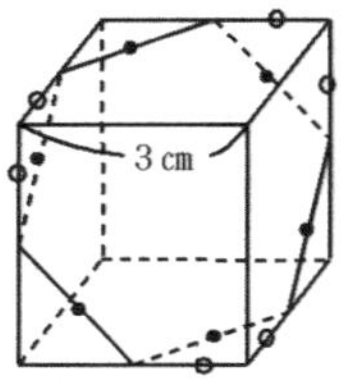

《2024　１日目　理科　解説》

1　問１　ｂ×…地層が水平方向に動いてずれた断層を横ずれ断層という。

問２(1)　Ｐ波とＳ波が伝わる速さが一定であれば，Ｐ波とＳ波の到達《とうたつ》時刻の差(初期微動継続《びどうけいぞく》時間)は震源《しんげん》からの距離《きょり》に比例する。表より，Ａでの初期微動継続時間は４秒であり，震源からの距離が45㎞のＢでの初期微動継続時間は６秒だから，Ａの震源からの距離は45×$\frac{4}{6}$＝30(㎞)である。Ｐ波が，ＡとＢの震源からの距離の差である45－30＝15(㎞)を伝わるのにかかる時間は３秒だから，Ｐ波の速さは$\frac{15}{3}$＝(毎秒)５(㎞)である。よって，地震発生時刻は，ＡにＰ波が到達した時刻(３時８分５秒)の$\frac{30}{5}$＝６(秒前)の３時７分59秒である。　(2)　②③ＣにＰ波が到達した時刻(３時８分14秒)は地震発生時刻(３時７分59秒)の15秒後だから，震源からＣまでの距離は５×15＝75(㎞)である。よって，Ｃにおいて，初期微動継続時間は４×$\frac{75}{30}$＝10(秒)だから，Ｓ波の到達時刻は，Ｐ波の到達時刻

(３時８分14秒)の10秒後の３時８分24秒である。　(3)　震源からの距離が15kmのＤにＰ波が到達するのは，地震発生から$\frac{15}{5}$＝３(秒後)だから，緊急《きんきゅう》地震速報が発表されたのは地震発生から３＋８＝11(秒後)である。また，Ａの記録から，Ｓ波の伝わる速さは$\frac{30}{10}$＝(毎秒) ３(km)であり，地震発生から11秒後のＳ波は３×11＝33(km)地点に伝わっているから，震源からの距離が33kmよりも遠い地点では，緊急地震速報の発表後にＳ波が到達する。

2　**問１**　赤色リトマス紙はアルカリ性で青色に変化し，青色リトマス紙は酸性で赤色に変化する。どちらのリトマス紙も変化しなかったＢは，中性の食塩水である。

問２　実験１より，ＡとＣはアルカリ性の石灰水かアンモニア水のどちらかである。石灰水はにおいがしないが，アンモニア水には特有の刺激臭《しげきしゅう》がある。

問３　実験２より，ＤとＥは酸性の塩酸か炭酸水のどちらかである。

問４　「あ」～「え」のうち，２つの水溶液《すいようえき》が反応することで泡《あわ》が出る組み合わせはないから，ＦとＧのうち，どちらか一方は炭酸水だとわかる。ただし，炭酸水と石灰水を混ぜたときには，石灰水に息をふきこんだときと同様に白くにごるので，ＦとＧのどちらにも入っていないのは石灰水だとわかる。

問５　炭酸水は二酸化炭素(気体)の水溶液であり，塩酸は塩化水素(気体)の水溶液である。また，炭酸水と二酸化炭素を混ぜても，蒸発後に固体が残るような反応は起こらないから，ＦとＧは炭酸水か食塩水のどちらかで，実験３の泡は炭酸水によるもの，実験４の残った固体は食塩だと考えられる。

3　**問１**　力の大きさがＦのときの縮みは10－9.99＝0.01(cm)だから，縮みが0.002cmになるのは，力の大きさがＦの0.002÷0.01＝0.2(倍)のときである。

問２　図３のように２個の消しゴムに力を加えた場合，それぞれの消しゴムには図２のときと同じように力が加わると考えればよい。つまり，それぞれの消しゴムの左右方向の長さが9.99cmになるから，9.99×２＝19.98(cm)が正答となる。

問４　(上下方向の伸《の》び)÷(左右方向の縮み)＝0.48が成り立ち，(上下方向の伸び)÷0.01＝0.48より，上下方向の伸びは0.48×0.01＝0.0048(cm)であり，前後方向の伸びも0.0048cmである。このときの消しゴムの体積は，(10－0.01)×(10＋0.0048)×(10＋0.0048)＝10(１－0.001)×10(１＋0.00048)×10(１＋0.00048)＝1000{(１－0.001)×(１＋0.00048)×(１＋0.00048)}＝1000(１－0.001＋２×0.00048)＝999.96(cm^3)となる。よって，図１のときの体積は10×10×10＝1000(cm^3)だから，1000－999.96＝0.04(cm^3)減る。

問５　(１－x＋２×y)が１以上になると，元の体積以上になると考えればよい。１－x＋２×y＝１を変形すると，x＝２×yとなり，x：y＝２：１である。ここでは，xが左右方向の縮み，yが上下方向と前後方向の伸びを元にした値であり，(１－x＋２×y)が１になるときのａの値は，(上下方向の伸び)÷(左右方向の縮み)＝１÷２＝0.5である。よって，ａの値は必ず0.5よりも小さくなる(0.5以上にはならない)と考えられる。

4　**問１，２**　水が液体から固体に変化しているときには温度が一定になる。よって，固体が生じはじめたのはＢで，Ｂ～Ｄの間は液体と固体が混ざった状態になっている。Ｄですべてが固体に変化すると，再び温度が下がっていく。

問３　水はふつう０℃でこおりはじめるが，食塩水がこおりはじめる温度は０℃よりも低く，食塩水の濃《こ》さによって異なる。表より，水が20ｇのとき，食塩の重さが0.5ｇ大きくなるごとにこおりはじめる温度が1.6℃ずつ低くなっていることがわかる。水100ｇに食塩６ｇを溶《と》かしたときの濃さは，水(100÷５＝)20ｇに食塩(６÷５＝)1.2ｇを溶かしたときと同じだから，こおりはじめる温度は０℃よりも1.6×$\frac{1.2}{0.5}$＝3.84(℃)低い－3.84℃である。

問４　図２で，グラフが折れ曲がった点が，水溶液がこおりはじめた温度である。食塩水のような混合物では，液体から固体に変化しているときでも温度が一定にならない。

問5　問1，2解説より，水が液体から固体に変化しているときには温度が一定になるが，図2では，食塩水がこおりはじめても温度が一定になっていない。水の一部が，溶けていた食塩をふくまずに液体から固体に変化することで，残った食塩水の濃さがだんだん濃くなっていくため，食塩水の温度は水がこおりはじめる温度(0℃)よりも低くなっていく。

問6　問3解説と同様に，食塩水がこおりはじめる温度が－5.0℃になるときの濃さを考えると，水20gに対し，食塩が$0.5\times\frac{5.0}{1.6}=\frac{25}{16}$(g)溶けているときである。これと同じ濃さの食塩水を，食塩0.5gを用いてつくるときに必要な水の重さは$20\times(0.5\div\frac{25}{16})=6.4$(g)である。つまり，20－6.4＝13.6(g)の水が液体から固体に変化したときである。

5　①　長さが2倍になると，体積は2×2×2＝8(倍)になるので，密度が変わらなければ体重も8倍になる。これに対し，脚《あし》の断面積は2×2＝4(倍)になるので，「体重を，脚の断面積で割った値」はもとの8÷4＝2(倍)になる。　⑥　昆虫《こんちゅう》は肺をもたず，気管を使って直接酸素と二酸化炭素を交換している。　⑨　昆虫が巨大《きょだい》化できない理由に，呼吸の効率があまりよくないことがあげられている。それにもかかわらず，大昔には巨大な昆虫が生息していたということは，呼吸の効率があまりよくなくても十分に酸素をとりこむことができるほど大気中の酸素の割合が大きかったと考えられる。　A　昆虫のからだはふつう，頭，胸，腹の3つの部分に分かれていて，6本の脚が胸についている。「体重を，脚の断面積で割った値」が2倍になった場合，脚の数も2倍になれば，1本の脚で支える重さが変化しない。　B　液体中にある物体には，その物体が押《お》しのけた液体と同じ重さの浮《ふ》力《りょく》がはたらく。

6　**問1**　おもりを放した高さがピンの高さ以下の場合，おもりは放した高さと同じ高さまで進む。図iのように記号をおくと，TR＝50－20＝30(cm)，TS＝50cmだから，三角形TRSは辺の比が3：4：5の直角三角形になる。よって，RS＝40cmである。

図i

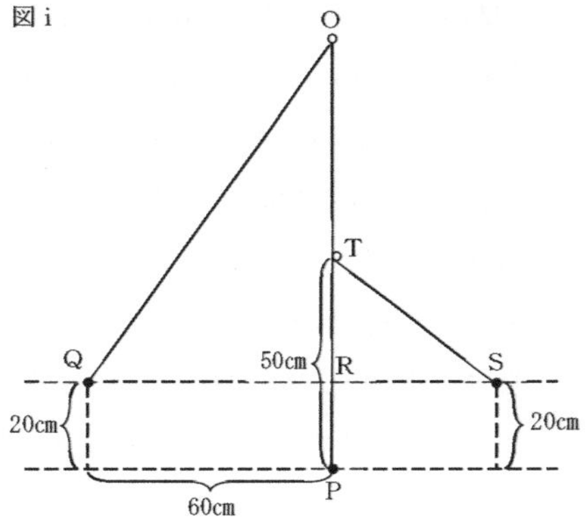

問2　振《ふ》り子が1往復する時間は，振り子の長さによって決まっていて，振り子の長さが短いほど，振り子が1往復する時間も短くなる。ピンを打つことで，ピンの右側では振り子の長さが短くなるので，ピンを打たない場合に比べて振り子が1往復する時間は短くなる。

問3　図iにおいて，ピンをOのすぐ下に打ったとすると，おもりが進む位置までの水平距離は約60cmになると考えられる。よって，振り子が往復運動をくり返す範囲《はんい》であれば，ピンを打つ高さを低くした方が，おもりが進む位置までの水平距離が小さくなる。

問4　ピンの有無にかかわらず，おもりはPを通過した後，おもりを放した高さと同じ高さまで上がる。最高点に達したとき，おもりはおもりにはたらく重力と糸がおもりを引く力を合成させた向きに動くので，おもりがピンよりも高い位置に来たときには，ピンに引きよせられる向きに動くことで糸がたるむ。よって，おもりを放す高さが20cmであれば，ピンを打つ高さが20cmより低くなったときに糸がたるむ。

問5　Bは問4の糸がたるむときと同じである。よって，xの値がH以上のときにはAの動きになり，xの値がHよりも小さくなるとBの動きになる。さらに，xの値が小さくなり，ピンで糸が折れ曲がった後の最高点がH以下になる(xの値がHの半分以下になる)場合，糸がたるむことなく，おもりはピンを中心に回転するようになる。これがCの動きである。

《2024　２日目　国語　解説》

一　問二　――線部１のある文は「ですから」で始まるので、この直前に理由が書かれている。Ａちゃんは「怪獣《かいじゅう》や昆虫《こんちゅう》」に夢中になっているとある。

問三　「手練手管《てれんてくだ》」は、人をだましてあやつる手段。「Ａちゃんの気を惹《ひ》くための小さな策略」「Ａちゃんの自分への関心を少しでも大きくして、濃密《のうみつ》な関係を持とうとする」とある。

問四　「クラス替《が》えになってＢちゃんとは別の（怪獣や虫好きの子どもが多い）クラスになり」から読みとる。

問五　「虫好きのＡちゃんは学校の花壇《かだん》で青虫をみつけ、うちで飼おうと思って～あくる日に～帰しに行くことになりました～登校途中《とちゅう》の電車のなかで開けてしまい～どこにいったかわからなくなってしまいました。お母さんの顔を見た途端《とたん》～あふれだしてしまった」という部分をまとめる。「それまで形になっていなかった気持ち」がどのような気持ちかを補って書く。

問六　「つぶされてしまったわ！」と悲しみ、自分を責めて泣いているＡちゃんを、お母さんは「あれこれなだめすかしていた」が、泣き止まないので「苦《くる》し紛《まぎ》れの慰《なぐさ》め」で言った。Ａちゃんのショックの大きさを目の当たりにして、前日に「青虫さんは学校の花壇でみんなと過ごしていたほうが幸せだから帰してあげなくちゃあだめ」と言った自分にも責任があると感じているのである。

問七　「鬼門《きもん》」は、行くと悪いことに出あう、いやな所。苦手な人、場所、事がらにもいう。――線部６の２～３行後に「いじコミによって成立する社会が一応の完成をみるのが、女の子の場合は一〇歳頃《さいごろ》～その時に最大多数がいじコミを習得する～乗れない子が孤立《こりつ》して事例化することがある」とある。

問八Ｘ　「適度な量のいじわる～小出しにジャブ打ち（言葉による軽い攻撃《こうげき》や牽制《けんせい》）」というものであるから、「直接的な暴力を避《さ》けて」となる。　　Ｙ　「子ども社会における立ち位置を決めていく技術」「京都や英国など～いじコミ力を養わないと一人前の市民とは認知《にんち》されない～洗練されれば高度な対人スキルに仕上がる」などから、「社会的な関係を保つ」となる。

二　問一　「悪天候で上陸が叶《かな》わなくても振《ふ》り替《か》えはしない」というツアーの条件である。軍艦島《ぐんかんじま》に上陸できるかどうかは天候次第だということ。

問二　「快晴」と「べた凪《なぎ》」（風が少しも吹かず、海面に波がないこと）は、軍艦島上陸を願う筆者の「行ったり来たり（同じことをくり返し思うこと）の思いと祈りが通じ」たような、すばらしい条件だったということ。

問三　上陸が叶うまでは「旅行代金は～八万円だ。上陸したい」という損得勘定《そんとくかんじょう》もあった。しかし、上陸して「廃墟《はいきょ》好きが高じて、とうとう～」という感動が心を満たし、お金のことなどすっかり忘れてしまったのである。

問四　「炭鉱」の仕事の厳しさは、「北海道～生まれ育った釧路《くしろ》にも～炭鉱が存在していた」から知っているはずなのに、「廃墟だ廃墟だと逸《はや》る心」だった（念願の軍艦島に上陸してテンションが上がり、浮《う》かれていた）ため、「坑道《こうどう》の入り口」を見ても、ガイドさんから「この坑道入り口から入った人と、無事に出てこられた人の数は一致《いっち》しないのです」と聞くまで、思いがおよばなかった。

問五　「島民の住宅部分が見える～ここで写真も撮《と》らなければ驚《おどろ》きもせず、黙《だま》ってアパートを見つめている方がいる～元島民あるいは島民のお子さんでした」という話を聞いた筆者が感じたことを読みとる。ここで生きた人々の暮らしの跡《あと》であるという見方をして、その「風のにおいを嗅《か》いだ」のである。

問六　筆者は本文の最後で「ビデオには映らない『何か』があるからこそのガイド付き上陸なのだろう」と思い、このガイドさんに「持ち帰る感情はひとりひとり違《ちが》っていいのだという包容力」を感じている。「ビデオには映らない『何か』」が何であるのかを書く。「本文全体をふまえて」とあるから、ガイドさんが「ゆっくりと静かに～

『～入った人と、無事に出てこられた人の数は一致しないのです。』」と話したこと、「ガイドさんの言葉には～切々とした感情は込《こ》められておらず、それゆえに～重みが伝わってくる」とあること、ガイドの最後に「島民の住宅部分～元島民あるいは島民のお子さんでした」という話をすることから読みとる。

三　**問一**　「プチ反抗期《はんこうき》」とあり、「タウ」は「否認《ひにん》」の言葉である。

問二　夜中に起きてしまった娘《むすめ》を早く寝《ね》かせなければと思っているのに、娘は泣いていて、以降で「娘を抱《だ》いて妻があやしはじめる」が、なかなか寝ない様子が語られていく。このような場合は長くかかるかもしれないと予想できたのである。

問三　「おっきな船」も「モーターボート」も気に入らないのである。自分の思うものとちがう、自分の思いが伝わらないというもどかしさが感じられる。

問四　妻は娘をあやし続けていたが、「私」は睡魔《すいま》に勝てず、眠《ねむ》りに引きずりこまれてしまった。

問五　ここでの「行く先不明」は、娘がいつ寝てくれるかわからないということ。

問六　「私」が寝てしまった後、妻がどれくらいあやし続けたのか知らないが、朝になって寝ている娘の姿を見て、無事「港にたどりつい」たのだと思った筆者の気持ちを考える。難破するかもしれなかった(朝まで娘が寝ないかもしれなかった)小舟《こぶね》が、安全な「港」に入って停泊《ていはく》しているのを見たのである。

《2024　2日目　算数　解説》

1　(1)　2桁の整数AでA→0となるものは，十の位が1～9で一の位が0の9通りあるから，**9**個ある。

次に，3桁の整数BでB→0となるBについて，0の個数で場合分けをして考える。

各位に0が2個ふくまれる場合，百の位が1～9で下2桁が00の9通りある。

各位に0が1個ふくまれる場合，0の位は十の位か一の位である。0以外の位は1～9の9通りあるから，この場合は，$2\times9\times9=162$(通り)ある。

よって，Bは全部で，$9+162=$**171**(個)ある。

(2)(ア)　**【解き方】Dはいずれかの位が2で，その他の位は1だから，12，21，112，121，211のいずれかである。**

素数の積で表すと，$12=2\times2\times3$，$21=3\times7$，$112=2\times2\times2\times2\times7$，$121=11\times11$，211である(211は素数であり，その理由は，2つかけ合わせて211をこえない最大の素数が13であり，13以下の素数で211を割り切れないためである)。したがって，操作を1回行って121や211になることはないので，Dは12，21，112のいずれかである。

Cのうち最も小さいものは，$D=12=1\times2\times6$のときの，C＝**126**である。

Cのうち最も大きいものは，$D=112=2\times7\times8$のときの，C＝**872**である。

(イ)　**【解き方】(ア)をふまえ，Dの値《あたい》で場合分けをする。**

まずD＝12の場合を考える。Cに対する操作で$1\times2\times6$となるのは，Cの各位が1，2，6のときだから，Cは$3\times2\times1=6$(通り)ある。同様に，Cに対する操作で$1\times3\times4$となるCは6通りある。$2\times2\times3$となるCは，3の位置によって3通りある。したがって，D＝12の場合，Cは全部で，$6+6+3=15$(通り)ある。

D＝21の場合，Cに対する操作は$1\times3\times7$だけだから，Cは6通りある。

D＝112の場合，Cに対する操作は$2\times7\times8$(6通り)か$4\times4\times7$(3通り)だから，Cは$6+3=9$(通り)ある。

以上より，求めるCの個数は，$15+6+9=$**30**(個)

2 (1) **【解き方】工場Aと工場Bが同じ期間稼働した場合の，生産される不良品の個数の比を考える。**

1日稼働するときに生産される不良品の数は，工場Aが $2000\times\frac{7}{1000}=14$(個)，工場Bが $3000\times\frac{12}{1000}=36$(個)である。したがって，工場Aと工場Bが同じ期間稼働した場合，生産される不良品の個数の比は，14：36＝7：18

よって，不良品が1000個あるとき，工場Aで生産された不良品は，$1000\times\frac{7}{7+18}=$**280**(個)と推測される。

(2) **【解き方】食塩水の問題と同じように，てんびん図を利用して，工場Aと工場Bで生産された製品Pの個数の比を求める。**

生産する製品Pのうちの不良品の割合は，工場Aが$\frac{7}{1000}\times100=0.7$(%)，工場Bが$\frac{12}{1000}\times100=1.2$(%)である。

製品P10000個のうち不良品が80個あるとき，その割合は，$\frac{80}{10000}\times100=0.8$(%)

である。したがって，右のようなてんびん図がかける。

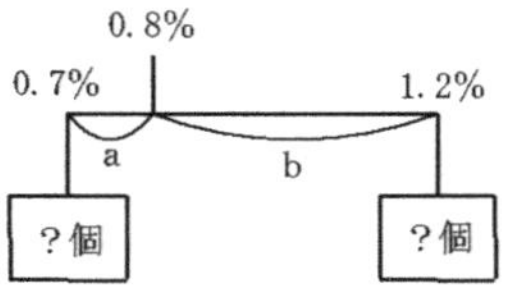

a：b＝(0.8－0.7)：(1.2－0.8)＝1：4だから，生産した製品Pの個数の比はこの逆比の4：1である。したがって，取り出した10000個のうち工場Aで生産されたものは $10000\times\frac{4}{4+1}=8000$(個)と推測されるので，求める個数は，

$8000\times\frac{7}{1000}=$**56**(個)

3 (1) **【解き方】三角すいを作るときは，問題の図のB，C，Dが集まる頂点が床に着くように置く。**

三角形ABE，ECF，FDAの面積の和は，$5\times2\div2+3\times2\div2+5\times3\div2=15.5$(㎠)

したがって，三角形AEFの面積は，$5\times5-15.5=$**9.5**(㎠)

問題の図の三角形ECFのEとFの位置を入れかえると，三角すいの展開図になる。

三角すいの見取り図は右図のようになるから，体積は，

$(5\times2\div2)\times3\times\frac{1}{3}=$**5**(㎤)

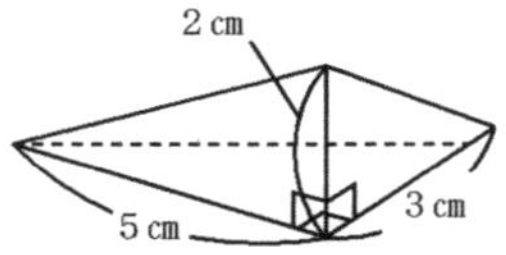

(2)(ア) **【解き方】切り口は右図の太線のようになる。体積は，三角すいT－GPQの体積から三角すいT－KSRの体積を引くことで求められるが，(イ)以降の問題のためにも，(1)を利用する。**

三角形GPQと三角形KSRは同じ形の三角形で，対応する辺の比が，

GQ：KR＝15：3＝5：1だから，KS＝GP$\times\frac{1}{5}=$**2**(cm)

GT：KT＝5：1より，KT＝GK$\times\frac{1}{5-1}=5$(cm)

したがって，三角すいT－KSRは(1)で体積を求めた三角すいと合同である。

また，三角すいT－GPQは(1)の三角すいを5倍に拡大した三角すいである。

よって，求める体積は，$5\times(5\times5\times5)-5=$**620**(㎤)

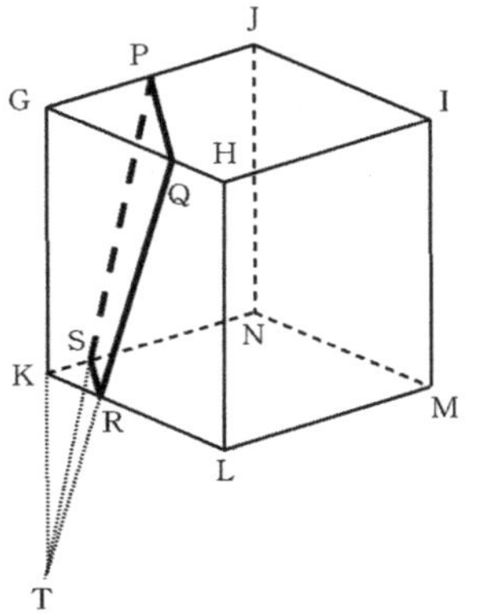

(イ) **【解き方】3点P，Q，Rを通る平面は(ア)で図示した切り口をふくむ平面である。したがって，求める高さは，三角すいG－PQTの高さだから，三角すいK－SRTの高さの5倍である。(1)の三角すいで三角形AEFを底面としたときの高さをもとに求める。**

(1)の三角すいで三角形AEFを底面としたときの高さは，$5\times3\div9.5=\frac{30}{19}$(cm)

求める高さはこの5倍だから，$\frac{30}{19}\times5=\frac{150}{19}=$**$7\frac{17}{19}$**(cm)

(ウ)　【解き方】求める高さは，(ア)の図でMから面ＰＱＲＳに引いた垂線の長さである。右の図Ｉのように，４点Ｇ，Ｋ，Ｍ，Ｉを通る平面上で考える(ＵはＧＩとＰＱが交わる点，ＶはＫＭとＲＳが交わる点)。

図Ｉ

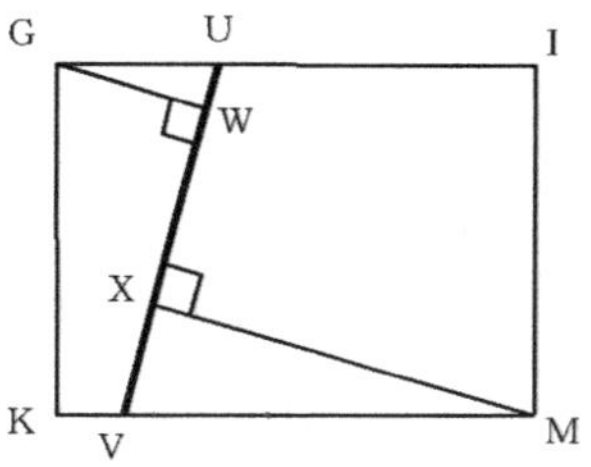

求める長さはＭＸの長さであり，三角形ＧＵＷと三角形ＭＶＸが同じ形で，(イ)よりＧＷ＝$\frac{150}{19}$cmである。したがって，この２つの三角形の対応する辺の比を求めたい。図Ⅱは立方体を真上から見た図に，Ｒ，Ｓ，Ｖの位置を重ね，補助線を引いて作図したものである。

図Ⅱ

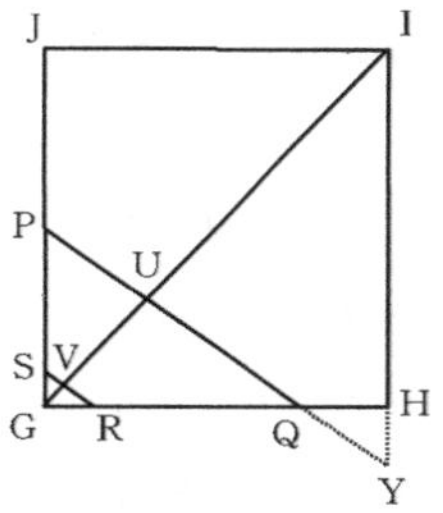

三角形ＧＰＱと三角形ＨＹＱは同じ形だから，

ＧＰ：ＨＹ＝ＧＱ：ＨＱ＝15：５＝３：１，ＨＹ＝ＧＰ×$\frac{1}{3}$＝$\frac{10}{3}$(cm)

三角形ＧＰＵと三角形ＩＹＵは同じ形だから，

ＧＵ：ＩＵ＝ＧＰ：ＩＹ＝10：(20＋$\frac{10}{3}$)＝３：７

したがって，ＧＵ＝③，ＩＵ＝⑦とすると，ＧＩ＝③＋⑦＝⑩

図Ⅱで，三角形ＧＶＲは三角形ＧＵＱを$\frac{1}{5}$倍に縮小した三角形だから，

ＧＶ＝ＧＵ×$\frac{1}{5}$＝$\textcircled{\frac{3}{5}}$

ここで，図Ｉにもどる。ＫＶ＝$\textcircled{\frac{3}{5}}$，ＫＭ＝⑩だから，ＭＶ＝⑩－$\textcircled{\frac{3}{5}}$＝$\textcircled{\frac{47}{5}}$

よって，ＧＷ：ＭＸ＝ＧＵ：ＭＶ＝③：$\textcircled{\frac{47}{5}}$＝15：47 だから，ＭＸ＝ＧＷ×$\frac{47}{15}$＝$\frac{150}{19}$×$\frac{47}{15}$＝$\frac{470}{19}$＝**$24\frac{14}{19}$**(cm)

4　**(1)　【解き方】ＡＦの長さは５cm以上だから，角ＡＦＥ＝90°となる場合，右の図Ｉの色つきの直角二等辺三角形よりも大きい直角二等辺三角形が長方形ＡＢＣＤの内部に入ることになる。そのような三角形は作れないので，三角形ＡＥＦは角ＡＥＦ＝90°の直角二等辺三角形である。**

図Ｉ

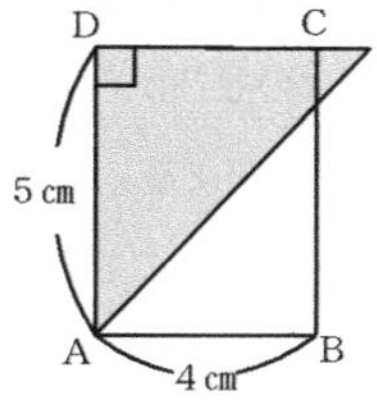

図Ⅱ

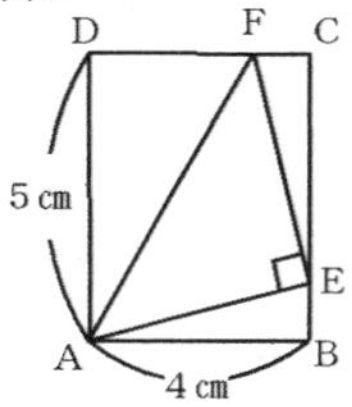

図Ⅱにおいて，角ＡＥＢ＝180°－90°－角ＣＥＦ＝90°－角ＣＥＦ，

角ＥＦＣ＝180°－90°－角ＣＥＦ＝90°－角ＣＥＦなので，

角ＡＥＢ＝角ＥＦＣである。また，角ＡＢＥ＝角ＥＣＦ＝90°，ＡＥ＝ＥＦより，直角三角形で斜辺と１つの鋭角がそれぞれ等しいから，三角形ＡＢＥと三角形ＥＣＦは合同である。

したがって，ＥＣ＝ＡＢ＝４cm，ＣＦ＝ＢＥ＝５－４＝１(cm)，ＤＦ＝４－１＝３(cm)

よって，三角形ＡＥＦの面積は，５×４－(４×１÷２)×２－５×３÷２＝**8.5**(cm²)

(2)　【解き方】図に点線で直角二等辺三角形に見える三角形がかかれている。(1)がヒントになっていると考えて，とりあえず点線の三角形が直角二等辺三角形であると仮定して解いてみる。図Ⅲのように記号をおく(Ｏ，Ｐはそれぞれ円と半円の中心，Ｑは直線ＧＫと半円との接点，ｒcmは円の半径)。

図Ⅲ

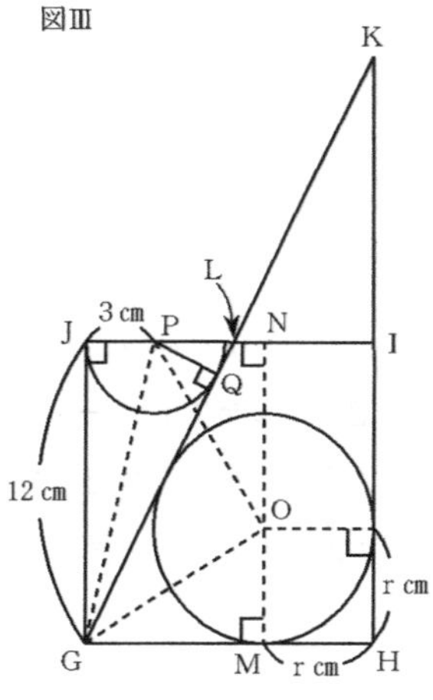

点線が直角二等辺三角形だとすると，三角形ＧＯＭと三角形ＯＰＮは合同だから，ＮＰ＝ＭＯ＝ｒcmである。辺ＪＩの長さについて，３＋ｒ＋ｒ＝12 だから，

ｒ＝(12－３)÷２＝**4.5**(cm)

点線が直角二等辺三角形であることを確認するのは時間がかかるので，実際の試験のときにはこの仮定のもとに解いてしまった方がよかったであろう。この仮定の確認方法は，解説の最後に記す。

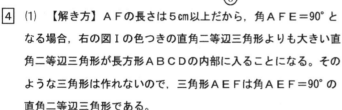

円外の１点からその円に引いた２本の接線の長さは等しいから，ＧＱ＝ＧＪ＝12㎝

三角形ＧＪＬと三角形ＰＱＬは同じ形で，対応する辺の比がＧＪ：ＰＱ＝12：３＝４：１だから，ＱＬ＝①とすると，ＪＬ＝④となる。ＧＬ＝ＰＬ×４＝(④－３)×４＝⑯－12(㎝)，また，ＧＬ＝ＧＱ＋ＱＬ＝12＋①(㎝)だから，⑯－12 と 12＋①が等しいので，⑯－①＝⑮は 12＋12＝24(㎝)にあたる。

したがって，ＪＬ＝④＝$24\times\frac{④}{⑮}$＝6.4(㎝)　　ＬＩ＝12－6.4＝5.6(㎝)だから，ＬＩ：ＧＨ＝5.6：12＝７：15

よって，HK＝ＩＨ×$\frac{15}{15-7}$＝12×$\frac{15}{8}$＝**22.5**(㎝)

以下は，点線の三角形が直角二等辺三角形であることの確認方法である。

図Ⅳ

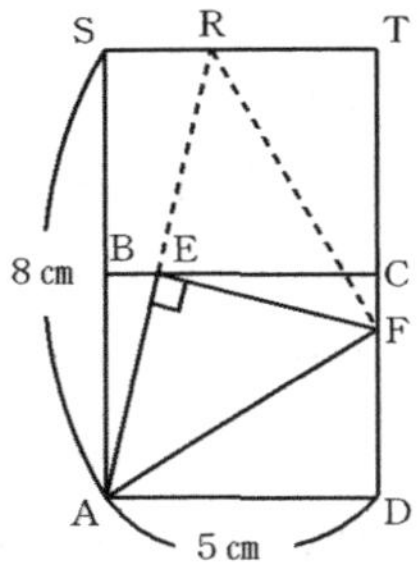

三角形ＧＯＭは直角をはさむ２辺の比が，4.5：(12－4.5)＝4.5：7.5＝３：５だから，⑴図Ⅱの三角形ＡＦＤと同じ形である。図Ⅱの長方形ＡＢＣＤの縦と横の比は５：４，図Ⅲの長方形ＧＭＮＪの縦と横の比は 12：7.5＝８：５だから，長方形ＡＢＣＤを２つ並べて，縦と横の比が８：５の長方形を作ると，図Ⅳのようになる(ＲはＡＥの延長とＳＴが交わる点)。ＡＢ＝ＢＳよりＡＥ＝ＥＲだから，三角形ＲＥＦは直角二等辺三角形なので，三角形ＡＦＲは直角二等辺三角形であり，ＳＲ＝ＢＥ×２＝２(㎝)である。図Ⅳの長方形ＡＤＴＳと図Ⅲの長方形ＧＭＮＪは同じ形で，対応する辺の比が

ＡＳ：ＧＪ＝８：12＝２：３である。ＤＦ：MO＝３：4.5＝２：３，ＳＲ：ＪＰ＝２：３だから，ＦとO，ＲとＰはそれぞれ対応する。よって，三角形ＧＯＰは直角二等辺三角形である。

5 ⑴(ア)　**【解き方】Ｅ＝５だから，Ａ＋Ｉ＝Ｃ＋Ｇ＝10－５＝５である。和が５になる２数の組み合わせは，「１，４」「２，３」の２通りある。**

まず，１，４，２，３の並びから考える。この順に並びを決めるとすると，１はＡ，Ｃ，Ｇ，Ｉの４通りあり，それによって４は１通りに決まる。２はＡ，Ｃ，Ｇ，Ｉのうち残りの２通りあり，それによって３は１通りに決まる。

したがって，１，４，２，３の並びは４×１×２×１＝８(通り)ある。

残りの数は６，７，８，９であり，空いている場所はＢ，Ｄ，Ｆ，Ｈの４つである。残りの数はどの場所に並べてもよいので，６，７，８，９の並びは４×３×２×１＝24(通り)ある。

よって，全部で，８×24＝**192**(通り)

(イ)　**【解き方】１から９までの整数で和が 10 になる３つの数の組を作ると，「１，２，７」，「１，３，６」，「１，４，５」，「２，３，５」の４組ある。下線部の組み合わせはどの２組をとっても，共通している数が必ず１つになる。**

「A，E，I」と「C，E，G」で５が共通している場合，つまり「１，４，５」と「２，３，５」の場合が，(ア)の 192 通りである。

「A，E，I」と「C，E，G」で１が共通している場合，つまり「１，２，７」と「１，３，６」の場合も，やはり 192 通りある。

このように，下線部の組み合わせからどのように２組選んでも，全部の数の並びは 192 通りになる。

下線部の組み合わせから２組選ぶ選び方は，$\frac{4\times3}{2\times1}$＝６(通り)あるから，求める並びの数は，192×６＝**1152**(通り)

⑵　**【解き方】ボールを３つ投げて，的のどの縦列にも１回ずつ，どの横列にも１回ずつ当たる当たり方は，右の①～⑥の６通りある。**

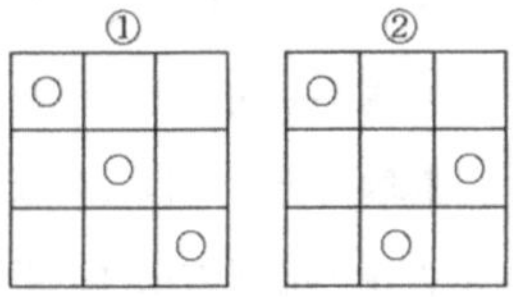

太郎さんが当てて次郎さんが当てなかった場所があるので，太郎さんと次郎さんの当て方は，①～⑥のうち異なる当て方である。

また，(1)(イ)より，和が10になる3つの数の組み合わせを2組作ると，必ず1つだけ共通の数ができる。つまり，太郎さんと次郎さんは，1つだけ同じ場所に当てて，あとは異なる場所に当てたことになる。①～⑥から2つ選ぶ選び方のうち，○の位置が1つだけ同じであとの2つは異なる選び方は，①と②，①と③，①と⑥，②と④，②と⑤，③と④，③と⑤，④と⑥，⑤と⑥の9通りある。
①と⑥の場合，Eが2人とも当てた場所であり，9つの数の並びは(1)(イ)で求めたように1152通りある。このように，どの2つを選んでも並びは1152通りずつある。よって，求める並びの数は，1152×9＝**10368**(通り)

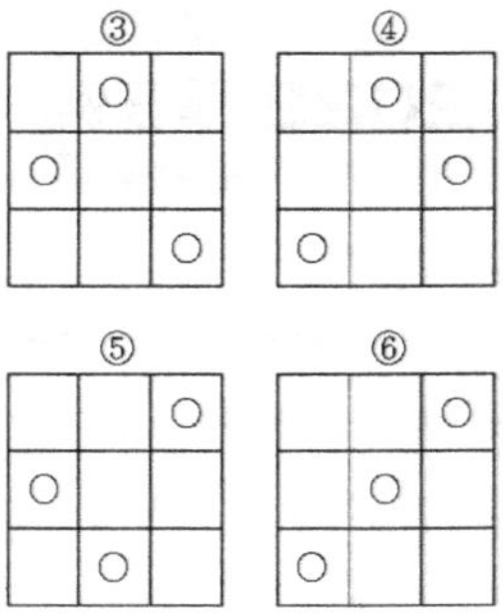

灘中学校

《1日目　国語》

一　問一．地図を広げて位置関係を確認しなければならないことを、いやだと感じるということ。　問二．事実と順番が異なることは承知の上で、自分の記憶の流れの方を優先したという方針を、校正者の指摘によって明確化できたから。　問三．エ　問四．1．リーク　2．スモーク　3．ピーク　4．ネットワーク　5．ユニーク
問五．1．(誤)集→(正)拾　2．(誤)解→(正)開　3．(誤)関→(正)感

二　1．サ　2．ア　3．エ　4．シ　5．オ　6．ク

三　1．千里　2．五分　3．九死　4．百薬　5．三十六計　6．三文

四　1．たか　2．うすら　3．あいそ〔別解〕おせじ／つくり　4．せせら　5．にが〔別解〕てれ

五　1．はっし　2．めった　3．とっさ　4．れっき　5．もっけ

六　A．長　B．短　C．理　D．非
E．時　F．空　G．方　H．円
I．天　J．地　K．官　L．民

《1日目　算数》

1　51

2　24

3　①ウ　②エ　③ス（①，②，③は順不同）

4　①25　②40456

5　45

6　①1500　②$13\frac{7}{11}$

7　①522　②40

8　4.7

9　18.84

10　32

11　681.38

12　$\frac{5}{8}$

《１日目　理科》

1　問１．37.5　　問２．25　　問３．46　　問４．水…87.5　物質Ａ…17.5　　問５．⑴42　⑵36

2　問１．①１　②0.87　③0.5　　問２．31.5　　問３．オ　　問４．42.0　　問５．31.0

3　問１．Ａ．タンパク質　Ｂ．炭水化物　Ｃ．脂肪〔別解〕脂質　Ｄ．ビタミン　Ｅ．ミネラル（ＤとＥは順不同）
問２．Ｘ．二酸化炭素　Ｙ．でんぷん　Ｚ．水　　問３．①ウ　②ア　③イ　④エ　　問４．あ．粉末状のＹを１ｇ入れ，水５㎖を加えて10分間，40℃に保ってから，ヨウ素液を１滴たらした　い．青むらさき色になった

4　問１．北斗七星…ウ→イ→ア　やぎ座…カ→エ→オ　　問２．北東　　問３．［星座／星］［わし／アルタイル］［はくちょう／デネブ］　　問４．ウ

5　問１．①アルミニウム　②銅　③亜鉛　④黄銅　⑤青緑〔別解〕緑青　　問２．６　　問３．⑥０　⑦667　⑧０　⑨０　⑩1108　　問４．②65　③35　　問５．①0.9　③5.2

6　問１．ウ　　問２．ウ　　問３．20　　問４．80　　問５．140

《２日目　国語》

一　問一．Ａ．領分　Ｂ．点在　Ｃ．周遊　Ｄ．有志　Ｅ．救　Ｆ．縮　Ｇ．痛感　Ｈ．冷蔵　Ｉ．現象
問二．十年以上本屋で働き、本屋めぐりを楽しんでいた本好きで、農業と関わりがなさそうな人。　　問三．日本の有機農業の草分け的存在の語録を読んで、その本の健やかさや、地に足がついた言葉のしなやかな強さを感じ、農業に憧れたこと。　　問四．Ｘ．温めていたナスの種を見られ、種の話をした　Ｙ．いつか農業に携わってみたいと打ち明けた　Ｚ．有機農業を営む会社の求人を教えてくれた　　問五．自分の手足を物差しにして距離を測ることに慣れ、見ただけで距離や広さがなんとなくわかるようになり、農業に必要な、風景を具体化する見方が身に付きつつあるということ。　　問六．料理も衣服～らないのだ（下線部はにならないでもよい）　問七．農産物に関する生活の知恵を得ながら、季節の移り変わりとともに生きることで、仕事と衣食住の境目がなくなっていくということ。

二　問一．何十年も変わらない自分の味／誰かのために作ること　　問二．男性が結婚したいと思ったり、夫となった男性が喜んだりしそうな、男性受けする料理。　　問三．調理して食べられるものを作ることの面白さ、それを美味しくしていくことの楽しさ、家族から褒められたり感謝されたりするうれしさ。　　問四．せっかく作ってくれたのだからと息子たちが気をつかって、本当はまずくて食べられないのに美味しいと言っていることがわかるから。
問五．食べる人を喜ばせなければいけない、工夫を重ねて美味しく作らなければいけないという思いにとらわれながら料理を作り、その結果を認めてほしい気持ちを食べる人に押しつけること。　　問六．手間ひまのかからないシンプルなメニューを出しても、家族に美味しいと喜ばれ、食卓が盛り上がる確率が高くなるということ。
問七．誰かのための義務ではなく自分のために作る料理、あれこれ考えなくてもよい料理、素材の味を生かしたシンプルな料理が増えた。

三　問一．世間の事情に通じて人がらが円満になる。　　問二．ウ　　問三．オ　　問四．世間の誘惑
問五．Ａ．世界に憤り未来を変えたいと願った過去の自分。　Ｂ．豊かさに甘んじて理想や正義を追い求める気持ちを失うことがないように、かつての自分をふり返り、どう生きるかを考えること。　　問六．年を重ね、世間の多くの人たちに合わせて、自分の考えや行動をおさえている様子。

《２日目　算数》

1　⑴21，３　※⑵７，20，26，29，64　※⑶3036

2　⑴右図　⑵７，２　※⑶８，10

3　※⑴15　※⑵８　⑶右表

※4　⑴55.92　⑵下図／71.52　⑶下図／32.76

5　⑴108　※⑵13.5　※⑶45　※⑷31.5

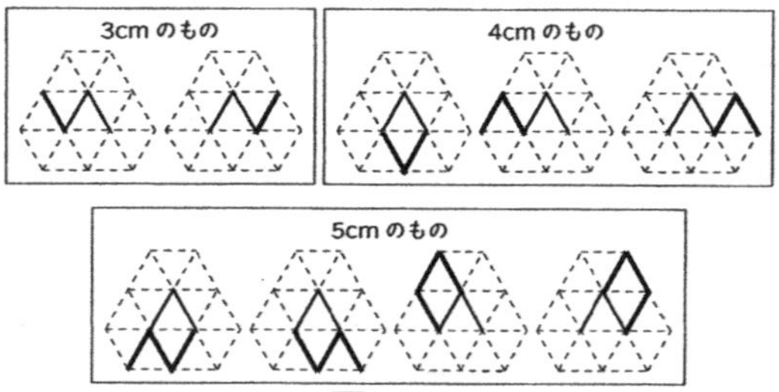

2⑴の図

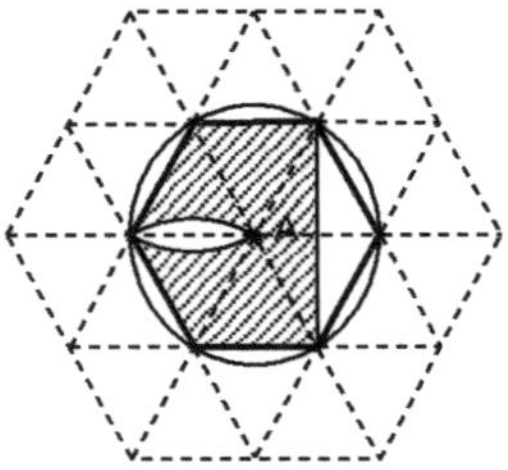

4⑵の図

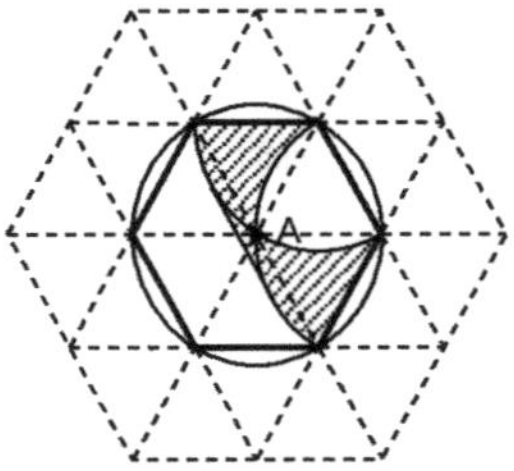

4⑶の図

得点（点）	人数（人）
10	1
8	2
7	9
5	7
3	6
2	0
合計	25

得点（点）	人数（人）
10	1
8	4
7	6
5	9
3	3
2	2
合計	25

得点（点）	人数（人）
10	1
8	6
7	3
5	11
3	0
2	4
合計	25

※の文章や式，図などは解説を参照してください。

2023 解説 令和5年度

灘中学校

《2023　1日目　国語　解説》

一　問一　――線部1の直後の文に「地図を広げひとつひとつ印をつけ～たどりながら位置関係を確かめて～見える景色を想像していくことで初めて～気がつける」とあることに着目する。それが「自分にはできる気がしない」と思っているのである。ここから、筆者にとって、地図を使っての確認は、いつまでたっても不得意なことで、気が進まない、やりたくないことなのだと読みとれる。

問二　――線部2の直後の「そういえるプロセスがここには含《ふく》まれている」の意味を考える。見える順番が事実と違《ちが》うと読者から指摘《してき》されたとき、それに対する答えとして著者が「私はあえてこう書いたのです」といえるために必要だった「プロセス」とは何か。それは、制作の段階で、校正者から「見える順番が違います」と指摘され、それに対して著者が「この部分は、書いたときの流れを尊重して」もらいたいと、著者の頭の中で反復されてきた記《き》憶《おく》の順番のまま出版することにした、という過程があったこと。校正者の指摘のおかげで、事実とは違うがこの本では自分の記憶の方を優先する、という書き手としての方針を明確にできたのである。

問三　～～線部Aとエは、「の」に置きかえても意味が変わらない。「アメリカ」という国の中の「マンハッタン」、「明治」という時代の中の「四十五年」と、あるくくりの中の一部であることを示している。

三　1　「悪事千里《せんり》を走る」は、悪い行いや悪いうわさは、すぐに世間に知れわたるという意味。　2　「一寸《いっすん》の虫にも五分《ごぶ》のたましい」は、小さな虫にも命があるように、どんなに小さく弱いものにも相応の意地や考えがあるので、ばかにしてはいけないということのたとえ。　3　「九死《きゅうし》に一生を得る」は、十のうち九まで命が助からないと思われていたなかで、かろうじて助かるという意味。　4　「酒は百薬《ひゃくやく》の長」は、酒は、適量に飲めば、どんな薬よりも健康のために良いという意味。　5　「三十六計《さんじゅうろっけい》逃《に》げるにしかず」は、めんどうなことや困ったことが起きたときは、あれこれ思案するよりも、逃げてしまうのが一番良いという意味。　6　「早起きは三文《さんもん》の得(徳)」は、朝早く起きると何かと良いことがあるという意味。

四　1　「高《たか》笑い」は、大きな声で笑うこと。　2　「薄《うす》ら笑い」は、表情をかすかに動かしただけの笑い。
3　「愛想《あいそ》笑い」「お世辞《せじ》笑い」は、人の機嫌《きげん》をとるための笑い。「作《つく》り笑い」は、おもしろくないのにわざと笑ってみせること。　4　「せせら笑い(笑う)」は、ばかにして笑うこと。　5　「苦《にが》笑い」は、にがにがしく思いながら仕方なく笑うこと。「照《て》れ笑い」は、失敗したりはずかしかったりしたときに、照れてきまり悪げに笑うこと。

五　1　「はっし」は、刀剣《とうけん》などかたい物どうしがぶつかるさま。　2　「滅多《めった》」は、思慮《しりょ》が浅く軽率であるさま、むやみやたらであるさま。　3　「とっさに」は、その瞬間《しゅんかん》に、すぐさま、という意味。　4　「れっきと」は、確かであるとして世間から明白に認められているさま。　5　「物怪《もっけ》の幸《さいわ》い」は、思いがけないことで得た幸運のこと。

《2023　1日目　算数　解説》

1　与式より，$7\times17\times17\times(\frac{15-14}{210})\times\frac{1}{17}\times\frac{1}{17}=1\div(81-\square)$　$\frac{1}{30}=1\div(81-\square)$　$81-\square=1\div\frac{1}{30}$
$\square=81-30=51$

2　**【解き方】三角形ができないのは，選んだ3個の点が同一直線上にあるときである。三角形ＡＢＣまたは三角形ＤＥＦの１つの辺上にある４個の点のうち，３個の点を選ぶと，その３個の点は同一直線上の点となる。**

４個の点から３個の点を選ぶ選び方は，残りの１個を選ぶ選び方と同じく４通りある。

三角形ＡＢＣと三角形ＤＥＦの辺は全部で３×２＝６(本)あるので，求める選び方は全部で，４×６＝24(通り)

3　右のような筆算で考え，同じ数字を打ち消していくと，ＤＥＡ＝ＡＤＥとなることがわかる。よって，Ａ＝Ｄ，Ａ＝Ｅ，Ｄ＝Ｅである。

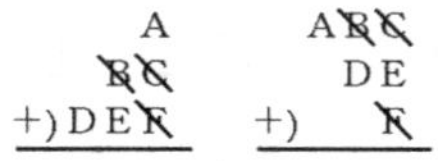

4　8092÷９＝899 余り１より，2023 番目のグループの最後の数までに，１～９までの数が 899 回繰《く》り返し並べられ，最後に１が並ぶ。よって，2023 番目のグループに含《ふく》まれる４個の数は「７，８，９，１」だから，その和は，７＋８＋９＋１＝①25であり，8092 個の数の和は，（１＋２＋３＋４＋５＋６＋７＋８＋９）×899＋１＝②40456

5　**【解き方】Ｃを除くＡとＢに含まれる４つの数のうち最大の数が，Ａに含まれているような分け方を考えればよい。**

ＡとＢに含まれる４つの数の選び方は，Ｃに含まれる２つの数の選び方に等しいので，（１，２)(１，３)(１，４)(１，５)(１，６)(２，３)(２，４)(２，５)(２，６)(３，４)(３，５)(３，６)(４，５)(４，６)(５，６)の15 通りある。この 15 通りに対して，ＡとＢの分け方が何通りずつあるのかを考える。

Ａに含まれる２つの数のうち，一方の数は４つの数のうち最大の数が含まれ，もう一方の数は残り３つのうちいずれかになるので，ＡとＢの分け方は３通りずつあるとわかる。よって，求める分け方は全部で，15×３＝45(通り)

6　**【解き方】Ａさんが再び地点Ｐに着くまでをグラフにしていることから，図ｉのようなことがわかる。また，図ｉの㋒，㋕の様子はそれぞれ，図ⅱ，図ⅲのようになる。**

図ｉ

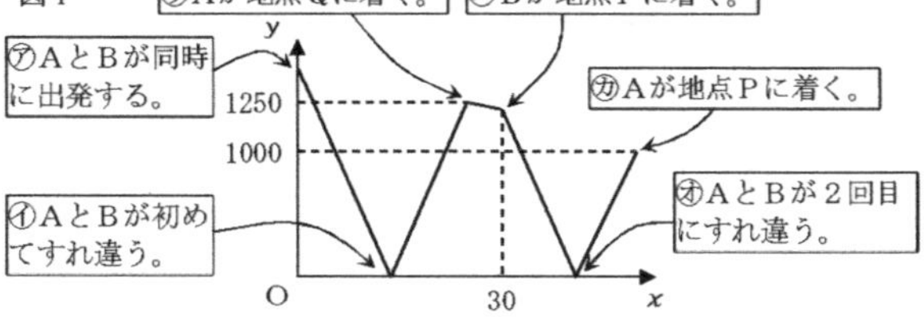

図ⅱ

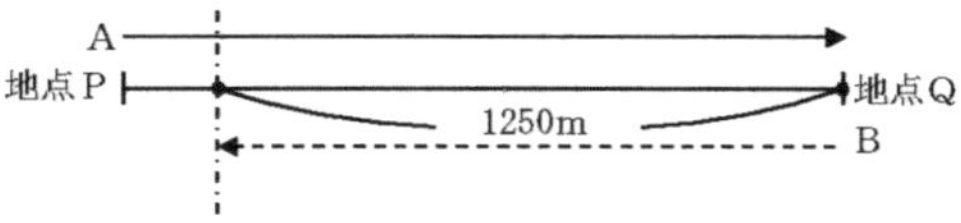

図ⅲ

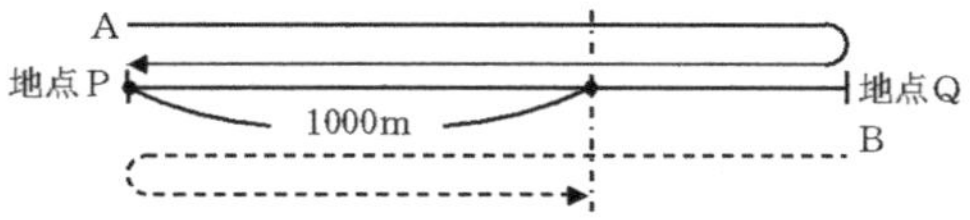

㋒より，ＡがＰＱ間を移動する時間で，ＢはＱから1250m進んでいることがわかる。

よって，ＡがＰＱ間を往復したとき，ＢはＱから1250×２＝2500(m)進む。

また，㋕より，ＡがＰＱ間を往復する時間で，ＢはＱからＰまで移動し，さらに 1000m進んだことがわかるので，ＰＱ間の距離《きょり》は，2500－1000＝①1500(m)

㋓より，ＢはＰＱ間を移動するのに 30 分かかるので，Ｂの速さは毎分(1500÷30)ｍ＝毎分 50mである。

㋒より，ＡとＢの速さの比は，同じ時間で進む道のりの比に等しく，1500：1250＝６：５

よって，Ａの速さは毎分$(50\times\frac{6}{5})$ｍ＝毎分 60mだから，ＡとＢが初めてすれ違うのは，ＡがＰを出発してから，$1500\div(50+60)=\frac{150}{11}=$②$13\frac{7}{11}$(分後)である。

7　**【解き方】３日目の１ナダは，90 円より安いか，90 円より高く 180 円より安いか，180 円より高い場合で分けられる。最も高い場合と安い場合を考えるので，180 円より高い場合と 90 円より安い場合から考える。**

２日目は，１ナダが 90 円なので，取引後は 2880÷２＝1440(円)と 24＋1440÷90＝40(ナダ)になる。

３日目の１ナダが 180 円より高い場合，３日目に半分のナダを円に替え，４日目に半分の円をナダに替える。

よって，３日目の取引後は，5940×２＝11880(円)と 40÷２＝20(ナダ)になる。40－20＝20(ナダ)を 11880－1440＝10440(円)に替えたので，３日目の１ナダは，10440÷20＝522(円)である。これは 180 円より高いので，正しい。

３日目の１ナダが 90 円より安い場合，３日目に半分の円をナダに替え，４日目に半分のナダを円に替える。

よって，３日目の取引後は，1440÷２＝720(円)だから(ナダの数はまだ不明)，４日目の取引で 5940－720＝5220(円)

増える。したがって，４日目の取引で 5220÷180＝29(ナダ)を替えたことになるから，３日目の取引後は 29×２＝58(ナダ)になる。３日目の取引で 720 円を 58－40＝18(ナダ)に替えたので，３日目の１ナダは，720÷18＝40(円)である。これは 90 円より安いので，正しい。

以上より，３日目の１ナダは最も高い場合で①<u>522</u>円，最も安い場合で②<u>40</u>円である(３日目の１ナダが 90 円より高く 180 円より安い場合を考える必要はない)。

8　**【解き方】右のように作図し，台形ＡＢＣＤの面積から，三角形ＡＤＨ，ＡＨＥ，ＢＣＧ，ＢＧＦの面積をひくことで求める。**
その際，高さの等しい三角形の面積の比は底辺の長さの比に等しいことを利用する。

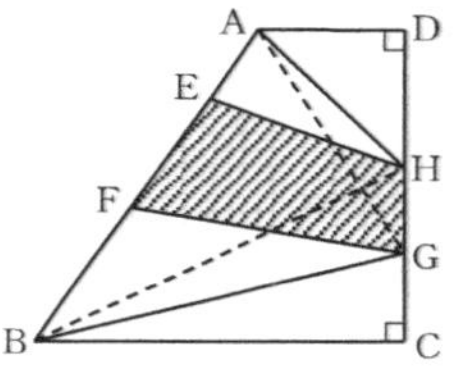

ＤＣ＝２＋１＋１＝４(cm)，ＡＢ＝１＋２＋２＝５(cm)である。

台形ＡＢＣＤの面積は，(２＋５)×４÷２＝14(cm²)

三角形ＡＤＨの面積は，２×２÷２＝２(cm²)，三角形ＢＣＧの面積は，５×１÷２＝2.5(cm²)

三角形ＡＨＢの面積は，(台形ＡＢＣＤの面積)－(三角形ＡＤＨの面積)－(三角形ＢＣＨの面積)＝14－２－５×(１＋１)÷２＝７(cm²)だから，三角形ＡＨＥの面積は，(三角形ＡＨＢの面積)×$\frac{AE}{AB}$＝７×$\frac{1}{5}$＝1.4(cm²)

三角形ＡＧＢの面積は，(台形ＡＢＣＤの面積)－(三角形ＡＤＧの面積)－(三角形ＢＣＧの面積)＝14－２×(２＋１)÷２－2.5＝8.5(cm²)だから，三角形ＢＧＦの面積は，(三角形ＡＧＢの面積)×$\frac{BF}{AB}$＝8.5×$\frac{2}{5}$＝3.4(cm²)

よって，四角形ＥＦＧＨの面積は，14－２－1.4－2.5－3.4＝4.7(cm²)

9　右のように，１辺が１cmの正三角形をつくると，太線の長さは，半径が１cmの円の円周の長さの７倍から，半径が１cm，中心角が 60°×２＝120°のおうぎ形の曲線部分の長さの 12 倍を引けばよいとわかる。

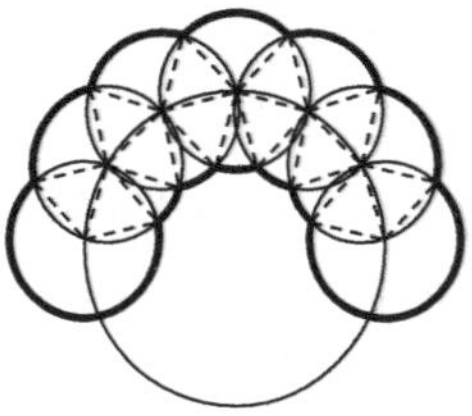

よって，求める長さは，１×２×3.14×７－１×２×3.14×$\frac{120°}{360°}$×12＝18.84(cm)

10　**【解き方】ＢＦの長さがわかれば，正方形ＢＥＦＧの面積を求められる。**
角ＢＦＥ＝角ＣＢＥ＝45°で，ＥＦ＝ＥＢだから，三角形ＢＣＥをＥを中心として 90°だけ右回りに回転移動させた図形を三角形Ｂ′Ｃ′Ｅとすると，図ｉのように作図できる。このとき，三角形ＡＩＣ′の面積は，四角形ＡＦＥＩと三角形ＢＣＥの面積の和に等しく 56 cm²だから，図ｉの色つき部分の面積の和は，56＋65＝121(cm²)である。

図 i

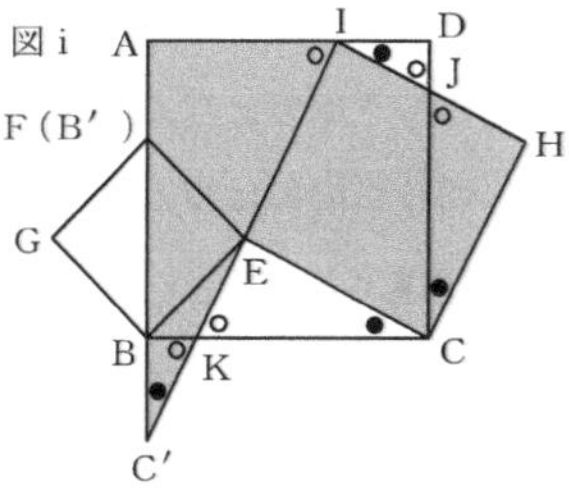

三角形ＨＪＣと三角形ＥＫＣは同じ形の三角形で，ＨＣ＝ＥＣだから，合同である。

よって，ＪＣ＝ＫＣであり，ＤＣ＝ＢＣだから，ＤＪ＝ＢＫがわかる。

三角形ＢＫＣ′と三角形ＤＪＩは同じ形の三角形で，ＢＫ＝ＤＪだから，合同である。

図ｉの色つきの部分のうち，三角形ＨＪＣを三角形ＥＫＣ，三角形ＢＫＣ′を三角形ＤＪＩに移動させると図ⅱのようになるので，正方形ＡＢＣＤの面積は 121 cm²とわかる。

図 ii

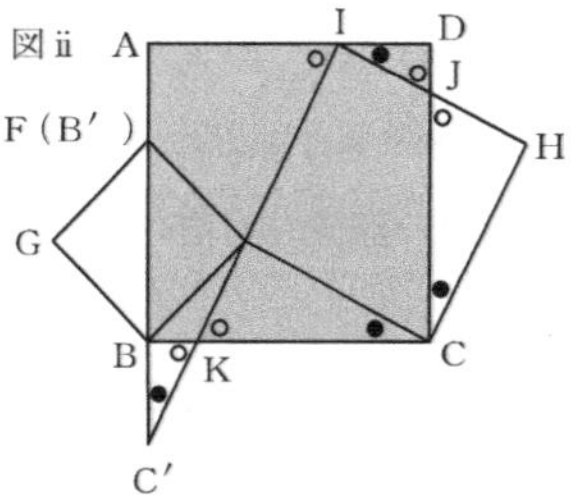

121＝11×11 だから，正方形ＡＢＣＤの１辺の長さは 11 cmである。

三角形ＡＩＣ′について考える。ＢＣ′＝ＤＩだから，

ＡＩ＋ＡＣ′＝ＡＤ－ＤＩ＋ＡＢ＋ＢＣ′＝ＡＤ＋ＡＢ＝11＋11＝22(cm)

三角形ＡＩＣ′の面積について，ＡＩ×ＡＣ′÷２＝56 だから，ＡＩ×ＡＣ′＝56×２＝112

かけて 112，足して 22 となる２つの数を探すと，８と 14 が見つかるから，ＡＩ＝８cm，ＡＣ′＝14 cmである。

ＢＣ′＝ＤＩ＝ＡＤ－ＡＩ＝11－８＝３(cm)，ＢＦ＝Ｂ′Ｃ′－ＢＣ′＝ＢＣ－ＢＣ′＝11－３＝８(cm)

正方形の面積は(対角線)×(対角線)÷２で求められるので，正方形ＢＥＦＧの面積は，８×８÷２＝32(cm²)

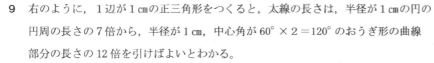

11　**【解き方】右のように作図する。以下，回転させてできる立体は，すべて２点Ａ，Ｂを通る直線を軸としていると考える。できる立体は，台形ＡＢＣＤを１回転させてできる立体から，長方形ＡＢＦＧ，三角形ＨＩＪ，三角形ＫＬＭをそれぞれ１回転させてできる立体を取り除いた立体となる。**

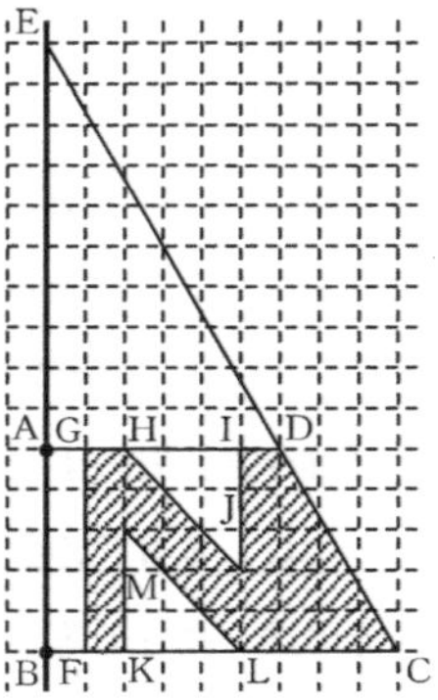

三角形ＡＤＥと三角形ＢＣＥは同じ形の三角形で，ＡＤ：ＢＣ＝６：９＝２：３だから，三角形ＡＤＥを回転させてできる立体と三角形ＢＣＥを回転させてできる立体の体積の比は，(２×２×２)：(３×３×３)＝８：27

三角形ＡＤＥを回転させてできる立体は，底面の半径がＡＤ＝６㎝，高さがＡＥ＝10㎝の円すいなので，体積は，$6\times6\times3.14\times10\times\frac{1}{3}=120\times3.14$(㎤)

よって，台形ＡＢＣＤを１回転させてできる立体の体積は，$(120\times3.14)\times\frac{27-8}{8}=285\times3.14$(㎤)

長方形ＡＢＦＧを１回転させてできる立体は，底面の半径がＢＦ＝１㎝，高さがＡＢ＝５㎝の円柱なので，体積は，$1\times1\times3.14\times5=5\times3.14$(㎤)

三角形ＨＩＪ，三角形ＫＬＭをそれぞれ１回転させてできる立体は右図のようになり，合わせると，底面の半径がＢＬ＝５㎝，高さがＩＪ＝３㎝の円柱から，底面の半径がＢＫ＝２㎝，高さがＩＪ＝３㎝の円柱を取り除いた立体となるので，体積は，$5\times5\times3.14\times3-2\times2\times3.14\times3=63\times3.14$(㎤)

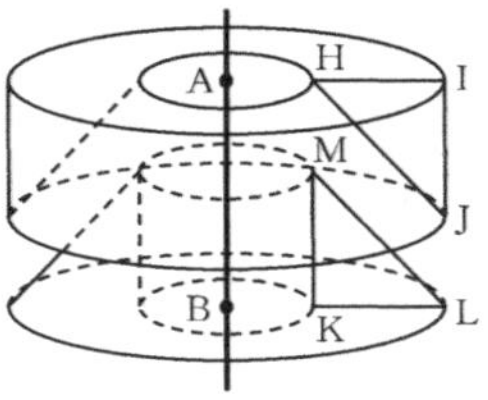

よって，求める体積は，$285\times3.14-5\times3.14-63\times3.14=217\times3.14=681.38$(㎤)

12　**【解き方】切り口の図形は，図ｉの太線のような正六角形である。各段の切り口に注目して考える。**

図ｉ

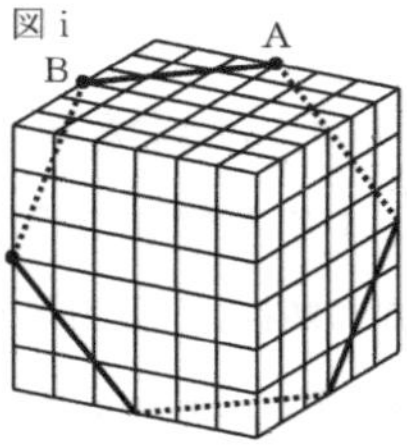

図ⅱ

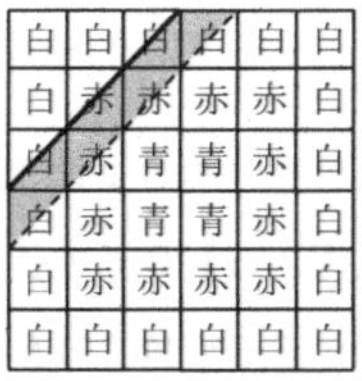

上から１段目について，上の面の切り口は図ⅱの太線部分，下の面の切り口は破線部分となるので，１段目の切り口は色つき部分となる(実際にはななめに切断しているので，切り口の形は少し異なる)。

図ⅲ

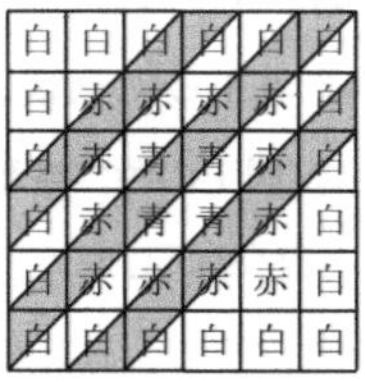

図ⅳ

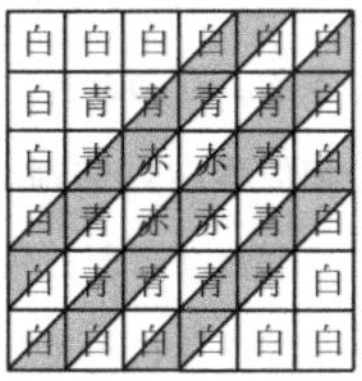

同様に考えると，１，３，５段目の切り口は図ⅲの色つき部分，２，４，６段目の切り口は図ⅳの色つき部分となる。

以上より，切り口の正六角形の色をまとめると図ｖのようになる(色つき部分が赤，斜線《しゃせん》部分が青)から，赤い部分の面積は，白い部分の面積の，$\frac{15}{24}=\frac{5}{8}$(倍)である。

図ｖ

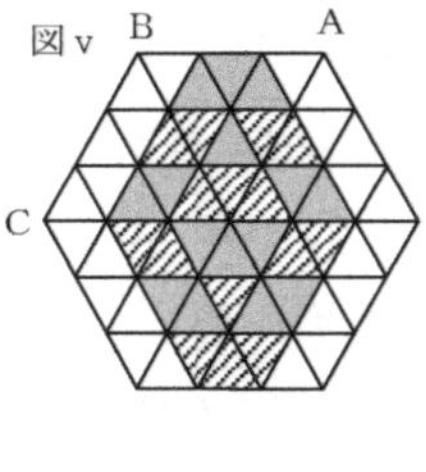

《2023　１日目　理科　解説》

1　**問１**　60℃の水 100ｇにＡ60ｇを溶《と》かしてほう和水溶液《すいようえき》100＋60＝160(ｇ)ができるから，ほう和水溶液 100ｇには，$60\times\frac{100}{160}=37.5$(ｇ)のＡが溶けている。

問２　60℃のほう和水溶液 160ｇを 10℃まで冷やすと，60－20＝40(ｇ)のＡが出てくるので，ほう和水溶液 100ｇでは，$40\times\frac{100}{160}=25$(ｇ)のＡが出てくる。

問３　10℃の水 100ｇにＡは 20ｇまで溶けるので，26ｇのＡが溶けきらずに出てきたということは，Ｘにふくまれ るＡは 20＋26＝46(ｇ)である。

問4　XにBは 50－46＝4（g）ふくまれている。Bは 10℃の水 100 g に 32 g まで溶けるので，4 g のBを溶かす10℃の水は $100\times\frac{4}{32}=12.5$（g）である。よって，水を $100-12.5=87.5$（g）蒸発させることができる。また，Aは10℃の水 100 g に 20 g 溶けているので，$20\times\frac{87.5}{100}=17.5$（g）のAが出てくる。

問5(1)　Bは 10℃の水 100 g に 32 g まで溶けるので，水を 75 g 蒸発させたとき残りの 25 g に $32\times\frac{25}{100}=8$（g）のBが溶けている（XにBは8 g ふくまれている）。よって，XにCは 50－8＝42（g）ふくまれている。

(2)　10℃の水 25 g にCは $24\times\frac{25}{100}=6$（g）まで溶けるから，Cは合計で 42－6＝36（g）出てくる。

2　**問1**　地面に当たる光の量は図 i 参照。金属板と太陽光の間の角度が 90 度のとき，金属板に最も光が当たるので，x＝30 のときの光の量は1である。x＝60 のとき，x＝0のときと金属板に当たる光の量が同じだから，光の量は 0.87 である。x＝90 のとき，直角三角形の辺の比を利用して，金属板に当たる光の量は1の半分の 0.5 である。

図 i

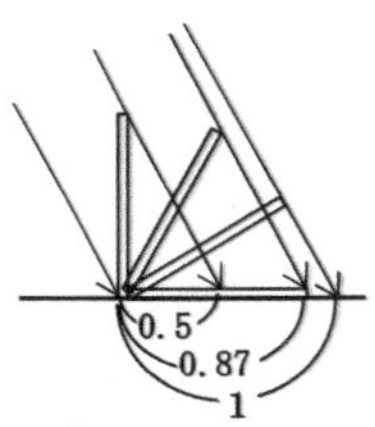

問2　金属板が受け取るエネルギーは表の光の量に比例する。x＝0のとき（光の量が 0.87 のとき），10 分間で金属板の温度は 10℃上昇したので，x＝30 のとき（光の量が1のとき），$10\times\frac{1}{0.87}=11.49\cdots\rightarrow$ 11.5℃上昇《じょうしょう》して，31.5℃となる。

問3　オ○…10 分間で光の量が 0.87 から1に変化するので，金属板の温度上昇は 10℃から 11.5℃の間（金属板の温度は 30℃から 31.5℃の間）になる。x＝10 のとき，光の量は 0.94 で，すでに 0.87 よりも1に近い光の量になっているので，金属板の温度は 30℃よりも 31.5℃に近い 31.0℃になる。

問4　このとき，最初の 10 分間で金属板に当たる光の量と次の 10 分間で金属板に当たる光の量が等しい。最初の 10 分間で金属板の温度は 11.0℃上がるので，次の 10 分間でも 11.0℃上がって，42.0℃になる。

問5　問4の半分の時間で金属板を問4と同じ角度まで引き上げたので、温度上昇は問4の半分の 11.0℃である。よって，金属板の温度は 31.0℃になる。

3　**問3**　牛肉は水とタンパク質の割合が大きい②，バナナは水と炭水化物の割合が大きい③，ほうれんそうは水の割合が最も大きく，その他（ビタミン，ミネラル）の割合も大きい①，ごまは脂肪《しぼう》の割合が大きい④である。

問4　SがY（でんぷん）を他のものに変える性質をもつことを確かめるので，実験2では，実験1と比べてS以外の条件が同じになるようにする。実験2ではY（でんぷん）が残っているので，ヨウ素液をたらすと青むらさき色になる。

4　**問1**　北の空で北斗七星を同じ時刻に観察すると，一か月ごとに北極星を中心に 30 度反時計回りに動いて見えるから，ウ，イ，アの順となる。また，やぎ座は東の地平線からのぼり，南の空を通って西の地平線にしずむ。南の空でエのように見えるので，エで最も低い位置にある星に比べて，高い位置にある星ほど大きく東から西へ動いて見えるから，カ，エ，オの順となる。

図 ii

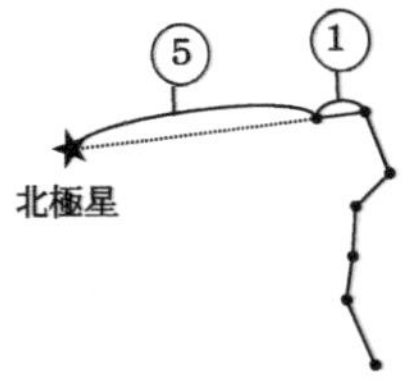

問2　図 ii のように北斗七星から北極星の位置がわかる。よって，北斗七星のスケッチを2回目にえがいたイのときには，北の空で北斗七星は北極星の右（東）側にあり，北東の方角に見えている。

問3　夏の大三角をつくる星は，こと座のベガ，わし座のアルタイル，はくちょう座のデネブである。

問4　夏の大三角をつくる星は頭の真上を通るので，真上を通過すると，真上の方向を示す矢印に対する星座の向きが反対になる。1か月前の真上を通る前の図ではベガが真上に一番近い位置に見えたので，1か月後の真上を通ったあとの図では，ウのようにベガが真上から一番遠い位置に見える。

5 問1　⑤10円硬貨《こうか》に青緑(緑青)色のろくしょうができるのは，空気中の酸素と結びつくからである。仏像などが青緑(緑青)色に見えるのも，同じ理由によるものである。

問2　現在，流通している硬貨はすべて水にしずむ。なお，1円玉を水面に対して平らになるように静かに置くと，水面の表面張力などにより浮かべることができる。

問3　⑥，⑦表1より，加えたAの体積が10㎤増えると，溶け残ったアルミニウムの重さが0.09g減り，発生した気体の体積が120㎤増えることから，A10㎤と反応するアルミニウムは0.09gで，そのとき発生する気体は120㎤とわかる。よって，Aの体積が60㎤のとき，アルミニウム0.5gは全て溶《と》け(溶け残ったアルミニウムは0g，Aは余る)，発生した気体の体積は $120\times\frac{0.50}{0.09}=666.6\cdots\rightarrow667$ ㎤となる。　⑧〜⑩表2より，加えたAの体積が20㎤増えると，溶け残った亜鉛《あえん》の重さが0.65g減り，発生した気体の体積が240㎤増えることから，A20㎤と反応する亜鉛は0.65gで，そのとき発生する気体は240㎤とわかる。よって，Aの体積が100㎤のときと120㎤のとき，亜鉛3gは全て溶け(溶け残ったアルミニウムは0g，Aは余る)，発生した気体の体積はAの体積が100㎤のときと120㎤のときは同じ1108㎤である。

問4　銅は塩酸と反応しないので，発生した260㎤は亜鉛によるものである。よって，問2解説より，Aと反応した亜鉛の重さは $0.65\times\frac{260}{240}=\frac{169}{240}$(g)だから，5円硬貨にふくまれる亜鉛の割合は $\frac{169}{240}\div2\times100=35.2\cdots\rightarrow35\%$，銅の割合は65%となる。なお，亜鉛 $2\times0.35=0.7$(g)とA $20\times\frac{260}{240}=21.6\cdots$(㎤)が反応している(Aは余っている)。

問5　反応したアルミニウムと亜鉛の重さの合計は6.1gである。6.1gが全てアルミニウムだとすると，発生する気体は $120\times\frac{6.1}{0.09}=\frac{24400}{3}$(㎤)で，実際より，$\frac{24400}{3}-3120=\frac{15040}{3}$(㎤)多い。アルミニウム1gが反応すると，$120\times\frac{1}{0.09}=\frac{4000}{3}$(㎤)，亜鉛1gが反応すると，$240\times\frac{1}{0.65}=\frac{4800}{13}$(㎤)の気体が発生するから，アルミニウム1gを亜鉛1gに変えると，発生する気体は，$\frac{4000}{3}-\frac{4800}{13}=\frac{37600}{39}$(㎤)少なくなる。したがって，反応した亜鉛は，$\frac{15040}{3}\div\frac{37600}{39}=5.2$(g)，アルミニウムは $6.1-5.2=0.9$(g)である。また，アルミニウム0.9gはA $10\times\frac{0.9}{0.09}=100$(㎤)と反応し，亜鉛5.2gはA $20\times\frac{5.2}{0.65}=160$(㎤)と反応するから，Aは余っていて，溶け残りの3.9gは全て銅だとわかる。

6 問1，2　図iiiのように，Sが引く力とつりあう力がAが引く力とBが引く力に等しく分かれてかかるような位置，つまり，Sの糸の延長線が，張られた糸が折れ曲がって作る角を二等分するような位置でつりあう。

図iii

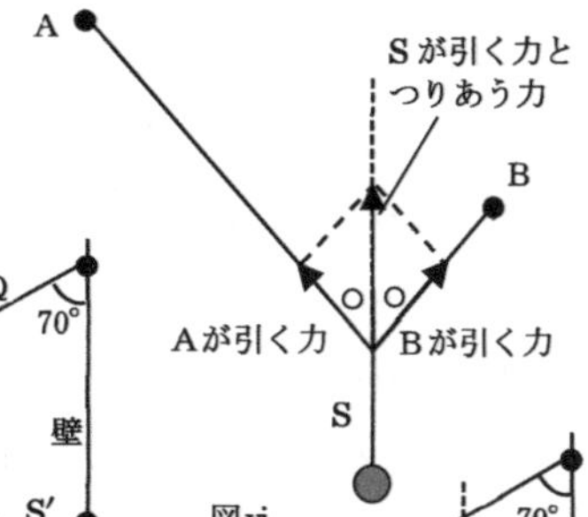

問3　図iv参照。求める角度を△とすると，平行線と角の関係より，図ivの△の角度はすべて等しい。また，棒をすべる輪は，棒とS′の角度が90°になる位置で止まる。よって，△は $90-70=20$(°)である。

図iv

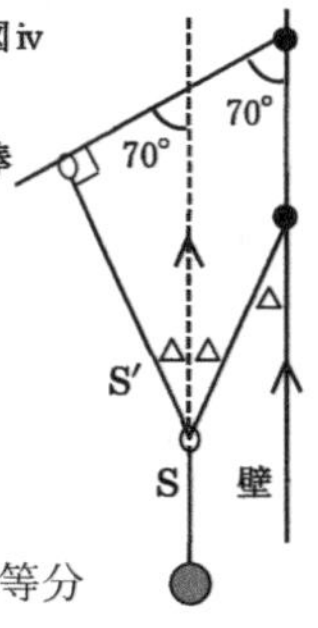

図v

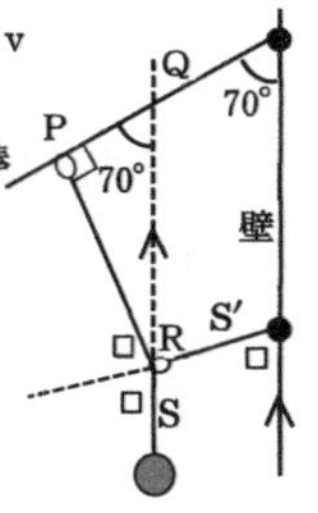

問4　図v参照。求める角度を□とすると，S′の糸の延長線はSが折れ曲がって作る角を二等分するので，図vの□の角度はすべて等しく，∠PRQは20°とわかる。よって，□は $(180-20)\div2=80$(°)となる。

図vi

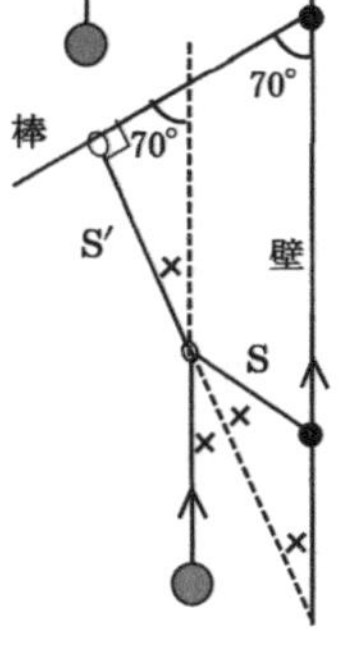

問5　図vi参照。S′の糸の延長線はSが折れ曲がって作る角を二等分する。×の角度はすべて等しく20°だから，求める角度は $180-20\times2=140$(°)となる。

《2023　2日目　国語　解説》

一　**問二**　「今は農業をやっている」のが意外に思えるようなタイプの人。直前の段落で語られた、「本好き」「十年ちょっとの間、本屋として過ごした」などから読みとり、まとめる。

問三　――線部Dの次の行に「農業へ漠然《ばくぜん》とした憧《あこが》れを抱《いだ》きはじめた」とあることに着目する。その前で、『忠吉《ちゅうきち》語録』という本がきっかけだったことが語られている。

問四　「ポケットの種」は、筆者が「人肌《ひとはだ》くらいの温度を保つ」ためにポケットに入れて持ち歩いていた「ナスの種」。それがたまたまデザイナーのＡさんの目にふれて、その「種の話」をし、「別れ際《ぎわ》に、いつか農業に携《たずさ》わってみたいと打ち明けた」とある。するとＡさんが「友人夫婦《ふうふ》～有機農業をしている～ちょうど今、求人をしている～どうですか？」と紹介《しょうかい》してくれて、漠然と憧れていた農業への道が開けた。

問五　――線部４について、以降で具体的に説明している。「初日～『畝《うね》が長くてビビった。』～だいたい 70 メートル～最初はこれがとんでもなく長く見えた」という感覚だったのが、農作業を一年続けると「手足を使って距離《きょり》を測る。慣れていくと、見ただけでなんとなくの長さがわかる～長さ、広さ～計量など、自分の体を規格に世界を観察すると、風景が具体化していって、最初はあんなに広く～感じていた畑が、今は違《ちが》って見える」と変化した。

問六　――線部５の直前の「農業の一年目を終えて、そんなことを考えている」の「そんなこと」が指す内容を読みとる。それは、一年経《た》って自分の感覚が変わった、農家らしい感覚になってきたと感じるということ。つまり、一年やってみないとわからない、というような意味だといえる。よって、引用部分(幸田文《こうだあや》「ひのき」『木』収録)の「料理も衣服も住居も、最低一年をめぐって経験しないことには、話にならないのだ」。本文最後の段落の「一年経って、彼女《かのじょ》(幸田文)の『一年めぐらないと確かではない』という言葉の意味がよくわかる」も参照。

問七　「縫《ぬ》い目」は、縫い合わせた境目。有機農業を営む会社で働き始めて一年ほどの筆者が望んでいることである。それは、たとえば近所の人から「生活の知恵《ちえ》」を教わって「来年、同じ季節がやってくる」のを楽しみに待ち、農産物と食生活の密接なつながりを実感するときなどに思うこと。職業としての「農業」と、衣食住に必要なものを生み出す「農業」は、本来境目なくつながっている。農家になって、そのような生き方をしたいということ。

二　**問一**　――線部１と同じ段落内に「自分が作り出す、何十年も変わらない自分の味に疲《つか》れて、嫌気《いやけ》がさし」「そして私は、誰《だれ》かのために作ることに、疲れ切ってしまったのだ」とある。

問二　――線部２の前に「結婚適齢期《けっこんてきれいき》に近づくにつれ」、実の母が「おふくろの味だとか、男性を喜ばせるレシピなんて本を送ってくるようになり」、「『もうちょっと甘《あま》くしたほうが男の人は好きだよ。』とか、『働《はたら》き盛《ざか》りの男の人には塩分を多めに。』とか、ことあるごとに言われるようになった」、「課題点の先にあったのは、結婚だった」とあることから読みとり、まとめる。

問三　――線部３は、料理を始めた小学生の頃《ころ》に感じていたこと。つまり「材料を切って～調味料を加えていくことで、食べることができるなにかになるという面白《おもしろ》さと、それを『美味《おい》しい』なにかに変えていくことの楽しさ～母が驚《おどろ》くのも、兄が褒《ほ》めちぎるのも、父が残さず食べてくれるのもうれしかった」というような気持ち。

問四　「私」が作った料理を食べた息子《むすこ》たちが「微妙《びみょう》な表情をしつつも、『美味しいよ。でもお腹《なか》がいっぱいなんだ。』と、私に対する優《やさ》しさを最大限に発揮して言った」という場面。まずくて食べられないと言ったら作ってくれた「私」が傷つくので、息子たちが気をつかっているということ。それがわかって申し訳なく思うのである。

問五　「自分の念」とは、同じ段落で述べている「自分の気持ちが先行し、それが常に空回りする」という「考えすぎ」なこと。「私」が料理に対して思いこんでいたこと、とらわれていたこととは何かを読みとる。喜んで食べてもらうために工夫《くふう》を重ね、「『美味しい料理を作らなければ。』という強い思い(そして重い)だけが空回りしたと気づく」とあることから、そのプレッシャーが読みとれる。また、――線部５の４～10 行前で語られた「『作ってやったのだから、喜んで食べるのは当然だ。』みたいな」一方的な気持ちを押《お》しつけてしまうエゴもふくまれる。

問六　簡単でシンプルなメニューを出しても、家族から「うまい！」「うわあ、美味しい。」と喜ばれて「食卓《しょくたく》が盛り上が」れば、「私」としては、うまくやった、勝った、という気分になる。「素材が良ければ」それだけで十分おいしいのだから、勝てる確率は上がる。

問七　文章Ａでは「私はもう一度、料理に向き合おうと決めた。今度は誰かのためではなく、<u>自分自身のため</u>に。自分のより良い生活のために」と述べ、文章Ｂには「肩《かた》の力を抜《ぬ》く～『皿の上に自分の念まで盛り付けない』～ということで、最近のわが家の食卓は、週の半分が<u>ミールキット</u>～残りの半分が<u>究極にシンプルなメニュー</u>で構成されている」「もちろん、自分が本当に好きなメニューもどんどん作る。自分のために作る」とある。これらの内容をもとに、どのような料理になったかを説明する。

三　**問二**　「カドがとれ」ておだやかになった「わたし」が、「そういえば」と思い出し、「声が小さく～ついていかなくなっていないか」とふり返っている。ここから、かつては声高く夢を語ったり、するどい感性をあらわにしたりして、事をかどだてることも辞さなかったであろうことがうかがえる。よって、ウの「尖《とが》っている」が適する。

問三　ここでは、夢や希望を声高に語っていた勢いが弱まる、トーンダウンするということ。よって、オが適する。

問四　「カネとかモノのあたたかさにひたって」いる＝「世間の誘惑《ゆうわく》のなかに」いる、ということ。

問五Ａ　年をとって「ずいぶんカドがとれましたね」と言われた「わたし」が、もっともらしい理由をつぶやきながらも、「そういえば」と、声高く未来を語ったり、豊かな感受性を表したり、「憤《いきどお》りに満ちた世界を変えること」を望んだりしていた自分をふり返った。　　**Ｂ**　前問Ａのような、尖っていた過去の自分から、「カネとかモノのあたたかさにひたっていたい」と思ってしまう今の自分を見て、「どうか手を強く握《にぎ》ってください」と思っている。経済的に豊かになり、丸くなったと思われても、熱い思いを完全に失ってしまったわけではないことを自覚し、これからも「生きる意味を問いつづけ」ようと思っているのである。

問六　「丸くなる」は「カドがとれる」と同じ意味。「座《すわ》っている」は、立ち上がって行動しないということ。また、「丸くなって座っている」には、周囲の人といっしょに輪を作っているイメージが重ねられる。

《2023　２日目　算数　解説》

1　(1)　81 から始めると，81→84→42→21 となるので，操作を３回行うと 21 が得られる。

操作を続けると，81→84→42→21→24→12→６→３→６→３→…となり，６回目以降は，６と３の変化が続き，操作が奇数回のときは３，偶数《ぐうすう》回のときは６が得られる。よって，操作を 2023 回行うと３が得られる。

(2)　**【解き方】操作を１から逆算して考える。操作が１つ戻《もど》ると，「３小さくなる」または「２倍になる」。**

「３小さくなる」可能性があるのは，小さくなった後の数が奇数になるときだけである。

図にまとめると右のようになるので，Ａとして考えられる数は，

７，20，26，29，64 である。

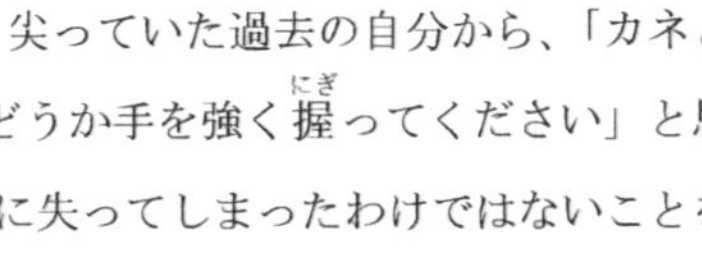

(3)　**【解き方】操作を何回か行い，規則性を見つける。**

２をａ回かけた数を「2^{a}」と表し，「２のａ乗」と読む。このとき，問題の数は「$2^{2023}-1$」と表せる。

2^{2023}を２で割ると，２を 2022 回かけた数になるので，2^{2022}となる。

また，$2=2^{1}$であり，$2\div 2=1$だから，$2^{0}=1$である。

操作を１回行うと，$2^{2023}-1+3=2^{2023}+2$，２回行うと，$(2^{2023}+2)\div 2=2^{2023}\div 2+2\div 2=\underline{2^{2022}+1}$となる。

同様にして，３回行うと$2^{2022}+4$，４回行うと$2^{2021}+2$，５回行うと$\underline{2^{2020}+1}$となる。

下線部の数に注目すると，２回目の操作以降は，「３を足す」，「２で割る」，「２で割る」という３回の操作をするごとに２の右上の数(これを指数という)が２ずつ小さくなることがわかる。

よって，操作を$2+2022\times\frac{3}{2}=3035$(回)行うと，$2^{0}+1=1+1=2$となり，次の操作で１になるから，初めて１が得られるのは，3036回である。

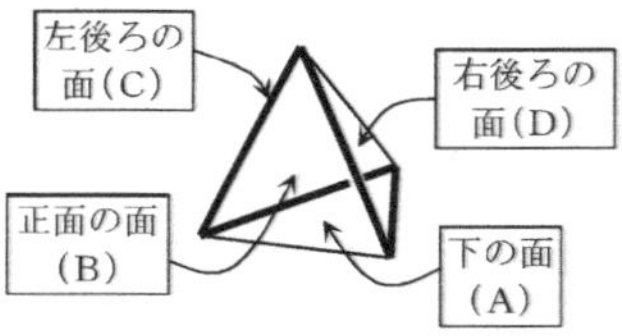

2 **【解き方】三角すいについて，右図のように記号をおき，はじめに紙についている面をＡとして考える。１回転がすことで，紙についている面がＡからＢに変化すると，インクの線の長さは２㎝増える。このように，１回転がすごとの，紙についている面の変化と増えるインクの線の長さをまとめると，右のようになる（ＡからＢに変化する場合もＢからＡに変化する場合も同じである）。また，ＡからＢに変化した後すぐにＢからＡに変化するとインクの長さが増えないように，前にいた場所に戻るとインクの線の長さが増えないことに気をつける(転がすのは４回までなので，直前にいた場所に戻る転がし方以外の転がし方で，一度通った場所を再び通ることはできないから，その可能性は考えなくてもよい)。**

紙についている面の変化	A⇔B	A⇔C	A⇔D	B⇔C	B⇔D	C⇔D
増えるインクの線の長さ(㎝)	2	1	1	1	1	2

(1)　初めの長さは２㎝なので，長さの合計が３㎝となるのは，紙についている面がA→C→AまたはA→D→Aと変化したときである。

長さの合計が４㎝となるのは，A→B→AまたはA→C→BまたはA→D→Bと変化したときである。

長さの合計が5㎝となるのは，A→B→CまたはA→B→DまたはA→C→DまたはA→D→Cと変化したときである。

(2)　１回転がすごとに増える長さは１㎝か２㎝なので，(1)で５㎝のものから，２㎝増える転がし方があるかを考えると，D⇔Cで２㎝増えることから，A→B→C→D，A→B→D→Cが見つかる(A→C→D→C，A→D→C→Dは前にいた位置に戻るので適さない)。よって，長さが最も大きくなるのは５＋２＝７(㎝)で，転がし方は２通りある。

(3)　【解き方】Ａ⇔Ｂ，Ｃ⇔Ｄのときしか２㎝増えることはないので，長さが連続で２㎝増えることはない。
(2)の７㎝のものは３回目で２㎝増えているので，４回転がしたとき，長さが最も大きくなるのは８㎝である。
また，８㎝となるのは，３回目で７㎝のものから１㎝増える場合と，３回目で６㎝のものから２㎝増える場合がある。

３回目で７㎝のものから１㎝増えるのは，A→B→C→D→A，A→B→C→D→B，A→B→D→C→A，A→B→D→C→Bの４通りある。

３回目で６㎝のものから２㎝増える場合について考える。３回目で６㎝のもののうち，３回目に２㎝増えたものは４回目に２㎝増えることはないので，３回目で１㎝増えて６㎝になるものを探す。

(1)の５㎝のものをふまえると，A→B→C→A，A→B→D→A，A→C→D→A，A→C→D→B，A→D→C→A，A→D→C→Bの６通りが見つかる。この６通りに対して，４回目に２㎝増える変化の仕方が１通りずつある(A→BまたはB→A)ので，３回目で６㎝のものから２㎝増えるのは６通りある。

したがって，長さが最も大きくなるのは８㎝で，転がし方は４＋６＝10(通り)ある。

3 (1)　クラス全体の合計点は，5.68×25＝142(点)

そのうち，２番の得点の合計点は３×14＝42(点)，３番の得点の合計点は５×14＝70(点)だから，１番の得点の合計点は，142－42－70＝30(点)　　よって，１番を正解した人は，30÷２＝15(人)

⑵　**【解き方】つるかめ算を用いて求める。**

２問正解した16人の合計点は，6.5×16＝104(点)

よって，１問正解した人と３問正解した人は全部で25－16＝９(人)で，その合計点は142－104＝38(点)である。

９人が全員３問正解した場合，その合計点は(２＋３＋５)×９＝90(点)となり，実際より90－38＝52(点)高い。

３問正解した１人を１問正解した１人に置きかえると，１問正解した生徒の平均が3.5点であることから，

合計点は10－3.5＝6.5(点)低くなる。よって，１問正解した生徒は，52÷6.5＝８(人)

⑶　**【解き方】２問正解した16人の生徒の１人あたりの得点は８点か７点か５点で，合計点が104点であることから，つるかめ算を用いて７点と５点の人数を求める。また，得点が５点の生徒は，１番と２番を正解した生徒と，３番だけを正解した生徒がいることに気をつける。**

これまでの解説より，１番，２番，３番を正解した生徒の人数はそれぞれ，15人，14人，14人であり，３問中で

１問，２問，３問正解した生徒の人数はそれぞれ，８人，16人，25－８－16＝１(人)である。

３問正解した人は１人だから，得点が10点の生徒は３通りすべて１人である。

得点が５点の生徒を，１番と２番を正解した生徒(ｃ)，３番を

正解した生徒(ｄ)にわけ，右表のように記号で表す。

	得点(点)	1番 (15人)	2番 (14人)	3番 (14人)	人数(人)
	10	○	○	○	1
2問正解(16人)	8		○	○	a
	7	○		○	b
	5	○	○		c
1問正解(8人)	5			○	d
	3		○		e
	2	○			f
	計				25

得点が８点の生徒が２人(ａ＝２)のとき，ｂ＋ｃ＝16－２＝14で，

その14人の合計点は104－８×２＝88(点)である。14人全員が

７点のときの合計点は７×14＝98(点)となり，実際より98－88＝

10(点)高い。よって，ｃ＝10÷(７－５)＝５，ｂ＝14－５＝９

３番を正解した生徒は14人なので，

ｄ＝14－(１＋ａ＋ｂ)＝14－(１＋２＋９)＝２　　よって，得点が５点の生徒は，ｃ＋ｄ＝５＋２＝７(人)

２番を正解した生徒は14人なので，ｅ＝14－(１＋ａ＋ｃ)＝14－(１＋２＋５)＝６

よって，ｆ＝８－(ｄ＋ｅ)＝８－(２＋６)＝０

同様にして残りの２通りについて考える。

ａ＝４のとき，ｂ＋ｃ＝16－４＝12で，その12人の合計点は104－８×４＝72(点)だから，

ｃ＝(７×12－72)÷(７－５)＝６，ｂ＝12－６＝６

ｄ＝14－(１＋４＋６)＝３より，得点が５点の生徒は，６＋３＝９(人)

ｅ＝14－(１＋４＋６)＝３，ｆ＝８－(３＋３)＝２

ａ＝６のとき，ｂ＋ｃ＝16－６＝10で，その10人の合計点は104－８×６＝56(点)だから，

ｃ＝(７×10－56)÷(７－５)＝７，ｂ＝10－７＝３

ｄ＝14－(１＋６＋３)＝４より，得点が５点の生徒は，７＋４＝11(人)

ｅ＝14－(１＋６＋７)＝０，ｆ＝８－(４＋０)＝４

以上より，解答例のように表の数値が決まる。

4　⑴　正六角形の１つの角の大きさは180°×(６－２)÷６＝120°だから，１辺の長さが６㎝の正六角形の面積から，

半径が６㎝，中心角が120°のおうぎ形の面積をひけばよい。

１辺の長さが６㎝の正六角形の面積は，正三角形ＡＢＣの面積の６倍だから，15.6×６＝93.6(㎠)

求める面積は，93.6－６×６×3.14×$\frac{120^\circ}{360^\circ}$＝93.6－37.68＝55.92(㎠)

(2)　**【解き方】Bが移動しても，BとC，BとEの位置関係は変わらない。よって，右図のように，C，Eはそれぞれ，P，Qを中心とする半径6cmの円周上を1周する。したがって，面積を求める図形は右図の斜線《しゃせん》部分となる。**

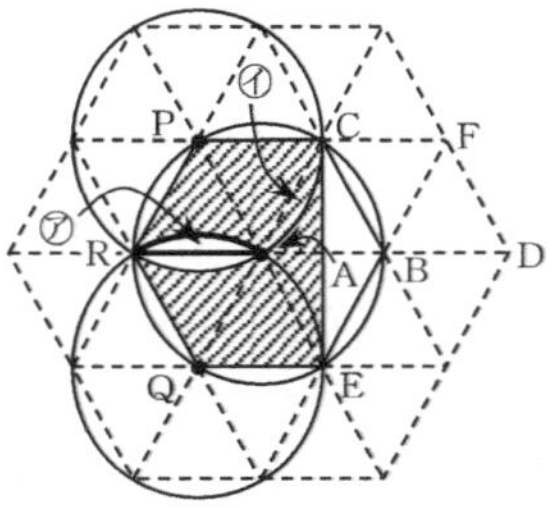

㋐の面積は㋑の面積と等しいので，求める面積は，(1)で求めた面積に，三角形ＡＣＰと三角形ＡＰＲの面積を足して，三角形ＣＥＢの面積を引いた値と等しい。したがって，(1)で求めた面積に，1辺が6cmの正三角形1個ぶんの面積を足せばよいから，$55.92+15.6=71.52$(cm²)

(3)　**【解き方】D，Fはそれぞれ，B，Cの最初の位置を中心とする半径6cmの円周上を1周する。面積を求める図形は右図の斜線部分となる。S，Tはそれぞれ，曲線ＡＰ，ＥＡの真ん中の点であり，四角形ＣＳＴＢは1辺が6cmの正方形である。**

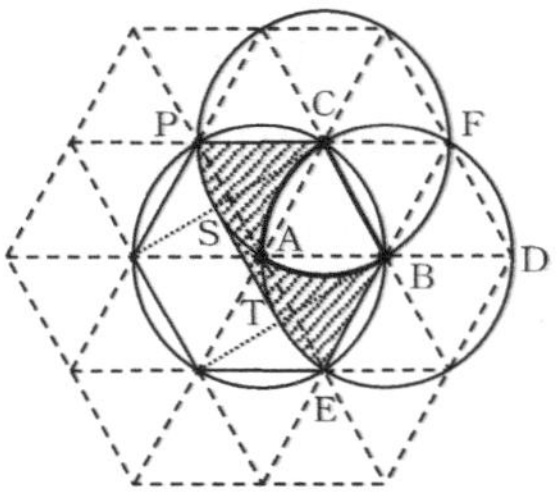

1辺が6cmの正方形の面積と，半径が6cm，中心角が$60°÷2=30°$のおうぎ形の面積の2倍を足して，太線で囲まれた部分の面積をひけばよい。

太線で囲まれた部分の面積は，半径6cm，中心角60°のおうぎ形の面積の2倍から，1辺が6cmの正三角形の面積をひけばよいので，$6\times6\times3.14\times\frac{60°}{360°}\times2-15.6=22.08$(cm²)

よって，求める面積は，$6\times6+6\times6\times3.14\times\frac{30°}{360°}\times2-22.08=32.76$(cm²)

5　(1)　**【解き方】平面㋐と立方体の辺が交わる点はすべて辺の真ん中の点であり，切り口は右図の太線のように正六角形になる。この切り口は立方体の4本の対角線が交わる点を通る。立方体を，対角線が交わる平面で2つにわけると，体積が2等分される。**

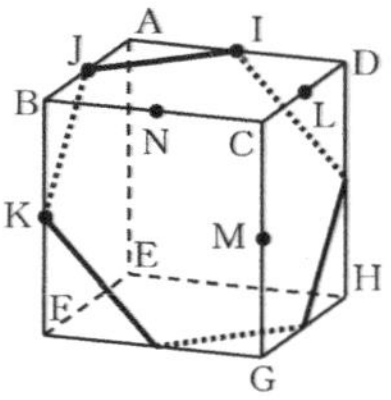

求める体積は立方体ＡＢＣＤ－ＥＦＧＨの体積の$\frac{1}{2}$だから，$6\times6\times6\times\frac{1}{2}=108$(cm³)

(2)　**【解き方】切り口は図ｉの太線部分である。㋐と㋑はＦＧの真ん中の点とＩを通る直線で交わり，㋐と㋒はＧＨの真ん中の点とＪを通る直線で交わり，㋑と㋒はＡＥの真ん中の点とＭを通る直線で交わる。したがって，立方体ＡＢＣＤ－ＥＦＧＨを1辺が3cmの立方体8つにわけ，Ｇを含む立方体について考えると，体積を求める立体は図ⅱのようになる。**

図ｉ

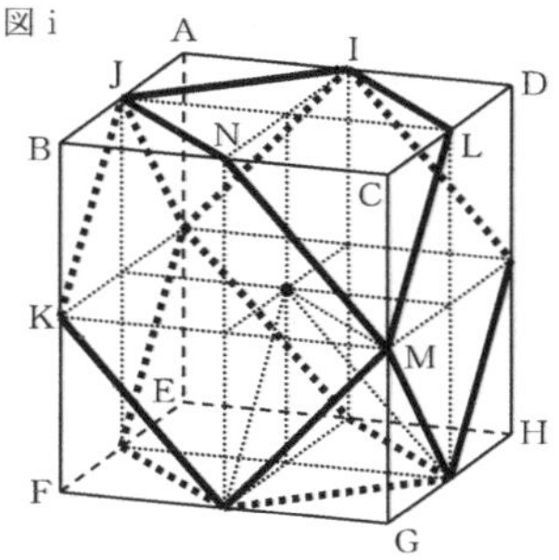

図ⅱ

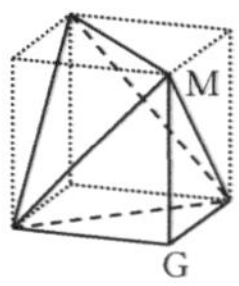

体積を求める立体は，1辺が3cmの立方体から，直角をはさむ2辺の長さが3cmの直角二等辺三角形を底面とする，高さが3cmの三角すいを3つ取り除いた立体である。

よって，求める体積は，$3\times3\times3-(3\times3\div2\times3\times\frac{1}{3})\times3=13.5$(cm³)

(3)　**【解き方】Ｄを含む立体は図ⅲの太線部分である。直方体ＩＮＣＤ－ＴＲＧＨの体積から，立体ＩＲＴ－ＵＳＨと立体ＩＮＲ－ＬＣＭの体積を引けばよい。**

図ⅲ

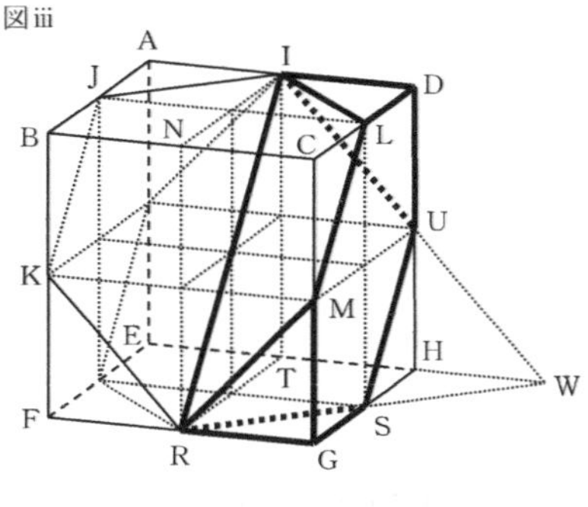

直方体ＩＮＣＤ－ＴＲＧＨの体積は，$6\times6\times6\times\frac{1}{2}=108$(cm³)

立体ＩＲＴ－ＵＳＨは，三角すいＷ－ＩＲＴから三角すいＷ－ＵＳＨを除いた立体である。この2つの三角すいは同じ形で，

ＩＴ：ＵＨ＝２：１だから，HW＝ＴＨ＝３cm，体積比は，

$(2\times2\times2):(1\times1\times1)=8:1$

したがって，立体ＩＲＴ－ＵＳＨの体積は，$\{(6\times6\div2)\times6\times\frac{1}{3}\}\times\frac{8-1}{8}=31.5$(cm³)

立体ＩＮＲ－ＬＣＭは立体ＩＲＴ－ＵＳＨと合同だから，体積は31.5cm³である。

よって，求める体積は，$108-31.5\times2=45$(cm³)

⑷　**【解き方】まず，平面ＮＰＱについて考える。この平面と立体Ｖが交わる線はすべて，平面ＫＭＵより上になるから，平面ＫＭＵより上だけを考える。ＫＭの延長とＮＱの延長が交わる点をａとし，平面ＮＰＱと平面ＫＭＵが交わる直線上の点を図のようにｂ，ｃとする(図ⅳ参照)。**

図ⅳ

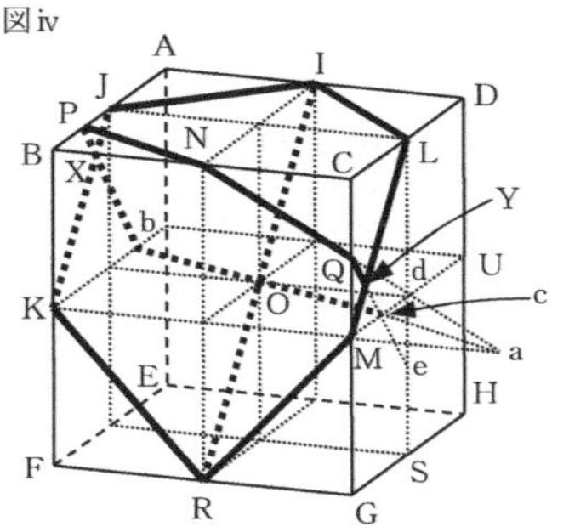

三角形ＣＱＮと三角形ＭＱａは合同だから，Ｍａ＝ＣＮ＝３cm

三角形ＢＮＰと三角形Ｍａｃ，Ｋａｂは同じ形で，

ＢＰ：ＢＮ＝１：２だから，Ｍｃ＝Ｍａ$\times\frac{1}{2}=1.5$(cm)，

Ｋｂ＝Ｋａ$\times\frac{1}{2}=9\times\frac{1}{2}=4.5$(cm)　　したがって，ｂｃはOを通る。

ＰｂとＪＫ，ＱｃとＬＭが交わる点をそれぞれＸ，Ｙとすると，体積を求める立体は図ｖのようになる。

したがって，求める体積は，立体ＩＮＲ－ＬＣＭの体積(⑶より31.5cm³)から，立体ＯＮＲ－ＹＱＭの体積を引いて，三角形ＩＮＯ－ＪＰＸの体積を足した値と等しい。

図ｖ

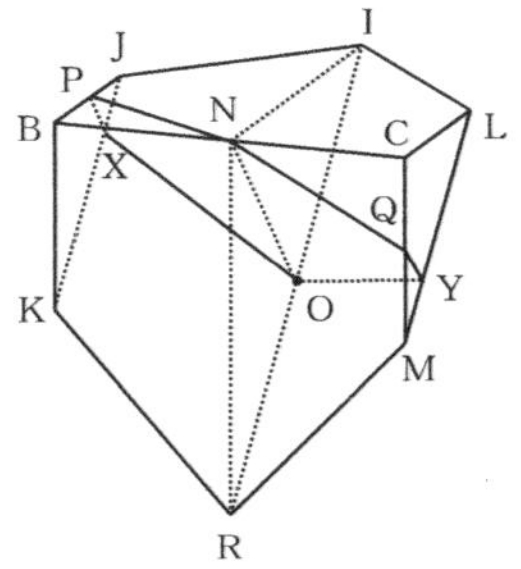

ここで図ⅳに戻って，ＸとＹの位置を考える。

三角形ＪＰＸと三角形ＫｂＸは同じ形でＪＰ：Ｋｂ＝1.5：4.5＝１：３だから，

ＰＪからＸまでの距離《きょり》はＢＫの長さの，$\frac{1}{3+1}=\frac{1}{4}$なので，$\frac{3}{4}$cmである。

MUとＬＳが交わる点をｄ，ＱＹの延長とＬＳが交わる点をｅとすると，

三角形MＱｃと三角形ｄｅｃは合同だから，ｄｅ＝MＱ＝1.5cm

三角形MＱＹと三角形ＬｅＹは同じ形でMＱ：Ｌｅ＝1.5：(３＋1.5)＝１：３だから，

MＱからＹまでの距離はＣＬの長さの，$\frac{1}{3+1}=\frac{1}{4}$なので，$\frac{3}{4}$cmである。

したがって，立体ＯＮＲ－ＹＱＭと立体ＩＮＯ－ＪＰＸを比べると，三角形ＯＮＲと三角形ＩＮＯは面積が等しく$(6\times3\div2)$，三角形ＹＱＭと三角形ＪＰＸも面積が等しく$(1.5\times\frac{3}{4}\div2)$，高さも等しい(３cm)から，体積が等しい。よって，求める体積は立体ＩＮＲ－ＬＣＭの体積と等しく，31.5cm³である。

2022 解答例 令和4年度 ★灘中学校

《1日目　国語》

一　問一. 草刈りでは除去しきれずすぐに生えてくる点。　問二. 自分の管理下にある土地に雑草など生やしてはならず、手入れをすべきだという考え。　問三. 1. ク　2. ウ　3. コ　4. ア　5. エ　6. イ

問四. それ　問五. 1. つらつら　2. てらてら　3. たらたら　4. とろとろ

問六. 1. E　2. A　3. B　4. F　5. G

二　1. 冬　2. 夏　3. 秋　4. 春

三　1. 破　2. 暑　3. 究　4. 針　5. 念

四　1. めく　2. がる　3. やく　4. だつ

五　1. 船　2. ぶろしき　3. 目玉　4. 口　5. 見得　6. なた

六　1. 記号…ウ　書きかえ…母　2. 記号…ウ　書きかえ…お休みになって〔別解〕お休み

3. 記号…ア　書きかえ…いらっしゃった

七　A. 由　B. 世　C. 元　D. 日

E. 都　F. 合　G. 力　H. 文

I. 大　J. 人　K. 気　L. 分

《1日目　算数》

1　127

2　200

3　①3.4　②400

4　①4　②13

5　7500

6　25

7　①6　②16

8　①$2\frac{6}{7}$　②$\frac{5}{6}$

9　$\frac{2}{3}$

10　①6　②2.25

11　47

12　$1\frac{1}{3}$

《１日目　理科》

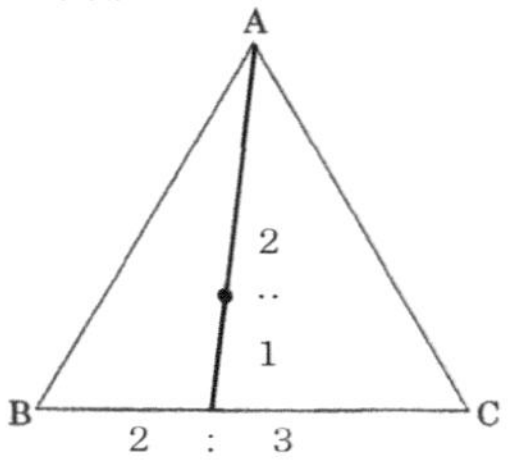

1問３の図

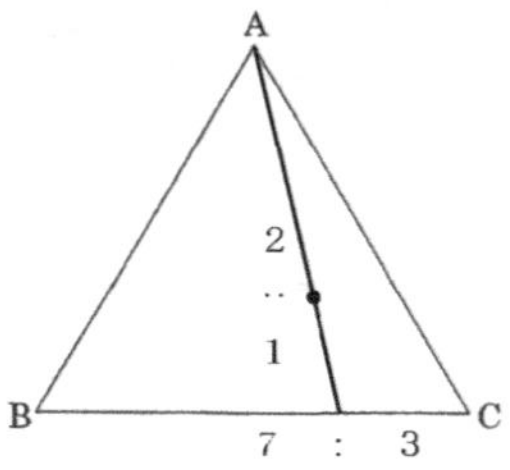

1問４の図

1　問１．①30　②20　　問２．(30，36，24)

問３．おもりの重さ…90　おもりの場所…右図

問４．おもりの重さ…150　おもりの場所…右図

問５．D．10　E．50　F．90

2　問１．新しい空気にふくまれる酸素が結びつくから。

問２．C　　問３．0.57　　問４．①エ　②イ　③ア

問５．4　　問６．12.5

3　問１．①ウ　②オ　③ア　④エ　　問２．75　　問３．ウ　　問４．①18　②18　③64

4　問１．イ　　問２．１：２　　問３．1600　　問４．y．100　つなぎ方…ウ

5　問１．①根　②気こう　　問２．エ　　問３．あ．C　い．E　う．A　え．G　お．B　か．H　き．F　く．D

問４．10.3　　問５．0.3　　問６．③B，C，D，E　④H，I

6　問１．38.5　　問２．46.6　　問３．①34.0　②34.0　③40.0　④40.5　⑤青　⑥青　⑦緑　⑧緑　⑨370

《２日目　国語》

一　問一．A．観点　B．確率　C．採用　D．地域　E．適応　F．判明　G．復活　H．護衛　I．職種

問二．より早く成熟してより多くの子孫を残せば、個体としては天敵に食べられて死んでも、種としては存続することができるから。　　問三．長寿になるための遺伝子が進化したヒトは寿命を全うして死ぬが、早く成熟するように進化したマウスは天敵に食べられて死ぬ。　　問四．中型や大型のネズミの長寿化は、独特の身を守る形態や生活環境の多様化によって長生きした種が増えたことで起きたということ。　　問五．乾燥地に掘りめぐらした穴の中で一生を過ごし、天敵におそわれることが少ないから。　　問六．代謝が低く、体内に生じる活性酸素が少ないため、ＤＮＡが酸化されるリスクが低い　　問七．女王のみが子供を産み、女王以外の個体が仕事を分業することで、効率化を図り、一匹あたりの労働量を減少させるという仕組み。　　問八．分業制が寿命の延長につながり、寿命の延長が分業制の高度化・効率化につながり、さらに寿命が延びるという、良いつながりが続くこと。

二　問一．ア　　問二．結果が見えなくても過程自体に純粋に打ち込むことができる、自己満足で楽しむもの。

問三．バイオリンの練習の時間が苦痛で、一刻も早く終わってほしいと願う気持ち。〔別解〕練習の時間が苦痛で早く終わってほしいと願っていた過去の自分をいたわしく思う気持ち。　　問四．戦いの土俵に上がっても、緊張したり畏縮したりせずに、平常心でいられるということ。　　問五．なんのためでもなく自分の好きなことをする楽しさが理解できたことで、結果や評価にとらわれていた感覚から解放されたから。　　問六．自分より才能があり、能力のある者と厳しく比較される　　問七．他人と比べたり無理に上達しようと思ったりせず、自分なりに弾き語りを楽しむことで、ありのままの自分を認められるようになるということ。

三　問一．自然の力に任せる部分が大きいということ。　　問二．エ　　問三．オ　　問四．種まきから三日もしないうちに芽を出した生命力の強さにおどろき、心を打たれる気持ち。　　問五．やわらかな芽の土をもたげる強さが、老いた自分をはげまし、生きる気力をくれるから。　　問六．今は亡き、あの世でねむっている人たちが、自分に会いにこの世に来てくれるということ。

《２日目　算数》

1　(1) 2，3，5，7　(2) 11，20，27，35

※(3) 最も小さい数…16　２番目に小さい数…18

2　(1) 250　※(2) 27　※(3) 84

3　(1) $1\frac{1}{11}$，$2\frac{2}{143}$　※(2) 132

※4　(1) 7　(2) $2\frac{1}{7}$，$6\frac{2}{3}$

5　※(1) 7　(2) 右図

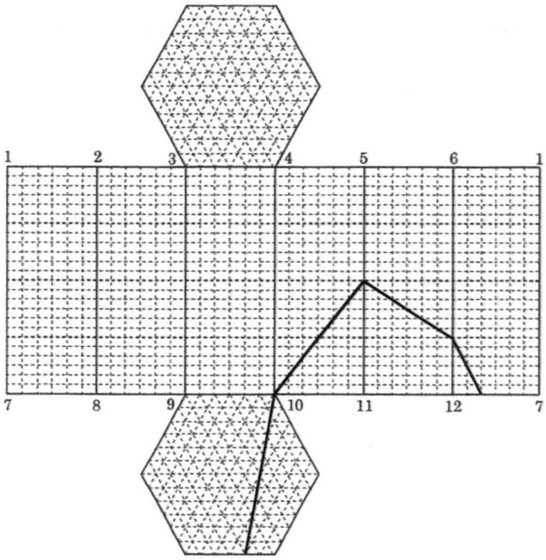

※の文章や式，図などは解説を参照してください。

灘中学校

《2022　1日目　国語　解説》

一　**問一**　直前の「月二回は全員総出で草取り～きれいに刈《か》る～ぜんぶ刈ってしまう」ということをしても除去しきれず、すぐに生えてくるので、「除草剤《じょそうざい》」をまくのである。

問二　直前の「『草ぼうぼう……』とか、『草の伸《の》びるにまかせた……』」は、「手入れ」がされていない、悪い状態を表現したものである。「手入れ」をして良い状態を保たなければいけない、つまり「草など生やして……といわれたくない」「自分の管理下にある土地に、『雑草』(悪いもの)は生やしてはならない」という考えのこと。

問三1　「窮鼠猫《きゅうそねこ》をかむ」は、追いつめられたネズミが猫にかみつくように、弱者であっても追いつめられると強者に対して必死で反撃《はんげき》するというたとえ。　2　「鶏口《けいこう》となるも牛後となるなかれ」は、大きな団体の末端《まったん》にいるより、小さな団体でもかしらになるほうがよい、という意味。　3　「犬馬の労」は、主君や他人のために力をつくすことを、へりくだっていう語。　4　「鶴《つる》は千年亀《かめ》は万年」は、長寿《ちょうじゅ》でめでたいことをたとえていう。　5　「鳶《とび》が鷹《たか》をうむ」は、平凡《へいぼん》な親がすぐれた子をうむというたとえ。　6　「蛇《へび》ににらまれた蛙《かえる》」は、逃《に》げることもさからうこともできず、恐《おそ》ろしさで体がすくんで動けないことのたとえ。

問四　「おいそれと」は、簡単に応じる様子。後に打ち消しの語をともなうことが多い。

問六1　「コントラスト」は、対比、対照。　2　「コンセプト」は、概念《がいねん》、観念(考え)のことで、作品や商品などの中心となる考え方や主張を意味する。　3　「コンセンサス」は、合意。　4　「コントロール」は、調節する、統制するという意味。　5　「コンパクト」は、小型でまとまっていること。

二　1　「襟巻《えりまき》」は冬の季語である。

2　夏は、草が伸びるのがはやい季節である。

3　秋は、日暮れの早さを感じる季節である。

4　「春の海ひねもすのたりのたりかな」は、与謝蕪村《よさぶそん》の代表的な句。「ひねもす」は、朝から晩まで、一日中という意味。「のたり」は、波などがゆったりとうねる様子。

三　1　「他山の石」は、他人の誤った言行も、自分の行いの参考になるというたとえ。「面《つら》の皮が厚い」は、恥《はじ》を恥とも思わず、あつかましいこと。

2　「夜を日に継《つ》ぐ」は、昼も夜も休まないで物事をするという意味。「去る者は追わず」は、自分から離《はな》れていこうとする人を無理に引きとめたりはしないという意味。

3　「九死に一生を得る」は、ほとんど助かりそうもない(十のうち九まで死ぬと思われる)状態から、かろうじて助かること。「墓穴《ぼけつ》を掘《ほ》る」は、自分の行いが原因となって身を滅《ほろ》ぼすことのたとえ。

4　「時は金なり」は、時間は貴重であるから、むだに過ごしてはいけないということ。「十中八九」は、十のうちの八か九まで、おおかた、ほとんど、という意味。

5　「今をときめく」は、今さかんに世間でもてはやされている、という意味。「(這《は》えば立て)立てば歩めの親心」は、(這いはじめると早く立つようにと願い、立つと早く歩きはじめることを願うように)子どもの成長を待ち望む親の心をいう言葉。

五　1　「大船に乗る」は、大きな船のように頼《たよ》りになるものに身を任せる、危険や心配事がなくなって安心できる状態になる、ということのたとえ。

2　「大風呂敷《おおぶろしき》を広げる」は、現実の状況《じょうきょう》に合わないような大げさなことを言ったり計画したりすること。

3　「大目玉を食う」は、ひどくしかられること。

4　「大口をたたく」おおげさに言うこと、えらそうなことを言うこと。

5　「大見得を切る」は、おおげさな言動をして自信を示すこと、できもしないのにできるかのように言うこと。

6　「大鉈《なた》をふるう」は、切るべきものを切って、思いきった整理をすること。

六　1　他の人に対して自分の母親のことを言うときは、「お母さん」ではなく「母」。

2　「お～する」は謙譲語《けんじょうご》(へりくだる表現)をつくる言い方。相手が休むことを言っているので、尊敬語を使う。

3　――線部アは、「いらっしゃる」(来るの尊敬語)と、尊敬の意味を加える「れる」を重ねて使っている。二重敬語は誤りとされる。

《2022　1日目　算数　解説》

1　与式より，$\frac{\square}{726}+\frac{1}{22}=(\frac{121}{363}-\frac{21}{363})\times 2\times\frac{2}{5}$　$\frac{\square}{726}+\frac{1}{22}=\frac{100}{363}\times\frac{4}{5}$　$\frac{\square}{726}=\frac{80}{363}-\frac{1}{22}=\frac{160}{726}-\frac{33}{726}=\frac{127}{726}$　$\square=127$

2　**【解き方】兄の何分《なんぶん》ぶんの仕事と弟の何分ぶんの仕事が等しいかを考える。**

兄が働き始めてから135分で仕事を終えたとき，135＝35＋35＋35＋30だから，兄は30×4＝120(分)働き，弟は135－95＝40(分)働いた。弟が働き始めてから140分で仕事を終えたとき，140－90＝50＝35＋15だから，兄は30＋15＝45(分)働き，弟は140分働いた。

したがって，兄の120－45＝75(分)の仕事と弟の140－40＝100(分)の仕事の量が等しいから，兄と弟が同じ仕事をするのにかかる時間の比は75：100＝3：4である。兄が120分かかる仕事を，弟は$120\times\frac{4}{3}=160$(分)でするから，弟だけで仕事をすると，40＋160＝200(分)かかる。

3　**【解き方】うでの長さを濃度《のうど》，おもりを食塩水の重さとしたてんびん図で考えて，うでの長さの比とおもりの重さの比がたがいに逆比になることを利用する。食塩10gは濃度が100%の食塩水10gと考える。**

5%の食塩水ができた操作《そうさ》についての図1のてんびん図において，

図1

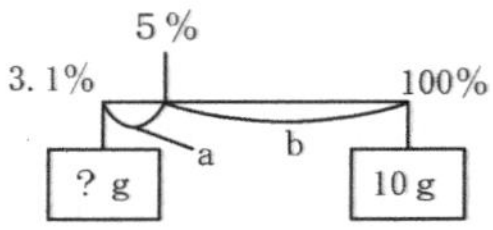

a：b＝(5－3.1)：(100－5)＝1：50だから，3.1%の食塩と10gの食塩の量の比は50：1なので，3.1%の食塩水は，$10\times\frac{50}{1}=500$(g)

したがって，最初に混ぜた食塩水の量は，100gと500－100＝②400(g)である。

3.1%の食塩水ができた操作についての図2のてんびん図において，

図2

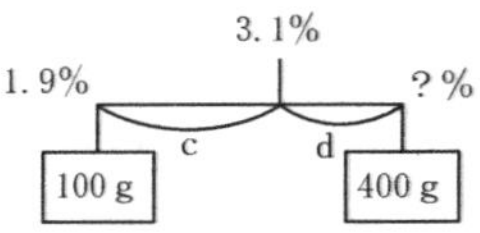

c：dは100：400＝1：4の逆比の4：1だから，d＝$(3.1-1.9)\times\frac{1}{4}=0.3$(%)

よって，400gの食塩水の濃度は，3.1＋0.3＝①3.4(%)

4　**【解き方】nで割るとa余る数と，nで割るとb余る数の積をnで割った余りは，a×bをnで割った余りと等しくなる。また，2を2回かけた数を2^2，10回かけた数を2^{10}のように表し，nを17で割った余りを[n]と表すことにする。まず，17で割った余りが1になるところを探す。**

$[2^2]=[4]=4$，$[2^4]=[2^2\times 2^2]=[4\times 4]=[16]$，$[2^8]=[2^4\times 2^4]=[16\times 16]=[256]=1$

したがって，$[2^{10}]=[2^8\times 2^2]=[1\times 4]=$①4　2022÷8＝252余り6だから，

$[2^{2022}]=[2^8\times 2^8\times 2^8\times\cdots\times 2^8\times 2^6]=[1\times 1\times 1\times\cdots\times 1\times 2^6]=[2^6]=[64]=$②13

5　**【解き方】A×(B＋C＋D)＋B×C×Dとして，B，C，Dの奇数・偶数の組み合わせで場合を分けて考える。**

偶数の選び方と奇数の選び方はそれぞれ5通りある。

B，C，Dの選び方は，

①の場合は5×5×5＝125(通り)，

	パターン	B，C，Dの組み合わせ	B×C×D	B＋C＋D	A
①	奇・奇・奇	1通り	奇数	奇数	奇数(5通り)
②	奇・奇・偶	3通り	偶数	偶数	すべて(10通り)
③	奇・偶・偶	3通り	偶数	奇数	偶数(5通り)
④	偶・偶・偶	1通り	偶数	偶数	すべて(10通り)

②の場合は5×5×5×3＝125×3（通り），③の場合も125×3（通り），④の場合は125通りあるから，

A，B，C，Dの選び方は，125×5＋125×3×10＋125×3×5＋125×10＝125×60＝7500（通り）

6　**【解き方】一の位に着目して，ウ，エから考えていく。2をウ個かけた数を$2^{ウ}$，3をエ個かけた数を$3^{エ}$のように表す。**

ア×$3^{エ}$×625－イ×$2^{ウ}$×625－$2^{ウ}$×$3^{エ}$＝337　　（ア×$3^{エ}$－イ×$2^{ウ}$）×625－$2^{ウ}$×$3^{エ}$＝337とすると，（ア×$3^{エ}$－イ×$2^{ウ}$）×625は625の倍数だから，一の位は0か5になる。また，$2^{ウ}$×$3^{エ}$は偶数だから，差の一の位が7になるのは，$2^{ウ}$×$3^{エ}$の一の位が8のときである。

$2^{ウ}$×$3^{エ}$の一の位が8になる組は，右表の6通りある。

（ア×$3^{エ}$－イ×$2^{ウ}$）×625＝$2^{ウ}$×$3^{エ}$＋337とすると，$2^{ウ}$×$3^{エ}$＋337は625の倍数である。

$2^{ウ}$	$3^{エ}$
2	3
4	9
8	27
16	81
32	243

$2^{ウ}$×$3^{エ}$の一の位が8になる組	$2^{ウ}$×$3^{エ}$＋337	625の倍数？
2×9	355	×
4×27	445	×
8×81	985	×
16×3	385	×
16×243	4225	×
32×9	625	○

625の倍数になるのは，$2^{ウ}$＝32，$3^{エ}$＝9のときだけである。

ア×9－イ×32＝1となるアとイを求めると，イには1から9のいずれかがあてはまる。ア×9＝1＋イ×32として，1＋イ×32が9の倍数になるイの値を調べると，イ＝7が見つかる。

よって，ア×9＝1＋7×32＝225　　ア＝225÷9＝25

7　**【解き方】2枚のAのタイルの位置関係で場合分けをして数え上げる。**

図1

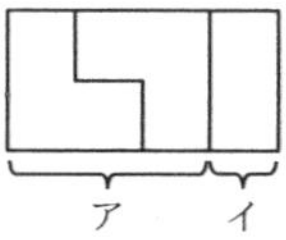

図2

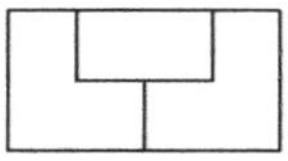

縦20㎝，横40㎝の長方形の中に2枚のAと1枚のBをはりつける場合，右の図1，図2の2パターンが考えられる。

図1はアの部分のはりつけ方が2通り，アとイの並べ方が2通りあるから，2×2＝4（通り）ある。図2は上下を逆にできるので2通りある。よって，全部で，4＋2＝①6（通り）ある。

図3

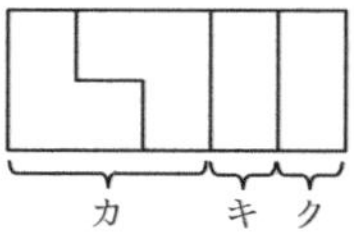

図4

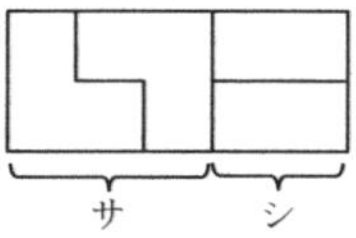

図5

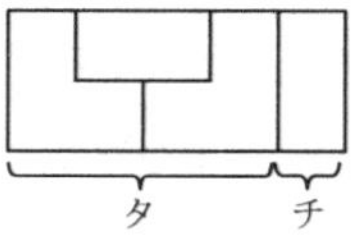

図6

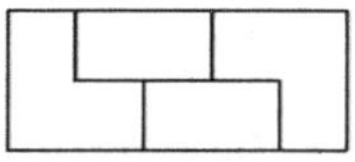

縦20㎝，横50㎝の長方形の中に2枚のAと2枚のBをはりつける場合，図3～図6の4パターンが考えられる。

図3はカの部分のはりつけ方が2通り，カ，キ，クの並べ方が3通りあるから，2×3＝6（通り）ある。

図4はサの部分のはりつけ方が2通り，サとシの並べ方が2通りあるから，2×2＝4（通り）ある。

図5はタの部分のはりつけ方が2通り，タとチの並べ方が2通りあるから，2×2＝4（通り）ある。

図6は上下を逆にできるので2通りある。よって，全部で，6＋4＋4＋2＝②16（通り）ある。

8　**【解き方】図形の面積比から，AF：BF，BD：CD，AE：CEを求める。**

AF：BF＝（三角形OCAの面積）：（三角形OBCの面積）＝4：5

同様にして，BD：CD＝3：4，AE：CE＝3：5である。三角形ABCの面積は，3＋4＋5＝12（㎠）

（三角形AEFの面積）＝（三角形ABCの面積）×$\frac{AF}{AB}$×$\frac{AE}{AC}$＝12×$\frac{4}{9}$×$\frac{3}{8}$＝2（㎠）

（三角形BDFの面積）＝（三角形ABCの面積）×$\frac{BF}{AB}$×$\frac{BD}{BC}$＝12×$\frac{5}{9}$×$\frac{3}{7}$＝$\frac{20}{7}$（㎠）

（三角形CDEの面積）＝（三角形ABCの面積）×$\frac{CE}{AC}$×$\frac{CD}{BC}$＝12×$\frac{5}{8}$×$\frac{4}{7}$＝$\frac{30}{7}$（㎠）

よって，三角形DEFの面積は，12－2－$\frac{20}{7}$－$\frac{30}{7}$＝①$2\frac{6}{7}$（㎠）

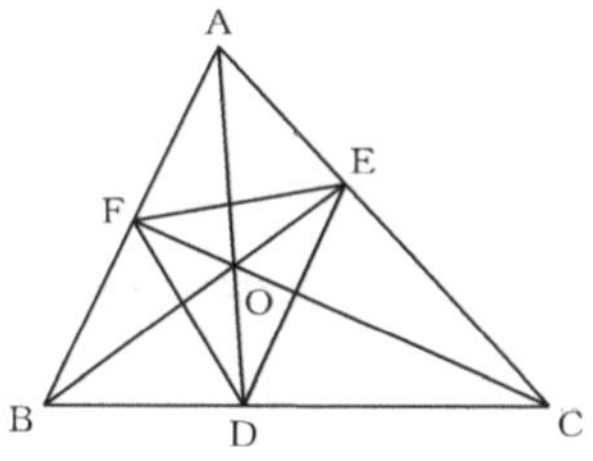

(三角形ＣＥＦの面積)＝(三角形ＡＥＦの面積)×$\frac{CE}{AE}$＝２×$\frac{5}{3}$＝$\frac{10}{3}$(cm²)

ＣＦ：ＯＦ＝(三角形ＡＢＣの面積)：(三角形ＯＡＢの面積)＝12：３＝４：１だから，

(三角形ＯＥＦの面積)＝(三角形ＣＥＦの面積)×$\frac{OF}{CF}$＝$\frac{10}{3}$×$\frac{1}{4}$＝②$\frac{5}{6}$(cm²)

9　**【解き方】四角形ＡＢＣＤの内角の和より，角ＡＤＣ＝360°－150°－60°－90°＝60°だから，右のように作図すると，三角形ＤＥＣは正三角形を半分にしてできる直角三角形になる。三角形ＤＡＧ，三角形ＢＡＦも同様である。**

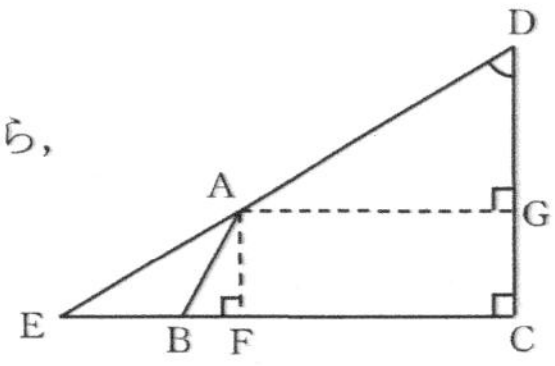

角ＢＡＥ＝180°－150°＝30°，角ＢＥＡ＝角ＡＢＦ－角ＢＡＥ＝60°－30°＝30°だから，

三角形ＢＡＥはＡＢ＝ＥＢの二等辺三角形である。

ＡＢの長さを１とすると，ＥＣ＝ＥＢ＋ＢＣ＝１＋５＝６

また，ＢＦ＝ＡＢ÷２＝0.5だから，ＡＧ＝ＦＣ＝５－0.5＝4.5

したがって，三角形ＤＡＧと三角形ＤＥＣにおいて，ＤＡ：ＤＥ＝ＡＧ：ＥＣ＝4.5：６＝３：４

よって，ＤＡ：ＣＤ＝(ＤＥ×$\frac{3}{4}$)：(ＤＥ×$\frac{1}{2}$)＝３：２だから，ＣＤ＝ＤＡ×$\frac{2}{3}$

10　**【解き方】右図において，三角形ＡＢＣは，一辺の長さが１cmの正三角形，三角形ＡＢＯは，一辺の長さが１cmの正十二角形を12等分したうちの１つである。色をつけた部分の面積を考える。**

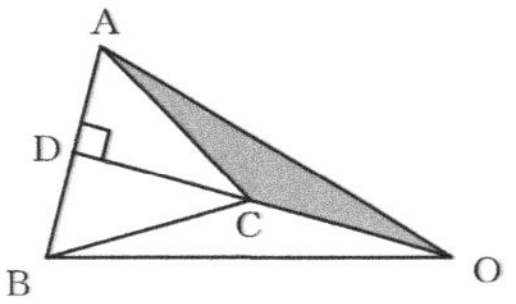

三角形ＡＣＯは，角ＣＡＯ＝角ＣＯＡ＝15°になるので，ＣＯ＝ＣＡ＝１cm

三角形ＡＤＣは，正三角形を半分にした直角三角形だから，ＡＤ＝１÷２＝0.5(cm)

三角形ＡＣＯの面積は１×0.5÷２＝0.25(cm²)だから，三角形ＡＢＯと三角形ＡＢＣの面積の差は，0.25×２＝0.5(cm²)である。よって，１辺が１cmの正十二角形の面積は，１辺が１cmの正三角形の面積よりも，0.5×12＝①6(cm²)大きい。

右のように作図すると，３つの三角形ＯＰＱ，ＯＱＲ，ＯＲＳは，合同な正三角形で，面積の和は，斜線部分の正三角形の面積に等しい。

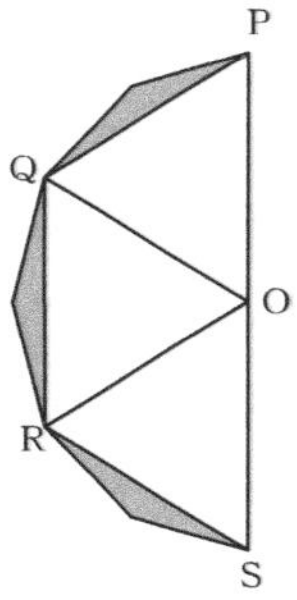

色をつけた部分の面積は，先ほどの三角形ＡＣＯの面積と等しいことを利用する。

一辺の長さが１cmの正十二角形を半分にした図形の面積は，一辺の長さが１cmの正三角形６個の面積より，0.5×６＝３(cm²)大きく，四角形ＰＱＲＳの面積より，0.25×３＝0.75(cm²)大きいから，斜線部分の面積は，一辺の長さが１cmの正三角形６個の面積より，３－0.75＝②2.25(cm²)大きくなる。

11　**【解き方】ＡＢ，ＤＣの真ん中の点をそれぞれＰ，Ｑとし，右のように作図する(ＳはＥＦとＰＱが交わる点，ＩはＯＤ上の点である)。また，３つに分けられた立体のうちＯを含む立体を㋐，体積を求める立体を㋑，Ｄを含む立体を㋒とする。三角柱を，底面と垂直な３本の辺(高さにあたる辺)を通るように切断してできる立体の体積は，(底面積)×(高さの平均)で求めることができる。３本の辺のうち１本の長さが０でも利用することができるので，図の太線の面を底面と考え，㋐と㋒について，元の立体ＯＡＢＣＤと比べて，底面積と「高さの平均」がそれぞれ何倍かを考える。**

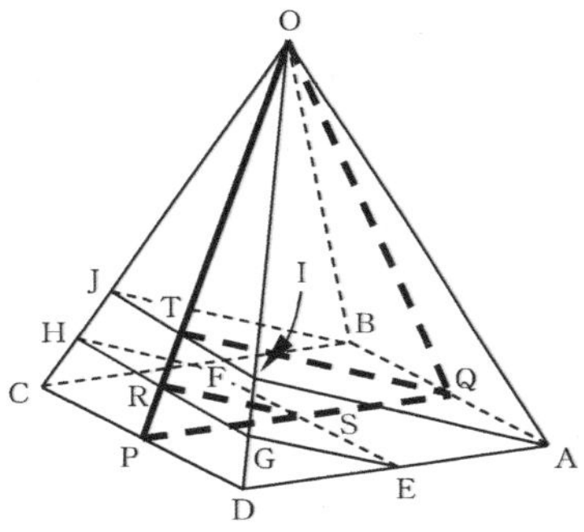

ＩＧ＝ＧＤだから，ＯＩ：ＩＧ：ＧＤ＝(５－１)：１：１＝４：１：１，ＯＩ：ＯＧ：ＯＤ＝４：５：６

これより，ＯＴ：ＴＲ：ＲＰ＝４：１：１，ＪＩ：ＨＧ：ＣＤ＝４：５：６

したがって，立体ＯＡＢＣＤと㋐と㋒の底面積の比は，

(三角形ＯＰＱの面積)：(三角形ＯＴＱの面積)：(三角形ＲＰＳの面積)＝１：$\frac{OT}{OP}$：($\frac{RP}{OP}\times\frac{SP}{QP}$)＝

１：$\frac{4}{6}$：($\frac{1}{6}\times\frac{1}{2}$)＝12：８：１

立体ＯＡＢＣＤと㋐と㋒の「高さの平均」の比は，

$\frac{AB+DC+0}{3}$：$\frac{AB+IJ+0}{3}$：$\frac{EF+DC+GH}{3}$＝(６＋６＋０)：(６＋４＋０)：(６＋６＋５)＝12：10：17

よって，立体ＯＡＢＣＤと㋐と㋒の体積比は，(12×12)：(８×10)：(１×17)＝144：80：17だから，

㋑の体積は，$144\times\frac{144-80-17}{144}$＝47(㎤)

12　**【解き方】Ｘを右図１のように，合同な４つの三角すいに分けて考える。Ｙも同様に分ける。ＢＣの真ん中の点をＩ，ＤＥの真ん中の点をＪとする。ＸとＹを実際に重ねたときの図は図３であり，Ａ，Ｐ，Ｑ，Ｈが同じ平面上にあることを利用して，図４のように三角形ＦＨＪと三角形ＡＰＩを考える。**

図１

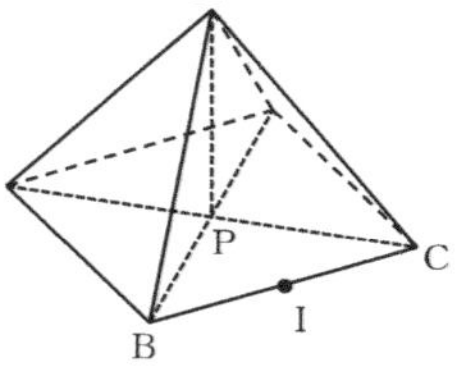

Ｘ

図２

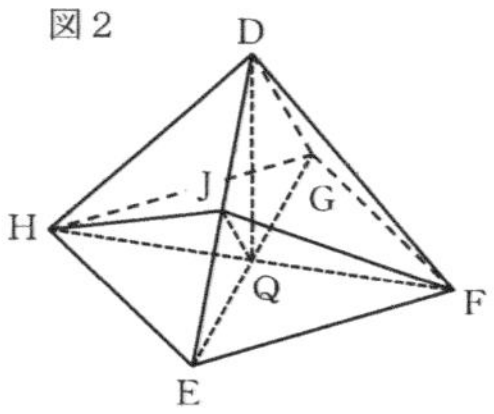

Ｙ

三角形ＤＥＧ，ＪＥＱは直角二等辺三角形だから，

角ＥＤＧ＝角ＥＪＱ＝90°，

ＪＱ：ＤＧ＝ＥＪ：ＥＤ＝１：２

これより，図４でＧの床からの高さはＱの床からの高さの２倍である。

ＰＩ＝ＱＪ＝$\frac{1}{2}$㎝，

ＡＰ＝ＤＱ＝ＦＱだから，

図３

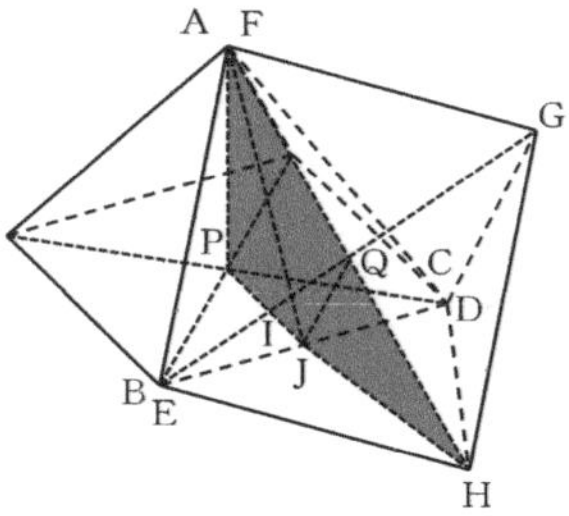

図４

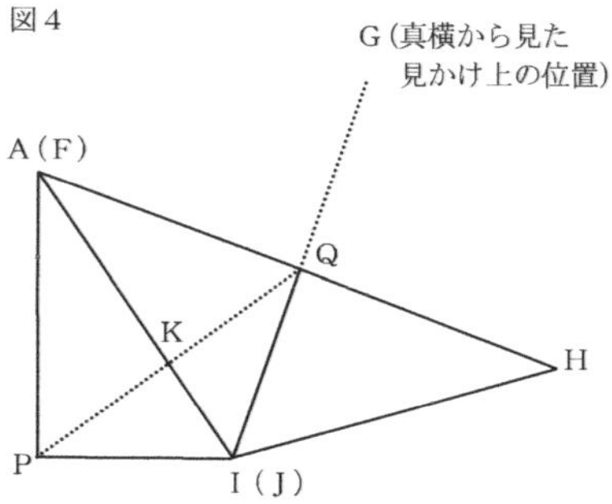

三角形ＡＰＩと三角形ＦＱＪは合同なので，ＰＫ＝ＱＫ

したがって，Ｑの床からの高さはＫの床からの高さの２倍である。

Ｋの床からの高さを①とすると，Ｇの床からの高さは，①×２×２＝④

三角すいＰ－ＡＢＣと三角すいＱ－ＦＤＥは合同な正三角すいだから，Ｋは正三角形ＡＢＣ(ＦＤＥ)の重心なので，

ＡＫ：ＫＩ＝２：１　　したがって，Ａの床からの高さは，①×(１＋２)＝③

よって，Ｇの床からの高さは，Ａの床からの高さの，$\frac{④}{③}$＝１$\frac{1}{3}$(倍)

《2022　1日目　理科　解説》

1　**問１**　ＢとＣにかかる重さの比はＰからの距離《きょり》の逆比と等しくなる。距離の比は，ＢＰ：ＰＣ＝２：３だから，重さの比は，Ｂ：Ｃ＝３：２であり，Ｂ＝50×$\frac{3}{3+2}$＝30(ｇ)，Ｃ＝50－30＝20(ｇ)となる。

問２　Ａに置いたおもりの重さ30ｇはＡだけにかかり，Ｐに置いたおもりの重さ60ｇは問１と同様にＢとＣに分かれてかかる。よって，Ｂ＝60×$\frac{3}{5}$＝36(ｇ)，Ｃ＝60－36＝24(ｇ)だから，(30，36，24)となる。

問３　Ａに置いた30ｇのおもりとＰに置いた60ｇのおもりを１個のおもりに置きかえるには，ＡＰ間を重さの逆比に分ける点(Ｇとする)に，30＋60＝90(ｇ)のおもりを置けばよい。重さの比はＡ：Ｐ＝30：60＝１：２だから，距離の比はＡＧ：ＧＰ＝２：１となる。

問4　問３と同様に考える。まず，Ｂ：Ｃ＝30：70＝３：７より，ＢＣを７：３に分ける点（Ｑとする）に30＋70＝100（ｇ）のおもりを置く。さらに，Ａ：Ｑ＝50：100＝１：２より，ＡＱを２：１に分ける点に50＋100＝150（ｇ）のおもりを置けば，おもり１個だけでセンサーの表示を（50，30，70）にすることができる。

問5　Ａに50ｇ，Ｂに30ｇ，Ｃに70ｇのおもりを乗せた状態から，Ｄ～Ｆに重さをふり分けると考えればよい。このとき，Ｄ～Ｆは，となり合う頂点の間を１：１に分ける位置にあるから，両どなりの頂点から同じ重さがかかることに着目する。ＢからＤにかかる重さをxｇ，Ｅにかかる重さをyｇとすると，図Ｉのように考えることができる。ここで，Ｆに着目すると，Ｆにかかる重さは50ｇからxｇを引いた重さと70ｇからyｇを引いた重さの和だから，50ｇと70ｇの和120ｇからxｇとyｇの和を引いた重さになる。xｇとyｇの和は，Ｂにかかる30ｇだから，Ｆにかかる重さは120－30＝90（ｇ）である。よって，ＡとＣからＦにかかる重さはそれぞれ90÷２＝45（ｇ）であり，ＡからＤにかかる重さxｇは50－45＝５（ｇ）だから，Ｄにかかる重さは５＋５＝10（ｇ），ＣからＥにかかる重さyｇは70－45＝25（ｇ）だから，Ｅにかかる重さは25＋25＝50（ｇ）である。

図Ｉ

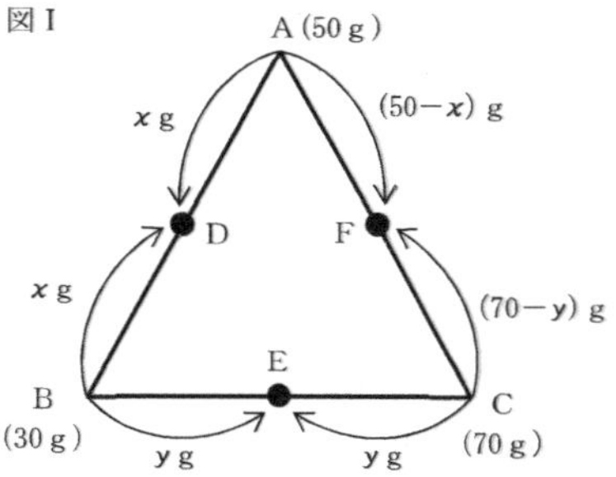

2　**問1**　スチールウールが燃えるには酸素が必要である。

問2，6　途《と》中《ちゅう》で火が消えた場合には，酸素が十分に結びついておらず，燃えた後の重さの増加した割合が他と比べて小さくなる。結びついた酸素の重さは，Ａが0.58－0.42＝0.16（ｇ）であり，同様に考えて，Ｂが0.24ｇ，Ｃが0.35ｇ，Ｄが0.48ｇである。スチールウールの重さと結びついた酸素の重さについて，ＡとＢとＤでは比例の関係が成り立つが，Ｃでは比例の関係が成り立たない。スチールウールの重さがＡの1.05÷0.42＝2.5（倍）のＣでスチールウールが完全に燃えると，結びつく酸素は0.16×2.5＝0.40（ｇ）になるので，ここでは結びついた酸素が0.40－0.35＝0.05（ｇ）少なく，0.05ｇの酸素と結びつくスチールウールが燃えずに残ったと考えることができる。よって，その割合は，0.05÷0.40×100＝12.5（％）である。

問3　問２，６解説より，0.42ｇのスチールウールが完全に燃えると重さは0.16ｇ増えるから，スチールウール1.5ｇでは$0.16\times\frac{1.5}{0.42}=0.571\cdots\rightarrow0.57$ｇ増える。

問4　スチールウールを塩酸に入れると，水素を発生しながら溶《と》ける。これに対し，スチールウールが塩酸に溶けてできる塩化鉄はうすい黄色の固体で，水には溶けるが塩酸と反応するわけではないので，塩酸に溶かしてから水を蒸発させると，再び塩化鉄の固体を得ることができる。

問5　あ×…空気中に含《ふく》まれる酸素の体積の割合は約21％で，ろうそくが燃えた後の空気に含まれる酸素の体積の割合は約17％である（酸素がすべてなくなるわけではない）。　い○…ものを燃やすはたらきがある気体は酸素である。　う×…炭素を含む有機物などが燃えると，酸素と炭素が結びついて二酸化炭素が発生するが，鉄やマグネシウムなどの金属が燃えた場合には二酸化炭素が発生しない。　え×…木には水素が含まれるため，燃えると水蒸気が発生するが，炭は炭素だけからできていて，水素を含まないので，燃えても水蒸気が発生しない。　お×…ふつう，火のついていないろうそくが自然に発火することはない。

3　**問2**　海水面より5.5㎞高い地点では１㎡あたり５トンの空気が乗っているから，それよりさらに5.5㎞高い11㎞の地点では５÷２＝2.5（トン）である。つまり，10－2.5＝7.5（トン）が高さ11㎞より下にあるから，7.5÷10×100＝75（％）である。

問3　１Ｌ→1000㎤が1.3ｇだから，１㎥（1000000㎤）では1.3×1000＝1300（ｇ）→1.3㎏である。よって，１㎥で

1.3kgの空気を積み上げたとき，10トン→10000kgになる高さは10000÷1.3＝7692.3…(m)→約８kmである。

問４　①②太陽は24時間→1440分で１周→360度回転するから，72分間では$360\times\frac{72}{1440}$＝18(度)回転する。よって，∠ＡＤＢ＝18度だから，∠ＥＤＧ＝180－18＝162(度)，∠ＥＨＧ＝360－90－90－162＝18(度)である。

③△ＨＤＥと△ＨＤＧは合同であり，∠ＥＨＤ＝18÷２＝９(度)だから，図の１つの角が９度の直角三角形の３辺の比より，△ＨＤＥにおいて，ＨＤ：ＨＥ＝101：100となる。さらに，ＨＥ＝ＨＦ，ＦＤ＝ＨＤ－ＨＦより，ＨＦ：ＦＤ＝100：(101－100)＝100：１だから，ＦＤはＨＦ(6400km)の100分の１の64kmである。

4　**問２**　実験１の結果を用いると，状態Ａの電気量は400(mA)×30(秒)＝12000であり，実験２の結果を用いても同様である。また，実験３の結果を用いると，状態Ｂの電気量は400(mA)×60(秒)＝24000である。よって，Ａ：Ｂ＝12000：24000＝１：２である。

問３　状態Ｂでの最初にたまっている電気量は24000だから，電流が半分まで減る時間が15秒であれば，接続した直後の電流計が示す値は24000÷15＝1600(mA)である。

問４　実験５の結果の表で，時間が30秒のときと120秒のとき，60秒のときと150秒のときの関係に着目すると，電流の大きさは90秒で４分の１になると考えられる。よって，y＝400÷４＝100(mA)となる。また，実験１～４の結果より，電流が一定の割合まで減る時間は，直列つなぎの電熱線の数に比例し，並列つなぎの電熱線の数に反比例すると考えられる。よって，電流が４分の１になる時間に着目すると，電熱線１本のときは60秒，電熱線２本を直列つなぎにしたときには120秒，電熱線２本を並列つなぎにしたときには30秒になるから，電熱線１本と，電熱線２本を並列つなぎにしたものを直列につなげば，電流が４分の１に減る時間が60＋30＝90(秒)になると考えられる。

5　**問２**　消化に直接関わるものを消化酵素《こうそ》といい，アに含まれるアミラーゼ，イに含まれるペプシンなどがある。肝臓《かんぞう》でつくられるエには消化酵素が含まれない。

問３　「あ」は呼吸で出ていくＣ，「い」はＥ，「う」と「え」は口から入ってくるＡとＧ，「お」は胃液などの消化管内に出されるＢ，「か」は小腸や大腸で吸収されるＨ，「き」は肛門《こうもん》から出ていくＦ，「く」はじん臓でつくられるＤである。

問４　消化管に入ってくるのはＡとＢとＧ，消化管から出ていく(からだの外部に出る，または，からだの内部に入る)のはＦとＨだから，x＝(1.0＋8.2＋1.2)－0.1＝10.3(Ｌ)である。

問５　からだの外部から入ってくる水はＡとＧで合計1.0＋1.2＝2.2(Ｌ)，からだの外部へ出ていく水はＣとＤとＥとＦで合計0.3＋1.5＋0.6＋0.1＝2.5(Ｌ)だから，2.5－2.2＝0.3(Ｌ)が体内でつくられたと考えられる。

問６　ＡとＧは口から消化管に入ったものだから，からだの内部に入ったものではない。また，ＦはＡとＧの一部がからだの内部に入ることなく大腸に運ばれたものである。

6　**問１**　アルカリ性の水酸化ナトリウム水溶液《すいようえき》と酸性の塩酸を混ぜ合わせると，たがいの性質を打ち消し合う中和が起こり，このとき熱が発生する。よって，水酸化ナトリウム水溶液と塩酸が過不足なく反応するときに，最も多くの熱が発生し，水溶液の温度が最高になると考えればよい。実験１の結果の表より，一方の水溶液が100㎤のときから，もう一方の水溶液を10㎤ずつ増やしていくと水溶液の温度が2.7℃ずつ上がることがわかる。また，表では，一方が60㎤，もう一方が40㎤のときに温度が35.8℃で最も高くなっているから，温度が最高になる(過不足なく反応する)のは，どちらも50㎤(体積比が１：１)のときで，その温度は35.8℃よりも2.7℃高い38.5℃だと考えられる。表をもとにグラフで表すと，図Ⅱのようになる。

図Ⅱ

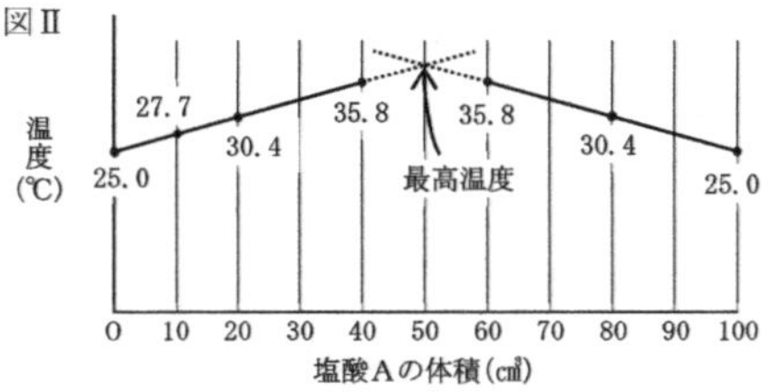

問２　実験２の塩酸Ｂの体積が10㎤のときの温度が，実験１の塩酸Ａの体積が40㎤のときと同じだから，10㎤の塩酸Ｂと40㎤の塩酸Ａが同じ体積の水酸化ナトリウム水溶液と反応する。つまり，塩酸Ｂの濃《こ》さは塩酸Ａの濃さの４倍だと考えられる。よって，水酸化ナトリウム水溶液と塩酸Ｂが過不足なく反応するときの体積比は４：１であり，塩酸Ｂの体積が$100\times\frac{1}{4+1}=20$(㎤)のときの46.6℃が最高温度である。

問３　①～⑧中和によって発生する熱の量は反応した水酸化ナトリウム水溶液(または塩酸)の体積に比例する。実験１で，反応した水酸化ナトリウム水溶液が20㎤のときの上昇《じょうしょう》温度は30.4－25＝5.4(℃)であり，実験３では水酸化ナトリウム水溶液の体積が20㎤のときの上昇温度は29.5－25＝4.5(℃)である。どちらも反応した水酸化ナトリウム水溶液の体積は20㎤だから，発生した熱の量は同じであり，上昇温度の比は，実験１：実験３＝5.4：4.5＝６：５である。混ぜた後の体積比に着目すると，実験１：実験３＝100：(20＋100)＝５：６であり，これは上昇温度の逆比と等しい。よって，ここでは，反応した水酸化ナトリウム水溶液の体積が20㎤，混ぜた後の体積が100㎤のときの上昇温度が5.4℃であることを基準にし，上昇温度は，反応した水酸化ナトリウム水溶液の体積に比例し，混ぜた後の体積に反比例すると考えればよい。また，問２解説より，塩酸Ｂの濃さは塩酸Ａの４倍だから，塩酸Ｃの濃さは塩酸Ａの４×1.5＝６(倍)であり，塩酸ＢとＣを塩酸Ａに置きかえると，反応した水酸化ナトリウム水溶液の体積を求めることができる。例えば，実験３で，水酸化ナトリウム水溶液の体積が310㎤のとき，塩酸Ａ～Ｃをすべて塩酸Ａの体積で考えると，210＋10×４＋10×６＝310(㎤)となり，水酸化ナトリウム水溶液と塩酸Ａの体積比が１：１となるから，水酸化ナトリウム水溶液と塩酸Ａ～Ｃは過不足なく反応し，中性(水溶液の色は緑色)になるとわかる。混ぜた後の体積は$\overset{\text{水酸化ナトリウム水溶液}}{310}+\overset{\text{塩酸A}}{210}+\overset{\text{塩酸B}}{10}+\overset{\text{塩酸C}}{10}=540$(㎤)だから，基準と比べると，上昇温度は$5.4\times\frac{310}{20}\times\frac{100}{540}=15.5$(℃)であり，温度は25＋15.5＝40.5(℃)になる。同様に考えると，表Ⅰのようにまとめることができる。

表Ⅰ

水酸化ナトリウム水溶液の体積(㎤)	すべてを塩酸Ａとしたときの体積(㎤)	反応した水酸化ナトリウム水溶液の体積(㎤)	性質(色)	混ぜた後の体積(㎤)	上昇温度(℃)
20	100	20	酸性(黄色)	120	4.5
90	45	45	アルカリ性(青色)	135	9.0
105	45	45	アルカリ性(青色)	135	9.0
150	150	150	中性(緑色)	270	15.0
310	310	310	中性(緑色)	540	15.5
x	390	x	酸性(黄色)	x＋305	14.8

⑨上昇温度は39.8－25.0＝14.8(℃)だから，反応した水酸化ナトリウム水溶液が20㎤で上昇温度が14.8℃になるときの，混ぜた後の体積を求めると，$100\times\frac{5.4}{14.8}=\frac{540}{14.8}$(㎤)となる。つまり，反応した水酸化ナトリウム水溶液と混ぜた後の体積の比が$20:\frac{540}{14.8}=296:540=74:135$のとき，上昇温度が14.8℃になるということである。混ぜた後の体積は，水酸化ナトリウム水溶液と塩酸の体積の和だから，水酸化ナトリウム水溶液と塩酸の体積比は，74：(135－74)＝74：61であり，ここでは塩酸の体積が280＋20＋５＝305(㎤)だから，水酸化ナトリウム水溶液の体積は$305\times\frac{74}{61}=370$(㎤)である。なお，水酸化ナトリウム水溶液の体積(⑨)をx㎤とし，①～⑧解説と同様に基準と比べると，$5.4\times\frac{x}{20}\times\frac{100}{x+305}=14.8$が成り立つので，この方程式を解くことができれば，$x=370$(㎤)と求めることもできる。

《2022　２日目　国語　解説》

一　**問二**　次の段落で、それがハツカネズミの「生き残り戦略」であることが説明されている。すなわち「天敵に食べられて死ぬ確率を減らすために～逃《に》げ回《まわ》り、食べられる前にできるだけ早く成熟して、たくさん子供を残すような性質を持ったものが生き残った」ということ。このハツカネズミの生き方(死に方)を、――線部４の３行後で「より早く成熟してより多くの子孫を残して食べられて死ぬ」とまとめて表現していることにも着目。

問三　ここでの「マウス」は、ハツカネズミのような、小型で短命のマウスのこと。彼《かれ》らは、問二で読みとったように、早く成熟して多くの子孫を残し、天敵に食べられて死ぬ。つまり「食べられる死に方」(――線部４の２行前)をする。一方ヒトは、それとは違《ちが》うと言っているから、対照的な死に方として取り上げられている「寿命《じゅみょう》を全《まっと》うする死に方」にあたると考えられる。それは「長寿の性質を持った種が多くの子孫を残し、徐々《じょじょ》に寿命を延ばしていった～長寿になるための遺伝子が進化した」というものである。

問四　ここでの「彼ら」とは、中型や大型のネズミ(ハリネズミやビーバー)のこと。彼らは、長生きできるような「形態や生活様式」を手に入れたから、長生きできるようになったということ。このことについて、――線部３の前で「これら大型ネズミが長寿になった原因は～独特の身を守る形態(ハリネズミの針のような毛)や生活環境《かんきょう》の多様化(ビーバーの水上暮らし)により、他の生物から食べられにくくなり、長生きするほうがより子孫を多く残せたからです」「長寿の性質を持った種が多くの子孫を残し、徐々に寿命を延ばしていった」と述べている。

問五　ここで問われているのは、長寿の理由ではなく、「食われて死なない」理由である。よって、「天敵が少ない」ということ。これについては、「アフリカの乾燥《かんそう》した地域にアリの巣のような穴を掘《ほ》りめぐらし、その中で一生を過ごします。天敵は時折ヘビが侵入《しんにゅう》してくるくらいで、あまりいません」と述べている。

問六　［　　　］の後に「ヒアルロン酸」について書かれているから、――線部５の前に述べられた「ＤＮＡが酸化されると～がんの原因となりますが、そのリスクが減ります」ということについて説明する。ＤＮＡが酸化されないのは、ハダカデバネズミが「代謝が低い～省エネ体質」で、「エネルギーを生み出すときに生じる～活性酸素が少ない」からである。「活性酸素は、生体物質(タンパク質、ＤＮＡや脂質《ししつ》)を酸化、つまり錆《さ》びさせる作用がある～少ないということは、細胞《さいぼう》の機能を維持《いじ》する上で有利」、つまり、がんができにくいということ。

問七　――線部６以降で説明された「その中で１匹《びき》の女王ネズミのみが子供を産みます～女王以外の個体は、それぞれ仕事を分業～これらの分業により仕事が効率化し、１匹あたりの労働量が減少する」という内容をまとめる。

問八　「負のスパイラル」「デフレスパイラル」のように、悪循環《あくじゅんかん》について使うことの多い表現だが、ここはあえて「正のスパイラル」としている。つまり、良いつながりが生じていることを強調しているのである。その良いつながりとは、分業制で「１匹あたりの労働量が減少」し、「労働時間の短縮と分業によるストレスの軽減」で寿命が延び、「寿命の延長により、『教育』に費《つい》やせる時間が多くなり、分業がさらに高度化・効率化し、ますます寿命が延びた」という、長寿のための好循環のことを言っている。

二　**問一**　「こんなことを言って」とは、筆者が初対面の(筆者が詩人だと知らない)人に、「実は詩を書くのが好きで、ときどき書いてるんです」と言ってみること。――線部１の４行後に「『あ、詩心があってよかったなあ。』～それはそれでプロとしてどうなのか」とあるとおり、筆者は詩人(プロの書き手)である。筆者が詩人であることを知らずに先の発言を聞けば、趣味《しゅみ》で詩を書いている素人《しろうと》だと思うだろう。詩を書くという一人の人間を相手がどのようにとらえるか、相手の人がらを見ようとしているのである。よって、アが適する。

問二　「趣味ってすごい」と思えるようになった今の筆者ではなく、「『趣味』とはどういうものなのか、どうも理解できなかった」頃《ころ》の筆者は、「趣味」をどうとらえていたのか。「みんな、結果の見えないことをなぜそんなに楽しめるのか」と思っていて、「『それが創作によい刺激《しげき》を与《あた》えてくれるかどうか』という基準で全行動を決めていた」自分には理解できず、「自己満足の趣味なんて見苦しい、と～苦々しく思ったものだった」とある。

問三　幼い頃のバイオリンの話は、「なぜ私はここまで趣味に不慣れなのか。思い当たる節がある」として取り上げられ、「思えばこの頃の経験が、趣味への臆病《おくびょう》さに拍車《はくしゃ》をかけたようだ」と書かれている。「時計の針ばかり見ていた」は、嫌《いや》な時間が一刻も早く終わらないか、終了時刻になるのを待っていたということ。「地獄《じごく》」のように思えたその練習時間を思い出し、趣味に対する自分の考え方が形成された過程をたどっているのである。

問四　「自然に呼吸」できなかった自分とは対極にいる人の様子をたとえている。「本番前～石のごとく緊張《きんちょう》している」「ますます畏縮《いしゅく》し～ミスをしてしまった」という筆者とはちがい、「はしゃいで駆《か》けまわっていた～まるで自分の家にいるようなくつろぎようだ～舞台《ぶたい》に出ると～難しい課題曲を見事に弾《ひ》きこなした」という男の子が、まさに「その世界で自然に呼吸している人」の例である。

問五　「そのこと」は、「私がギターを弾くのは、なんのためでもない」と思えたこと。「自己満足の趣味なんて見苦しい」「才能がないものに時間をかけてもムダ」などと思っていた自分が、「ヘタなりに楽しい」「趣味ってすごい～無理に上達しなくてもいい～仕事だったらまずありえない。すべてが趣味になったらどんなにいいだろうか」と思えるようになり、「無趣味の暗闇《くらやみ》にいた私へ光が差し込《こ》」んだことを、ここちよく感じているのである。

問六　「あの過酷《かこく》なコンクール」とは、――線部４の次行で「九歳のとき～コンクールに初めて出場した」と取り上げたもの。そのときの具体的な様子や出来事を説明したうえで、「何かに挑《いど》むということは～戦いの土俵に上がること。自分より才能があり、能力のある者と厳しく比較《ひかく》されるものなのだ。『才能がないものに時間をかけてもムダ～』という考え方は、この経験で強化されたように思う」と述べている。

問七　「等身大」とは、背伸《せの》びしたり見栄をはったりしない、ありのままの姿のこと。直前にあるとおり「『立派な書き手になりたい、ならなくては。』と背伸びし続けていた私」だったが、ギターの弾き語りで「『ヘタなりに楽しい』という感覚」を知り、「趣味も案外悪くないものだよ」と思えるようになった。そのことによって、仕事に対しても、無理に気負わずに、自分自身と自然に向き合えるようになったということ。

三　**問一**　自分がまいた種を、「土」にあずけるような気持ち。自分にできることは少なく、成長に必要なことの多くは、自然の力によるものだということ。

問二　「土にあずけ」た種が、自分の生活のリズムに合ったタイミングで芽を出すと、「こちらのリズムに乗って」くれたように感じるということ。よって、エが適する。

問三　直前に「秋迎《むか》えの　儀式《ぎしき》」とあることから、しきたりによって毎年きちんと行われる「儀式」のように、かしこまって種をまこうという気持ちがうかがえる。よって、オが適する。

問四　「もたげる」は、持ち上げるという意味。芽が土を「もたげる」のだから、土から芽を出したということ。「早《は》や」（はやくも）とあるから、思ったよりも芽が出るのが早いという気持ち。

問五　芽の生命力に感動して「まだ生きていて　いい　この身をも　ぐっともたげてくれる」と思っている。この表現から、筆者が老齢《ろうれい》であること、生きる気力を得て背すじをぐっと伸ばしたい気持ちになることが読みとれる。

問六　――線部５の前後の「そちら」と「彼岸花《ひがんばな》」から、あの世にねむる、亡き人たちのことを考えていることが読みとれる。お彼岸は、あの世とこの世が最も近づくと考えられていて、お墓参りをする習慣がある。

《2022　２日目　算数　解説》

1　(1)　**【解き方】１より大きい整数xの２番目に大きい約数は，$x\times\frac{1}{2}$以下の数になるので，約数が３つ以上あると【x】はxより小さくなる。【x】がxより大きくなるのは，xが素数のときである。**

素数を小さいものから４つ並べればよいから，求める数は，２，３，５，７

(2)　**【解き方】２番目に小さい約数はその数の最小の素因数だから，12以下の素数を考えてから，和が12になる２数の組み合わせを順番に調べていく。**

12＝１＋11，１×11＝11より，【11】＝12　　12＝２＋10，２×10＝20より，【20】＝12

12＝３＋９，３×９＝27 より，【27】＝12　　12＝５＋７，５×７＝35 より，【35】＝12

よって，求める数は，11，20，27，35

⑶　**【解き方】xが素数以外のとき，xの最も小さい素因数（２番目に小さい約数）をm，２番目に大きい約数をnとすると，nはmより小さい素因数をもたない。mの値で場合を分けて考える。**

11×11 は 100 をこえるので，mは２，３，５，７のいずれかである。それぞれの場合について，51～100 の範《はん》囲《い》におさまるようなm×nの値を，小さい方から２つずつ調べていく。

・m＝２のとき，nの最も小さい素因数は２以上だから，51～100 となるm×nは小さい方から順に，
　２×25＝50 と２×26＝52 である。【50】＝２＋25＝27，【52】＝２＋26＝28

・m＝３のとき，nの最も小さい素因数は３以上だから，51～100 となるm×nは小さい方から順に，
　３×17＝51 と３×19＝57 である。【51】＝３＋17＝20，【57】＝３＋19＝22

・m＝５のとき，nの最も小さい素因数は５以上だから，51～100 となるm×nは小さい方から順に，
　５×11＝55 と５×13＝65 である。【55】＝５＋11＝16，【65】＝５＋13＝18

・m＝７のとき，nの最も小さい素因数は７以上だから，51～100 となるm×nは小さい方から順に，
　７×11＝77，２番目は７×13＝91 である。【77】＝７＋11＝18，【91】＝７＋13＝20

よって，求める数は，最も小さい数が 16，２番目に小さい数が 18 である。

2　⑴　**【解き方】８の倍数は下３桁が８の倍数である。**

８の倍数ができるのは，エが０か４のときである。ア，イ，ウは何でもよいので，それぞれ５通りある。

よって，求める取り出し方の数は，５×５×５×２＝250(通り)

⑵　**【解き方】３の倍数は各位の数の和が３の倍数である。８×５＝40 は３で割ると１余るから，ア，イ，ウ，エの和が３で割ると２余る数になればよい。**

ア，イ，ウ，エにふくまれる同じ数の個数で場合分けをして調べると，右表のようになる。

同じ数の個数	和が３で割ると２余る組み合わせ
４つ	（２，２，２，２）※１
３つ	（０，０，０，２） （１，１，１，２）※２
２つ	（０，０，１，１）※３ （２，２，０，１）※４

※１の取り出し方は１通り。※２の取り出し方は４通りずつ。

※３の取り出し方は，０が入る場所が，アとイ，アとウ，アとエ，イとウ，イとエ，ウとエの６通りだから，６通り。

※４の取り出し方は，１が入る場所がアとイとウとエの４通り，０が入る場所が１の場所以外で３通りだから，４×３＝12(通り)

よって，求める取り出し方の数は，１＋４×２＋６＋12＝27(通り)

⑶　**【解き方】24 の倍数は８の倍数かつ３の倍数だから，⑴より，エは０か４である。⑵の考え方もふまえる。**

エが０の場合，ア，イ，ウの和が３で割ると２余る数になればよい。したがって，組み合わせは表１のようになる。

エが４の場合，ア，イ，ウの和が３で割ると１余る数になればよい。したがって，組み合わせは表２のようになる。

※５の取り出し方は３通りずつ。

※６の取り出し方は，３×２＝６(通り)ずつ。

表１

同じ数の個数	和が３で割ると２余る組み合わせ
３つ	なし
２つ	（０，０，２） （１，１，０） （１，１，３） （２，２，１） （２，２，４） （３，３，２） （４，４，０） （４，４，３）※５
なし	（０，１，４） （０，２，３） （１，３，４）※６

表２

同じ数の個数	和が３で割ると１余る組み合わせ
３つ	なし
２つ	（０，０，１） （０，０，４） （１，１，２） （２，２，０） （２，２，３） （３，３，１） （３，３，４） （４，４，２）※５
なし	（０，１，３） （０，３，４） （１，２，４）※６

よって，求める取り出し方の数は，$3\times16+6\times6=84$(通り)

3 (1) **【解き方】長針が短針を追いかけているとき，長針と短針の間の角度は1分間に$6°-\frac{1}{2}°=\frac{11}{2}°$小さくなり，長針と短針が向かい合って進むとき，長針と短針の間の角度は1分間に$6°+\frac{1}{2}°=\frac{13}{2}°$小さくなる。**

初めて短針と長針がぴったり重なるのは，$360°\div\frac{11}{2}°=\frac{720}{11}$(分後)，つまり，$\frac{720}{11}\times\frac{1}{60}=\frac{12}{11}=1\frac{1}{11}$(時間後)

その次に短針と長針がぴったり重なるのは，さらに$360°\div\frac{13}{2}°=\frac{720}{13}$(分後)，つまり，$\frac{720}{13}\times\frac{1}{60}=\frac{12}{13}$(時間後)だから，$1\frac{1}{11}+\frac{12}{13}=2\frac{2}{143}$(時間後)

(2) **【解き方】短針が12時の位置にくるのは，12の倍数の時間が経過するごとである。長針が短針を追いかけながら重なる場合と，長針と短針が向かい合って進みながら重なる場合に分けて考える。**

長針が短針を追いかけながら重なる場合の1回目は$1\frac{1}{11}=1\frac{13}{143}$時間後で，2回目以降はさらに$2\frac{2}{143}$時間経過するごとに起こる。時間が最初に整数になるのは，$(143-13)\div2=65$だから，$1\frac{13}{143}+2\frac{2}{143}\times65=132$(時間後)である。132は12の倍数だから，このとき短針と長針が12時の位置で重なる。

長針と短針が向かい合って進みながら重なる場合は，$2\frac{2}{143}$時間経過するごとに起こる。時間が最初に整数になるのは，$2\frac{2}{143}\times143=288$(時間後)で，12の倍数である。

132時間後と288時間後だと132時間後の方が先であり，これが求める時間である。

4 (1) **【解き方】図形の中を点や光が反射しながら進む問題では，発射された点がはじめに進む方向に線を延長し，この線に沿って反射する辺で図形を折り返していくと，点が反射する場所がわかる。**

2回反射したあと(図形を2回折り返したあと)Bに到達するので，右のように作図できる。

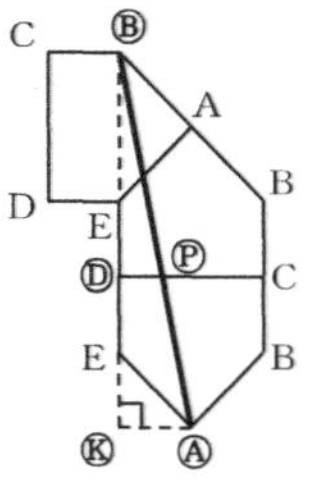

三角形ⒷⒹⓅと三角形ⒷⓀⒶは同じ形だから，

ⒹⓅ：ⓀⒶ＝ⒷⒹ：ⒷⓀ＝3：5

したがって，$ⒹⓅ=ⓀⒶ\times\frac{3}{5}=5\times\frac{3}{5}=3$(cm)だから，

求める長さは，$10-3=7$(cm)

(2) **【解き方】反射する辺で場合を分けて図をかいていく。**

最初に左よりに光が発射され2回反射する場合は，右図①～③の3パターンが考えられる。Cに到達することができるのは図①だけであり，三角形ⒸⒹⓇと三角形ⒸⓁⒶは同じ形だから，

ⒹⓇ：ⓁⒶ＝ⒸⒹ：ⒸⓁ＝4：6＝2：3

$ⒹⓇ=ⓁⒶ\times\frac{2}{3}=5\times\frac{2}{3}=3\frac{1}{3}$(cm)

よって，求める長さは，$10-3\frac{1}{3}=6\frac{2}{3}$(cm)

図①

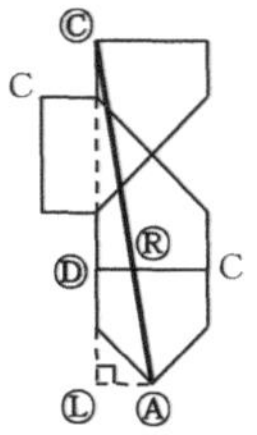

図②

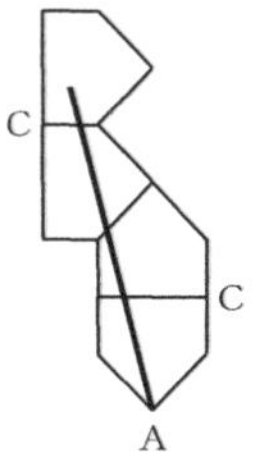

図③

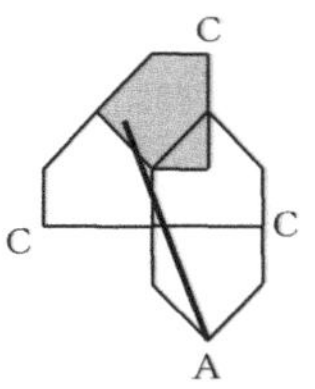

※色つきの図形は，3回目に折り返した図形

最初に右よりに光が発射され2回反射する場合は，図④～⑥の3パターンが考えられる。Cに到達することができるのは図⑤だけであり，三角形ⒸⓃⓇと三角形ⒸⓂⒶは同じ形だから，

ⓃⓇ：ⓂⒶ＝ⒸⓃ：ⒸⓂ＝5：7

$ⓃⓇ=ⓂⒶ\times\frac{5}{7}=10\times\frac{5}{7}=7\frac{1}{7}$(cm)

よって，求める長さは，$7\frac{1}{7}-5=2\frac{1}{7}$(cm)

図④

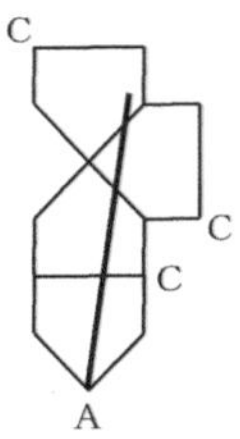

図⑤

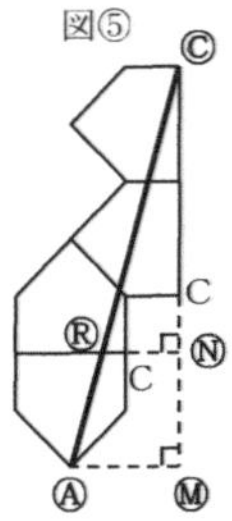

図⑥

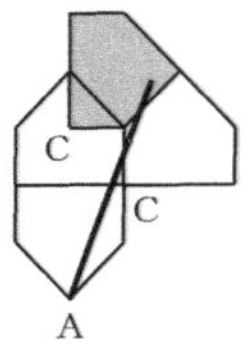

5 ⑴ **【解き方】右図アは図２を真上から見た図である。**

Ｘの切り口は太い点線のようになる。Ｙの切断面の頂点のうち，ＨとＩの高さがわかればよい。

図ア

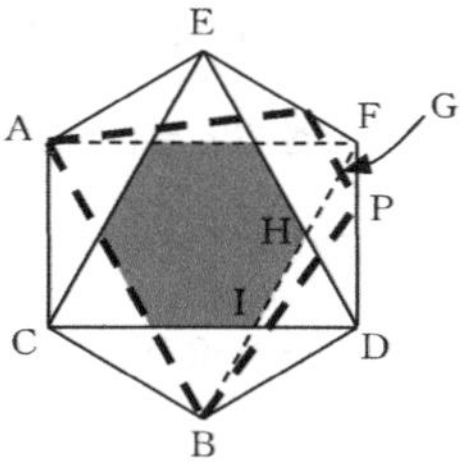

図イ

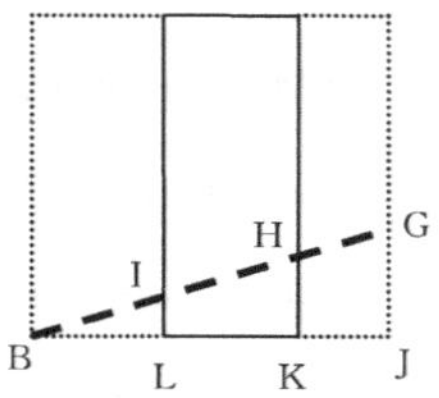

Ｘの１辺の長さを３とすると，図アで，ＢＩ＝ＩＨ＝ＨＦ＝１

ＰＤ＝ＦＤ$\times\frac{2}{3}$だから，ＧＨ＝ＦＨ$\times\frac{2}{3}=\frac{2}{3}$　したがって，

ＢＩ：ＢＨ：ＢＧ＝１：（１＋１）：$(1+1+\frac{2}{3})$＝３：６：８

Ｙの高さを$\boxed{3}$とすると，Ｐの床からの高さは$\boxed{3}\times\frac{1}{3}=\boxed{1}$だから，

Ｇの床からの高さも$\boxed{1}$である。図イはＢ，Ｆを通り床に垂直な平面である。ＬＩ：ＫＨ：ＪＧ＝ＢＩ：ＢＨ：ＢＧ＝３：６：８だから，

ＬＩ＝$\boxed{1}\times\frac{3}{8}=\boxed{\frac{3}{8}}$，ＫＨ＝$\boxed{1}\times\frac{6}{8}=\boxed{\frac{3}{4}}$

Ｙの切り口は図ウのようになり，小さい方の立体の体積は，高さがＫＨの六角柱の体積の$\frac{1}{2}$だから，Ｙと小さい方の立体の体積比は，$\boxed{3}:(\boxed{\frac{3}{4}}\times\frac{1}{2})=8:1$

よって，大きい方の立体の体積は，小さい方の立体の体積の，$\frac{8-1}{1}=7$（倍）

図ウ

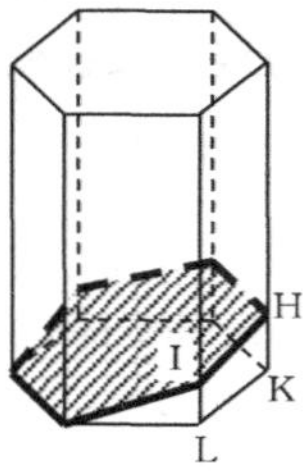

⑵ **【解き方】番号をふられたＹの頂点を，○をつけて①，②，③，…のように表す。**

Ｘにおいて面ＡＣＥと面ＤＢＦは平行だから，切り口の線は平行になるので，ＡＥに平行な切り口の線がＰから引かれる。この直線はＣＥと60°の角をなすので，ＢＦとも60°の角をなす。したがって，直線Ｐ⑩がＸの切り口の線となるので，Ｙの切断面も⑩を通る。ここを糸口に，他の頂点の位置を探る。

④⑤⑪⑩の面とＥは同じ平面上にあり，④⑤＝⑤Ｅだから，

⑩Ｅと⑤⑪はたがいの真ん中の点で交わる。したがって，

Ｙの切断面は⑤⑪の真ん中の点を通る。

図カはＸの底面であり，太い点線は切り口を表す。

三角形ＡＭ⑫と三角形Ａ⑩Ｆは同じ形だから，

Ｍ⑫：⑩Ｆ＝Ａ⑫：ＡＦ＝１：３

図カ

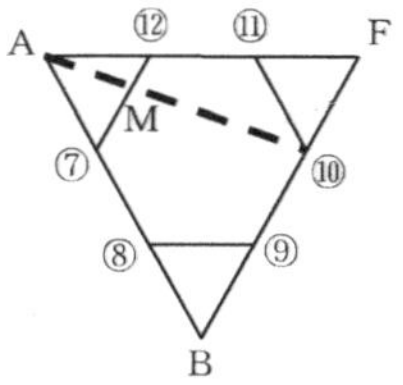

図キ

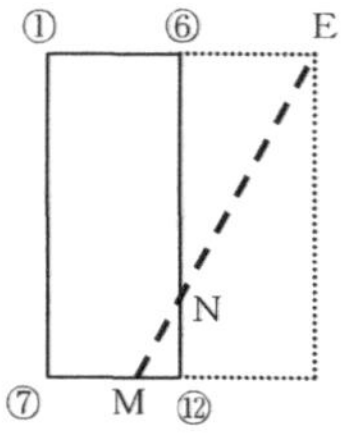

したがって，Ｍは⑦⑫の３等分点のうち⑫に近い方の点である。

図キは①とＥを通り床に垂直な平面である。三角形ＭＮ⑫と三角形ＥＮ⑥は同じ形だから，⑫Ｎ：⑥Ｎ＝Ｍ⑫：Ｅ⑥＝１：３

したがって，Ｎは⑥⑫の４等分点のうち⑫に最も近い点である。

以上より，解答らんの図に切断面の頂点をとることができる。

なお，実際の切断面は図クのようになる。

図ク

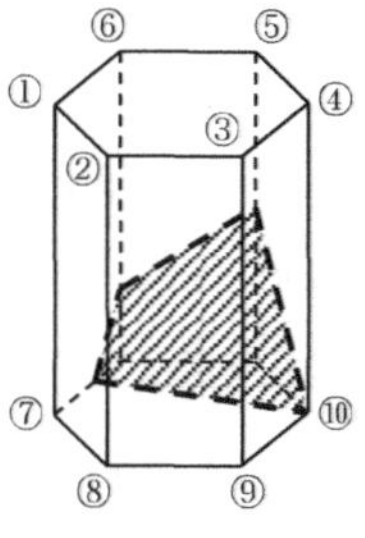

2021 解答例 令和3年度　★灘中学校

《1日目　国語》

一　問一．X．持っていく　Y．持っていかない　　問二．情報がたくさんあると、買うか買わないかという二者択一の判断をしにくくなるから。　　問三．1．カ　2．ウ　3．ア　4．キ　5．エ　　問四．1．腹を割る　2．腹を切る　3．背に腹はかえられない〔別解〕背に腹はかえられぬ　4．腹を探る　5．腹に納める
問五．ア，エ，オ

二　1．ク　2．エ　3．オ　4．カ　5．ウ　6．コ　7．ア

三　1．よだつ　2．はやる　3．きたす　4．くじく　5．よぎる

四　1．ア　2．イ　3．イ

五　カ，キ，コ

六　1．(誤)初心→(正)所信　2．(誤)不足→(正)不測　3．(誤)異状→(正)異常

七　1．エ　2．ア　3．キ　4．ク　5．カ　6．ウ　7．イ　8．オ

八　A．区　B．分　C．化　D．収　E．支　F．内　G．心　H．水　I．牛

《1日目　算数》

1　11

2　280

3　①35　②18

4　5

5　24

6　①48　②12

7　903

8　$20\frac{1}{28}$

9　1.1

10　3.5

11　$57\frac{1}{3}$

12　153

《1日目　理科》

1　問1．ア，イ　問2．225　問3．ア　問4．①イ　②ア　③イ

2　問1．(ア)0.468　(イ)0.797　(ウ)1.327　問2．濃くしたとき…オ　うすくしたとき…カ
問3．グラフ…イ　数値…0.530

3　問1．①羊水　②たいばん　③へそのお　④イ　⑤ウ　⑥ウ　⑦イ　⑧呼吸　問2．A．酸素　B．二酸化炭素
問3．羊水を吸ったりはいたりする。　問4．⑨結びつき　⑩受け取る

4　問1．0.8　問2．2　問3．$\frac{13}{19}$　問4．う＞あ＝い　問5．$\frac{32}{19}$　問6．か＞え＝お　問7．$\frac{16}{19}$

5　問１．均一に広がっている。／時間がたっても水と分かれない。　問２．エ，オ
問３．イ，オ　問４．ク，ケ，サ　問５．2.2　問６．1.4　問７．54

6　問１．イ　問２．⑴イ　⑵４：５　問３．右図　問４．$\dfrac{48-X}{2}$

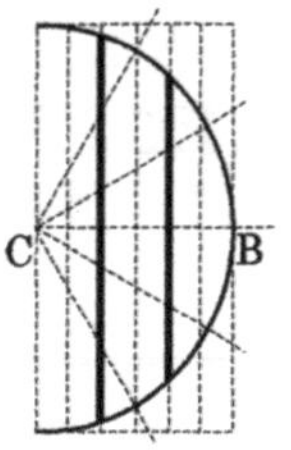

《２日目　国語》

一　問一．A．提供　B．複雑　C．感知　D．胃腸　E．費　F．因果　G．備　H．伝授　I．地層
問二．他の動物にはできない、多くの手順を同時並行で進める難しい作業だから。　問三．自然界に溢れる新鮮な食材を、生で食べても栄養を得られるのに、わざわざ苦労して調理をするから。　問四．利用可能な栄養量が増える　問五．おいしいと感じれば好んで求めるようになり、自分に必要な栄養素を多くふくむ物を効率的に選んで、十分に摂取することができるから。　問六．加熱するための火を制御する知恵　問七．火に多様な用途を見いだし、知恵や技術で火を操って、自分たちの生活を豊かにしていくということ。

二　問一．不便さを認めながらも、見えないからこそ得られる良さに目を向け、前向きに受け止めている。
問二．秋は紙の手触りが心地よく、点字が指によく馴染んで読みやすいから。　問三．点字の本に指を滑らせ、文字をたどっていく動作。　問四．不特定多数に向けて作られた点字本からは感じられない、自分たちのことを思って点訳をしてくれた人の、やさしさや真心。　問五．ふだん親しくしているクラスメートにも、図書委員の仕事として本を貸し出すときは、他の人と同じように決まった対応をしなければならないから。　問六．読みたい本を一所懸命に運ぶ下級生に愛らしさを感じ、かつての自分を重ねてほほえましく思っている。　問七．私は同い年～ない気持ち　問八．私たちのために点訳をしてくれた見知らぬお友だちが、同じ本に感動し、同じ価値観を共有することができる、私個人と心が通じ合うお友だちの一人になったように感じられたということ。

三　問一．ウ　問二．不意に会ってしまった照れくささと、無視する申し訳なさが入り混じった気持ち。
問三．３．親が死ぬということ。　４．自分が死ぬということ。　問四．若いむすこには多くの時間や可能性が残されているから。　問五．父から自分が受け取った命を次の世代につなぐことを、成長したむすこにたくせるようになったと感じたということ。

《２日目　算数》

1　⑴75，100
⑵（ア）Ｐから…15　Ｑから…４
※（イ）Ｐは…18　Ｑは…８　Ａ液の濃度は…$61\frac{5}{7}$

2　⑴37　※⑵175　⑶781

3　⑴ＣＨの長さは…0.8　ＤＫの長さは…$1\frac{1}{3}$　※⑵$\frac{2}{19}$　※⑶$\frac{77}{190}$

4　⑴右図　⑵８　⑶96　⑷２　⑸94

5　⑴112　⑵（ア）右図　※（イ）$1\frac{1}{3}$　※（ウ）23

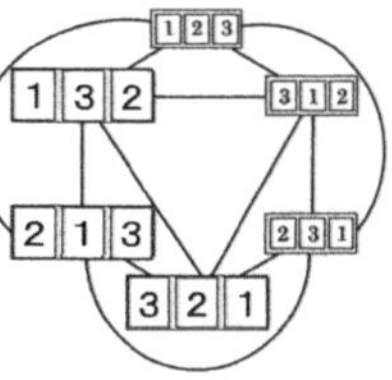

4⑴の図

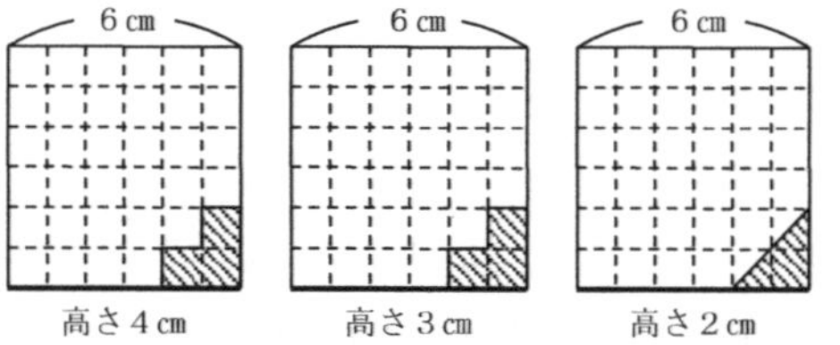

5⑵（ア）の図

※の文章や式，図などは解説を参照してください。

2021 解説 灘中学校

令和３年度

《2021　１日目　国語　解説》

一　**問一**　前の行に「傘《かさ》を持って出かけますか？」とある。また、直後の一文に「傘を三〇パーセントだけ持っていくことはできないのである」とある。傘についての「行動の選択肢《せんたくし》」は、持っていくか持っていかないかの二つだけである。

問二　２つ後の段落に「人間は、情報がたくさんあると二者択一《たくいつ》の判断をしにくくなる。そして、そんな状況《じょうきょう》に陥《おちい》るのは不快で、簡単に二者択一で判断したいという欲求がある」とあり、これが―― 線部の理由になっている。

問五　専横の「横」は、ほしいまま、好き勝手にふるまうという意味。よって、ア、エ、オが適する。イ、ウ、カの「横」は、よこ、よこになるという意味。

二　作者名の下に書かれている季節を手がかりに、当てはまる動物をさがす。動物そのものだけでは季節を判断できないものもある。たとえば「馬」をふくむ季語の場合は、「馬肥《こ》ゆる」は秋、「馬下げる」は冬というように、後につくことばによって季節が変わる。俳句は五・七・五が基本の形なので、音数もヒントになる。ただし、字余りや字足らずの句もあるので注意が必要。

四　１　アは「じ」、他は「ぢ」が入る。　２　イは「ず」、他は「づ」が入る。　３　イは「う」、他は「お」が入る。

五　カの「集金」は「金を集める」、キの「洗顔」は「顔を洗う」、コの「読書」は「書(物)を読む」というように、下の漢字から上の漢字に返って読むと意味がわかる。

《2021　１日目　算数　解説》

1　与式より，$\frac{2021}{221} \div (1\frac{1}{17} - \frac{\square}{13}) = (12+209) \times (\frac{17}{221} + \frac{26}{221})$　$\frac{2021}{221} \div (1\frac{1}{17} - \frac{\square}{13}) = 221 \times \frac{43}{221}$　$\frac{2021}{221} \div (1\frac{1}{17} - \frac{\square}{13}) = 43$

$1\frac{1}{17} - \frac{\square}{13} = \frac{2021}{221} \div 43$　$\frac{\square}{13} = 1\frac{1}{17} - \frac{47}{221} = \frac{234}{221} - \frac{47}{221} = \frac{187}{221} = \frac{11}{13}$　$\square = 11$

2　**【解き方】最初にＡに入っていた水を②mL とすると，Ｂに入っていた水は②×1.5＝③(mL)，Ｃに入っていた水は600－(②＋③)＝600－⑤(mL)と表せる。**

Ｃの水の1.4倍は，(600－⑤)×1.4＝840－⑦(mL)であり，これが③＋40(mL)と等しい。

840－⑦と③＋40 の両方に⑦を足すと，840 と⑩＋40 になるから，840＝⑩＋40 より，①＝80(mL)である。

よって，求める水の体積は，80×３＋40＝280(mL)

3　**【解き方】千の位の数で場合分けをして数えていく。**

[1]千の位が１の場合…残りの３つの数の組み合わせが，(４，０，０)の数は３通り，(３，１，０)の数は３×２×１＝６(通り)，(２，２，０)の数は３通り，(２，１，１)の数は３通りだから，全部で，３＋６＋３＋３＝15(通り)

[2]千の位が２の場合…残りの３つの数の組み合わせが，(３，０，０)の数は３通り，(２，１，０)の数は３×２×１＝６(通り)，(１，１，１)の数は１通りだから，全部で，３＋６＋１＝10(通り)

[3]千の位が３の場合…残りの３つの数の組み合わせが，(２，０，０)の数は３通り，(１，１，０)の数は３通りだから，全部で，３＋３＝６(通り)

[4]千の位が４の場合…残りの３つの数の組み合わせは(１，０，０)で，３通りある。

[5]千の位が５の場合…5000 の１通り。

[1]～[5]より，全部で 15＋10＋６＋３＋１＝①35(個)ある。

千の位が2の数は小さい方から2003，2012，2021，…だから，2021は小さい方から数えて，15＋3＝②18(番目)

4　**【解き方】正方形の1辺の長さを1とし，QとRが出会うまでに，Pが①，Qが③，Rが$\boxed{1}$進んだとすると，③＋$\boxed{1}$＝2…㋐**

PとRが出会うまでに，Pは①×2＝②，Rは$\boxed{1}$×2＝$\boxed{2}$進むから，②＋$\boxed{2}$＝3より，①＋$\boxed{1}$＝$\frac{3}{2}$…㋑

㋐－㋑より，③－①＝2－$\frac{3}{2}$　①＝$\frac{1}{4}$…㋒　㋑，㋒より，$\frac{1}{4}$＋$\boxed{1}$＝$\frac{3}{2}$　$\boxed{1}$＝$\frac{5}{4}$

よって，①：$\boxed{1}$＝$\frac{1}{4}$：$\frac{5}{4}$＝1：5だから，Rの動く速さはPの動く速さの5倍である。

5　**【解き方】15で割ったときの余りは0～14だから，aを0～14の整数とすると，すべての数は「15×○＋a」と表せる(○は0以上の整数)。したがって，(15×○＋a)×(15×○＋a)の値《あたい》を面積図で表すと右図のようになる。a×aの値(図で色をつけた部分)が15で割ると1余る数ならばよい。**

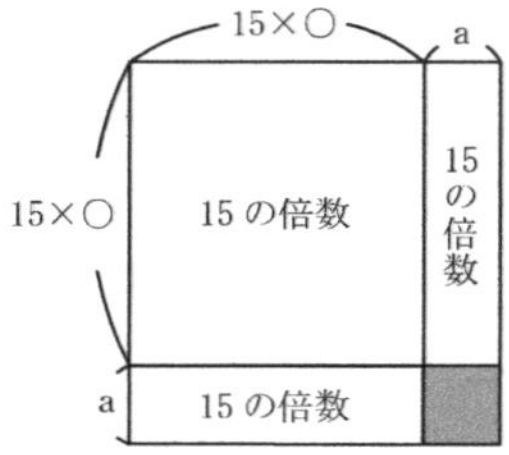

15の倍数をかけ合わせると一の位が0か5になるから，a×aの一の位が1か6ならばよい。したがって，aとして考えられる数は，1，4，6，9，11，14である。

a＝1のときa×a＝1だから，15で割ると1余る数なので条件に合う。

このとき「15×○＋a」の数のうち2桁の数は，○が1～6の6通りあるから，全部で6個ある。

a＝4のときa×a＝16＝15×1＋1だから，15で割ると1余る数なので条件に合う。

このとき「15×○＋a」の数のうち2桁の数は，○が1～6の6通りあるから，全部で6個ある。

a＝6のときa×a＝36だから，15で割っても1余らないので条件に合わない。

a＝9のときa×a＝81だから，15で割っても1余らないので条件に合わない。

a＝11のときa×a＝121＝15×8＋1だから，15で割ると1余る数なので条件に合う。

このとき「15×○＋a」の数のうち2桁の数は，○が0～5の6通りあるから，全部で6個ある。

a＝14のときa×a＝196＝15×13＋1だから，15で割ると1余る数なので条件に合う。

このとき「15×○＋a」の数のうち2桁の数は，○が0～5の6通りあるから，全部で6個ある。

よって，求める個数は，6×4＝24(個)

6　**【解き方】Cについては，［2×C］に含まれるが［C］に含まれないすべての数の積が192なのだから，Cに2をかけることで増える約数について考える。**

B＝6だから，$\frac{[2\times B]}{[B]}=\frac{[12]}{[6]}=\frac{1\times 2\times 3\times 4\times 6\times 12}{1\times 2\times 3\times 6}=4\times 12=$①48

Bについてもう少し考える。6が2×3と2つの素因数だけで表せるので，［6］と［12］の違いは，2×2＝4と，4×3＝12の2つだけである。つまり，Aが2をn個と3を1個かけた数のとき，$\frac{[2\times A]}{[A]}$の値は，2を(n＋1)個かけた数と，{2を(n＋1)個かけた数}×3の2つの数の積となる。

$\frac{[2\times C]}{[C]}$＝192＝2×2×2×2×2×2×3だから，Cの素因数も2と3だけであり，2を全部で6個かけていることから，(2×2×2)×(2×2×2×3)と分けることができる。よって，C＝2×2×3＝②12

7　**【解き方】ABCDは4321以上である。また，ABCDは1000×7＝7000未満だから，6543以下である。したがって，Aは4～6，Bは3～5，Cは2～4，Dは1～3のいずれかである。Dで場合を分けて条件に合う数を探すが，右表のように九九の7の段をまとめておくと探しやすい。また，3桁の整数Xの各位の数を，大きい位から順にア，イ，ウとする。**

7の段

×1	×2	×3	×4	×5	×6	×7	×8	×9
7	14	21	28	35	42	49	56	63

Dが1～3だから，ウは3，6，9のいずれかである。

ウが3の場合，X×7は筆算①のようになる。D＝1だから，Cは2～4なので，イには0か6が入れられる。イ＝0のとき，筆算②のように条件に合うXの値が見つかる。

イ＝6のとき，筆算③のようになる。C＝4だから，Bは5でなければならないが，

筆算①

　　アイ3
×　　$_{2}$7
ABC1

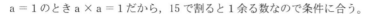

そうなるようなアに入れられる数はない。

ウが6の場合と9の場合も同様に調べていっても，条件に合うXは見つからない。よって，X＝903 である。

筆算②	筆算③
9 0 3	ア 6 3
× ${}_{2}$7	× ${}_{4}$ ${}_{2}$7
6 3 2 1	A B 4 1

8　**【解き方】Aが動いてできる線は右図のa，b，c，d，eの曲線である。**

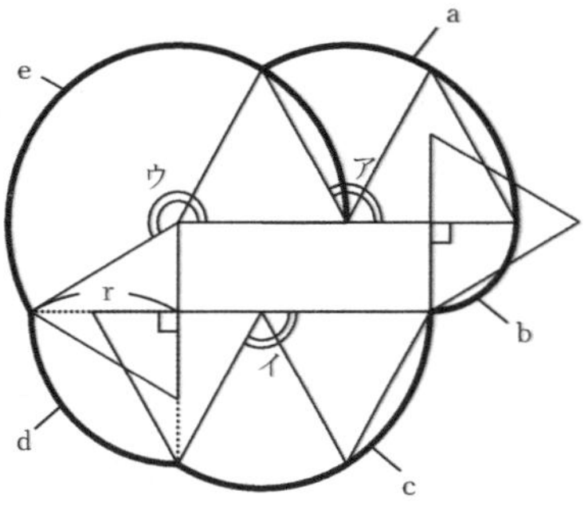

a，c，eの半径は2㎝である。

ア＝イ＝180°－60°＝120°，ウ＝360°－60°－90°＝210°だから，

a，c，eの長さの和は，$2\times2\times3\frac{1}{7}\times\frac{120^\circ+120^\circ+210^\circ}{360^\circ}=5\times3\frac{1}{7}$(㎝)

bの半径は1㎝だから，bの長さは，$1\times2\times3\frac{1}{7}\times\frac{1}{4}=\frac{1}{2}\times3\frac{1}{7}$(㎝)

dの半径は，$r=1\frac{3}{4}\times2\div2=\frac{7}{4}$(㎝)だから，dの長さは，

$\frac{7}{4}\times2\times3\frac{1}{7}\times\frac{1}{4}=\frac{7}{8}\times3\frac{1}{7}$(㎝)

よって，求める長さは，$5\times3\frac{1}{7}+\frac{1}{2}\times3\frac{1}{7}+\frac{7}{8}\times3\frac{1}{7}=(5+\frac{1}{2}+\frac{7}{8})\times\frac{22}{7}=\frac{561}{28}=20\frac{1}{28}$(㎝)

9　**【解き方】BG：GFは三角形BDEと三角形FDEの面積比と等しい。**

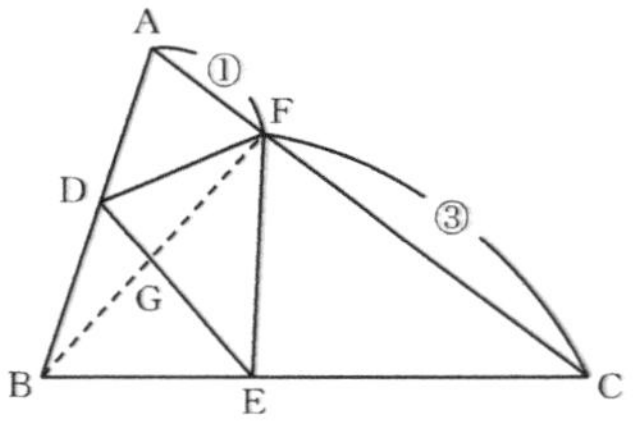

三角形ABCと三角形ADFの面積比が 80：10＝8：1だから，

$\frac{AD}{AB}\times\frac{AF}{AC}=\frac{1}{8}$より，$\frac{AD}{AB}\times\frac{1}{1+3}=\frac{1}{8}$　　$\frac{AD}{AB}=\frac{1}{8}\times4=\frac{1}{2}$

これより，AD：DB＝1：1

三角形ABCと三角形CFEの面積比が 80：35＝16：7だから，

$\frac{EC}{BC}\times\frac{FC}{AC}=\frac{7}{16}$より，$\frac{EC}{BC}\times\frac{3}{1+3}=\frac{7}{16}$　　$\frac{EC}{BC}=\frac{7}{16}\times\frac{4}{3}=\frac{7}{12}$

これより，BE：EC＝5：7

(三角形BDEの面積)＝(三角形ABCの面積)$\times\frac{BD}{BA}\times\frac{BE}{BC}=80\times\frac{1}{2}\times\frac{5}{12}=\frac{50}{3}$(㎠)

したがって，(三角形BDEの面積)：(三角形FDEの面積)＝$\frac{50}{3}:(80-10-35-\frac{50}{3})=10:11$

よって，BG：GF＝10：11 だから，GFの長さはBGの長さの，11÷10＝1.1(倍)

10　**【解き方】右のように作図する。三角形ABHと同じ形の直角三角形は，直角をはさむ2辺の比がAH：BH＝4：(5＋3)＝1：2になることを利用する。**

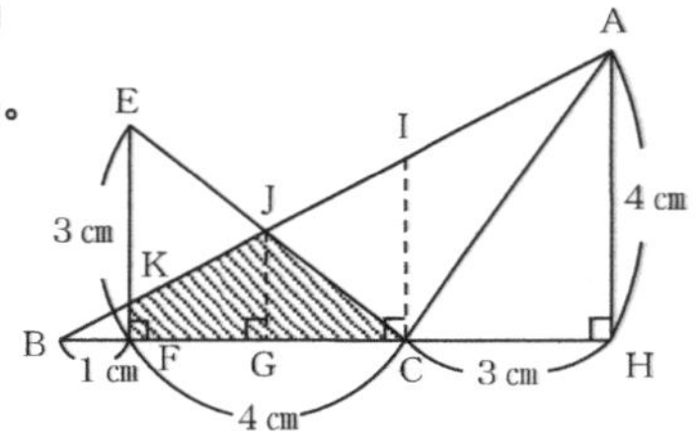

三角形KBFは三角形ABHと同じ形だから，KF＝BF$\times\frac{1}{2}=\frac{1}{2}$(㎝)

三角形IBCは三角形ABHと同じ形だから，IC＝BC$\times\frac{1}{2}=\frac{5}{2}$(㎝)

三角形EKJと三角形CIJは同じ形だから，

EJ：CJ＝KE：IC＝$(3-\frac{1}{2}):\frac{5}{2}=1:1$

したがって，JはECの真ん中の点なので，FG＝FC$\times\frac{1}{2}=2$(㎝)

よって，斜線部分の面積は，(三角形EFCの面積)－(三角形EKJの面積)＝$4\times3\div2-\frac{5}{2}\times2\div2=3.5$(㎠)

11　**【解き方】どの面を底面にしても，水が入っていない部分と容器は同じ形の三角すいになり，水が入っていない部分の容積は一定である。つまり，どの面を底面にしても，水が入っていない部分は合同な三角すいになる。水にぬれる部分の面積が最大になるように置いたとき，水にぬれない部分の面積が最小だから，24 ㎠の面を底面にしたとわかる。**

容器の表面積は，16＋18＋20＋24＝78(㎠)だから，水にぬれる部分の面積が最大になるように置いたとき，水にぬれない部分の面積は，78－60＝18(㎠)である。したがって，水が入っていない部分の三角すいと容器の三角す

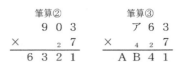

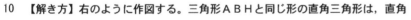

いの表面積の比は，18：(16＋18＋20)＝１：３である。

水にぬれる部分の面積が最小になるのは 16 ㎠の面が底面になるように置いたときであり，水にぬれない部分の面積は，$(18+20+24)\times\frac{1}{3}=\frac{62}{3}=20\frac{2}{3}$(㎠)になる。よって，水にぬれる部分の面積は，$78-20\frac{2}{3}=57\frac{1}{3}$(㎠)

12　**【解き方】組み立てると右図のようになる。下にある五角柱と，その上にのっている，四角柱，三角柱，三角すいに分けて考える。**

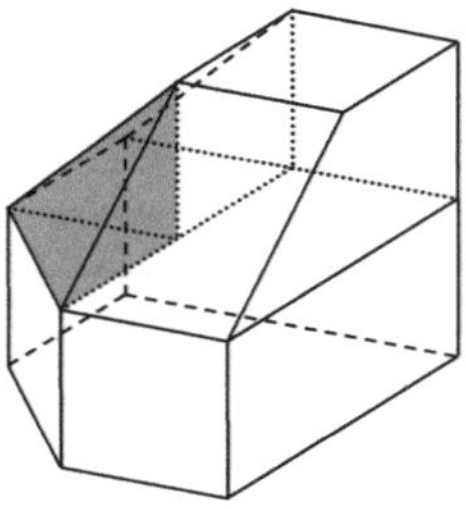

五角柱の体積は，$(6\times6-3\times3\div2)\times3=\frac{189}{2}$(㎠)

四角柱の体積は，$\{(3+6)\times3\div2\}\times3=\frac{81}{2}$(㎤)

三角柱の体積は，$(3\times3\div2)\times3=\frac{27}{2}$(㎤)

三角すいの体積は，$(3\times3\div2)\times3\times\frac{1}{3}=\frac{9}{2}$(㎤)

よって，この立体の体積は，$\frac{189}{2}+\frac{81}{2}+\frac{27}{2}+\frac{9}{2}=153$(㎤)

《2021　1日目　理科　解説》

1　**問１**　ア，イ○…地球よりも内側を公転する水星と金星は，地球から見て太陽の反対側にくることはないので，真夜中には観測できない。

問２　地球よりも内側を公転する金星の公転周期は，365 日よりも短いので，地球が 1.6 年で 360×1.6＝576(度)公転する間に，金星は地球よりも１周多い 576＋360＝936(度)公転する。1.6 年は 365×1.6＝584(日)だから，360度回転するのにかかる日数は $584\times\frac{360}{936}=224.6\cdots$→225 日となる。

問３　太陽－金星－地球の順で一直線に並んだときから，太陽－金星－地球の順で一直線に並ぶまでに 1.6 年かかるから，太陽－金星－地球の順で一直線に並んだときから，金星－太陽－地球の順で一直線に並ぶまでに，1.6÷２＝0.8(年)かかる。つまり，17.6 年の間で金星－太陽－地球の順で一直線に並ぶのは，0.8 年後，2.4 年後，4.0年後，5.6 年後，7.2 年後，8.8 年後，10.4 年後，12.0 年後，13.6 年後，15.2 年後，16.8 年後である。また，太陽－地球－火星の順で一直線に並んだときから，太陽－地球－火星の順で一直線に並ぶまでに 2.2 年かかる。つまり，17.6 年の間で太陽－地球－火星の順で一直線に並ぶのは，2.2 年後，4.4 年後，6.6 年後，8.8 年後，11.0 年後，13.2 年後，15.4 年後，17.6 年後である。これらのことから，金星－太陽－地球－火星の順で一直線に並ぶのは，太陽－金星－地球－火星の順で一直線に並んだときから，8.8 年後である。同様に考えて，太陽－地球－火星の順に一直線に並んだときから，地球－太陽－火星の順で一直線に並ぶまでに，2.2÷２＝1.1(年)かかる。つまり，17.6 年の間で地球－太陽－火星の順で一直線に並ぶのは，1.1 年後，3.3 年後，5.5 年後，7.7 年後，9.9 年後，12.1 年後，14.3 年後，16.5 年後である。上記の金星－太陽－地球の順で一直線に並ぶものと一致するものがないので，イは起こらない。また，太陽－金星－地球の順で一直線に並ぶのは，1.6 年後，3.2 年後，4.8 年後，6.4 年後，8.0 年後，9.6 年後，11.2 年後，12.8 年後，14.4 年後，16.0 年後，17.6 年後である。これらと地球－太陽－火星の順で一直線に並ぶものの中に一致するものがないので，ウは起こらない。

問４　①イ，②ア…公転周期が地球に近い惑星ほど，地球とその惑星の間で回転角度に差がつくまでに時間がかかるので，太陽と地球と惑星が一直線に並んでから再び一直線に並ぶまでの時間は長くなる。　③ア…地球の公転周期は１年で，その惑星の公転周期が長いほど，地球とその惑星の間で１周の差がつくまでにかかる時間が地球の公転周期である１年に近くなる。

2　**問１(ア)**　表より，水酸化ナトリウム水溶液《すいようえき》の体積が５mL～25mL のとき，水酸化ナトリウム水溶液の体積が５mL増加すると，白い固体の重さは 0.117ｇ増加すると考えられるから，水酸化ナトリウム水溶液の体積が 20mL のときの白い固体の重さは 0.351＋0.117＝0.468(ｇ)となる。なお，この白い固体の重さは塩酸と水酸化ナトリウム水溶液の中和によってできた食塩の重さである。　　**(イ)**　水酸化ナトリウム水溶液の体積が 25mL より大きいとき，水酸化ナトリウム水溶液の体積が5mL 増えると白い固体の重さは 0.691－0.585＝0.106(g)増えるので，水酸化ナトリウム水溶液の体積が 35mL のときの白い固体の重さは 0.691＋0.106＝0.797(g)となる。なお，水酸化ナトリウム水溶液の体積が 25mL より大きいときに増加した白い固体の重さは，水酸化ナトリウム水溶液と二酸化炭素が反応してできた炭酸ナトリウムの重さである。　**(ウ)**　1.221＋0.106＝1.327(g)

問2　水酸化ナトリウム水溶液を濃くすると，同じ体積の水酸化ナトリウム水溶液を加えたときに中和してできる食塩の重さが増えるので，グラフの傾《かたむ》きは点線よりも大きくなる。塩酸の量と濃さは変わらないから，水酸化ナトリウム水溶液を濃くしてもできる食塩の重さは変わらない。したがって，グラフの傾きが変わるときの白い固体の重さ(グラフの高さ)は変らない(オ)。反対に水酸化ナトリウム水溶液をうすくすると，グラフの傾きは点線よりも小さくなるが，傾きが変わるときの白い固体の重さ(グラフの高さ)は変わらない(カ)。

問3　イ○…蒸発皿に水酸化ナトリウム水溶液が入っているので，塩酸を加えなくても白い固体(炭酸ナトリウム)が残る。塩酸を加えていくと中和して食塩ができるので，問1で塩酸と水酸化ナトリウム水溶液が中和するときのほうが，水酸化ナトリウム水溶液と二酸化炭素が反応するときよりも白い固体の増加量が大きかったことから，白い固体は増加していく。蒸発皿の水酸化ナトリウム水溶液がすべて反応してからは，塩酸を加えても白い固体は増加しない。また，蒸発皿には最初に 25mL の水酸化ナトリウム水溶液が入っているので，問1(イ)で求めた値を使って，$0.106\times\frac{25}{5}=0.530$(g)となる。

3 **問2**　肺で血液中に取りこまれるAは酸素，血液中から吐き出されるBは二酸化炭素である。

4 **問1**　グラフから読み取る。電池が3個のときの電流は0.8Aである。

問2　図2では，2個の電球が並列つなぎになっているので，それぞれの電球に図1のときと同じ電流が流れる。したがって，2個の電球が消費するエネルギーの合計はEの2倍である。

問3　図3では，2個の電球が直列つなぎになっているので，それぞれの電球に電池5個分の電流が流れると考えることができる。グラフより電池が5個のときの電流は1.3Aだから，それぞれの電球が消費するエネルギーは $5\times1.3=6.5$ であり，合計で $6.5\times2=13$ である。Eの値は $10\times1.9=19$ だから，$\frac{13}{19}$倍である。

問4，5　問3解説より，直列つなぎのそれぞれの電球(あ，い)が消費するエネルギーは 6.5，1個の電球(う)が消費するエネルギーは19だから，う＞あ＝いで，3個の電球が1秒間あたりに消費するエネルギーの合計は，$19+6.5\times2=32$ である。したがって，$\frac{32}{19}$倍である。

問6　並列つなぎが1つにまとまった部分にある電球(か)で消費するエネルギーは，並列部分のそれぞれの電球(え，お)で消費するエネルギーよりも大きく，より電球が明るく光る。したがって，か＞え＝おである。

問7　図5の回路では，並列つなぎのそれぞれの電球(え，お)に流れる電流は等しい。並列つなぎのそれぞれの電球(え，お)に流れる電流の和がもう1つの電球(か)に流れる電流と等しい。10個の電池を振り分けて，このような組み合わせを見つけると，並列部分(え，お)に3個，もう1つの電球(か)に7個のときである。このとき，並列部分(え，お)に流れる電流はそれぞれ 0.8A，もう1つの電球(か)に 1.6Aの電流が流れるので，並列部分(え，お)で1秒間あたりに消費するエネルギーはそれぞれ $3\times0.8=2.4$，もう1つの電球(か)で1秒間あたりに消費するエネルギーは $7\times1.6=11.2$ となり，合計で $2.4\times2+11.2=16$ となる。したがって，$\frac{16}{19}$倍である。

5 **問3**　イ，オ○…青色リトマス紙を赤色に変化させるのは酸性の水溶液である。炭酸水とうすい塩酸は酸性，重そう水(炭酸水素ナトリウムの水溶液)とうすいアンモニア水とうすい水酸化ナトリウム水溶液はアルカリ性，食塩水は中性である。

問4　ク×…ゴム球を急激にゆるめて水溶液をすばやく吸い上げると，水溶液がゴム球まで入ってしまうおそれがある。　ケ×…ピペットを逆さまにするとゴム球に液体が入ってゴム球がいたむので，逆さまにしない。

サ×…液体が少し残っているうちに火を止める。

問５　重そう(炭酸水素ナトリウム)を加熱すると，炭酸ナトリウムと水と二酸化炭素ができる。8.4ｇの重そうの粉を加熱した後に残った白い固体 5.3ｇが炭酸ナトリウムである。このとき減った重さは 8.4－5.3＝3.1(ｇ)で，そのうち71％が二酸化炭素だから，二酸化炭素は3.1×0.71＝2.201→2.2ｇである。

問６　問５のとき失われた水の重さは 3.1－2.201＝0.899(ｇ)である。もとの重そうの粉に対する減った重さの割合は同じだから，もとの重そうの粉の重さは$8.4\times\frac{0.15}{0.899}=1.40\cdots\rightarrow1.4$ｇとなる。

問７　8.4ｇの重そうの粉が完全に反応すると全体の重さが 3.1ｇ減る。8.4ｇの 20％は 8.4×0.2＝1.68(ｇ)だから，$\frac{1.68}{3.1}\times100=54.1\cdots\rightarrow54$％となる。

6　**問１**　イ○…ＡＣ間のコーンの側面よりもＢＣ間のコーンの側面の方が，面積が大きく重いので，Ｃのところに糸をつり下げると，Ｂが下がる。

問２⑴⑵　てこでは，〔おもりの重さ(ｇ)×支点からの距離〕が左右で等しくなるときにつり合う。ＡＤ間のコーンの側面を拡大するとＡＢ間のコーンの側面と同じ形になる。その面積比は(２×２)：(３×３)＝４：９となるので，ＡＤ間のコーンの側面の面積：ＤＢ間のコーンの側面の面積＝４：(９－４)＝４：５となり，重さの比はこれと等しい。

問３　図４で①と②の重さが同じになったので，球の中心Ｃを通る平面で切断したとき，Ａ側の半球殻の重心はＡＣの中点のＤである。同様に考えて，Ｄを通るＡＣに垂直な平面で半球殻を切断したときに，①と②の重さが等しくなり，点Ｅで糸をつるしてつり合ったことから，①と②の重心のＤからの距離は等しく，重心の位置はＡＤとＤＣのそれぞれの中点だとわかる。これらのことから，ＡＣ間で長さが等しい平面で切断したときの重さは等しいことがわかる。したがって，Ｂ側を３個に切断し，その重さがすべて等しくなるのは，ＣＢを３等分したときである。

問４　ＡＦの長さは(48－Ｘ)㎝だから，Ｙの長さはその半分になればよい。したがって，$Y=\frac{48-X}{2}$である。

《2021　２日目　国語　解説》

一　**問二**　曲芸は、ふつうの人はできない、熟練を必要とするはなれ技のこと。一方、「調理」は、「途方《とほう》もない数の手順」があって、それらを「同時並行で手際《てぎわ》よく進」めるものであり、やはり難易度が高く熟練が必要である。こうした「調理」の性質や、曲芸との共通点を中心にまとめる。

問三　直前に「自然界には新鮮《しんせん》な生肉や生野菜が溢《あふ》れ、そうした自然食材から栄養を得られることは、野生界を生き抜《ぬ》く多数の動物たちが証明しています」とある。つまり、自然のものをそのまま食べても栄養を得られるのに、わざわざ調理をするのは「珍妙《ちんみょう》」だと述べているのである。

問四　火を通したり加熱したりすることも、調理の一つである。――線部３の直後でポテトの調理を例に挙げ、次の段落で加熱することの利点を説明し、「火を通すと利用可能な栄養量が増えるのです」とまとめている。

問五　「『栄養満点』であるという化学信号は、舌では『おいしさ』という味覚信号として脳に届けられるという合目的的性があるわけです。動物たちが『おいしいものを好む』のは、生物学的な利点から、そうデザインされているのです」とある。また、チンパンジーの実験から、おいしいと感じればそれを好んで食べることがわかる。これらをもとに考えると、「身体に有益なもの」「栄養満点」であるものをおいしいと感じれば、それを好んで食べることになり、自然に栄養満点なものを選んで摂取することになる。

問七　同じ段落の内容に着目する。人類は火に、料理や寒さをしのぐための手段、明かりなど多様な用途《ようと》を見出し、生活を変えてきた。そして「現在では火は、厳《おごそ》かな聖火、装飾《そうしょく》用の蝋燭《ろうそく》、花火、弾薬《だんやく》など、さらに多彩《たさい》な目的で活用されて」いる。このように火を自在に操り、さまざまなことに利用することを、火を「調理」すると表現している。

二　問一　――線部１の「幸い」が指す内容は、点字使用者であることで、「かなり自然にたくさんの脳刺激《しげき》を受ける機会にめぐまれている」ことである。筆者は、見えないことで得られるよい点に注目しているので、自分の状況《じょうきょう》を前向きに受け止めているといえる。

問二　「(秋は)紙に触《ふ》れる手の感触《かんしょく》がひときわ心地《ここち》よい」、「秋になると、点字はスベスベと指によく馴染《なじ》むようになる～子供心に、私はその感触が気に入っていたので、読書の秋というのは本当だと思った」などからまとめる。

問三　――線部３は、麻由《まゆ》ちゃん(＝筆者)の点字の本を読む手である。「読書のときに指がよく滑《すべ》ると」とあるように、点字の本は、指を滑らせながら点字を読み取ることで読み進める。

問四　手打ちの本とは対照的なものが、「大量生産の点字本」である。それらは「正確だが手打ちの温かみ」がない。一方、手打ちの本は、表記がバラバラだったり間違《まちが》いがあったりはするものの、ボランティアさんが「私たちのため」に打ってくれたものである。そんな手打ちの本からは、やさしさやいろいろな思いが感じられたのである。

問五　図書委員の仕事をしているときは、ふだんクラスメートと接するときとは立場が違う。また「委員の仕事」については、ある程度決まった形で仕事をする必要がある。つまり、ふだん通りにクラスメートと接することができないことで、よそよそしさを感じるのである。

問六　「目を細める」は、愛らしいものやかわいいものを見たときなどにほほえみをうかべるという意味。小さな下級生たちが「一所懸命《いっしょけんめい》本を選んでもってくる」様子や、「重そうに本をもっていく様子はたまらなく嬉《うれ》しい」とある。筆者は、そんな下級生たちの姿に愛らしさを感じている。また、文章の前半に、「体の小さかった私」は重い教科書や電車のなかで読む本を何冊も持ち歩いていたとあるので、下級生の姿にかつての自分を重ねて見ていたと考えられる。

問八　「一度も会ったことのない『お友だち』」は、見知らぬ子という程度の意味である。それが、「一人の『新しいお友だち』になった」とは、見知らぬ子だった「ゆみ子さん」が、筆者にとって特別な存在になったということである。そうなったのは、彼女《かのじょ》が「私の大好きな『ああ無情』に感動し、その本のある箇所《かしょ》を点訳に選んだ」ことで、「ジャン・バルジャンの不屈《ふくつ》の精神とユゴーの博愛精神を通してつながったような気がした」からである。

三　著作権に関係する弊社《へいしゃ》の都合により本文を非掲載《ひけいさい》としておりますので、解説を省略させていただきます。ご不便をおかけし申し訳ございませんが、ご了承《りょうしょう》ください。

―《2021　２日目　算数　解説》―

1　(1)　重さが 120 g で濃度が 60％のＡ液にはＸが $120\times\frac{60}{100}=72$(g)含まれている。

重さが 120 g で濃度が 80％のＡ液にはＸが $120\times\frac{80}{100}=96$(g)含まれている。

したがって，はじめに用意する濃度が $96\%=\frac{24}{25}$のＡ液は，$72\div\frac{24}{25}=75$(g)以上，$96\div\frac{24}{25}=100$(g)以下である。

(2)　**【解き方】うでの長さを濃度，おもりを水溶液の重さとしたてんびん図で考える。うでの長さの比とおもりの重さの比がたがいに逆比になることを利用する。**

(ア)　右図でａ：ｂ＝72：(96－72)＝３：１だから，Ｑから入れた水の重さとＰから入れたＡ液の重さの比は１：３である。Ｑから入れた水の重さは 10 の倍数だから，Ｐから入れたＡ液の重さは８と 10×３＝30 の最小公倍数 120 の倍数である。

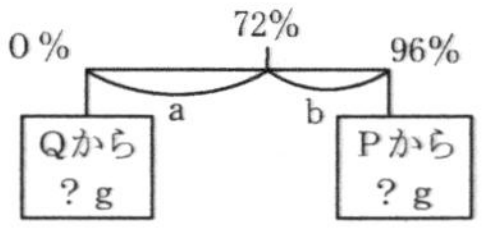

ＰのＡ液は 144 g だから，条件に合うのは 120 g である。

よって，Ｐからは 120÷８＝15(回)，Ｑからは $120\times\frac{1}{3}\div10=4$(回)量りとった。

(イ)　濃度が 60％になるときについて，てんびん図で考える。

c：d＝60：(96－60)＝5：3だから，Qから入れた水の重さとPから入れたA液の重さの比は3：5で，後者の方が多い。Pから144ｇ入れたとすると，Qからは$144\times\frac{3}{5}=\frac{432}{5}=86\frac{2}{5}$(ｇ)入れたことになるが，10の倍数でなければならないので，Qから入れた水の量は80ｇ以下である。Pから144ｇ，Qから80ｇ入れると，RにできるA液の濃度は60％以上になる。よって，Pからは144÷8＝18(回)，Qからは80÷10＝8(回)量りとった。

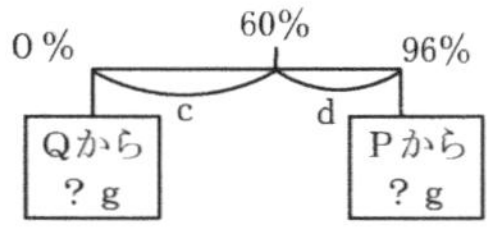

80：144＝5：9だから，濃度は，$0+96\times\frac{9}{9+5}=\frac{432}{7}=61\frac{5}{7}$(％)になった。

2 ⑴　8×8の正方形は右図のようになる。太線で4等分すると，左上，右上，左下の部分はすべて同じであり，偶数が7個ずつある。右下はすべて偶数である。

よって，偶数の個数は，7×3＋4×4＝37(個)

※○は偶数，×は奇数を表す

×	×	×	×	×	×	×	×
×	○	×	○	×	○	×	○
×	×	○	○	×	×	○	○
×	○	○	○	×	○	○	○
×	×	×	×	○	○	○	○
×	○	×	○	○	○	○	○
×	×	○	○	○	○	○	○
×	○	○	○	○	○	○	○

⑵　**【解き方】16×16の正方形の中の偶数と奇数の並びの規則性を考える。8×8の正方形のときの規則性がくり返されると予想して，16×16の正方形を図②のように8×8の正方形4つに分けて考える。**

⑴の図から，9段目と9列目は図①のようになるとわかる。

したがって，図②の右上と左下の正方形は左上の正方形と同じになるので，偶数は37個ずつある。

右下の正方形は，一番上の段と一番左の列がすべて偶数になるので，正方形の中はすべて偶数になる。

よって，求める個数は，37×3＋8×8＝175(個)

図①

※○は偶数，×は奇数を表す

×	×	×	×	×	×	×	×	×	×
×	○	×	○	×	○	×	○	×	
×	×	○	○	×	×	○	○	×	
×	○	○	○	×	○	○	○	×	
×	×	×	×	○	○	○	○	×	
×	○	×	○	○	○	○	○	×	
×	×	○	○	○	○	○	○	×	
×	○	○	○	○	○	○	○	×	
×	×	×	×	×	×	×	×	○	

図②

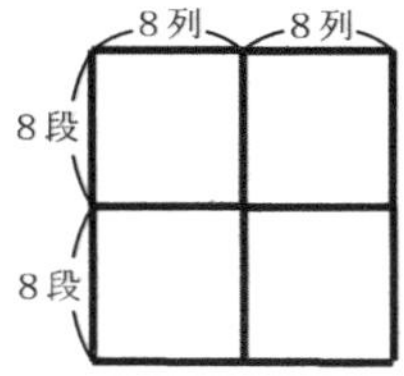

⑶　**【解き方】⑴，⑵より，32×32の正方形を右図のように16×16の正方形4つに分けて考える。**

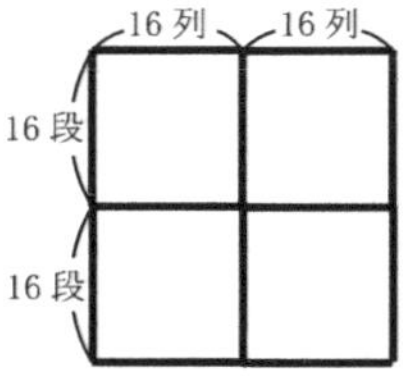

右上と左下の正方形は左上の正方形と同じになるので，偶数は175個ずつある。

右下の正方形はすべて偶数になる。

よって，求める個数は，175×3＋16×16＝781(個)

3 右のように作図する。三角形ＢＬＣと三角形ＥＤＭは正三角形となる。

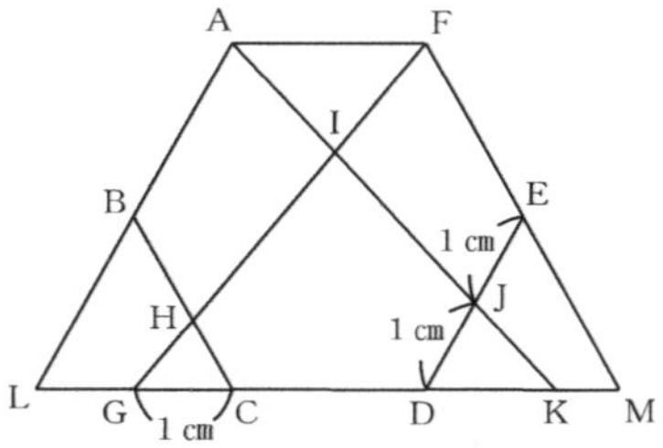

⑴　**【解き方】同じ形の三角形を探す。**

三角形ＨＧＣと三角形ＦＧＭは同じ形だから，

ＣＨ：ＭＦ＝ＧＣ：ＧＭ＝1：(1＋2＋2)＝1：5

ＣＨ＝ＭＦ×$\frac{1}{5}$＝4×$\frac{1}{5}$＝0.8(㎝)

三角形ＪＤＫと三角形ＡＬＫは同じ形だから，

ＤＫ：ＬＫ＝ＤＪ：ＬＡ＝1：4　　よって，ＬＤ：ＤＫ＝3：1だから，ＤＫ＝ＬＤ×$\frac{1}{3}$＝4×$\frac{1}{3}$＝$1\frac{1}{3}$(㎝)

⑵　**【解き方】正六角形ＡＢＣＤＥＦの面積を6とすると，1辺が2㎝の正三角形の面積は1である。この正三角形の高さと，三角形ＡＩＦの底辺をＡＦとしたときの高さの比を考える。**

三角形ＡＩＦと三角形ＫＩＧは同じ形で，対応する辺の比がＡＦ：ＫＧ＝2：$(1+2+1\frac{1}{3})$＝6：13だから，底辺をそれぞれＡＦ：ＫＧとしたときの高さの比も6：13である。ＡＦを1辺とする正三角形の高さを①とすると，三角形ＡＩＦと三角形ＫＩＧの高さの和は②だから，三角形ＡＩＦの高さは，②×$\frac{6}{6+13}$＝$\boxed{\frac{12}{19}}$

したがって，ＡＦを1辺とする正三角形(1辺が2㎝の正三角形)と三角形ＡＩＦの面積比は，①：$\boxed{\frac{12}{19}}$＝1：$\frac{12}{19}$だから，三角形ＡＩＦの面積は$\frac{12}{19}$である。

よって，三角形ＡＩＦの面積は，正六角形ＡＢＣＤＥＦの面積の，$\frac{12}{19} \div 6 = \frac{2}{19}$(倍)

⑶　**【解き方】⑵と同様に正六角形ＡＢＣＤＥＦの面積を６とする。１辺が２cmの正三角形の面積は１，三角形ＡＩＦの面積は$\frac{12}{19}$である。五角形ＣＤＪＩＨの面積は，三角形ＫＩＧの面積から，２つの三角形ＨＧＣ，ＪＤＫの面積を引いて求める。**

三角形ＡＩＦと三角形ＫＩＧの面積比は，$(6 \times 6) : (13 \times 13) = 36 : 169$ だから，

(三角形ＫＩＧの面積)＝(三角形ＡＩＦの面積)$\times \frac{169}{36} = \frac{12}{19} \times \frac{169}{36} = \frac{169}{57}$

また，ＣＧ：ＣＬ＝１：２，ＣＨ：ＣＢ＝0.8：２＝２：５だから，

(三角形ＨＧＣの面積)＝(三角形ＢＬＣの面積)$\times \frac{CG}{CL} \times \frac{CH}{CB} = 1 \times \frac{1}{2} \times \frac{2}{5} = \frac{1}{5}$

ＤＫ：ＤＭ＝$1\frac{1}{3}$：２＝２：３，ＤＪ：ＤＥ＝１：２だから，

(三角形ＪＤＫの面積)＝(三角形ＥＤＭの面積)$\times \frac{DK}{DM} \times \frac{DJ}{DE} = 1 \times \frac{2}{3} \times \frac{1}{2} = \frac{1}{3}$

よって，五角形ＣＤＪＩＨの面積は，$\frac{169}{57} - \frac{1}{5} - \frac{1}{3} = \frac{231}{95}$だから，正六角形ＡＢＣＤＥＦの面積の，$\frac{231}{95} \div 6 = \frac{77}{190}$(倍)

4　⑴　(Ａ)～(Ｄ)の操作と数字の並びの関係をまとめると，右図のようになる(ア～カの記号や実線と破線の違《ちが》いについては，⑵以降参照)。

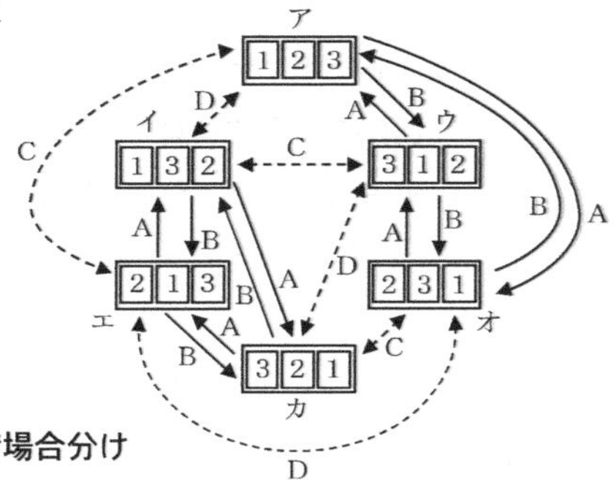

⑵　**【解き方】右図のように６つの並びにア～カの記号をおく。アからスタートして３回の移動でアに戻《もど》るためには，カは通れない。**

アからの移動の仕方は４通りある。次の移動はアとカに行かない移動なので，どこにいても２通りある。最後の移動はアに戻る１通りである。よって，全部で，４×２×１＝８(通り)

⑶　**【解き方】カを通るか通らないか，通るとしたら何回目に通るかで場合分けをする。場合分けをしたあとは，かけ算だけで移動の仕方を求める。**

アからスタートして５回で初めてアに戻るためには，カを通るとしても２回目か３回目にしか通れない。

①カを一度も通らない場合

１回目の移動は４通り，２～４回目は２通りずつ，５回目は１通りだから，４×２×２×２×１＝32(通り)

②カを２回目に通る場合

１回目の移動は４通り，２回目はカに行く１通り，３回目はカからなので４通り，４回目は２通り，５回目は１通りだから，４×１×４×２×１＝32(通り)

③カを３回目に通る場合

１回目の移動は４通り，２回目は２通り，３回目はカに行く１通り，４回目はカからなので４通り，５回目は１通りだから，４×２×１×４×１＝32(通り)

①～③より，全部で，32×３＝96(通り)

⑷　**【解き方】⑴の図で，実線の矢印は(Ａ)，(Ｂ)の移動を，破線の矢印は(Ｃ)，(Ｄ)の移動を表す。(Ａ)，(Ｂ)だけの移動だと，ウとオにしか行けない。**

(Ａ)，(Ｂ)の合計が５回の移動は，ア→ウ→オ→ウ→オ→アと，ア→オ→ウ→オ→ウ→アの２通りである。

⑸　**【解き方】⑴の図から，６つの並びはア，ウ，オのグループと，イ，エ，カのグループに分かれており，異なるグループに移動するためには，(Ｃ)か(Ｄ)の移動が必要とわかる。**

(Ｃ)，(Ｄ)の移動は必ず偶数回になるので，(Ａ)，(Ｂ)の移動は必ず奇数回になる。よって，(Ａ)，(Ｂ)の移動は合計して１回，３回，５回のいずれかである。⑶，⑷より，全部の移動の仕方が96通り，５回の移動の仕方が

２通りだから，１回，３回の移動の仕方は，96－２＝94(通り)

5 図２の斜線部分を底面とし高さが６cmの直方体を直方体Ｒ，図３の斜線部分を底面とし高さが１cmの直方体を直方体Ｓ，図４の斜線部分を底面とし高さが１cmの直方体を直方体Ｔとする。

⑴ **【解き方】立方体ＡＢＣＤ－ＥＦＧＨの体積から，直方体Ｒ，Ｓ，Ｔの体積を引けばよい。**

６×６×６－４×４×６－(２×２×１)×２＝112(㎤)

⑵ 頂点Ａ，Ｃ，Ｆを通る平面を平面ａとする。また，立方体の面ＥＦＧＨから高さ○cmにある平面を平面○と表す。例えば，高さ４cmの平面は平面４とする。

(ア) 【解き方】立体Ｐを平面４，３，２それぞれで切ったときの断面と，立方体ＡＢＣＤ－ＥＦＧＨを平面ａで切ったあとに平面４，３，２それぞれで切ったときの断面を重ねてかけばよい。

右図のようになり，平面ａの切り口の線の右下にある部分が，立体Ｑを平面ａで切ったときの切り口である。

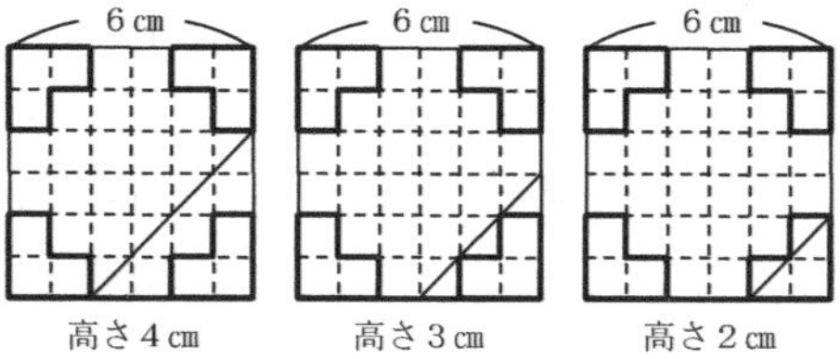

(イ) 体積を求める部分は右図のような三角すいだから，体積は，

$(2\times2\div2)\times2\times\frac{1}{3}=\frac{4}{3}=1\frac{1}{3}$(㎤)

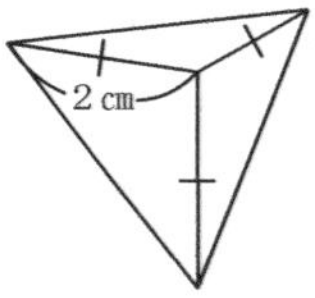

(ウ) 【解き方１】立体Ｑを面ＥＦＧＨからの高さが０～３cmの部分，３～４cmの部分，４～６cmの部分に分けてそれぞれの体積を求める。

右図①は立体Ｑの高さが０～３cmの部分であり，(イ)で体積を求めた三角すいと同じ形の三角すいがいくつかあることに注目する。辺の長さが３cmの三角すいから，辺の長さが１cmの三角すい３つ分を引くと図①の立体の体積は求められる。

(イ)の三角すいと辺の長さが３cmの三角すいと辺の長さが１cmの三角すいの体積の比は，(２×２×２)：(３×３×３)：(１×１×１)＝８：27：１だから，

図①の体積は，$\frac{4}{3}\times\frac{27-1\times3}{8}=4$(㎤)

図①

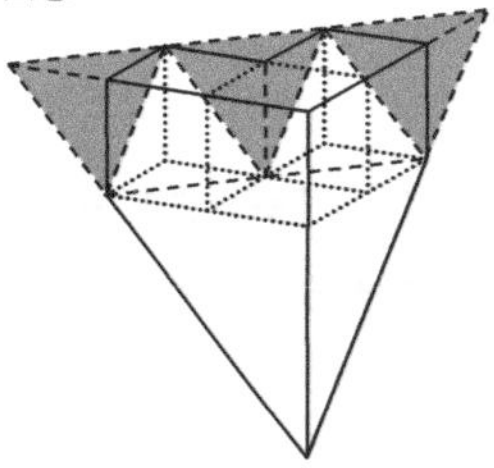

高さが３～４cmの部分は，(ア)の高さ４cmの図(または３cmの図)で色をつけた部分を底面とする高さが１cmの角柱だから，体積は，３×１＝３(㎤)

高さが４～６cmの部分は，立方体ＡＢＣＤ－ＥＦＧＨを平面ａで切ってできる三角すいを平面４で切ってできる立体のうち図②の色つき部分から，直方体Ｒを平面ａと平面４で切ってできる立体のうち図③の色つき部分を除いてできる立体である。図②において，ＦＢ：ＦＩ＝６：４＝３：２だから，図②の三角すいと色つき部分の体積比は，$1:(1-\frac{2}{3}\times\frac{2}{3}\times\frac{2}{3})=1:\frac{19}{27}$

図②

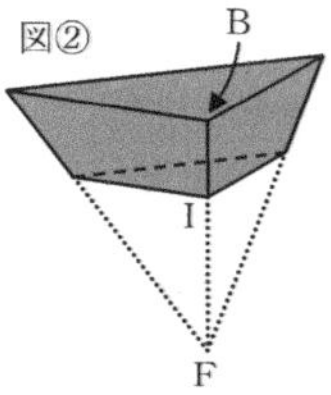

図③

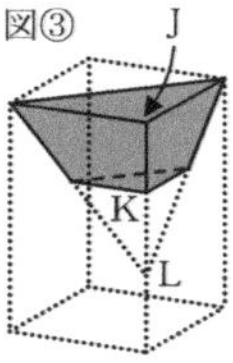

これより，図②の色つき部分の体積は，$(6\times6\div2)\times6\times\frac{1}{3}\times\frac{19}{27}=\frac{76}{3}$(㎤)

図③において，ＬＪ：ＬＫ＝４：２＝２：１だから，図③の三角すいと色つき部分の体積比は，

$1:(1-\frac{1}{2}\times\frac{1}{2}\times\frac{1}{2})=1:\frac{7}{8}$ これより，図③の色つき部分の体積は，$(4\times4\div2)\times4\times\frac{1}{3}\times\frac{7}{8}=\frac{28}{3}$(㎤)

したがって，高さが４～６cmの部分の体積は，$\frac{76}{3}-\frac{28}{3}=16$(㎤)

よって，求める体積は，４＋３＋16＝23(㎤)

【解き方２】図②の三角すいから図③の三角すいと，図④の色つき部分を除いた立体の体積を求める。

図④

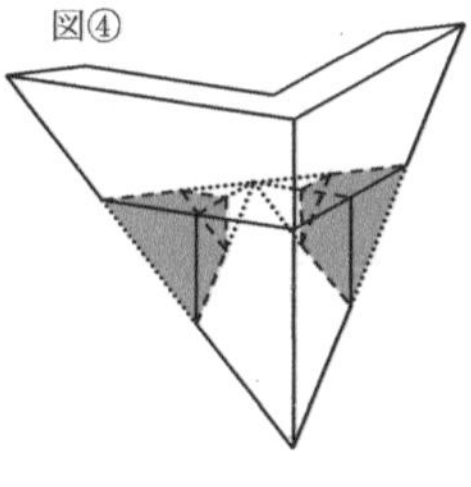

図④の色つき部分１つ分の体積は，(イ)で体積を求めた三角すいの体積の

$1-\frac{1}{2}\times\frac{1}{2}\times\frac{1}{2}=\frac{7}{8}$(倍)である。よって，求める体積は，

$(6\times6\div2)\times6\times\frac{1}{3}-(4\times4\div2)\times4\times\frac{1}{3}-(\frac{4}{3}\times\frac{7}{8})\times2=36-\frac{32}{3}-\frac{7}{3}=23$(㎤)

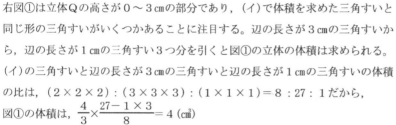

2020 解答例 令和2年度 ★灘中学校

《1日目　国語》

一　問一．無料　　問二．一つの価値観による規範を絶対とする発想。　　問三．多様な価値観の間で心が揺れるため、照らすべき規範を定めないと、何かを評価することができないから。

問四．1．マーケ　2．シルエ　3．エチケ　4．シークレ　5．デメリ

問五．1．つかま　2．ぎらわ　3．すぼら　4．たいた　5．つかわ　6．なばな

問六．1．かまけ　2．ふれ　3．めんじ　4．あかし〔別解〕あかせ　5．もっ

二　1．イ　2．ウ　3．オ

三　右記

四　1．拝見し　　2．うかがい〔別解〕参り　　3．○　　4．ください　　5．いただき　　6．○

五　1．カ　　2．オ　　3．ア　　4．エ　　5．ウ　　6．ク

六　A．何　　B．顔　　C．火　　D．立　　E．水　　F．流

七　⑴1．無　A．二　B．階　2．段

⑵1．信〔別解〕失　A．念　B．仏　2．具

⑶1．善　A．良　B．薬　2．品

《1日目　算数》

1　$\frac{1}{20}$

2　182

3　96

4　①木　　②374

5　446001

6　①11，20　　②8　　③6

7　0.96

8　①$32\frac{2}{3}$　　②$24\frac{6}{7}$

9　3.2

10　211.2

11　120

《1日目　理科》

1　問1．イ，ウ，カ　　問2．イ　　問3．エ　　問4．ウ　　問5．①1040　②4000　③ウ　④オ　⑤360

2　問1．イ，エ　　問2．307　　問3．259　　問4．162　　問5．44

3　問1．115　　問2．29　　問3．395　　問4．89

4　問1．①イ　②50　③ア　④60　⑤ア　⑥10　⑦1　　問2．イ　　問3．エ　　問4．エ　　問5．3

5　問1．イ，ウ，オ　　問2．0.628　　問3．2.512　　問4．記号…ア　理由…液面が目盛りから同じ高さだけずれているとき，底面積の小さい10mLメスシリンダーの方が体積の誤差が小さくなるから。　　問5．①9.9　②10.1

③9.95　④10.05　⑤イ

6　問1．①右図　②右図

問2．①イ　②イ

問3．右図

問4．右図

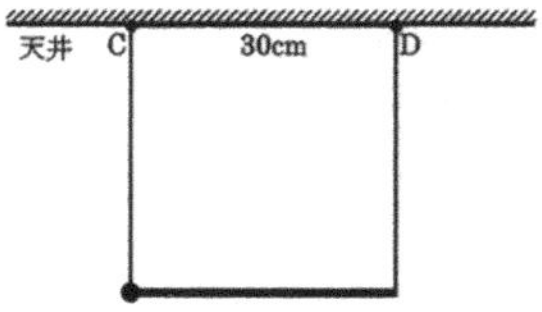

6問1①の図

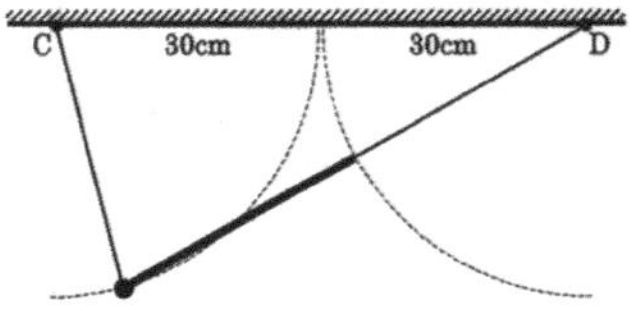

6問1②の図

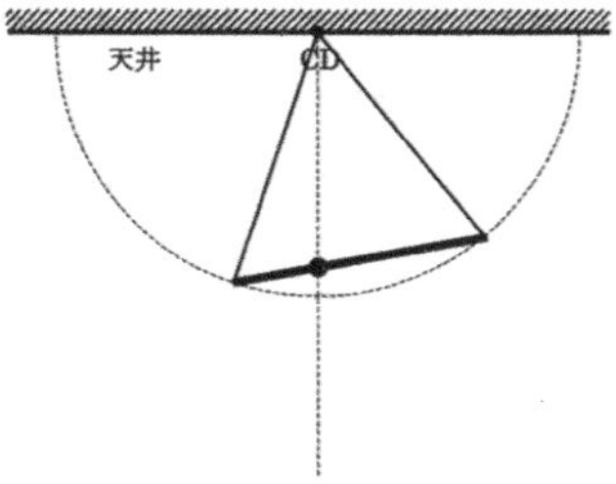

6問3の図

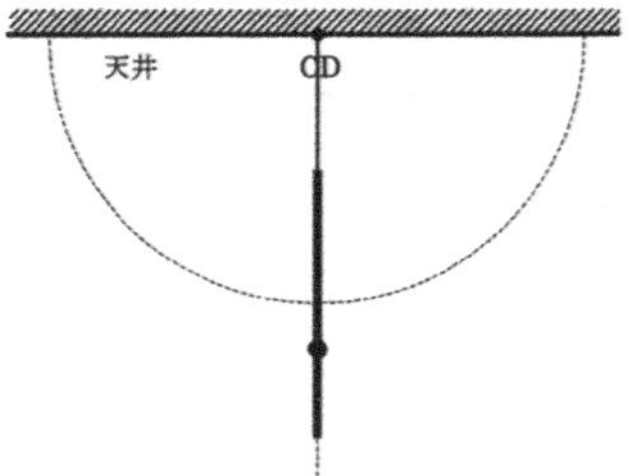

6問4の図

《2日目　国語》

一　問一．A．簡単　B．起動　C．備　D．効率　E．車窓　F．看板　G．英知　H．容易　I．貴重
問二．頭の中の知識が結びつくことで、新しい発想が生み出されるから。　問三．なんとなく似ていると感じたことから連想し、新しいアイデアにたどり着いた　問四．自分の日常から離れたインプットの量と質に依存しているという性質。　問五．好奇心　問六．自分がわからないことをなんとかわかりたいと感じるようになり、勉強の動機を得られるという効果。　問七．時間も空間もへだたり普通は会えない人の考えにふれられるところ。

二　問一．母さんが父さんを深く憎んでいるわけではなさそうだと思ったから。　問二．受験をひかえた息子が女の子とつきあうこと。／息子が生活保護家庭の女の子とつきあうこと。　問三．オ　問四．A．弱いものの側に立って、味方になろうとする　B．そういう人たちを見くだしている　問五．ぼく自身が少し前まで、母さんと同じように、「生活レベルが低い人」の世界に嫌悪や恐怖を抱き、一生関わりを持たないものだと思っていたから。
問六．自分の能力に自信があることで得られる感情ではなく、他人と比較することで得られる感情だということ。
問七．優越感を自分の弱さの支えにして、幸せだと思おうとしているということ。

三　問一．風雨の音がしなくなったかを、「はは」が耳をすまして聞いている様子。　問二．「おさないぼく」を起こさないため。　問三．3．「ぼく」が大人になったということ。　4．「ちち」が亡くなったということ。
問四．エ　問五．（例文）今の「ぼく」が、遠くにいる父母から見守られていると感じる場面。

《2日目　算数》

1　⑴右グラフ

⑵右グラフ

2　⑴（ア）98973，25973，28673，28943，28976

（イ）28673　⑵755631

※3　⑴19　⑵133　⑶477

※4　⑴140.86　⑵209.72

5　※⑴54　※⑵9　⑶$\frac{5}{24}$，42

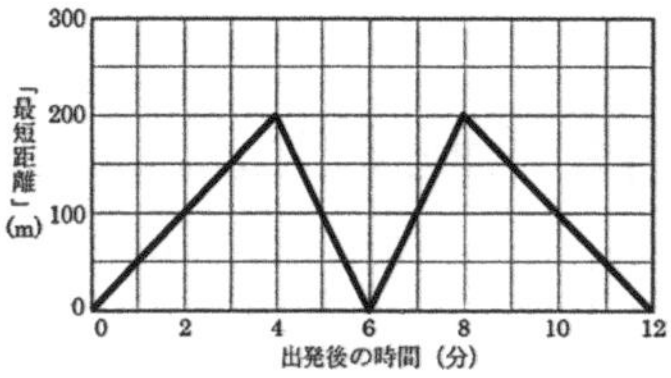

1⑴のグラフ

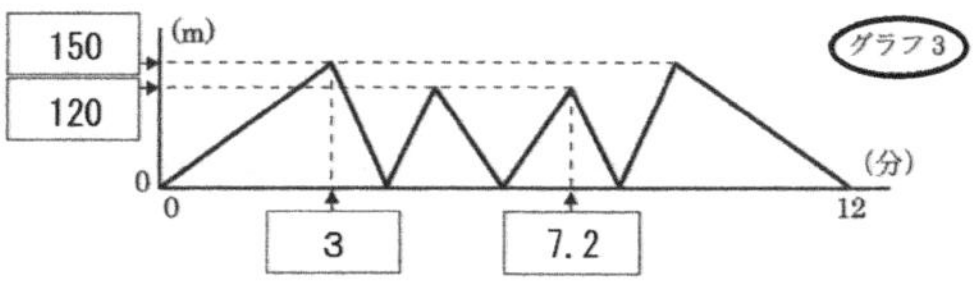

1⑵のグラフ

※の文章や式，図などは解説を参照してください。

2020 解説 ▶ 灘中学校
令和２年度

←解答例は前のページにありますので，そちらをご覧ください。

《2020　1日目　国語　解説》

一　問一　「『この品はただ』といった例文が浮《う》かびます」や「これをお渡《わた》しすることにお金という要素は入り込《こ》みません」より、「無料」が入る。

問二　１～２行前に「近代以前の日本は、住人のほぼすべてが同じ規範《きはん》に従う、いわゆる『村社会』が多数を占《し》めていた」とある。現代の日本では「私たちの心は多様な価値観の間で揺《ゆ》れていて、絶対と言える規範」はないが、近代以前は、絶対的な規範や価値観が存在したのである。

問三　「正しい」というのは、「本当は『規範である○○に照らして正しい』」ということである。そのため、「多様な価値観」が存在する現代では、どの「規範」を選ぶかで「正しい」のかどうかが変わってくる。すると、何が「正しい」かを思案する前に、「何を規範とするか」を決めなければならなくなる。

四　１　「先生」の姿を見るのは「私」なので、「先生」に敬意を表すために、「見る」の謙譲《けんじょう》語である「拝見する」を使う。　２　「先生」の家に行くのは「私」なので、「先生」に敬意を表すために、「行く」の謙譲語である「うかがう」または「参る」を使う。　３　「こんにちは」と言ったのは「先生」なので、「言う」の尊敬語である「おっしゃる」を使う。　４　本をくれたのは「先生」なので、「くれる」の尊敬語である「くださる」を使う。　５　先生の家で夕食を食べたのは「私」なので、「先生」に敬意を表すために、「食べる」の謙譲語である「いただく」を使う。　６　教室に来たのは「先生」なので、「来る」の尊敬語である「おいでになる」を使う。

六　文章に出てくる慣用句は、順に「何食わぬ顔」「顔から火が出る」「火のないところに煙《けむり》は立たぬ」「立て板に水」「水に流し」である。

七　条件２をもとにことわざを考え、条件３を使ってAとBの漢字を決めると、答えを見つけやすい。

《2020　1日目　算数　解説》

1　与式より，$(\square-\frac{19}{2020})\div(0.01\times0.125)=\frac{3232}{101}+\frac{48}{101}$　$(\square-\frac{19}{2020})\div(\frac{1}{100}\times\frac{1}{8})=\frac{3280}{101}$　$\square-\frac{19}{2020}=\frac{3280}{101}\times\frac{1}{800}$
$\square=\frac{41}{1010}+\frac{19}{2020}=\frac{101}{2020}=\frac{1}{20}$

2　消費税抜きの１個の値段を１とすると，４個を店内で，１個を持ち帰るときの代金は，$1.1\times4+1.08\times1=5.48$と表せる。5.48は1000円より大きく1001円未満であることから，消費税抜きの１個の値段は，$1001\div5.48=182.6\cdots$(円)未満とわかる。また，５個を店内で食べるときの代金は，$1.1\times5=5.5$と表せる。5.5は1000円をこえているから，消費税抜きの１個の値段は，$1000\div5.5=181.8\cdots$(円)より高いとわかる。消費税抜きの１個の値段には，１円未満の端数はないことから，求める値段は182円である。

3　次郎さんが進んだ道のりに注目すると，２人が同じ方向に進むときの時間は，向かいあって進むときの，$1260\div84=15$(倍)とわかる。したがって，太郎さんが進んだ道のりに注目すると，AB：AD＝１：15だから，AB：BD＝１：14なので，$AB=BD\times\frac{1}{14}=(84+1260)\times\frac{1}{14}=96$(m)

4　６月と９月は30日ずつあるから，$30\div7=4$余り２より，４週と２日ある。したがって，1日《ついたち》と２日の曜日が他の曜日より１日ずつ多い。９月１日は６月１日の，$30+31+31=92$(日後)だから，$92\div7=13$余り１より，９月１日の曜日は６月１日の曜日の１つあとの曜日である。したがって，右図のAパターンかBパターンが考えられ，土曜日と日曜日に作る製品の個数は平日より$372-366=6$(個)少ないとわかる。

Aパターン

	1日	2日
6月	木	金
9月	金	土

Bパターン

	1日	2日
6月	金	土
9月	土	日

Aパターンの場合，６月は土曜日と日曜日が$2\times4=8$(日)あり，土曜日と日曜日にも平日と同じ個数だけ作る

とすると，１か月の個数は，372＋６×８＝420(個)となるから，平日に作る個数は420÷30＝14(個)となる。

Ｂパターンの場合，６月は土曜日と日曜日が８＋１＝９(日)あり，土曜日と日曜日にも平日と同じ個数だけ作るとすると，１か月の個数は，420＋６＝426(個)となるから，平日に作る個数は426÷30＝14.2(個)となって，問題に合わない。よって，Ａパターンが正しく，６月１日は①木曜日である。

６月30日が金曜日なので７月１日は土曜日である。７月は４週と３日あるから，１日《ついたち》(土)，２日(日)，３日(月)の曜日が他の曜日よりも１日ずつ多い。よって，７月に作った個数は９月に作った個数よりも日曜日１日分だけ多いので，366＋(14－６)＝②374(個)である。

5　11×11＝121は２段目の数を並べた値，11×11×11＝1331は３段目の数を並べた値，11×11×11×11＝14641は４段目の数を並べた値だが，11×11×11×11×11＝161051は５段目の数を並べた値とは異なる。各段の数は，右から順に一の位，十の位，百の位，千の位，万の位，十万の位，……になっていると考えると，５段目は右図Ｉのように，11×11×11×11×11＝161051と同じ値になる。したがって，100個の11をかけた数は，100段目の数を同様に並べると計算できるので，図Ⅱより，下６桁は446001とわかる。

図Ｉ

					1
				5	
		1	0		
	1	0			
	5				
1					
1	6	1	0	5	1

図Ⅱ

							1
				1	0	0	
		4	9	5	0		
…	1	7	0	0			
…	2	2	5				
…	2	0					
…	6	4	4	6	0	0	1

6　以下の解説では，板の７の目盛を「板７」，円盤の８の目盛を「円８」というように，「板○」か「円○」の表記でそれぞれの目盛を表す。板の目盛１つ分の間隔は360÷10＝36(度)であり，円盤の目盛１つ分の間隔は360÷９＝40(度)である。また，円盤は１分間に360÷60＝６(度)回転する。０を基準に時計の針の回る向きと反対の向きに角度を考えると，初め，板７は円８よりも36×３－40×１＝68(度)先にあるから，これらが合わさるのは，68÷６＝$\frac{34}{3}$＝$11\frac{1}{3}$(分後)，つまり，①11分20秒後である。

問題の図から，板の目盛と円盤の目盛が合わさるのは最大でも１か所だけとわかる。また，ここまでの計算から，目盛が１か所合わさっている状態から$\frac{34}{3}$分たつごとに，板は合わさっていた目盛から３つ先の目盛が，円盤は合わさっていた目盛から１つ先の目盛りが合わさるとわかる。

40分40秒＝$40\frac{2}{3}$分＝$\frac{122}{3}$分であり，$\frac{122}{3}$÷$\frac{34}{3}$＝３余り$\frac{20}{3}$より，板の数字は７→４→１→８と，円盤の数字は８→７→６→５と重なる数字が移っていく。このさらに$\frac{20}{3}$分後を調べるのだから，円盤は６×$\frac{20}{3}$＝40(度)回転するので，板②８と円③６が合わさるとわかる。

7　三角形ＢＦＧと三角形ＤＡＧは同じ形で対応する辺の比がＢＧ：ＤＧ＝５：７だから，ＡＧ＝ＦＧ×$\frac{7}{5}$＝１×$\frac{7}{5}$＝$\frac{7}{5}$(cm)

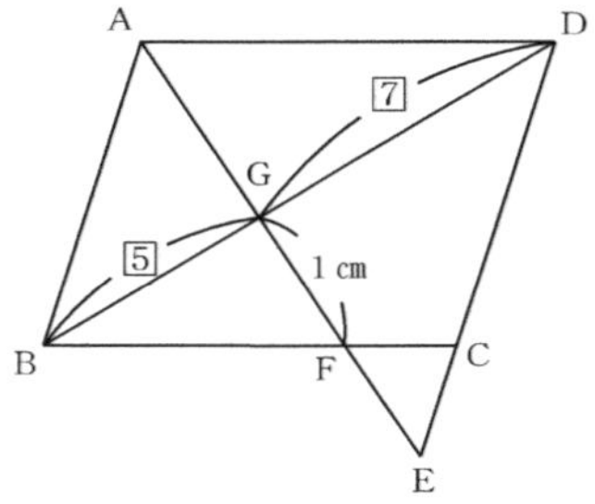

また，三角形ＡＢＧと三角形ＥＤＧは同じ形で対応する辺の比がＢＧ：ＤＧ＝５：７だから，ＥＧ＝ＡＧ×$\frac{7}{5}$＝$\frac{7}{5}$×$\frac{7}{5}$＝$\frac{49}{25}$(cm)

よって，ＦＥ＝ＥＧ－ＦＧ＝$\frac{49}{25}$－１＝$\frac{24}{25}$＝0.96(cm)

8　右図のように記号をおく。色をつけた三角形は直角二等辺三角形だから，ＢＤ＝２cm

斜線《しゃせん》の三角形は直角をはさむ辺の比が１：３だから，ＥＣ＝１×$\frac{1}{3}$＝$\frac{1}{3}$(cm)

したがって，ＢＣ＝２＋２＋４＋１＋$\frac{1}{3}$＝$9\frac{1}{3}$＝$\frac{28}{3}$(cm)

三角形ＡＦＧと三角形ＡＢＣの底辺をそれぞれＦＧ，ＢＣとする。

三角形ＡＦＧと三角形ＡＢＣは同じ形であり，対応する辺の比が，

ＦＧ：ＢＣ＝４：$\frac{28}{3}$＝３：７だから，高さの比も３：７である。

したがって，三角形ＡＢＣの高さと１辺が４cmの正方形の縦の長さの比は，

７：(７－３)＝７：４だから，三角形ＡＢＣの高さは，４×$\frac{7}{4}$＝７(cm)

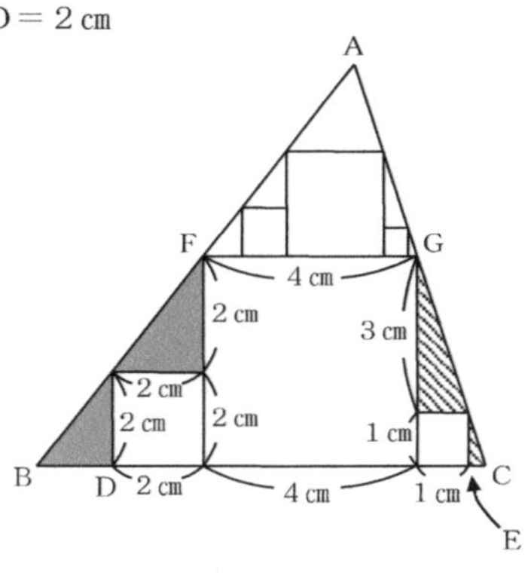

よって，三角形ＡＢＣの面積は，$\frac{28}{3}\times 7\div 2=\frac{98}{3}=$ ①$\underline{32\frac{2}{3}}$(㎠)

三角形ＡＦＧの中にある３つの小さい正方形を合わせた図形をＸ，それら以外の３つの正方形を合わせた図形をＹとする。ＸとＹは同じ形であり，対応する辺の比は，三角形ＡＦＧと三角形ＡＢＣと同様に３：７だから，面積比は，$(3\times 3):(7\times 7)=9:49$ である。Ｙの面積は，$2\times 2+4\times 4+1\times 1=21$(㎠)

よって，６個の正方形の面積の和は，$21\times\frac{9+49}{49}=\frac{174}{7}=$ ②$\underline{24\frac{6}{7}}$(㎠)

9　ＥＦ＝５㎝となるようにＡＥ上にＦをとると，三角形ＡＢＣと三角形ＣＥＦは，２辺とその間の角がそれぞれ等しいので，合同となる。そのため，三角形ＡＣＦはＡＣ＝ＣＦの二等辺三角形となるから，ＣからＡＦに垂直な直線を引き，ＡＦと交わる点をＧとすると，ＧはＡＦの真ん中の点となるので，$GF=4\div 2=2$(㎝)となる。したがって，$EG=5+2=7$(㎝)だから，直角三角形ＤＣＥと直角三角形ＧＥＣは，斜辺(ＣＥ)と，他の１辺(ＣＤ＝ＥＧ)がそれぞれ等しいので，合同である。

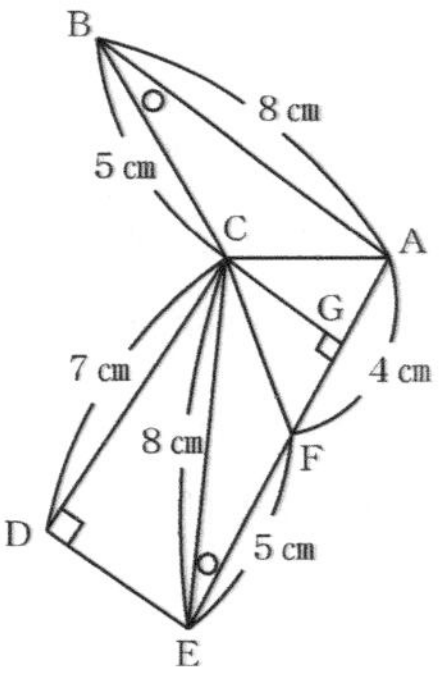

三角形ＡＢＣの面積を$\boxed{1}$とすると，三角形ＣＥＦの面積は$\boxed{1}$となり，

(三角形ＡＣＥの面積)：(三角形ＣＥＦの面積)＝ＡＥ：ＦＥ＝９：５だから，

(三角形ＡＣＥの面積)＝(三角形ＣＥＦの面積)$\times\frac{9}{5}=\boxed{1}\times\frac{9}{5}=\boxed{\frac{9}{5}}$

また，(三角形ＧＣＥの面積)：(三角形ＣＥＦの面積)＝ＧＥ：ＦＥ＝７：５だから，

(三角形ＤＣＥの面積)＝(三角形ＧＥＣの面積)＝(三角形ＣＥＦの面積)$\times\frac{7}{5}=\boxed{1}\times\frac{7}{5}=\boxed{\frac{7}{5}}$

よって，四角形ＡＣＤＥの面積は$\boxed{\frac{9}{5}}+\boxed{\frac{7}{5}}=\boxed{\frac{16}{5}}$だから，三角形ＡＢＣの面積の$\boxed{\frac{16}{5}}\div\boxed{1}=3.2$(倍)である。

10　板が通過する部分は右図のような立体であり，その体積は，ア$\underline{\text{底面の半径がＰＢで高さがＲＣの円すい}}$の体積から，イ$\underline{\text{底面の半径がＱＡで高さがＲＤの円すい}}$の体積を引くと求められる。

三角形ＲＡＤと三角形ＲＢＣは同じ形で，対応する辺の比がＡＤ：ＢＣ＝３：６＝１：２だから，ＲＡ＝ＡＢ＝４㎝，ＲＤ＝ＤＣ＝５㎝

三角形ＲＢＣは３辺の比が３：４：５の直角三角形なので，三角形ＲＰＢも３辺の比が３：４：５であり，$PB=RB\times\frac{3}{5}=8\times\frac{3}{5}=\frac{24}{5}$(㎝)

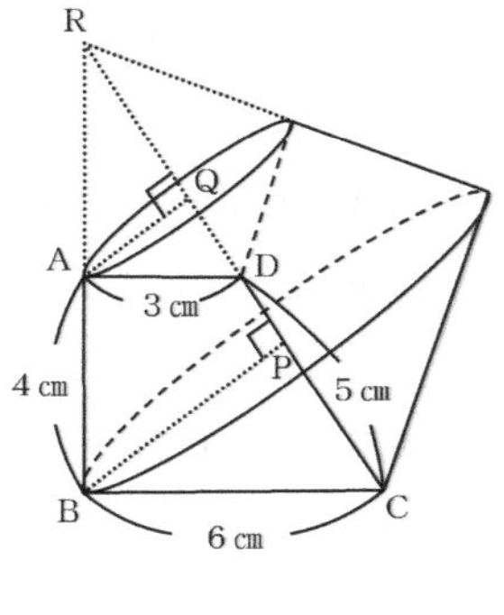

下線部アとイの円すいは同じ形で，体積比が$(2\times 2\times 2):(1\times 1\times 1)=8:1$だから，アの円すいの体積と求める体積の比は，$8:(8-1)=8:7$

よって，求める体積は，$(\frac{24}{5}\times\frac{24}{5}\times 3\frac{1}{7}\times 10\times\frac{1}{3})\times\frac{7}{8}=\frac{1056}{5}=211.2$(㎤)

11　展開図を組み立てると，右図のように，１辺が４㎝の正四面体を２つ重ねたような立体ができ，重なった部分は，１辺が２㎝の正四面体である。１辺が１㎝の正四面体の体積を１とすると，１辺が４㎝の正四面体の体積は$1\times 4\times 4\times 4=64$，１辺が２㎝の正四面体の体積は，$1\times 2\times 2\times 2=8$だから，図の立体の体積は，$64\times 2-8=120$である。よって，求める割合は$120\div 1=120$(倍)

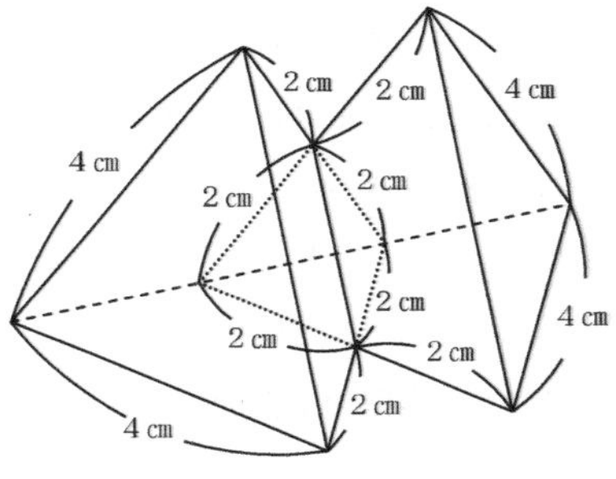

《2020　1日目　理科　解説》

1 **問1**　シカは背骨を持つセキツイ動物で，ヒトと同じホニュウ類に分類される。　ア×…ある程度成長した子を産む。卵を産むのは魚類，両生類，ハチュウ類，鳥類である。　エ，オ×…からだの表面は毛でおおわれている。エは魚類やハチュウ類，オは鳥類の特徴《とくちょう》である。

問2　イ×…下草がなくなると，雨が直接地面に当たり，土が流出したり，固くなったりして，保水力が低くなる。

問3　エ×…冬の積雪量が減少すると，生息域が拡大して，生存率は上昇《じょうしょう》する。

問4　ウ○…一頭あたりのフンの量をもとに，落ちているフンの量からその地域の生息数を推定することができる。

問5　①200×0.3＋1400×0.7＝1040　②年齢が同じであればオスとメスの生存率は同じだから，2019 年夏に生息していたシカ 3600 頭のうち，2020 年夏に生き残っているのは(200＋200)×0.5＋(200＋200)×0.6＋(1400＋1400)×0.9＝2960(頭)である。これに，①で求めた 2020 年に産まれるシカ(すべて生き残ると考える)を合わせた 2960＋1040＝4000(頭)が正答となる。　③④生存率が高く，生殖《せいしょく》率も高い2歳《さい》以上のメスを捕獲《ほかく》除去するのが最も効果的である。　⑤捕獲除去しないときの増加する割合は$\frac{4000}{3600}=\frac{10}{9}$である。まんべんなく捕獲除去するのであれば，この増加する割合は変化しないから，2020 年夏の総生息数を 3600 頭にするためには，2019 年秋の生息数を $3600\div\frac{10}{9}=3240$(頭)にしておけばよい。したがって，3600－3240＝360(頭)が正答となる。

2 **問1**　アはホウ酸(固体)，イはアンモニア(気体)，ウは水酸化カルシウム(固体)，エは塩化水素(気体)，オは水酸化ナトリウム(固体)が水に溶《と》けてできている水溶液《すいようえき》である。

問2　実験1より，20℃の水 200mL には二酸化炭素が 300－114＝186(mL)まで溶けるから，水が 200mL の半分の 100mL になれば，二酸化炭素が溶ける量も 186mL の半分の 93mL になる。したがって，400－93＝307(mL)が溶け残る。

問3　20℃では，水 200mL に二酸化炭素 186mL が溶けるという割合は一定(水：二酸化炭素：合計＝200：186：386)だから，体積の合計が 500mL になるときの水は $200\times\frac{500}{386}=259.06\cdots$であり，小数第一位を四捨五入して，259mL が正答となる。ただし，水 259mL と二酸化炭素 241mL では，わずかに二酸化炭素が溶け残る。

問4　実験3より，20℃の二酸化炭素 120mL を温めて 30℃にすると，体積が 124mL になるから，20℃の二酸化炭素 300mL を 30℃にすると，$300\times\frac{124}{120}=310$(mL)になる。また，実験2より，30℃の水 200mL には二酸化炭素が 300－152＝148(mL)まで溶けるから，310－148＝162(mL)が正答となる。

問5　実験1で溶けた二酸化炭素は 186mL であり，これが 30℃になると，$186\times\frac{124}{120}=192.2$(mL)になる。このうち 30℃の水 200mL に溶けるのは 148mL だから，192.2－148＝44.2→44mL が正答となる。

3 **問1**　地球の中心から太陽の中心までの距離《きょり》を半径とする円に着目する。この円の半径を$x$kmとすると，中心角が 0.5 度のおうぎ形の弧《こ》の長さ(太陽の直径)は $2\times x\times3.14\times\frac{0.5}{360}=\frac{3.14}{360}\times x$(km)である。したがって，360÷3.14＝114.6…→115 倍が正答となる。

問2　月の直径をykmとすると，問1と同様に考えて，地球の中心から月の中心までの距離は(115×y)kmである。また，地球の直径は月の直径の4倍だから，(4×y)kmである。したがって，地球の中心から月の中心までの距離は地球の大きさの 115÷4＝28.75→29 倍である。

問3　地球から見ると，月と太陽の直径がほとんど同じに見える(中心角が同じになる)のは，地球からの距離と直径の比がほとんど同じためである。したがって，地球の中心から太陽の中心までの距離は，地球の中心から月の中心までの距離の1億 5000 万(km)÷38 万(km)＝394.7…→395 倍だから，太陽の直径は月の直径の 395 倍である。

問4　地球の直径は月の直径の４倍だから，月の中心から地球を見たときの中心角も地球の中心から月を見たときの４倍の２度である。したがって，図Ⅰの色のついた直角三角形に着目すると，180－90－(２÷１)＝89(度)が正答となる。

図Ⅰ

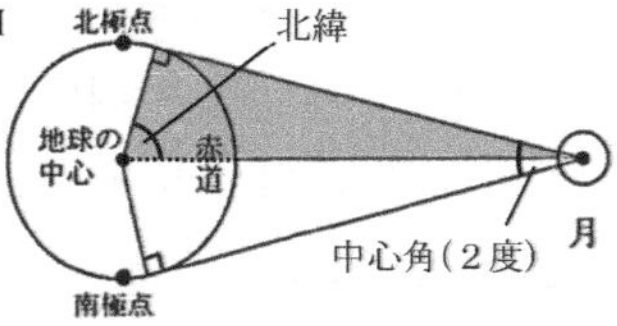

4　**問１**　②Aをつるした位置は支点から10㎝遠くなるから，回転させる働きは10×５＝50(㎝×kg)大きくなる。

④Bをつるした位置は支点から20－10＝10(㎝)遠くなるから，回転させる働きは10×６＝60(㎝×kg)大きくなる。

⑤．①～④より，Bがバットを時計回りに回転させる働きが60－50＝10(㎝×kg)大きくなることがわかる。

⑦10(㎝×kg)÷10(㎝)＝１(kg)

問２　Gの位置はどこかわからないが，支点をOからO′にずらしたときは，BをPからP′にずらすとつりあった(図１と図２の関係が成立する)と書かれているので，イが正答となる。

問３　問２の，仮にGがO′よりも右にあるとした場合について考える。支点をOからO′にずらすと，Aがバットを反時計回りに回転させる働きは50(㎝×kg)大きくなり，Bがバットを時計回りに回転させる働きは60(㎝×kg)大きくなる。Gにかかる重さがバットを時計回りに回転させる働きは60－50＝10(㎝×kg)小さくならなければならないので，バットの重さは10(㎝×kg)÷10(㎝)＝１(kg)である(問１と同じ)。つまり，GがOよりも左にあってもO′よりも右にあっても図１と図２の関係は成立するから，書かれていることからだけでは，Gの位置は決まらない。なお，GがOやO′上，またはOO′間にあるときでも，図１と図２の関係は成立する。

問４　GがOより左にあるとした場合で考える。***x***が10㎝のとき，***y***は20㎝である。また，***x***が20㎝のとき，バットを反時計回りに回転させる働きは20(㎝)×５(kg)＋20(㎝)×１(kg)＝120(㎝×kg)大きくなるから，バットを時計回りに回転させる働きを120(㎝×kg)大きくするために，P′の位置をO′から120(㎝×kg)÷６(kg)＝20(㎝)大きくする必要がある。つまり，***y***は20＋20＝40(㎝)になる。したがって，20÷10＝２，40÷20＝２となるから，エが正答となる。

問５　問４と同様にGがOより左にあるとした場合で考える。支点をOから右に10㎝ずらすと，バットを反時計回りに回転させる働きは60(㎝×kg)大きくなるから，Bを新しい支点から60(㎝×kg)÷３(kg)＝20(㎝)右に動かす必要がある。これは，Oから10＋20＝30(㎝)の位置だから，30÷10＝３(倍)が正答となる。

5　**問２**　底面積×高さ＝(２×２×3.14)×0.05＝0.628(㎤)→0.628mL

問３　(４×４×3.14)×0.05＝2.512(㎤)→2.512mL

問４　問２，３より，ずれている高さが0.5㎜で同じであれば，底面積が小さい方が誤差は小さいことがわかる。

問５　①②〔食塩水の濃《こ》さ(%)＝$\frac{\text{食塩の重さ(g)}}{\text{食塩水の重さ(g)}}$×100〕で求める。方法３で，食塩をはかったときの表示が5.0gであれば，食塩の重さは4.95g以上5.05g未満であり，水をはかったときの表示が45.0gであれば，水の重さは44.95g以上45.05g未満である。したがって，このときの食塩水の濃さは，$\frac{4.95}{4.95+45.05}\times100=9.9$(%)より大きく，$\frac{5.05}{5.05+44.95}\times100=10.1$(%)より小さい。　③④方法４では，食塩の重さは9.95g以上10.05g未満，水の重さは89.95g以上90.05g未満だから，食塩水の濃さは，$\frac{9.95}{9.95+90.05}\times100=9.95$(%)より大きく，$\frac{10.05}{10.05+89.95}\times100=10.05$(%)より小さい。　⑤イ○…9.95%は9.9%よりも10%に近く，10.05%は10.1%よりも10%に近い。

6 **問1**　①てこの両端《はし》を，天じょうから真下にのびた糸で支えていると考えればよい。このようなてこでは，どこにおもりをとりつけても，てこがかたむくことはない。　②A，B，Dが一直線上に並び，CDとADの長さがともに60㎝で，ACの長さが30㎝の二等辺三角形ができる。

問2　①と②では，どちらもACとADの長さがともに45㎝の二等辺三角形になる。問1解答の図に重ねて表すと，図Ⅱ，Ⅲのようになり，どちらもAの端が下がりBの端が上がることがわかる。

問3　図Ⅳ参照。Aから10㎝の位置にあるおもりが支点の真下にくるように正三角形を記入する。

問4　図Ⅴ参照。

図Ⅱ

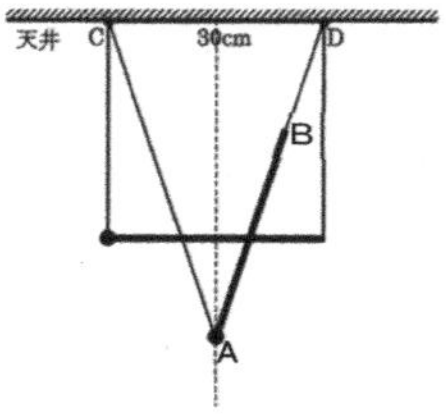

図Ⅲ

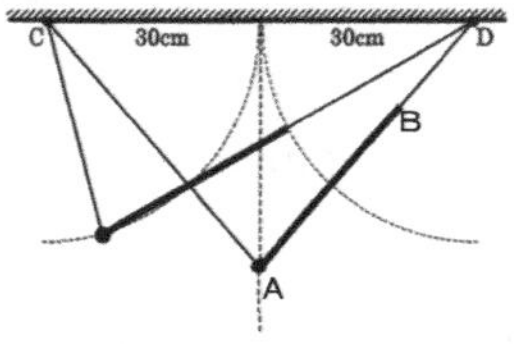

図Ⅳ

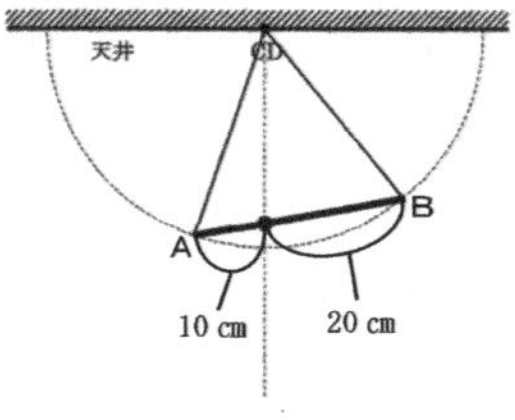

図Ⅴ

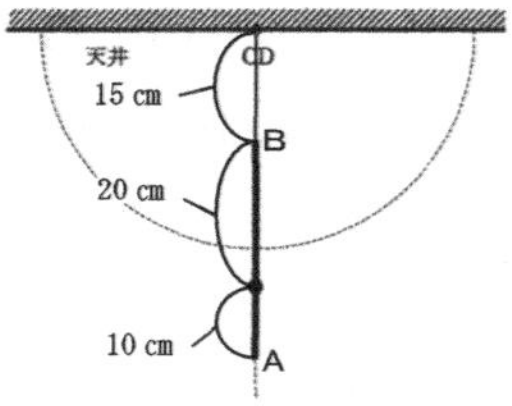

《2020　2日目　国語　解説》

一　問二　── 線部１の前後に「(新しい発想は)自分の知識、あるいはその知識から自身が構築した理屈《りくつ》、といったものがあって、初めて生まれてくるものだ。そういう意味では、頭の中に入れてやることは意味がある」「発想というのは、連想から生まれることが多い」とある。つまり、新しい発想は頭の中に入れた知識から生まれるのであり、その意味で「頭の中に入った知識」が必要なのである。

問三　── 線部２が指すのは、２行前にある「新しいアイデアにたどり着」いた段階である。どのような過程を経て「新しいアイデア(＝発想)にたどり着」くかについては、ある刺激《しげき》に対して「なにか似たようなものがあったな」と感じる「連想」や、「これと同じことがどこかであったな」と思いつく「デジャブ」から、ときにアイデアが生まれると述べられている。

問四　── 線部Ｃの次の行に「連想のきっかけとなる刺激は、日常から離《はな》れたインプットの量と質に依存《いぞん》している」とある。

問五　［　　］に入る言葉は、少し前の「『ああ、なんか面白いことがないかな』と欠伸《あくび》をしたくなる気持ち」にさせるものである。

問六　── 線部４の１～３行後の「自分にはわからないことがこの世界にある、と知ることができた～もしこれがなければ、勉強しようとも思わないだろう～貴重な動機を得られたといえる」の部分をまとめればよい。自分にはわからないことがあると知り、勉強したいと思うきっかけになりうるという効果がある。

問七　直前にある「本であれば、誰《だれ》でも彼《かれ》(＝アインシュタイン)の書いたものを読める」という点が、「本の最も凄《すご》いところ」である。アインシュタインは会うことのできない人物の一例である。彼はもう亡くなっているので、時間的にへだたったところにいるといえる。また、生きている人物であっても、大半は空間的にへだたったところにいるし、たとえ近くにいてもアインシュタインのようなすぐれた学者と話をする機会はまずない。ところが、本であれば、そういった人物の書いたものを読める。「書いたものを読める」というのは、その人物の考えにふれられるということである。

二　問一　「ぼく」は、「母さんの瞳《ひとみ》に一瞬《いっしゅん》、(父さんへの)憎《にく》しみの色がよぎった気がし」て驚《おどろ》いたが、すぐに「笑顔にもどったので」安心した。笑顔にもどった母さんを見て安心したということは、父さんへの憎しみは深いものではないと思ったか、気のせいだと思ったと考えられる。

問二　「生活保護んちの女の子と、おつきあいしているのかと思ったわ」「どっちも驚くわよ」「ガールフレンド作るには時期が悪すぎるし～生活保護家庭の人って、あんまりいいイメージないもの」などから読みとる。

問三　直後にあるように、「ぼく」は「母さんの口から、そのような言葉が出ようとは思いもしなかった」ので、驚きのあまり絶句した。つまり、「ぼく」と「クラスの女子」が「おつきあいをしている」のではないかと母さんが思っていることを知り、絶句したのである。よって、オが適する。

問四Ａ　あぜんとしたのは、母さんの生活保護家庭の人に対する発言を聞いたからである。── 線部４の２行後に「母さんなら、弱いものの側に立って、味方になろうとするはずだと思っていたのに」とある。　Ｂ「ぼく」は、あわてたように言葉をつくろう母さんに、「見くだしているんだ。そういう人たちのこと」と言っている。

問五　直後の３行の内容をまとめればよい。「ぼく」も母さんと同じだったことに気づいたのである。

問六　「優越感《ゆうえつかん》」については、直後に「他人との比較《ひかく》でのみ得られる、この感情」とある。「ぼく」は、有名私立中学校に合格したことで「自分はやはり人より優《すぐ》れている」と思い、中学校を退学してからもこの気持ちを捨てられずに持ち続けている。「優越感」が、他人との比較でのみ得られる相対的なものであるのに対し、プライドは、自分の才能や能力などに対する自信から得られる感情のように、他人との比較に基づかない絶対的なものだと考えられる。

問七　「つっかえ棒《ぼう》」とは、物がたおれたり落ちたりしないようにする支えの棒のこと。ここでは、生きていくための支えになるものという意味で、比ゆ的に使われている。また、──線部7の「この気持ち」とは、2行前にある「この厄介《やっかい》な感情(=優越感)」を指している。「ぼく」は、「わずかながらの優越感をかき集め」て、「自分はやはり人より優れている、恵《めぐ》まれている」、だから幸せなのだと言い聞かせて生きている。──線部7は、母さん、父さん、おばあちゃんも、「ぼく」と同じように優越感を支えにして生きているということを言っている。

三　**問一**　直後で「そのようですね」と母が同意しているので、──線部1は、聞き耳を立てて外の様子(台風が過ぎたかどうか)をうかがっていることを表していると考えられる。

問二　「おさないぼく」は、ふとんのなかで両親の会話を聞いている。「あけがたちかく」という時間帯とあわせて考えると、両親は、「ぼく」がまだ寝ているものだと思っている。

問三　──線部3の直前まででは、「ぼく」がおさなかったころのことを回想している。現在の「ぼく」は妻もいるので、大人になっている。大人になったので「おさないぼく」は消えてしまったのである。また、「いく(=逝《い》く)」は亡くなるという意味である。

問四　「すぎてしまった　なにもかも　すぎてしまった」という表現からは、「すぎてしまった」ことを残念がるような気持ちが読みとれる。父が亡くなり、母とは長く会っていないことや、「このこえをきくもうだれもいない」という表現から、両親と過ごしたころのことをなつかしがるとともに、その時間がもう戻《もど》ってこないことを残念に思い、寂《さび》しさを感じていることが分かる。よって、エが適する。

問五　「そのようですね」という言葉が、両親の会話の中で母が言ったものであることをふまえて、「なごりのかぜ」を、遠くにいる両親のことだと考えると、今の「ぼく」を遠くにいる両親が見守っていると読むことができる。他にも、「そのようですね」という言葉を、ねむっていると思っていた妻の言葉だと考えるなど、さまざまな読み方ができる。

《2020　２日目　算数　解説》

1　(1)　「Ｓ地点とＡさん」，「Ｓ地点とＢさん」，「ＡさんとＢさん」それぞれの距離のグラフをかくと，最短距離のグラフが見えてくる。

Ａさんは600÷50＝12（分）で１周，Ｂさんは600÷100＝６（分）で１周するから，「Ｓ地点とＡさん」，「Ｓ地点とＢさん」のグラフは右図のようになる。６分後にＡさんは半周，Ｂさんは１周していて，このときＡさんとＢさんの距離は最長の300mになる。このあとは一定の割合で減っていき，12分で０mになるから，「ＡさんとＢさん」のグラフは，「Ｓ地点とＡさん」のグラフと重なる。よって，右図から最短距離のグラフが解答例のようになるとわかる。

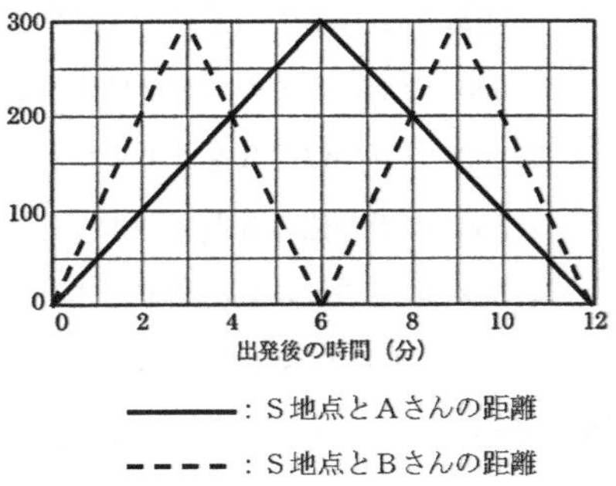

(2)　(1)の解説のように３つのグラフをかく。Ｂさんは600÷150＝４（分）で１周する。ＡさんとＢさんの距離は300÷（150－50）＝３（分）で最長の300mになり，さらに３分で０mにもどることをくり返す。したがって，３つのグラフは図Ｉのようになる。図Ｉから，最短距離のグラフは図IIの実線のようになるとわかるからグラフ３が正しい。図IIのようにグラフに記号をおく。Ｐは出発してから３分後で距離が150mと読み取れる。

図Ｉ

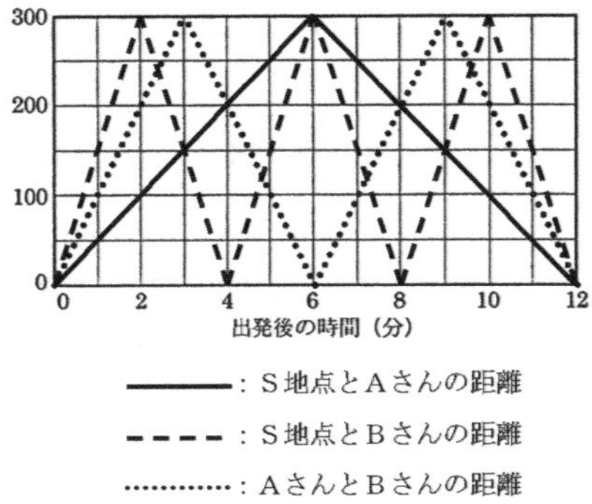

図II

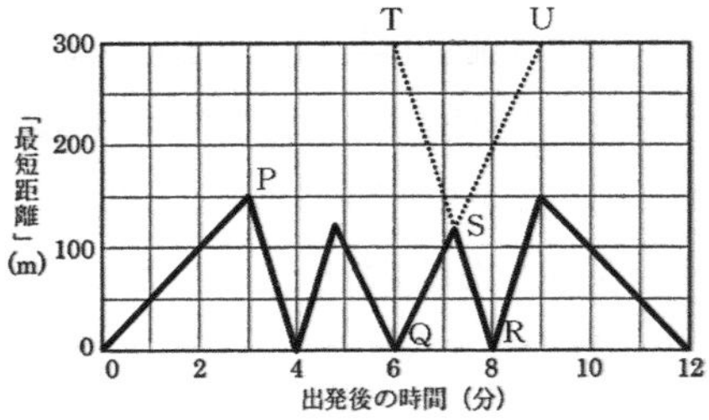

三角形ＱＲＳと三角形ＵＴＳは同じ形で，対応する辺の比がＱＲ：ＵＴ＝２：３だから，ＱＳ：ＵＳ＝２：３

よって，ＱＳ：ＱＵ＝２：５で，ＱからＵまでは３分間だから，ＳはＱの$3\times\frac{2}{5}$＝1.2（分後）であり，出発してから６＋1.2＝7.2（分後）である。ＱからＵまでは300mだから，Ｓの距離は$300\times\frac{2}{5}$＝120（m）である。

2　(1)(ア)　28973について，上４桁の数の和は２＋８＋９＋７＝26である。したがって，次郎さんがＥを書き換えたとすると，ＡＢＣＤＥは28976である。

Ｅ以外を書き換えたとすると，Ｅ＝３だから，Ａ，Ｂ，Ｃ，Ｄのいずれかを33－26＝７減らしたか，26－23＝３増やしたことになる。したがって，Ａを書き換えた場合は７減らしたのだから，Ａ＝２＋７＝９であり，ＡＢＣＤＥは98973である。同様に，Ｂを書き換えた場合Ｂ＝８－３＝５だから，ＡＢＣＤＥは25973，Ｃを書き換えた場合Ｃ＝９－３＝６だから，ＡＢＣＤＥは28673，Ｄを書き換えた場合Ｄ＝７－３＝４だから，ＡＢＣＤＥは28943である。よって，求める数は下線部の５つの数である。

(イ)　(ア)で求めた５つの数のうち21673と１つの位の数だけが異なるのは28673のみなので，ＡＢＣＤＥは28673である。

(2)　ＴとＵのどちらかを書き換えても，もう一方は正しい値となるが，735631について，７＋３＋５＋６＝ア21，７＋３×３＋５×７＋６×９＝イ105より，ＴとＵはどちらも一致《いっち》していないことから，ＴまたはＵを書き換えたのではないとわかるので，Ｔ＝３，Ｕ＝１である。

下線部アとT＝３より，次郎さんはP～Sのいずれかを３－１＝２減らしたとわかる。

735631 の上４桁のいずれかを２増やしたときに，下線部イの数の一の位がU＝１になればよい。

735631 の十万の位の７を２増やすと，イは２増えて 105＋２＝107 になり，条件に合わない。

735631 の万の位の３を２増やすと，イは２×３＝６増えて 105＋６＝111 になり，条件に合う。

735631 の千の位の５を２増やすと，イは２×７＝14 増えて 105＋14＝119 になり，条件に合わない。

735631 の百の位の６を２増やすと，イは２×９＝18 増えて 105＋18＝123 になり，条件に合わない。

よって，ＰＱＲＳＴＵ＝755631 である。

3 時間と分に分けて，２の個数を調べる。

時間の 00～23 のうち，２がちょうど２つあるものは 22 の１通り…㋐。１つあるものは 02，12，20，21，23 の５通り…㋑。２がないものは 24－１－５＝18(通り)…㋒である。分の 00～59 のうち，２がちょうど２つあるものは 22 の１通り…㋓，１つあるものは 02，12，20，21，23，24，25，26，27，28，29，32，42，52 の 14 通り…㋔。２がないものは，60－１－14＝45(通り)…㋕ある。

(1) ２がちょうど３つあるものは，㋐と㋔，㋑と㋓より，１×14＋５×１＝19(通り)だから，表示されている時間は 19 分間である。

(2) ２がちょうど２つあるものは，㋐と㋕，㋑と㋔，㋒と㋓より，１×45＋５×14＋18×１＝133(通り)だから，表示されている時間は 133 分間である。

(3) ２がちょうど１つあるものは，㋑と㋕，㋒と㋔より，５×45＋18×14＝477(通り)あるから，表示されている時間は 477 分間である。

4 (1) 円が通過する部分ではなく輪が通過する部分の面積を求めることに注意する。輪が通過するのは右図の色をつけた部分である。半径６cmの円の面積(色つきの２つの半円の面積の和)と長方形ＥＦＧＨの面積の和は，

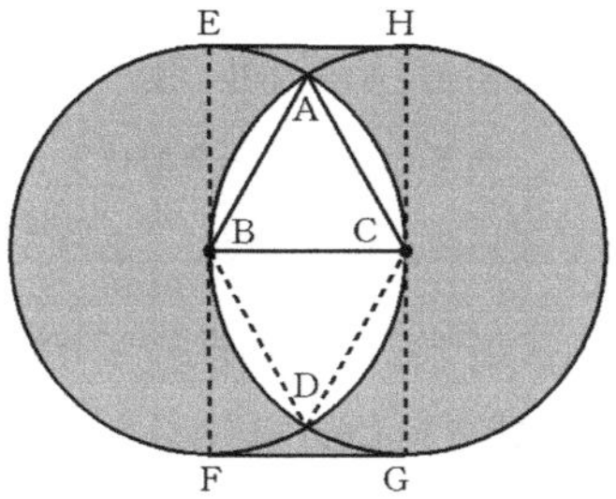

$6 \times 6 \times 3.14 + 12 \times 6 = 36 \times 3.14 + 72 = 185.04$(cm²)

白い部分の面積は，２つの合同なおうぎ形ＢＤＡ，ＣＡＤの面積の和から，２つの合同な正三角形ＡＢＣ，ＤＢＣの面積を引くと求められ，

$6 \times 6 \times 3.14 \times \frac{120}{360} \times 2 - 15.59 \times 2 = 24 \times 3.14 - 31.18 = 44.18$(cm²)

よって，求める面積は，185.04－44.18＝140.86(cm²)

(2) 輪が通過する部分は右図の色をつけた部分である。その面積は，

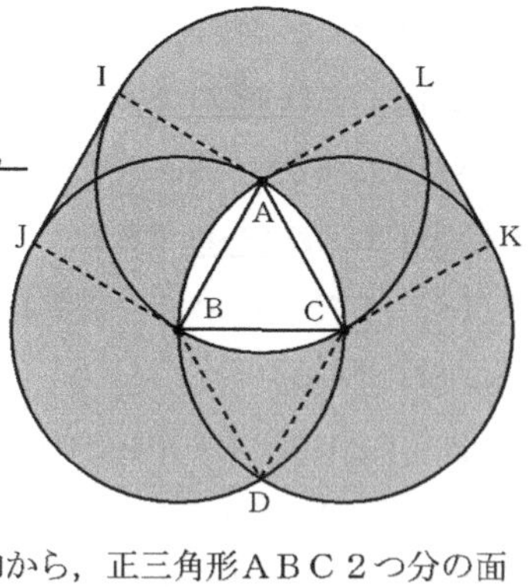

ア おうぎ形ＡＬＩと，２つの合同なおうぎ形ＢＪＤ，ＣＤＫと，イ ２つの合同な正方形ＪＢＡＩ，ＬＡＣＫと，ウ ２つの合同な正三角形ＡＢＣ，ＤＢＣの面積の和から，白い部分の面積を引けば求められる。

アの中心角の和は，(360－90×２－60)＋(360－90－60×２)×２＝420(度)

だから，アの面積の和は，$6 \times 6 \times 3.14 \times \frac{420}{360} = 42 \times 3.14 = 131.88$(cm²)

イの面積の和は，６×６×２＝72(cm²)

ウの面積の和は，15.59×２＝31.18(cm²)

白い部分の面積は，３つの合同なおうぎ形ＡＢＣ，ＢＣＡ，ＣＡＢの面積の和から，正三角形ＡＢＣ２つ分の面積を引くと求められ，$6 \times 6 \times 3.14 \times \frac{60}{360} \times 3 - 15.59 \times 2 = 18 \times 3.14 - 31.18 = 25.34$(cm²)

よって，求める面積は，131.88＋72＋31.18－25.34＝209.72(cm²)

5 (1) 立方体を３点Ｐ，Ｑ，Ｒを通る平面で切ると，切断面はＳ以外にＢＦの真ん中の点とＤＨの真ん中の点を通り，右図の正六角形ＰＩＱＲＪＳになる。四角すいＣ－ＰＱＲＳと正六角すいＣ－ＰＩＱＲＪＳは，高さの等しい角すいなので，体積の比は底面積の比に等しいことを利用して，正六角すいＣ－ＰＩＱＲＪＳの体積→四角すいＣ－ＰＱＲＳの体積と求めていく。

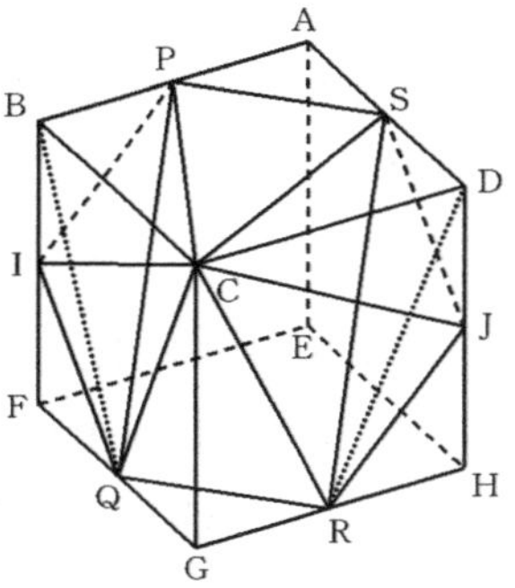

立方体を３点Ｐ，Ｑ，Ｒを通る平面で切ると立方体の体積は２等分され，正六角すいＣ－ＰＩＱＲＪＳは，２等分した立体から，３つの合同な三角すいＣ－ＢＩＰ，Ｃ－ＧＲＱ，Ｃ－ＤＳＪを切り取った立体である。Ｃ－ＧＲＱの体積は，
（３×３÷２）×６×$\frac{1}{3}$＝９(㎤)だから，正六角すいＣ－ＰＩＱＲＪＳの体積は，
６×６×６÷２－９×３＝81(㎤)である。右図より，正六角形ＰＩＱＲＪＳと長方形ＰＱＲＳの面積の比は，６：４＝３：２だから，四角すいＣ－ＰＱＲＳの体積は，（正六角すいＣ－ＰＩＱＲＪＳの体積）×$\frac{2}{3}$＝81×$\frac{2}{3}$＝54(㎤)

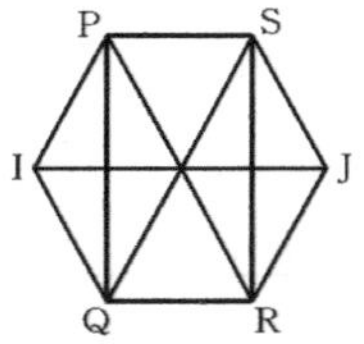

(2) 切断面は面ＡＢＧＨである。
四角すいＣ－ＰＱＲＳの表面上にある点で面ＡＢＧＨ上にある点は，ＢＧとＣＱが交わる点(Ｋとする)とＰとＲだから，体積を求める立体は，三角すいＱ－ＰＫＲである。その体積は，右の「三角すいを切断してできる三角すいの体積の求め方」を利用して求める。

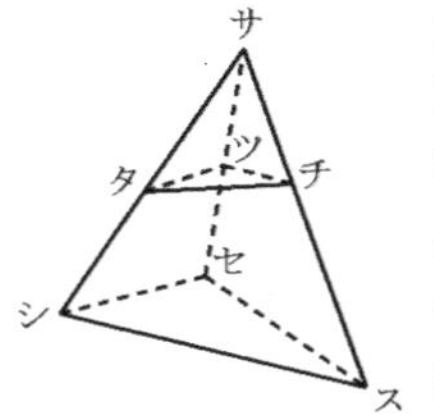

三角すいを切断してできる
三角すいの体積の求め方
左の三角すいサ－タチツの体積は，
（三角すいサ－シスセの体積）×$\frac{サタ}{サシ}$×$\frac{サチ}{サス}$×$\frac{サツ}{サセ}$
で求められる。
※三角すい以外の角すいでは成り立たないことがあるので，三角すいだけに使うこと。

三角すいＱ－ＰＣＲの体積は，四角すいＣ－ＰＱＲＳの体積の$\frac{1}{2}$だから，
54×$\frac{1}{2}$＝27(㎤)
（三角すいＱ－ＰＫＲの体積）＝（三角すいＱ－ＰＣＲの体積）×$\frac{QK}{QC}$だから，
ＱＫ：ＱＣを求める。
三角形ＢＣＫと三角形ＧＱＫは同じ形で対応する辺の比がＢＣ：ＧＱ＝６：３＝２：１だから，ＣＫ：ＱＫ＝２：１より，ＱＫ：ＱＣ＝１：３
よって，求める体積は，27×$\frac{1}{3}$＝９(㎤)

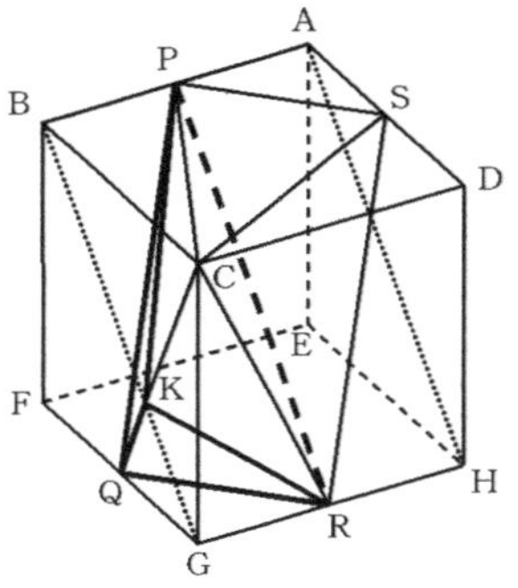

(3) 切断面は面ＢＦＨＤである。四角すいＣ－ＰＱＲＳの表面上にある点で面ＢＦＨＤ上にある点は，右図ⅠのＴ，Ｕ，Ｖ，Ｗなので，
四角すいＣ－ＰＱＲＳの切り口は四角形ＴＵＶＷである。Ｕ，Ｖはそれぞれ
ＰＱ，ＳＲの真ん中の点となるので，ＢＤとＵＶは平行であり，Ｌ，Ｍはそれぞれ
ＢＦ，ＤＨの真ん中の点とわかる。長方形ＢＦＨＤを台形として考え，長方形ＢＦＨＤと台形ＴＵＶＷの，（上底）＋（下底）の比と高さの比をそれぞれ調べる。

図Ⅰ
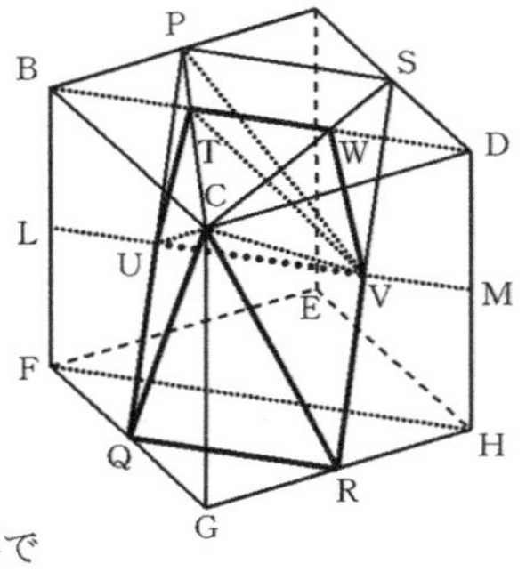

長方形ＢＦＨＤと台形ＴＵＶＷの高さの比は$_{\text{カ}}$２：１である。
面ＡＢＣＤ上では図Ⅱのように作図できる。三角形ＡＰＳと三角形ＡＢＤは同じ形で

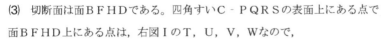

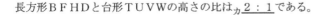

対応する辺の比がＡＰ：ＡＢ＝１：２だから，$PS = BD \times \frac{1}{2}$

図Ⅱ

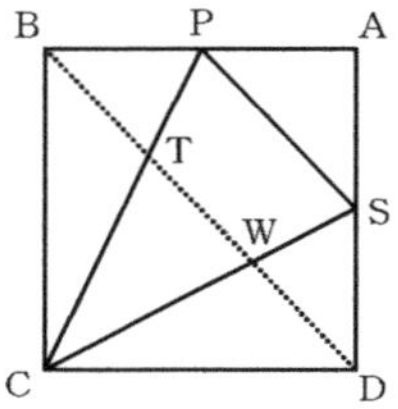

三角形ＢＰＴと三角形ＤＣＴは同じ形で，対応する辺の比がＢＰ：ＤＣ＝１：２だから，

ＰＴ：ＣＴ＝１：２　　三角形ＣＰＳと三角形ＣＴＷは同じ形で対応する辺の比が

ＣＰ：ＣＴ＝３：２だから，$TW = PS \times \frac{2}{3} = BD \times \frac{1}{2} \times \frac{2}{3} = BD \times \frac{1}{3}$

また，図Ⅰにおいて，$UV = PS = BD \times \frac{1}{2}$

したがって，長方形ＢＦＨＤと台形ＴＵＶＷの，(上底)＋(下底)の比は，

$(BD \times 2) : (BD \times \frac{1}{3} + BD \times \frac{1}{2}) = 2 : \frac{5}{6} =$ キ12：5

下線部カ，キより，長方形ＢＦＨＤと台形ＴＵＶＷの面積比は，(12×２)：(５×１)＝24：５だから，四角すいＣ－ＰＱＲＳの切り口の面積は，長方形ＢＦＨＤの面積の$\frac{5}{24}$倍である。

Ｑを含む方の立体の体積は，ク立体Ｃ－ＵＱＲＶの体積と，ケ三角すいＣ－ＴＵＶの体積と，

コ三角すいＣ－ＴＷＶの体積を足すと求められる。

クは四角すいＣ－ＰＱＲＳの体積の$\frac{1}{2}$だから，$54 \times \frac{1}{2} = 27$(cm³)

ケとコは，(2)の解説の「三角すいを切断してできる三角すいの体積の求め方」を利用して求める。

四角すいＣ－ＰＵＶＳの体積が27 cm³で，これは面ＣＰＶによって２等分されるから，

ケ＝(三角すいＣ－ＰＵＶの体積)$\times \frac{CT}{CP} = \frac{27}{2} \times \frac{2}{3} = 9$ (cm³)

コ＝(三角すいＣ－ＰＳＶの体積)$\times \frac{CT}{CP} \times \frac{CW}{CS} = \frac{27}{2} \times \frac{2}{3} \times \frac{2}{3} = 6$ (cm³)

よって，求める体積は，27＋９＋６＝42(cm³)

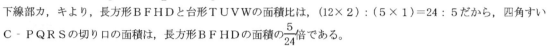

2019 解答例 平成31年度 ★灘中学校

《1日目　国　語》

一　問一．最初からき ～ があるから　　問二．できるだけ眼に見えるようにする　　問三．1．オ　2．イ　3．ア　4．エ　5．ウ　　問四．Ⅰ．1．裏　2．車　3．火　4．戸　Ⅱ．1．エ　2．ア　3．イ　4．ウ　問五．1．自給自足　2．自画自賛　3．自作自演　4．自由自在　　問六．夏休みに毎日セミとりをした。アブラゼミはちょっとバカなので網を近づけてもあまり逃げず、一〇〇ぴき以上捕れた。ミンミンゼミは高いところにいる上に、用心ぶかいのですぐ逃げてしまい、三びきしか捕れなかった。

二　1．ア→エ→ウ→イ　　2．エ→イ→ア→ウ　　3．ア→ウ→エ→イ

三　1．ア，エ　　2．ア，イ，オ

四　1．代　　2．豆　　3．上　　4．日　　5．朝

五　1．あらわ　　2．あわや　　3．あまた　　4．あらた

六　A．1．活　2．決　3．骨　　B．1．安　2．飲　3．塩　　C．1．録　2．落　3．陸

《1日目　算　数》

1　$\frac{20}{91}$

2　6

3　①17　　②16

4　①28　　②8

5　①180　　②50

6　2492

7　32.5

8　38.5

9　$\frac{1}{7}$

10　①6　　②8

11　$9\frac{2}{3}$

12　$\frac{13}{36}$

《1日目　理　科》

1　問1．1．イ，エ　2．ア，ウ　　問2．①白　②茶　③枝　　問3．エ　　問4．⑴A．警かい　B．競争　⑵c

2　問1．①イ　②ウ　③イ　④イ　　問2．60　　問3．29　　問4．7.2　　問5．30

3　問1．エ　　問2．イ　　問3．イ　　問4．ア　　問5．ア

4　問1．31.5　　問2．25.8　　問3．①B　②13　③60　④C　⑤10　⑥A

5　問1．[1]ア　[2]エ　[3]イ　　問2．[1]イ　[2]エ　[3]オ　　問3．2　　問4．ア，ク

6　問1．⑴60　⑵下図から2つ　　問2．⑴90　⑵③

①	②	③	④	⑤	⑥	⑦	⑧	⑨
○	○	○	○	○	×	×	×	○

①	②	③	④	⑤	⑥	⑦	⑧	⑨
○	○	○	○	×	○	×	○	×

①	②	③	④	⑤	⑥	⑦	⑧	⑨
○	○	○	×	○	○	○	×	×

《2日目　国　語》

一　問一．A．尊敬　B．強要　C．転機　D．営業　E．導入　F．展示　G．効果　H．好物　I．常連　　問二．反発されたり批判の的になったりすることを想定せずに、テレビ出演を引き受けた点。
問三．節電生活は貧しく不便なものだと思われていて、それをすすめるのは豊かさの否定であると恐れられた
問四．以前は家電がなくては暮らせないと思っていた筆者が、それらを手放し、電気の利用を極力おさえた生活をしているということ。　　問五．「あったら便利」を実現した家電を手に入れ、その恩恵を受けながら生活できる幸せ。　　問六．自ら考え工夫する機会を得られ、生きることを自由で身軽だと感じられる幸せ。
問七．各家庭に家電が行きわたる前の、近所の人びとがつながり、支え合っていた時代。　　問八．エ

二　問一．多種多様なみかんを食べて、味を比べたり感想を言い合ったりする会になったということ。
問二．酸っぱい苺がなくなり、甘い苺を丸ごと食べるのが主流になって、ミルクや砂糖などをかけて潰して食べることをしなくなったから。　　問三．焼くと旨みが出る、酸っぱさのあるもの。　　問四．酸味や苦味が非常に強い果物。　　問五．A．十三　B．九　C．四　　問六．甘いのが美味しいという感覚に慣れ切り、辛さや苦さや酸っぱさとの調和でもたらされる程よい味わいがわからなくなったということ。　　問七．聞こえの良い、夢のような話に過度に傾き、それとは対極にある価値を排除することによって、多様性を失っているという問題点。

三　問一．「わたし」が小さな子どもだったということ。　　問二．芽が成長し、何の植物かわかったということ。
問三．まだ正体をあらわしていないことを表すため。〔別解〕人間も動物の一員だから。　　問四．さまざまな植物が少しずつ集まって生え、草原が一面に広がっている様子。　　問五．太陽の光にかくれて見えないたくさんの星が模様をえがいているさまを想像したから。　　問六．オ

《2日目　算　数》

※1　21

2　(1)1番目…6　2番目…12　3番目…18
(2)36
(3)1番目…42　2番目…35　3番目…28
(4)48　(5)27

3　(1)350　(2)右図　(3)(ア)右図　※(イ)350

4　(1)①2　②4　③18　※(2)36, 50
※(3)36, 38, 44, 66

5　(1)右図　※(2)$18\frac{2}{3}$　※(3)56

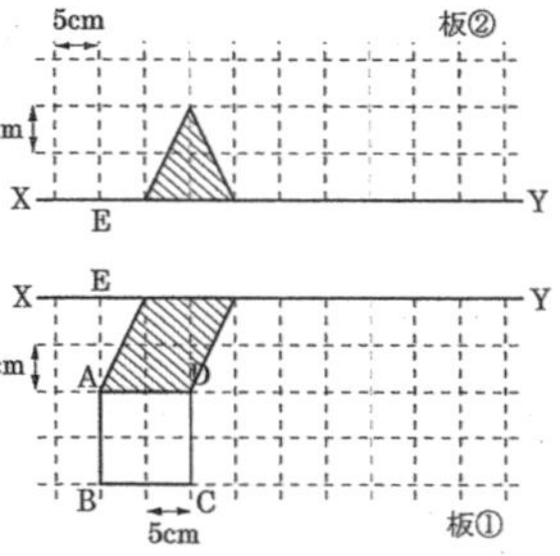

3(2)の図

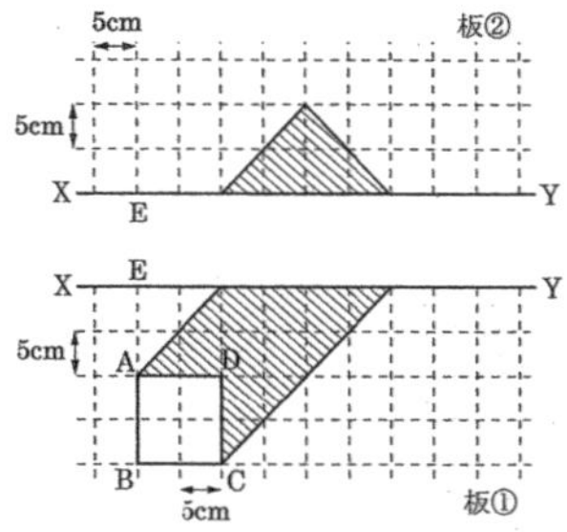

3(3)(ア)の図

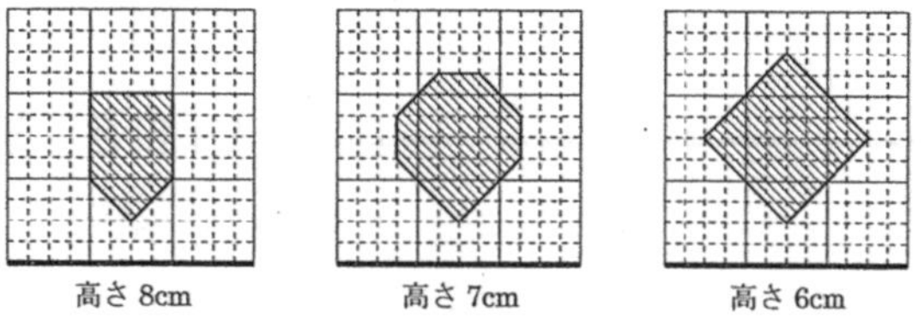

5(1)の図

※の文章や式，図などは解説を参照してください。

2019 解説 平成31年度 ▶ 灘中学校

←解答例は前のページにありますので，そちらをご覧ください。

―《2019　1日目　国語　解説》

一　問一　―― 線部１は、作文を書けなかったということ。８行後に「なぜ書けないのか」とあり、その直後に書けない理由が書かれている。

問二　―― 線部２の「方法」とは、作文が苦手だった作者が身につけた、文章を書く方法である。４行後に「どうにか身につけることのできたその書き方とは」とあり、その後に「方法」が説明されている。

問六　═══ 線部の言葉の結びつきを考える。「ミンミンゼミ」は「用心ぶかい」ので「三びき」しか捕れず、「アブラゼミ」は「ちょっとバカ」なので「一〇〇ぴき」も捕れたという内容になる。

三　１　「ために」の前後の関係を考える。「熱心に練習」する目的が「試合に勝つ」ことという関係になっている。アについては、「祭りをおこなう」目的が「雨が降ることをいのる」ことという関係になっている。エについては、「温泉へ行った」目的が「つかれをいやす」ことという関係になっている。よって、アとエが適する。イ、ウ、オは、「ために」の前に書かれていることが、後に書かれていることの原因・理由になっている。

２　「シャッターばかり」の「ばかり」は、限定の意味を表している。ア、イ、オの「ばかり」も同様。ウの「ばかり」は、動作が終わった直後であることを表している。エの「ばかり」は、強調の意味を表している。

六　条件１と条件４より、音読みの二字目が「く」「つ」「ん」になる漢字だけが[1]～[3]に入ることがわかる。[1]～[3]の番号のうち、どれか一つに入る漢字が見つかれば、条件３と条件４から、残りの番号に入る漢字をかなりしぼりこむことができる。

―《2019　1日目　算数　解説》

1　与式より，$17-□\times77=(\frac{2015}{65}+\frac{39}{65}-\frac{35}{65})\div\frac{2019}{5}$　　$17-□\times77=\frac{2019}{65}\times\frac{5}{2019}$　　$□\times77=17-\frac{1}{13}$

$□=\frac{220}{13}\div77=\frac{20}{13}\times\frac{1}{7}=\frac{20}{91}$

2　両辺の分母と分子を逆転させると，[オ]$=\frac{[イ]}{[ア]}\times\frac{[エ]}{[ウ]}$になる。[ア]は[イ]と互いに素でかつ[エ]の約数，[ウ]は[エ]と互いに素でかつ[イ]の約数である。[ア]と[ウ]に５以上の数をあてはめると約分できなくなるため，[ア]と[ウ]は２，３，４のいずれかである。[ア]と[ウ]は互いに素であるとわかるから，２と３，または３と４の組み合わせに決まる。[オ]が２～９の整数になるように([ア]，[イ]，[ウ]，[エ])を考えると，(２，９，３，４)(３，４，２，９)(３，８，４，９)(４，９，３，８)が見つかり，いずれの場合も[オ]＝６になる。

3　筆算は右のようになり，条件から，Ａ＋Ｄ＝10，Ｂ＋Ｅ＝Ｇ，Ｃ＋Ｆ＝Ｈとわかる。

$$\begin{array}{r} A\ B\ C \\ +\quad D\ E\ F \\ \hline 1\ 0\ G\ H \end{array}$$

ＡからＨまでをすべて足すと２＋３＋４＋５＋６＋７＋８＋９＝44 となるから，

Ｂ＋Ｃ＋Ｅ＋Ｆ＋Ｇ＋Ｈは 44－(Ａ＋Ｄ)＝44－10＝34 である。

Ｂ＋Ｅ＝Ｇ，Ｃ＋Ｆ＝Ｈより，Ｂ＋Ｃ＋Ｅ＋ＦとＧ＋Ｈは等しいから，Ｇ＋Ｈ＝34÷２＝①17

９はＧかＨにしかあてはまらないから，ＧとＨは一方が９，もう一方が 17－９＝８である。

残りの数のうち，Ａ＋Ｄ＝10 でＡがＤより大きくなるような(Ａ，Ｄ)の数は，(６，４)，(７，３)だけである。

Ａが６のとき，Ｂ，Ｃ，Ｅ，Ｆはそれぞれ２，３，５，７のいずれかであり，２＋７＝９と３＋５＝８から，２と７，および３と５が筆算で縦に並ぶとわかる。したがって，Ｂの数を決めればＣの数は２通りに限られる。Ｂの決め方は２，３，５，７の４通りあるから，Ａが６のとき，ＡＢＣは４×２＝８(個)考えられる。

Aが７のときも同様にＡＢＣは８個考えられるから，ＡＢＣは全部で，８×２＝②16(個)考えられる。

4　14 で割るとｂ余る数Ｂと，14 で割るとｃ余る数Ｃがあるとき，Ｂ×Ｃを 14 で割った余りは，右の面積図より，ｂ×ｃを 14 で割った余りと等しくなることがわかる。このことを利用する。また，13 をｎ回かけあわせてできる数を 13^n と表す(２回なら 13^2，３回なら 13^3)。

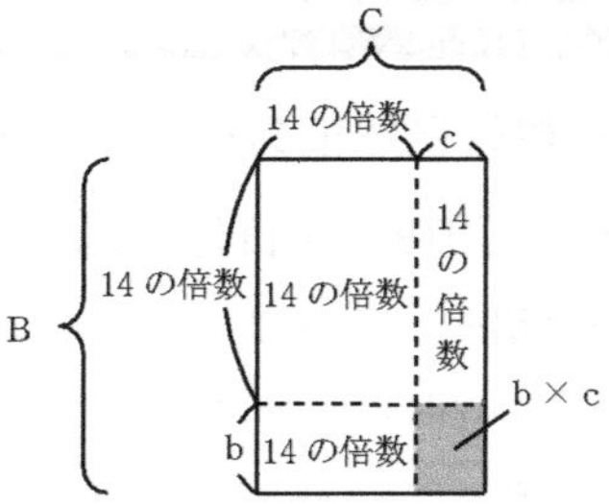

377 を素因数分解すると，377＝13×29 となる。

13÷14＝０余り 13，(13×13)÷14＝12 余り１だから，13^3 を 14 で割った余りは，１×13＝13 を 14 で割った余りと等しく，13 となる。したがって，13 だけをかけあわせてできるＡの約数を 14 で割った余りは 13 か１であり，偶数回かけあわせたときに余りが１になるとわかる。

29÷14＝２余り１より，29 だけをかけあわせてできるＡの約数を 14 で割った余りは必ず１になる。

さらに，13 を偶数回かけてできる数と，29，29^2，29^3，29^4，29^5，29^6 のいずれかをかけてできる数も，14 で割ると余りが１になる。

よって，余りが１になるＡの約数を作るためには，１，13^2，13^4，13^6(４通り)のいずれかと，１，29，29^2，29^3，29^4，29^5，29^6(７通り)のいずれかをかけるとよいので，全部で，４×７＝①28(個)できる。

15 で割るときの余りについても同様に考える。

13÷15＝０余り 13，(13×13)÷15＝11 余り４，(４×13)÷15＝３余り７，(７×13)÷15＝６余り１だから，13 だけをかけあわせてできる数のうち 15 で割った余りが１になるＡの約数は，13^4 である。

29÷15＝１余り 14，(14×29)÷15＝27 余り１だから，29 だけをかけあわせてできる数のうち 15 で割った余りが１になるＡの約数は，29 を偶数回かけあわせた数である。

したがって，Ａの約数を 15 で割った余りを表にまとめたものの一部は右のようになる。

	1(1)	29(14)	29^2(1)	…
1 (1)	1 ×1(1)	1 ×29(㋐)	1 ×29^2(1)	…
13 (13)	13 ×1(13)	13 ×29(㋑)	13 ×29^2(13)	…
13^2(4)	13^2×1(4)	13^2×29(㋒)	13^2×29^2(4)	…
13^3(7)	13^3×1(7)	13^3×29(㋓)	13^3×29^2(7)	…
13^4(1)	13^4×1(1)	13^4×29(㋔)	13^4×29^2(1)	…
…	…	…	…	…

※(　)内の数は 15 で割ったときの余りを表す。

㋐と㋔は，(１×14)÷15＝０余り 14 より，14 である。

㋑は，(13×14)÷15＝12 余り２より，２である。

㋒は，(４×14)÷15＝３余り 11 より，11 である。㋓は，(７×14)÷15＝６余り８より，８である。

表の他の部分を完成させても，余りの数は太線で囲った部分の繰《く》り返しとなる。

よって，15 で割って１余るＡの約数は，１，13^4(２通り)のいずれかと，１，29^2，29^4，29^6(４通り)のいずれかをかけあわせてできる数だから，２×４＝②８(個)ある。

5　仕入れ値の合計は 26000－11600＝14400(円)だから，１個の仕入れ値は 14400 の約数である。

400 円で売った個数が全体の６割の場合，400 円で売った個数を$\boxed{3}$，200 円で売った個数を$\boxed{2}$とすると，売上の合計が 400×$\boxed{3}$＋200×$\boxed{2}$＝$\boxed{1600}$で，このうちの仕入れ値の割合が$\frac{14400}{26000}=\frac{36}{65}$だから，１個の仕入れ値は，$\boxed{1600}\times\frac{36}{65}\div\boxed{5}$＝177.2…(円)である。実際に 400 円で売った個数は全体の６割より多いのだから，１個の仕入れ値は 177.2 円より高いとわかる。

400 円で売った個数が全体の７割の場合，400 円で売った個数を$\boxed{7}$，200 円で売った個数を$\boxed{3}$とすると，１個の仕入れ値は，(400×$\boxed{7}$＋200×$\boxed{3}$)×$\frac{36}{65}\div\boxed{10}$＝188.3…(円)である。したがって，１個の仕入れ値は 188.3 円より低い。

以上より，１個の仕入れ値は 177.2 より大きく 188.3 より小さい 14400 の約数だから，180 円ではないかとあたりをつけることができる。14400÷180＝80 より，１個の仕入れ値は①180 円で，全体の個数は 80 個である。

あとはつるかめ算を使って，400 円で売れた品物の個数は，(26000－200×80)÷(400－200)＝②50(個)とわかる。

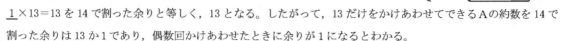

6　89と113はともに素数だから，89と113の最小公倍数は89×113なので，50番目までに最小公倍数が並ぶことはない。したがって，50番目までに並ぶ数の中で89と倍数と113の倍数の個数の比はおよそ，89：113の逆比の113：89である。あたりをつけるためにおよそ110：90＝11：9と考えると，50番目までに，89の倍数は$50\times\frac{11}{20}=27.5$(個)，113の倍数は50－27.5＝22.5(個)となる。

89×27＝2403，89×28＝2403＋89＝2492，113×22＝2486，113×23＝2486＋113＝2599であり，これら4つの数の大小を比べると，2492までに89の倍数が28個，113の倍数が22個並ぶとわかるから，求める数は2492である。

7　2人それぞれの速さや速さの和は変化しているが，速さの差は変化していないことに注目する。速さの差が変化していないので，2人が一定の速さで進んだ道のりの差は，走った時間に比例する。初めの2人の速さの和は時速$(1\div\frac{3}{60})$km＝時速20 kmであり，出会うたびに速さの和は時速(1×2)km＝時速2km遅くなるから，速さの和は時速18 km，時速16 kmと変化する。走った時間は，速さに反比例し，道のりに比例するから，それぞれの速さで走った時間の比は，$(\frac{1}{20}\times1):(\frac{1}{18}\times2):(\frac{1}{16}\times2)=18:40:45$になる。したがって，2人がそれぞれの速さで走ったときの道のりの差は，初めが⑱，次が㊵，その次が㊺と表せる。これらは右図の太線で表した部分にあたる(MはＡＢ間の中間地点)。よって，㊵－⑱×2＝④がＤＣ＝130mにあたり，ＤＥ＝㊺－(㊵＋ＤＣ)＝㊺－(㊵＋④)＝①となることから，

ＤＥ＝130×$\frac{①}{④}$＝32.5(m)

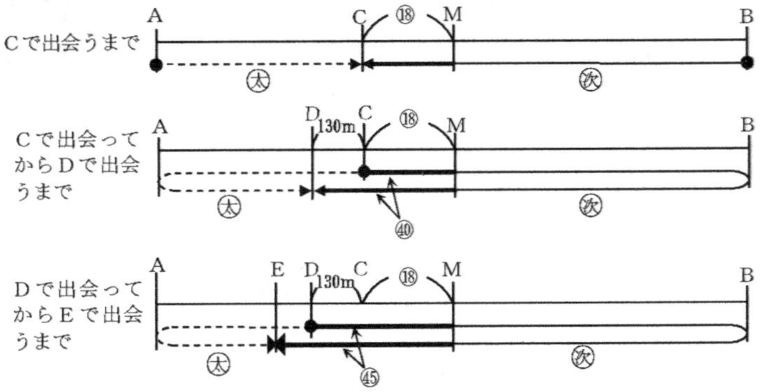

8　斜線部分をふくむおうぎ形の中心角は求めるのが大変そうなので，一方を移動させて2つの部分をくっつけることを考える。

右図Ⅰの三角形ＯＥＡと三角形ＯＥＤは合同な直角二等辺三角形だから，角ＡＯＤ＝90度である。これより，図ⅠのようにＡＯを延長して円と交わる点をＣとすると，三角形ＯＣＤは三角形ＯＡＤと合同な直角二等辺三角形となるので，角ＡＤＣ＝90度である。ＢＦとＣＤが平行になることから，アの部分とイの部分は線対称であり，斜線部分の面積の和は，ＡＣを直径とする半円の面積から，三角形ＡＢＣの面積を引くと求められる。(半径)×(半径)を求めるために，三角形ＯＡＤに注目する。三角形ＯＡＤは対角線がＡＤ＝10 cmの正方形の半分にあたるから，ＯＡを1辺とする正方形の面積は，10×10÷2＝50(cm²)である。したがって，(半径)×(半径)＝50 cm²だから，ＡＣを直径とする半円の面積は，50×3.14÷2＝78.5(cm²)

図Ⅰ

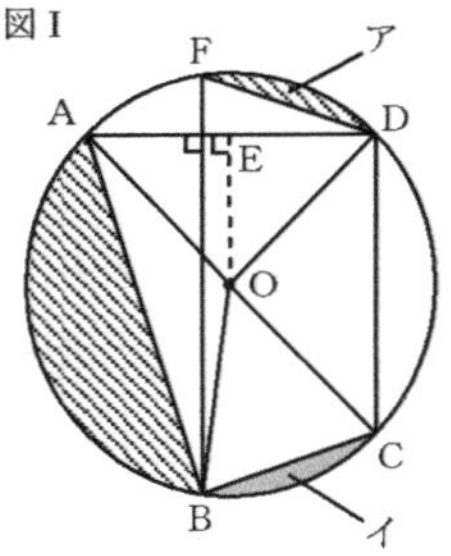

図Ⅱ

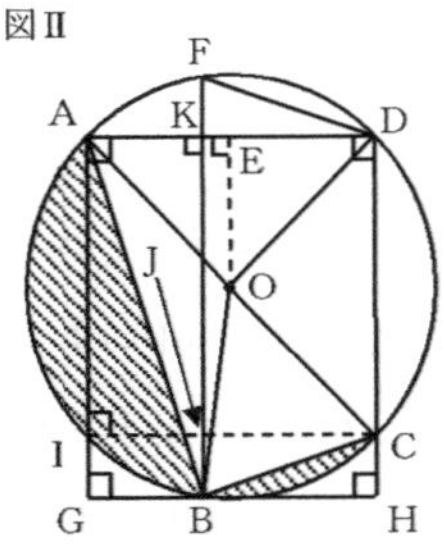

次に，三角形ＡＢＣの面積を求めるために，三角形ＡＢＣがちょうど収まるように右図Ⅱのように長方形ＡＧＨＤを作図する。三角形ＡＢＣの面積は，長方形ＡＧＨＤの面積から3つの直角三角形の面積を引いても求められるが，$\frac{(\text{長方形AGHDの面積})-(\text{長方形AIJKの面積})}{2}$でも求められる。ＡＧ＝ＫＢ＝12 cm，ＡＤ＝10 cm，ＡＩ＝ＤＣ＝ＤＡ＝10 cm，ＡＫ＝4 cmだから，

$\frac{(\text{長方形AGHDの面積})-(\text{長方形AIJKの面積})}{2}=\frac{12\times10-10\times4}{2}=40$(cm²)

よって，斜線部分の面積は，78.5－40＝38.5(㎠)

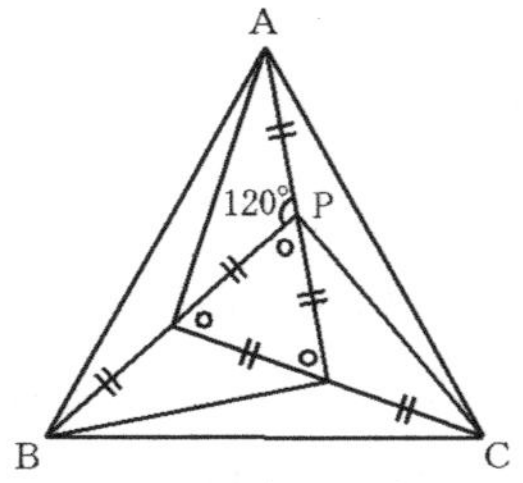

※○の角度は60度

9　120度の角があることやＰＡ：ＰＢ＝１：２であることから，正三角形を作図しなければならないと予想できる。右図のようにＰを頂点とする正三角形を作図するとよい。右図の正三角形ＡＢＣの中にある７つの三角形はすべて面積が等しいから，三角形ＣＡＰの面積は$\frac{1}{7}$㎠である。

10　ていねいに図をかきながら考えていく。もとの正四面体を正四面体Ａとする。
正四面体Ａを切断すると右図Ⅰのようになる。正四面体Ａの各頂点に３つの面がぬられた正四面体があり，この４個の正四面体を取り除くと，右図Ⅱのようになる。正四面体Ａの各辺の真ん中の位置に２つの面がぬられた正四面体があり，この６個の正四面体を取り除くと，右図Ⅲのようになる。図Ⅲには，３つの面がぬられた正八面体４個と，中心にあるどの面もぬられていない正四面体１個がふくまれている。

図Ⅰ

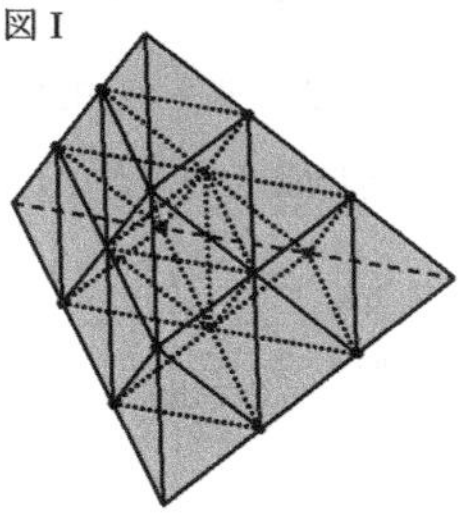

図Ⅱ

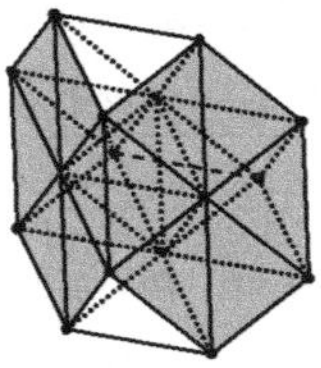

図Ⅲ

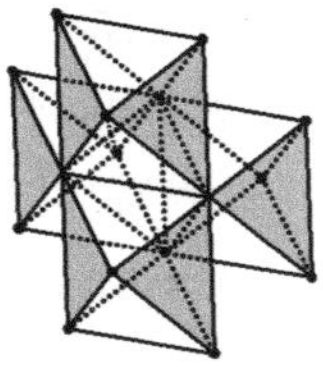

よって，２つの面がぬられている立体は①6個あり，３つの面がぬられている立体は４＋４＝②8(個)ある。

11　展開図を組み立てると右図のようになる。

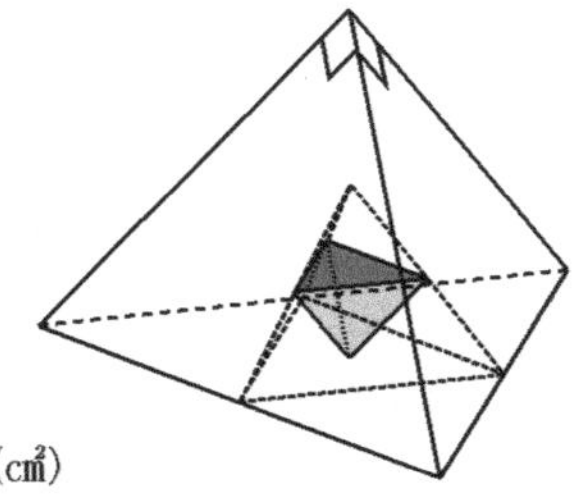

できる立体は，大きな正三角すいから，中くらいの正三角すいを取り除き，
小さな正三角すい２個分を加えた立体と考えることができる。
大きな正三角すい，中くらいの正三角すい，小さな正三角すいの体積はそれぞれ，
$(4\times4\div2)\times4\times\frac{1}{3}=\frac{32}{3}$(㎤)，$(2\times2\div2)\times2\times\frac{1}{3}=\frac{4}{3}$(㎤)，
$(1\times1\div2)\times1\times\frac{1}{3}=\frac{1}{6}$(㎤)だから，この立体の体積は，$\frac{32}{3}-\frac{4}{3}+\frac{1}{6}\times2=9\frac{2}{3}$(㎤)

12　右の「三角すいを切断してできる三角すいの体積の求め方」を利用したいので，六角すいを底面の破線にあわせて６つの合同な三角すいに分けて考える。図Ⅰのように底面の正六角形を正三角形㋐～㋕に分け，対応する三角すいをそれぞれ三角すい㋐～㋕とする。切断面が各辺を何対何に分けるかがわかればよいので，切断面と各辺が交わる点を図ⅠのようにＧ，Ｈ，Ｉ，Ｊとする。
ＧとＪの底面からの高さは，Ｑと等しいので，
ＰＧ：ＰＣ＝ＰＪ：ＰＦ＝ＰＱ：ＰＯ＝２：３である。
次に，ＡＢ，ＤＥの真ん中の点をそれぞれＭ，Ｎとし，
Ｐ，Ｍ，Ｎを通る面上に図Ⅱのように作図する。
三角形ＭＱＯと三角形ＭＬＮの辺の比は１：２なので，
ＱＯ：ＬＮ＝１：２だから，ＬＮ＝ＱＰである。このため，三角形ＬＮＫと三角形ＱＰＫは合同なので，
ＰＫ：ＰＮ＝１：２である(Ｑが三角形ＰＭＮの重心であることから，ＫはＰＮの真ん中の点であることに気がつ

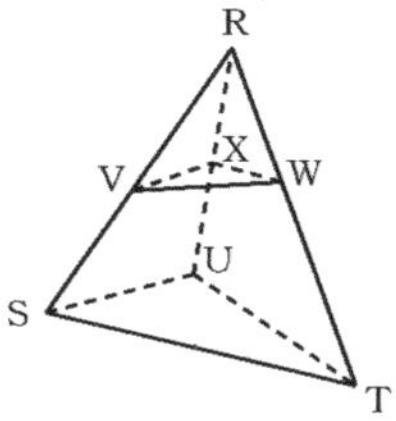

三角すいを切断してできる三角すいの体積の求め方

左の三角すいＲ－ＶＷＸの体積は，
(三角すいＲ－ＳＴＵの体積)$\times\frac{RV}{RS}\times\frac{RW}{RT}\times\frac{RX}{RU}$
で求められる。
※三角すい以外の角すいでは成り立たないことがあるので，三角すいだけに使うこと。

図Ⅰ

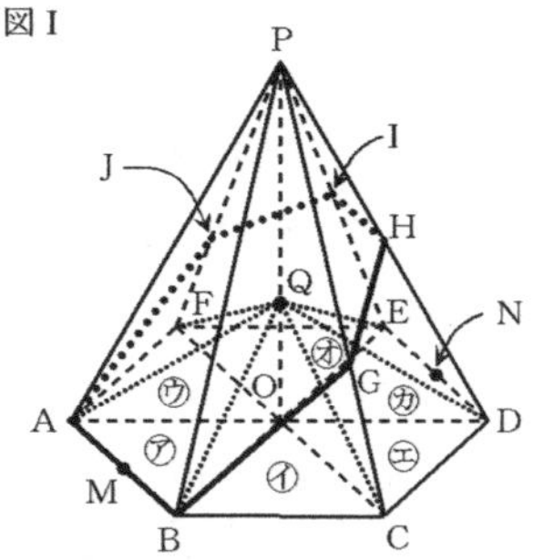

図Ⅱ

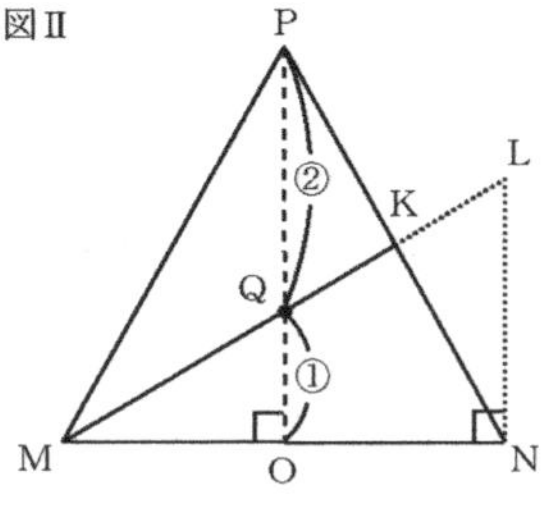

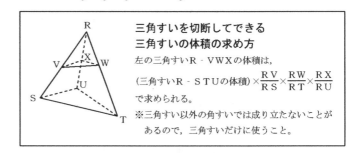

ければ，ＰＫ：ＰＮをすぐに求めることができる)。このため，ＰＨ：ＰＤ＝ＰＩ：ＰＥ＝１：２である。

以上より，正六角すいの体積を１とすると，

三角すい㋐のうち切断面より上の部分の体積は，$\frac{1}{6}\times\frac{PQ}{PO}=\frac{1}{6}\times\frac{2}{3}=\frac{1}{9}$

三角すい㋑または三角すい㋒のうち，切断面より上の部分の体積は，$\frac{1}{6}\times\frac{PQ}{PO}\times\frac{PG}{PC}=\frac{1}{6}\times\frac{2}{3}\times\frac{2}{3}=\frac{2}{27}$

三角すい㋓または三角すい㋔のうち，切断面より上の部分の体積は，$\frac{1}{6}\times\frac{PQ}{PO}\times\frac{PG}{PC}\times\frac{PH}{PD}=\frac{1}{6}\times\frac{2}{3}\times\frac{2}{3}\times\frac{1}{2}=\frac{1}{27}$

三角すい㋕のうち切断面より上の部分の体積は，$\frac{1}{6}\times\frac{PQ}{PO}\times\frac{PH}{PD}\times\frac{PI}{PE}=\frac{1}{6}\times\frac{2}{3}\times\frac{1}{2}\times\frac{1}{2}=\frac{1}{36}$

よって，正六角すいのうち切断面より上の部分の体積は，もとの体積の，$\frac{1}{9}+\frac{2}{27}\times 2+\frac{1}{27}\times 2+\frac{1}{36}=\frac{13}{36}$(倍)

《2019　１日目　理科　解説》

1　問１　１には草食動物，２には肉食動物があてはまる。オのウマは草食動物だが，オコジョよりも圧倒的に大型だから，１にも２にもあてはまらない。

問２　①②「周囲の景色・色調にとけこみ，見つかりにくくしています」とあるので，冬は雪と同じ白色，夏は土と同じ茶色になると考えられる。③ナナフシの模式図から，枝に似た形をしていることがわかる。

問３　暗い森林の中では，黄色の部分が土と同じ色に，黒い部分が木々の影《かげ》のように見え，姿をかくしやすい。

問４(1)　グラフＡは，群れのメンバーの数が少ないほど１匹《ぴき》が費やす時間が長くなっているので，「警かい」があてはまる。グラフＢは，群れのメンバーの数が多いほど１匹が費やす時間が長くなっているので，「競争」があてはまる。　(2)　グラフＡとＢの時間の合計ができるだけ少なくなるときが，費やす時間が最適となる群れのメンバーの数だから，２つのグラフが交わっている点を含むｃが正答となる。

2　問１　例えば，水を液体から気体にするときに加熱するが，液体から気体に状態が変化しているときには水の温度は上がらない。これは，状態が変化するために熱が使われるためであり，液体から気体に変化するときには熱が吸収されているということである。物質が，固体→液体→気体と変化するときには熱を吸収し，気体→液体→固体と変化するときには熱を発生する。

問２　水が受けとった熱量(カロリー)は，〔水の量(ｇ)×上昇《じょうしょう》温度(℃)〕で求めることができる。実験１では水温が 43－20＝23(℃)上昇したから，200ｇの水が受けとった熱量は 200×23＝4600(カロリー)，実験２では水温が 33－20＝13(℃)上昇したから，400ｇの水が受けとった熱量は 400×13＝5200(カロリー)で，実験２の方が 5200－4600＝600(カロリー)大きい。実験１と２で水と金属製コップが受けとった熱量の合計は等しくなるから，実験１の金属製コップの方が受けとった熱量が 600 カロリー大きいということである。金属製コップの上昇温度は実験１の方が 23－13＝10(℃)高いから，600 カロリーの差がなくなるのは，金属製コップを 600÷10＝60(ｇ)の水として考えたときである。

問３　問２より，実験１で水と金属製コップが受けとった熱量の合計は(200＋60)×23＝5980(カロリー)と求められる。したがって，水の量を 600ｇにして実験１と同様に加熱すると，5980÷(600＋60)＝9.0…→９℃上昇して，20＋９＝29(℃)になる。

問４　ブタンが燃焼すると酸素が使われて，二酸化炭素と水だけが生じるので，反応したブタンと酸素の重さの合計と，生じた二酸化炭素と水の重さの合計は等しい。ブタン 1.0ｇが燃焼すると，二酸化炭素 3.0ｇと水 1.6ｇが生

じるから，つかわれた酸素は(3.0＋1.6)－1.0＝3.6(g)である。実験1と2を続けて行った後，ブタンは1.0gの2倍の2.0g燃焼しているので，つかわれた酸素も3.6gの2倍の7.2gである。

問5　実験1と2で合計2.0gのブタンが燃焼したから，実験1では1.0gのブタンが燃焼したことになる。ブタン1.0gが燃焼すると二酸化炭素3.0gと熱量5980カロリーが生じるので，二酸化炭素が1.2g生じたときの熱量は$5980\times\frac{1.2}{3.0}=2392$(カロリー)である。したがって，金属製のコップに水180gを入れて加熱すると，
2392÷(180＋60)＝9.9…→10℃上昇して，20＋10＝30(℃)になる。

3　**問1**　図2より，遠くにあるものほど左右のずれが大きくなることがわかるから，図3で，3つの図形を近くにある(左右のずれが小さい)ものから順に並べると，□，△，○となる。

問2　遠近(凹凸)が逆に見えるので，一番手前にある真ん中が一番遠くにあるようにへこんだ形に見える。なお，左右をまちがえて置いたとき，左にある写真を右目で，右にある写真を左目で見ると，真ん中がふくらんだ正しい形に見える。

図I

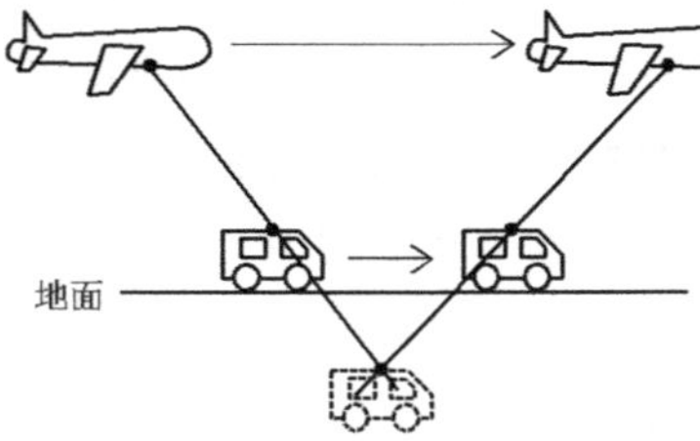

問3　図I参照。飛行機が1コマ目を撮影《さつえい》してから2コマ目を撮影するまでの間に自動車が動くと，撮影された2つの自動車が重なる位置(地面より下)にあるように見える。なお，同様に考えて，飛行機の飛行方向と反対方向に自動車が走っていると，自動車が空中にうかんでいるように見える。

問4　1コマ目の写真を左目で見るから，1コマ目の写真が2コマ目の写真より左側を撮影されたものになるように，電車の進行方向に向かって左側の窓から撮影すればよい。

4　**問1**　〔濃度《のうど》(%)＝$\frac{\text{溶《と》けている物質の量(g)}}{\text{水溶液《すいようえき》の量(g)}}\times100$〕で求める。同じ温度のほう和水溶液であれば，水溶液の量がことなっていても濃度は同じだから，ここでは水が100gのときの濃度で考えて，$\frac{46}{100+46}\times100=31.50\cdots\rightarrow31.5$%が正答となる。

問2　60℃の水100gにAは46gまで溶けて146gのほう和水溶液ができる。これを20℃まで冷やすと，20℃の水100gにAは34gまで溶けるから，Aの結晶が46－34＝12(g)出てくる。Aのほう和水溶液100gで同様の操作をすると，Aの結晶《けっしょう》は$12\times\frac{100}{146}=\frac{600}{73}$(g)出てくるから，20℃の水が減少したことで出てくる結晶が$17-\frac{600}{73}=\frac{641}{73}$(g)になればよい。したがって，蒸発させる水は$100\times(\frac{641}{73}\div34)=25.82\cdots\rightarrow25.8$gである。

問3　①②10℃の水が100gの2倍の200gのとき，Aは31×2＝62(g)，Bは22×2＝44(g)，Cは37.7×2＝75.4(g)まで溶けるので，Bだけが57－44.0＝13(g)出てくる。③④40℃の水100gにAは41g，Cは38.5gまで溶けるので，ここで出てくるのは溶ける量が少ないCの方である。出てきた結晶は3.1gだから，57－3.1＝53.9(g)のCが溶ける40℃の水の量は$100\times\frac{53.9}{38.5}=140$(g)であり，200－140＝60(g)の水を蒸発させたことがわかる。⑤⑥出てきたAの結晶は1.5gだから，このときAは57－1.5＝55.5(g)溶けている。Aは30℃の水100gに37gまで溶けるので，このときの水の量は$100\times\frac{55.5}{37}=150$(g)である。Cの結晶を取り出したときの水の量は140gだったから，加えた水の量は150－140＝10(g)である。

5　**問1**　［2］小さな区画の面積Bに存在する個体の数をCとするから，その場所の面積Aには，Cの(A÷B)倍，つまり，$C\times(A\div B)=\frac{C\times A}{B}=(A\times C)\div B$の個体が存在すると考えられる。［3］調べる総数に対する印をつけた数Aの割合と，もう一度つかまえた数Bに対するその中で印のついている数Cの割合が等しいと考える。したがって，調べる総数：A＝B：Cとなり，調べる総数は，$A\times\frac{B}{C}=\frac{A\times B}{C}=(A\times B)\div C$と表せる。

問2　[1]チューリップはおもに球根で増える。[2]ヒトデは動き回る。[3]テントウムシの幼虫に印をつけても脱皮《だっぴ》をすると印がなくなってしまう。

問3　ひとふさの焼きたらこの重さを調べ，Aとする。ひとふさの焼きたらこの一部を小さく切り取り，その重さを調べBとする。小さく切り取った部分に存在する卵の数を調べ，Cとする。そして，(A×C)÷Bを計算すると，ひとふさの卵の総数を求めることができる。

問4　ア．動物の行動に影響《えいきょう》を与えるような天候などの条件はそろえる必要があるが，一年後の同じ日が同じ条件になるとは限らない。また，一年ごとに世代が入れかわるこん虫などもいるので，適切ではない。ク．一度目につかまえたときと二度目につかまえたときで，その場所で動物の出入りがなかったこととして計算式が成り立っている(その場所で散らばるのはよい)ので，適切ではない。

6　**問1**　箱を水の中に入れると，箱には上向きに浮力《ふりょく》がはたらく。浮力は水の中に入れた物体の重さではなく体積に比例するので，図2～4で箱にはたらいている浮力は等しい。図2のとき，おもりの重さは合計で 30×9＝270(g)で，ばねはかりが 150gをさしたことから，完全に水の中にある箱には 270－150＝120(g)の浮力がはたらいていることになる。　(1)　おもりを9個から8個にすると，ばねはかりの読みがおもりの重さ1個分の 30g小さくなったから，おもりを6個にすると，9個のときよりおもりの重さ3個分の 90g小さくなる。したがって，150－90＝60(g)が正答となる。　(2)　てこを傾《かたむ》けるはたらきを，〔おもりの重さ×支点からの距離《きょり》〕で求め，これが左右で等しくなると，てこはつり合う。1つのフックからそのとなりのフックまでの距離を1とし，おもりの重さはフックの真下にかかると考える。また，浮力は箱の下面全体にはたらくが，真ん中にある⑤の部屋のフックの真下にまとめてはたらくと考える(図Ⅱ)。②の部屋のフックを支点とすると，浮力が箱を左に傾けるはたらきは 120×3＝360 になるから，6個のおもりによる箱を傾けるはたらきが右に 360 大きくなればよい。ここでは，おもりの重さは 30gで1つの部屋には1つしか入れることができないので，支点の右側のおもりの距離の方が 360÷30＝12 大きくなる入れ方を考えればよい。このような入れ方は，①(支点から左側へ距離1)と②(距離0)におもりを1個ずつ入れ，支点の右側のおもりの距離の合計が 12＋1＝13 になるときだから，残りの4個を[③(距離1)，④(距離2)，⑤(距離3)，⑨(距離7)]に入れればよい。これ以外に，支点の右側の4個の入れ方は，[③(距離1)，④(距離2)，⑥(距離4)，⑧(距離6)]と，[③(距離1)，⑤(距離3)，⑥(距離4)，⑦(距離5)]がある。

図Ⅱ

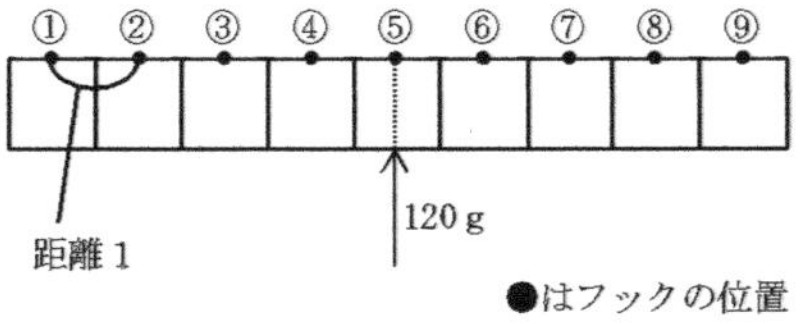

問2(1)　箱にはたらく浮力は，水の中にある箱の体積に比例するから，4分の1を水面から上に出した(4分の3が水の中にある)ときの浮力は $120\times\frac{3}{4}$＝90(g)である。したがって，ばねはかりの読みは，(30×6)－90＝90(g)になる。　(2)　2つのおもりの重さの合計は，その2つのおもりの間の距離を，おもりの重さの逆比に分ける位置にかかっていると考えることができる。例えば(1)で，[①，②，③，④，⑤，⑨]に入れたとき，①と③に入れたおもりの重さは同じだから，②に2つのおもりの重さの合計 60gの重さがかかっていて，①～③の3つのおもりの重さは，②に合計 90gでかかっている。次に，⑤と⑨に入れたおもりの重さは同じだから，⑦に 60gの重さがかかっていて，これと④のおもりの重さ 30gの合計 90gが，④と⑦の間を2：1に分ける⑥にかかっている。さら

に，②と⑥のそれぞれ 90 g の重さ（おもり 6 個分の重さ）の合計 180 g はすべて④にかかっていることになる（他の 2 つの入れ方でも同様になる）。浮力は⑤の部屋のフックの真下に上向き 90 g の大きさではたらくから，図Ⅲのように，③の部屋のフックをばねはかりの読みが 90 g になるように引き上げれば，箱は傾かずに水平に保つことができる。

図Ⅲ

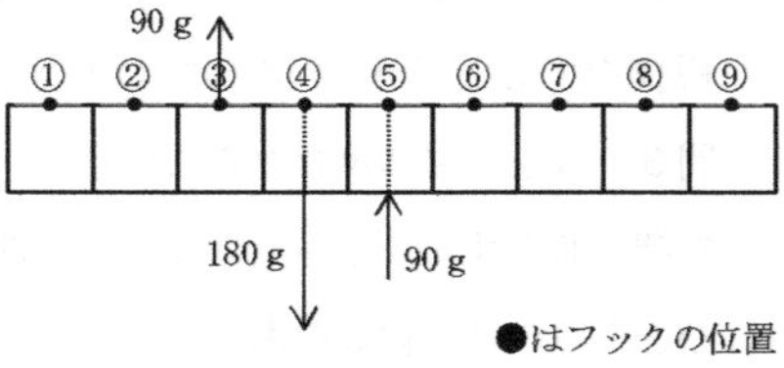

《2019　2日目　国語　解説》

一　問二　浅はかとは、考えが足りないということ。次の行に、「想像をはるかに超《こ》える反響《はんきょう》。中でも予想外の反発にたじろぐ」とあり、その5行後に「それにしても、節電生活を伝えることが批判の的になることに驚《おどろ》く」とある。筆者は、テレビに出ることによって、このような反発や批判を受けるということを想像せずに、テレビ出演を引き受けてしまった。

問三　直前に「バカ、偉《えら》そう」とあり、週刊誌も節電生活を送る筆者に批判的な記事を書いたことがわかる。この週刊誌の件を含《ふく》めて、「節電生活を伝えることが批判の的となる」理由について、筆者は「もしや『恐《おそ》れ』ではないか。電気の否定は豊かさの否定につながる。貧しさの強要。そう受け取られたのではないか」と考えている。

問四　「こんな地点」が指す内容は、前の段落にある、さまざまな家電製品を使わなくなったという現状である。筆者は、家電会社に勤める父を持ち、家電に囲まれて育ったので、家電がある暮らしが当たり前だと感じていたと思われる。筆者が一人暮らしを始めたときには、「これがなくては暮らせない」と、引《ひ》っ越《こ》し当日にさまざまな家電を買いそろえた。そんな筆者が、それらの家電を手放し、以前の生活とはほとんど 180 度変わったような節電生活を送っているのである。この対極的な変化を「こんな(遠い)地点まで来た」と表現している。

問五　「手に入れる」とは、具体的には、最新家電を導入したり、電子レンジを使って熱いおしぼりを作ったりすること、つまり、家電そのものや家電がもたらす便利さを手に入れるということである。

問六　──線部5の「幸せ」とは、家電を手放したことで得られた幸せである。2行後に「考えてみれば、(家電のような)便利なものを手に入れるとは、自ら考え工夫《くふう》する機会を失うことでもある」とあり、「自ら考え工夫する」ことに幸せを感じていることが読みとれる。さらに2行後で、家電を手放した後の生活について、「生きるとは、これほど自由で身軽なものか」と述べている。

問七　「プラグ」とは、ここでは家電製品をコンセントに接続するための部品のこと。つまり、──線部6は、家電が普及《ふきゅう》する前の時代ということ。家電がなかった時代が「どういう時代」だったかというと、直後にあるように、「人はつながりとやりくりで支え合っ」ていた。例えば、冷蔵庫がないと保存がきかないので、食べきれない料理はお裾分《すそわ》けしていた。このように、家電がなかった時代、人々は近所同士でつながり、助け合うことで生活を送っていた。

問八　「プラグを抜《ぬ》」くとは、家電製品を(ほとんど)使わない節電生活を送るということ。直前に「世の中は案外親切に満ちている」とある。これは、前の段落の「節電生活は世の情けなしには成り立たぬ」「近所全体が私の家なのだ」といった内容を受けたものである。筆者の節電生活は、近所や世間の人々とのつながりや助けなしには成り立たない。また、節電生活によって増えた近所の人々との交流を楽しんでいる。筆者はこのように変化した生活を肯定《こうてい》的にとらえているので、自分一人だけで生きていかなくてもよいと考えていることがわかる。よって、エが適する。

二　問一　少し前にある「茶話会《さわかい》では、参加者にさまざまな種類のみかんが振《ふ》る舞《ま》われ」より考える。利き酒とは、酒を味わい、品質などを確かめること。利き酒会にはいろいろな形があり、愛好家が参加していろいろな酒を飲み比べたり、参加者同士で話をしたりするものがある。

問二　次の段落で、苺《いちご》スプーンの生産量が大きく減ったことと、その理由は「苺が甘《あま》くなったから」だということが説明されている。苺が甘くなったことで、酸《す》っぱい苺を食べるときに使う苺スプーンの需要《じゅよう》が減ったのである。

問三　３～４行後に「近頃《ちかごろ》のりんごは甘すぎて焼きりんごの旨《うま》みが出ない」「確かに最近は、国光《こっこう》、紅玉《こうぎょく》などの酸っぱいりんごはどの店先にもほとんど置かれていない」とある。筆者の父は、焼くことで旨くなる、酸っぱいりんごを買ってきていたことがわかる。

問四　ここより前で取り上げたみかん、苺、りんごの三種類の果物に着目する。みかんはどの品種も驚《おどろ》くほど甘く、苺やりんごは、昔は酸っぱかったのに、今は甘いものばかりになった。——線部４の次の行には「私たちは甘いのが美味《おい》しいという感覚に慣れ切ってしまったようだ」とあり、果物は甘いのが当たり前になっていることがわかる。よって、——線部４は、甘いのとは対極的な、酸っぱい果物や苦い果物である。

問五　「栗《くり》」＝「九里《くり》」、「より」＝「四里《より》」ということば遊びになっている。

問六　平衡《へいこう》感覚とは、物事をかたよりなく判断する能力である。前の段落に書かれているように、「甘いものだけを受け入れ」て、「辛さ、苦さ、酸っぱさといったものを遠ざけ、排除《はいじょ》する」のは、バランスを欠き、平衡感覚を失っているといえる。これを味覚に関して書いているのが、——線部４の次の行の「私たちは甘いのが美味しいという感覚に慣れ切ってしまったようだ」や、最後から４段落目の「甘みを引き立たせるために対極の味覚が不可欠という感覚が、なくなってしまった」などの部分。

問七　最後から３段落目に「味覚や触覚《しょっかく》だけでなく、私たちは、聞こえの良い、夢のような話に過度に傾《かたむ》いてやしないだろうか」とあり、ここから、味覚だけにとどまらない、今の日本が抱える問題点について述べている。最後から２段落目に「甘いものだけを受け入れ、それこそが幸せで、万人《ばんにん》の幸福だという幻想《げんそう》の中にいると、酸っぱいもの、ざらついたもの、辛いものは、ことごとく遠ざけたくなる」「対極のものがあってこそ、甘さの価値が際だつ。辛さ、苦さ、酸っぱさといったものを遠ざけ、排除する不幸は、両者によってもたらされる調和とバランスという、程よい味わいを手放すことなのだと思う」とある。これらを受けて、「どうして日本は、こんなにも平衡感覚を失ってしまったのか」とまとめている。つまり、今の日本が多様性や平衡感覚を失ってしまっていることを問題視している。

三　問一　背丈《せたけ》が地面に近かった、つまり、小さな子どもだったということを表している。

問二　直後に「これはハコベラ　あれはアカザ」とある。どれも似たような形の芽だったのが、一週間経って成長し、特徴がはっきりして、何の植物なのかわかるようになったということ。

問三　——線部３を含む連は、第２連と関連がある。ハコベラやアカザなどの「ちいさな芽」が成長し、正体がわかったように、ニンゲンである「わたしももうすぐ　正体をあらわす」。今はまだ正体をあらわしていないので、「ちいさな芽」と同じく、何かの動物の子どもということしかわからない。

問四　パッチワークにたとえられているのは、いろいろな草である。それらが大地にちりばめられているということは、さまざまな草が大地に広がって生えているということである。

問五　第５連に「昼のさき　太陽のかげには　たくさんの星があるようだった」とある。下線部から、今は星が見えない、明るい時間帯だとわかる。「わたし」は、明るくて見えないだけで確かに存在するたくさんの星を想像し、それらが空に模様をえがいている様子を刺繍《ししゅう》にたとえて、——線部５のように表現している。

問六　第１連の「地面と親しい背丈だったころ」や、第３連の「わたしももうすぐ　正体をあらわす」より、作者が子どもだったころのことを書いていることがわかる。第１連の「ちいさな芽がわたしをみつめかえした」や、第６連の「パッチワークをちりばめた大地　刺繍でいっぱいの空」などに、子どものころの作者の、自然をみつめる目のみずみずしさが表われている。よって、オが適する。

《2019　2日目　算数　解説》

1　AとBが7の倍数のとき，AとBの差も7の倍数になる。2桁以上のある数と，その数の十の位と一の位の数を入れかえてできる数との差は必ず9の倍数になることと，ヒントから，AとBの差は，9×(十の位と一の位の数の差)に等しくなるとわかる。したがって，条件にあうAは，十の位と一の位の数の差が7または0である7の倍数のうち，百の位が0の4桁の数である。

1000＝7×143－1より，4桁の数のうち最小の7の倍数は1001とわかる。したがって，百の位が0で千の位が2，3，4，…，9である7の倍数として，1001×2＝2002，1001×3＝3003，1001×4＝4004，…，1001×9＝9009がそれぞれ見つかる。十の位と一の位の数の差が7の数よりも，差が0の数，つまり十の位と一の位が等しい数の方が見つけやすいので，1001から9009までの9個の数に7の倍数を加えて，十の位と一の位が等しくなる数を探す。例えば，下2桁が11の数は，11＝4＋7×1より，4004＋7＝4011，下2桁が22の数は，22＝8＋7×2＝1＋7×3より，8008＋14＝8022と1001＋21＝1022，…，下2桁が99の数は，99＝8＋7×13＝1＋7×14より，8008＋91＝8099と1001＋98＝1099とわかる。このようにして条件にあうAのうち，下2桁が11，22，33，…99の数を探し，さらに下2桁が00の数のうち条件にあうAとして7000が見つかるから，右表Iのようにまとめられる。

表I

元にする数	条件にあうAの値
1001	1022，1099
2002	2044
3003	3066
4004	4011，4088
5005	5033
6006	6055
7007	7000，7077
8008	8022，8099
9009	9044

表II

元にする数	条件にあうAの値	
1001	1022，1099	1029，1092
2002	2044	
3003	3066	
4004	4011，4088	4018，4081
5005	5033	
6006	6055	
7007	7000，7077	7007，7070
8008	8022，8099	8029，8092
9009	9044	

表Iの条件にあうAの値について，十の位だけを7大きくまたは小さくできれば，さらに条件にあうAの値が見つかる。一の位についても同様の探し方をする。すると，表IIの値が見つかる。

よって，条件にあうAの値は全部で21個ある。

2　ある数の倍数が書かれたカードを取り出して行う操《そう》作《さ》を，その数を用いて，操作○と表す。操作2を行ったあとに(A)の状態になり，さらに操作3を行うと(B)の状態になる。

(1)　(B)の状態では，一番左に3の倍数かつ2の倍数，つまり6の倍数のカードが並ぶ。

よって，1番目が6，2番目が12，3番目が18である。

(2)　[1]の左側にあるカードは，2の倍数または3の倍数のカードである。

52枚のカードのうち，2の倍数は52÷2＝26(枚)，3の倍数は，52÷3＝17余り1より，17枚，6の倍数(2と3の公倍数)は，52÷6＝8余り4より，8枚だから，2の倍数または3の倍数は，26＋17－8＝35(枚)ある。

よって，[1]は36番目である。

(3)　操作7のあとには，左から(7の倍数かつ6の倍数)，(7の倍数かつ5の倍数)，(7の倍数かつ4の倍数)，(7の倍数かつ3の倍数)，…と並んでいる。よって，左から42，35，28，…と並ぶ。

(4)　[31]は操作2～操作7のいずれでも取り出されなかったカードだから，右から何番目にあるかを数えた方が早い。7×7＝49，11×11＝121で，52は49より大きく121より小さいから，取り出されなかったのは7より大きい素数である。31より大きく52より小さい素数は，37，41，43，47の4個あるから，[31]は左から52－4＝48(番目)にある。

⑸　⑷で右側から数えたので，⑸でも右から数えていく。右端から並んでいるカードが52－31＋１＝22(枚目)までわかればよい。取り出されなかった数は１と素数だから，１，11，13，17，19，23，29，31，37，41，43，47の12個であり，右端からカードが 12 枚並んでいる。それらの左には，２の倍数のうち，３の倍数，４の倍数，５の倍数，６の倍数，７の倍数のいずれでもない数が並んでいる。そのような数を１つ１つ調べると，２，22，26，34，38，46の６枚あるとわかる。ここまでで右端から12＋６＝18(枚)のカードがわかった。

それらの数のさらに左には，３の倍数のうち，４の倍数，５の倍数，６の倍数，７の倍数のいずれでもない数が並んでいる。そのような数を１つ１つ調べると，３，９，27，33，39，51の６枚あるとわかる。

よって，右から22番目は27であり，これが左から31番目のカードである。

3　⑴　ＢＡ＝ＡＥだから，板①がなく，板②が十分に広ければ，板②にできる正方形の影は，右図のようにＧＡ，ＡＤ，ＤＨ，ＨＧの長さを２倍にしたＩＬ，ＬＫ，ＫＪ，ＪＩが作図できる。しかし，実際には板①によって下半分がなくなるため，板②に映る影は長方形ＩＥＭＪになる。Ａ，Ｄ，Ｍ，Ｅは同じ板①上の点だから，ＡとＥ，ＤとＭを結ぶと影の部分が完成する。ＩＥ＝ＦＢ＝10㎝，ＥＭ＝ＡＤ×２＝20(㎝)，ＡＥ＝ＡＢ＝10㎝だから，長方形ＩＥＭＪ＝10×20＝200(㎠)，

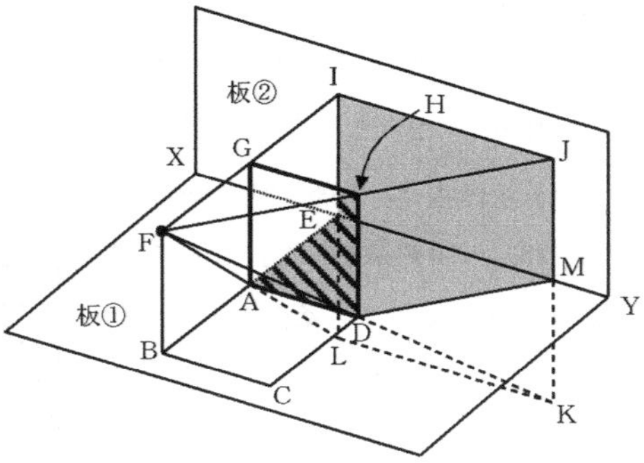

台形ＡＤＭＥ＝(10＋20)×10÷２＝150(㎠)なので，求める面積は，200＋150＝350(㎠)

⑵　二等辺三角形のＡ，Ｄ以外の頂点をＰとして，⑴と同じように考える。右図で，ＮＱ＝ＰＡ×２，ＱＲ＝ＡＤ×２，ＮＲ＝ＰＤ×２である。板①によって，三角形ＮＱＲの下半分がなくなるため，板②に映る影は三角形ＮＴＳになる。このとき，三角形ＰＡＤと三角形ＮＱＲは同じ形で，ＰＮが板①に平行なため，三角形ＮＴＳは三角形ＰＡＤと合同になる。

よって，ＡとＴ，ＤとＳをそれぞれ結ぶと，板②と三角形の板との距離にかかわらず，ＡＴとＤＳが平行になり，解答例のようになる。

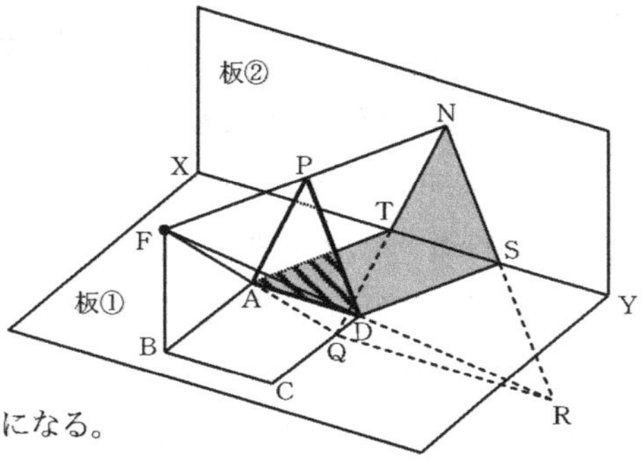

⑶(ア)　四角すいＯＡＢＣＤの影は，ＯＡ，ＯＣによってできる。そこで⑵によって，高さがＢＦと同じ三角形の影は，板①上では平行線になることがわかったから，ＦＯを延長した線を引き，ＦＯと平行な線をＡとＣから引けば解答例のようになる。

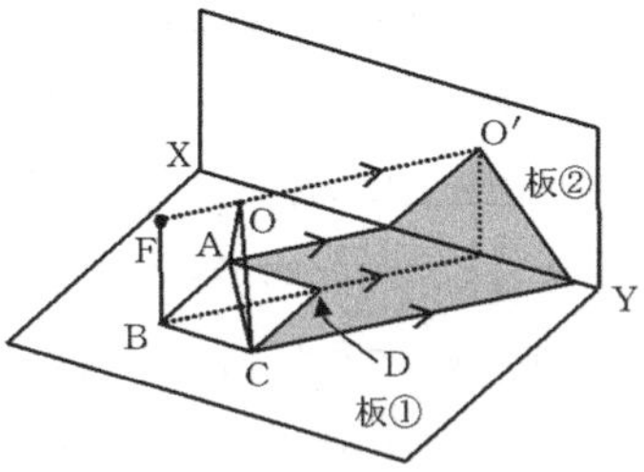

(イ)　板①にできる影は，直角をはさむ２辺が 20 ㎝の直角二等辺三角形と，直角をはさむ２辺が 10 ㎝の直角二等辺三角形に分けられるから，その面積の和は，20×20÷２＋10×10÷２＝250(㎠)

板②にできる影は，底辺が 20 ㎝で高さが 10 ㎝の三角形だから，その面積は，20×10÷２＝100(㎠)

よって，求める面積は，250＋100＝350(㎠)

4　⑴　空欄①のあたりにＢＰとＳＤの長さが等しいことが書かれているので，ＢＰ＝ＳＤである。また，整長方形ＡＢＣＤの周の長さがａ㎝だから，ＢＣ＋ＤＣ＝$\frac{a}{2}$㎝である。したがって，整長方形ＰＢＣＲと整長方形ＳＱＣＤの面積の和は，ＢＰ×ＢＣ＋ＤＣ×ＳＤ＝ＢＰ×ＢＣ＋ＢＰ×ＤＣ＝ＢＰ×(ＢＣ＋ＤＣ)＝ＢＰ×$\frac{a}{2}$(㎠)である。これがａ㎠になると書かれているので，ＢＰ×$\frac{a}{2}$＝ａより，ＢＰ＝① 2 ㎝とわかる。

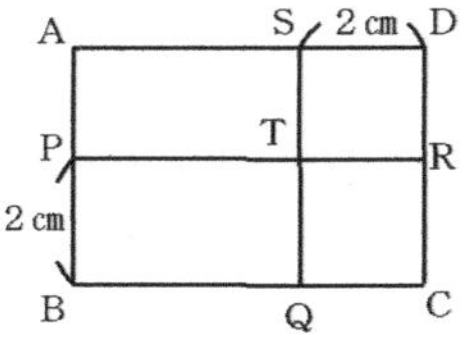

したがって，右のように作図でき，整長方形ＴＱＣＲの面積は２×２＝４(㎠)である。これより，整長方形ＰＢＣＲと整長方形ＳＴＲＤの面積の和がａ－４(㎠)で，整長方形ＡＢＣＤの面積がａ㎠だから，整長方形ＡＰＴＳの面積は②４㎠とわかる。

積が４になる２つの整数の組み合わせは，１と４，２と２の２通りだが，ＡＰ＝ＡＳだと四角形ＡＢＣＤが正方形になるので，条件にあわない。よって，整長方形ＡＰＴＳの２辺の長さとして考えられるのは１㎝と４㎝だから，整長方形ＡＢＣＤの２辺の長さは１＋２＝３(㎝)と２＋４＝６(㎝)なので，ａ＝(３＋６)×２＝③18

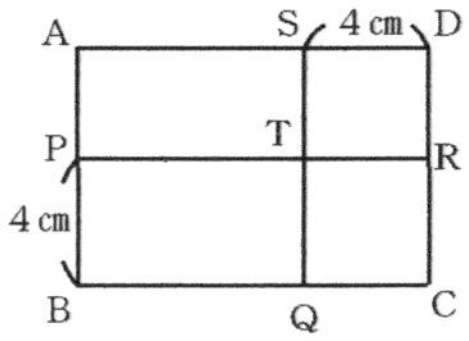

(2) (1)と同様に考える(右図の記号も(1)と同様である)。ＢＰ＝ＳＤで整長方形ＰＢＣＲと整長方形ＳＱＣＤの面積の和が(ａ×２)㎠のとき，ＢＰ×$\frac{a}{2}$＝ａ×２より，ＢＰ＝４(㎝)である。このとき，整長方形ＡＰＴＳの面積は，整長方形ＴＱＣＲの面積と等しく４×４＝16(㎠)である。16＝１×16＝２×８だから，ａにあてはまる整数として考えられるのは，(１＋４＋16＋４)×２＝50，(２＋４＋８＋４)×２＝36 である。

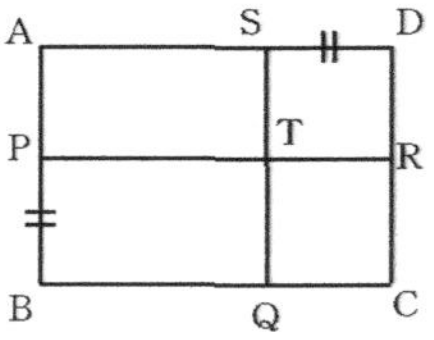

(3) (1)，(2)と同様に記号をおく。(1)，(2)と同様にＢＰ＝ＳＤのときを考えるが，整長方形ＰＢＣＲと整長方形ＳＱＣＤの面積の和が(ａ×２＋８)㎠だとすると，ＢＰの長さは整数で表せなくなり，整長方形ＡＰＴＳの面積も整数で表せない。したがって，整長方形ＡＰＴＳの面積を整数で表すことができるようにＢＰの長さを設定しなければならない。整長方形ＰＢＣＲと整長方形ＳＱＣＤの面積の和はＢＰ×$\frac{a}{2}$と表すことができ，この値がａ×２のとき，つまりＢＰ＝４㎝のとき，整長方形ＡＰＴＳの面積は，(ａ×２＋８)－(ａ×２－４×４)＝８＋16＝24(㎠)となる。24＝１×24＝２×12＝３×８＝４×６だから，ａにあてはまる整数として考えられるのは，(１＋４＋24＋４)×２＝66，(２＋４＋12＋４)×２＝44，(３＋４＋８＋４)×２＝38，(４＋４＋６＋４)×２＝36 である。

5 **(1)** 立方体Ａと立方体Ｂが同時に動き出し，どちらも１秒ごとに，縦方向に１㎝，横方向に１㎝，下方向に１㎝動いたと考えると重なる部分をイメージしやすくなる。立方体ＡとＢの下の面と上の面が切断面に到達したときを考えれば，その重なりをみつけることはたやすい。まず，高さ９㎝で切ったときを右図のように考える。はじめから立方体Ａは，高さ９㎝のところにあり，そこから下に３㎝進んだときに上の面が高さ９㎝に到達する。これを真上から見た図が，右図Ⅰになり，色のついた部分が高さ９㎝にある平面で切った図形になる。立方体Ｂについても同様の動きをするので，これらを重ね合わせた図形が図Ⅱであり，Ｚを高さ９㎝の平面で切ったときの切り口が斜線《しゃせん》部分になる。高さ８㎝のときには，はじめから立方体Ａの下の面は高さ８㎝のところにあり，そこから下に４㎝進んだときに上の面が高さ８㎝に到達する(右図Ⅲ)。立方体Ｂについても同様の動きをするので，重ね合わせた図形が図Ⅳであり，Ｚを高さ８㎝の平面で切ったときの切り口が斜線部分になる。高さ７㎝，６㎝のときも同様に考えればよい。図Ⅴと図Ⅶが立方体Ａの下の面と上の面がそれぞれの高さに到達したときの図であり，図Ⅵと図Ⅷが重なりを表す。

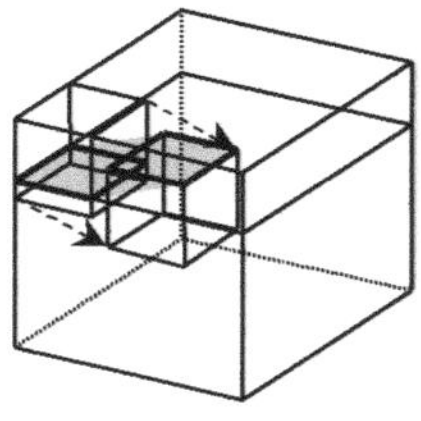

図Ⅰ　図Ⅱ

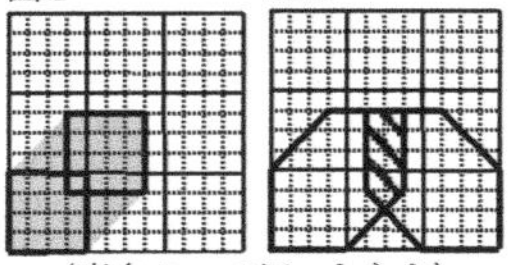

(高さ９㎝で切ったとき)

図Ⅲ　図Ⅳ

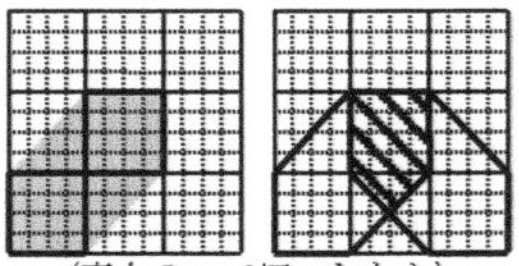

(高さ８㎝で切ったとき)

図Ⅴ　図Ⅵ

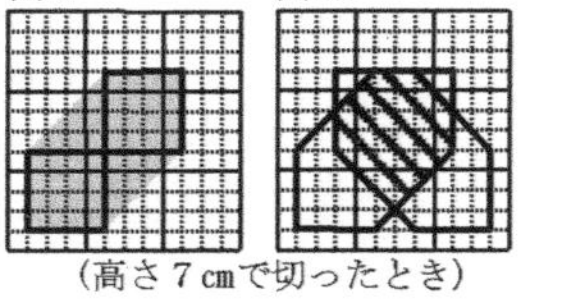

(高さ７㎝で切ったとき)

図Ⅶ　図Ⅷ

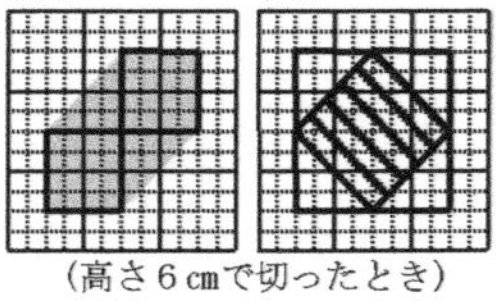

(高さ６㎝で切ったとき)

⑵ ⑴の解説をふまえる。面ＰＱＲＳがある方向を正面とすると，出発してから２秒後に立方体Ａの右の面と立方体Ｂの左の面がちょうど重なるので，高さ10㎝よりも下の部分で２つの立方体は重なりはじめることになる。

⑴の「高さ９㎝」，「高さ８㎝」の図を参考に，高さ８㎝～10㎝の部分の真上から見たＺの形は，右図Ⅸのようになる。面ＤＥＦは立方体Ｃの下面に対してななめになっているが，⑴でかいた「高さ８㎝」の図から，頂点Ｈの真下にもう１つ頂点があることがわかる。この頂点をＪとすると，体積を求める立体は右図Ⅹの立体であるとわかる。この立体は，三角柱ＤＥＦ－ＧＨＩと三角すいＨ－ＧＪＩからできている。三角柱ＤＥＦ－ＧＨＩの体積は，底面積が三角形ＧＫＩで高さがＨＥの三角柱として計算できるから，$(4\times2\div2)\times4=16$(㎤)

三角すいＨ－ＧＪＩの体積は，$(4\times2\div2)\times2\times\frac{1}{3}=2\frac{2}{3}$(㎤)

よって，求める体積は，$16+2\frac{2}{3}=18\frac{2}{3}$(㎤)

図Ⅸ

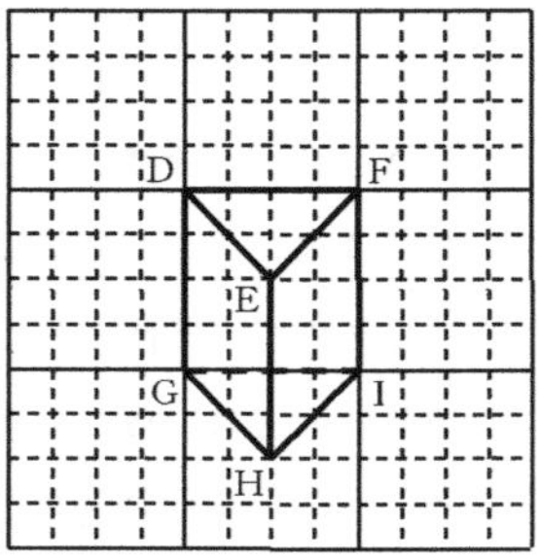

高さ８㎝～10㎝

図Ⅹ

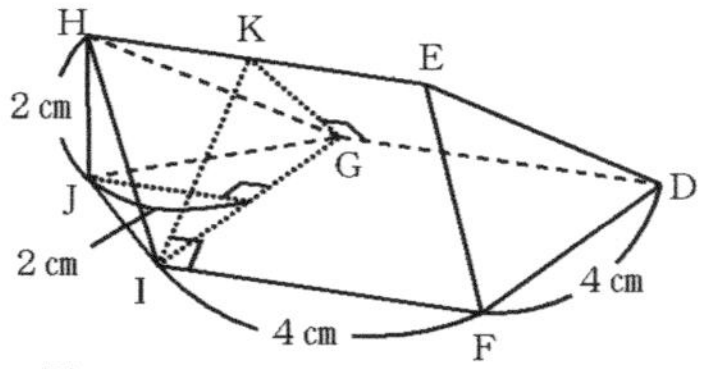

⑶ ⑵と同様に考える。高さ６㎝～８㎝の部分の真上から見たＺの形は，右図Ⅺのようになる。この立体は右図Ⅻのような立体であり，色付き部分の五角柱と，合同な３つの四角すいからできている。

五角柱の体積は，

$(4\times4+4\times2\div2)\times2=40$(㎤)

３つの四角すいの体積の合計は，

$(4\times2\times2\times\frac{1}{3})\times3=16$(㎤)

よって，求める体積は，$40+16=56$(㎤)

図Ⅺ

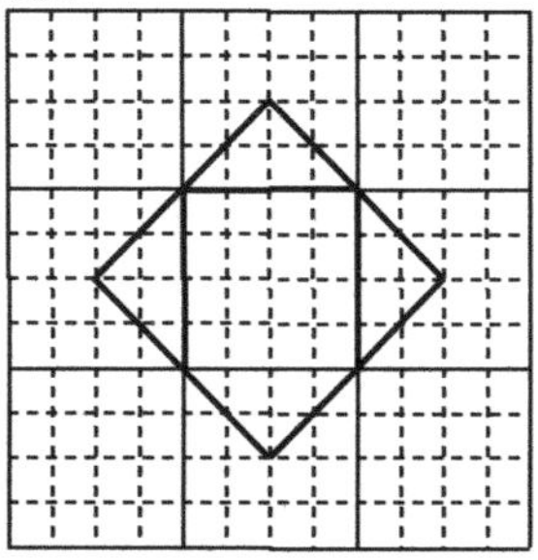

高さ６㎝～８㎝

図Ⅻ

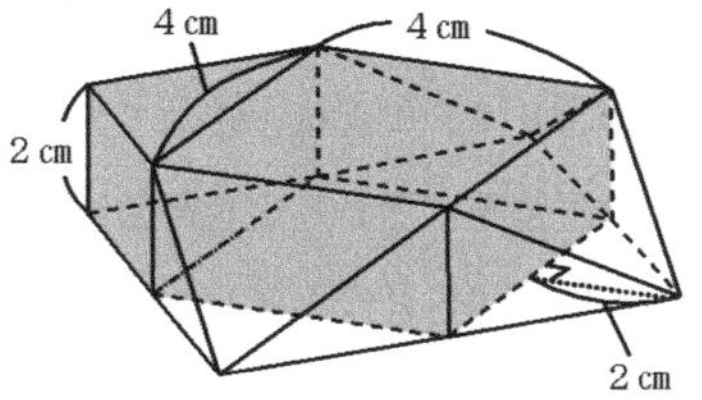

■ ご使用にあたってのお願い・ご注意

（1）問題文等の非掲載

著作権上の都合により，問題文や図表などの一部を掲載できない場合があります。

誠に申し訳ございませんが，ご了承くださいますようお願いいたします。

（2）過去問における時事性

過去問題集は，学習指導要領の改訂や社会状況の変化，新たな発見などにより，現在とは異なる表記や解説になっている場合があります。過去問の特性上，出題当時のままで出版していますので，あらかじめご了承ください。

（3）配点

学校等から配点が公表されている場合は，記載しています。公表されていない場合は，記載していません。

独自の予想配点は，出題者の意図と異なる場合があり，お客様が学習するうえで誤った判断をしてしまう恐れがあるため記載していません。

（4）無断複製等の禁止

購入された個人のお客様が，ご家庭でご自身またはご家族の学習のためにコピーをすることは可能ですが，それ以外の目的でコピー，スキャン，転載（ブログ，ＳＮＳなどでの公開を含みます）などをすることは法律により禁止されています。学校や学習塾などで，児童生徒のためにコピーをして使用することも法律により禁止されています。

ご不明な点や，違法な疑いのある行為を確認された場合は，弊社までご連絡ください。

（5）けがに注意

この問題集は針を外して使用します。針を外すときは，けがをしないように注意してください。また，表紙カバーや問題用紙の端で手指を傷つけないように十分注意してください。

（6）正誤

制作には万全を期しておりますが，万が一誤りなどがございましたら，弊社までご連絡ください。

なお，誤りが判明した場合は，弊社ウェブサイトの「ご購入者様のページ」に掲載しておりますので，そちらもご確認ください。

■ お問い合わせ

解答例，解説，印刷，製本など，問題集発行におけるすべての責任は弊社にあります。

ご不明な点がございましたら，弊社ウェブサイトの「お問い合わせ」フォームよりご連絡ください。迅速に対応いたしますが，営業日の都合で回答に数日を要する場合があります。

ご入力いただいたメールアドレス宛に自動返信メールをお送りしています。自動返信メールが届かない場合は，「よくある質問」の「メールの問い合わせに対し返信がありません。」の項目をご確認ください。

また弊社営業日（平日）は，午前９時から午後５時まで，電話でのお問い合わせも受け付けています。

2025 春

株式会社教英出版

〒422-8054　静岡県静岡市駿河区南安倍３丁目 12-28

TEL　054-288-2131　　FAX　054-288-2133

URL　https://kyoei-syuppan.net/

MAIL siteform@kyoei-syuppan.net

教英出版の親子で取りくむシリーズ

公立中高一貫校とは？適性検査とは？ 受検を考えはじめた親子のための 最初の１冊！

「概要編」では公立中高一貫校の仕組みや適性検査の特徴をわかりやすく説明し，「例題編」では実際の適性検査の中から，よく出題されるパターンの問題を厳選して紹介しています。実際の問題紙面も掲載しているので受検を身近に感じることができます。

- 公立中高一貫校を知ろう！
- 適性検査を知ろう！
- 教科的な問題〈適性検査ってこんな感じ〉
- 実技的な問題〈さらにはこんな問題も！〉
- おさえておきたいキーワード

定価：1,078円(本体980+税)

適性検査の作文問題にも対応！ 「書けない」を「書けた！」に 導く合格レッスン

「実力養成レッスン」では，作文の技術や素材の見つけ方，書き方や教え方を対話形式でわかりやすく解説。実際の入試作文をもとに，とり外して使える解答用紙に書き込んでレッスンをします。赤ペンの添削例や，「添削チェックシート」を参考にすれば，お子さんが書いた作文をていねいに添削することができます。

- レッスン１ 作文の基本と，書くための準備
- レッスン２ さまざまなテーマの入試作文
- レッスン３ 長文の内容をふまえて書く入試作文
- 実力だめし！入試作文
- 別冊「添削チェックシート・解答用紙」付き

定価：1,155円(本体1,050+税)

絶賛販売中！

詳しくは教英出版で検索

教英出版　検索

URL https://kyoei-syuppan.net/

神奈川県

- ①[県立] 相模原中等教育学校
  - 平塚中等教育学校
- ②[市立]南高等学校附属中学校
- ③[市立]横浜サイエンスフロンティア高等学校附属中学校
- ④[市立]川崎高等学校附属中学校
- ✿⑤聖光学院中学校
- ✿⑥浅野中学校
- ⑦洗足学園中学校
- ⑧法政大学第二中学校
- ⑨逗子開成中学校(1次)
- ⑩逗子開成中学校(2·3次)
- ⑪神奈川大学附属中学校(第1回)
- ⑫神奈川大学附属中学校(第2·3回)
- ⑬栄光学園中学校
- ⑭フェリス女学院中学校

新潟県

- ①[県立] 村上中等教育学校
  - 柏崎翔洋中等教育学校
  - 燕中等教育学校
  - 津南中等教育学校
  - 直江津中等教育学校
  - 佐渡中等教育学校
- ②[市立]高志中等教育学校
- ③新潟第一中学校
- ④新潟明訓中学校

石川県

- ①[県立]金沢錦丘中学校
- ②星稜中学校

福井県

- ①[県立]高志中学校

山梨県

- ①山梨英和中学校
- ②山梨学院中学校
- ③駿台甲府中学校

長野県

- ①[県立] 屋代高等学校附属中学校
  - 諏訪清陵高等学校附属中学校
- ②[市立]長野中学校

岐阜県

- ①岐阜東中学校
- ②鶯谷中学校
- ③岐阜聖徳学園大学附属中学校

静岡県

- ①[国立]静岡大学教育学部附属中学校(静岡·島田·浜松)
- ② [県立]清水南高等学校中等部
  - [県立]浜松西高等学校中等部
  - [市立]沼津高等学校中等部
- ③不二聖心女子学院中学校
- ④日本大学三島中学校
- ⑤加藤学園暁秀中学校
- ⑥星陵中学校
- ⑦東海大学付属静岡翔洋高等学校中等部
- ⑧静岡サレジオ中学校
- ⑨静岡英和女学院中学校
- ⑩静岡雙葉中学校
- ⑪静岡聖光学院中学校
- ⑫静岡学園中学校
- ⑬静岡大成中学校
- ⑭城南静岡中学校
- ⑮静岡北中学校
- ⑯ 常葉大学附属常葉中学校
  - 常葉大学附属橘中学校
  - 常葉大学附属菊川中学校
- ⑰藤枝明誠中学校
- ⑱浜松開誠館中学校
- ⑲静岡県西遠女子学園中学校
- ⑳浜松日体中学校
- ㉑浜松学芸中学校

愛知県

- ①[国立]愛知教育大学附属名古屋中学校
- ②愛知淑徳中学校
- ③ 名古屋経済大学市邨中学校
  - 名古屋経済大学高蔵中学校
- ④金城学院中学校
- ⑤椙山女学園中学校
- ⑥東海中学校
- ⑦南山中学校男子部
- ⑧南山中学校女子部
- ⑨聖霊中学校
- ⑩滝中学校
- ⑪名古屋中学校
- ⑫大成中学校
- ⑬愛知中学校
- ⑭星城中学校
- ⑮名古屋葵大学中学校(名古屋女子大学中学校)
- ⑯愛知工業大学名電中学校
- ⑰海陽中等教育学校(特別給費生)
- ⑱海陽中等教育学校(I·II)
- ⑲中部大学春日丘中学校
- 新刊⑳名古屋国際中学校

三重県

- ①[国立]三重大学教育学部附属中学校
- ②暁中学校
- ③海星中学校
- ④四日市メリノール学院中学校
- ⑤高田中学校
- ⑥セントヨゼフ女子学園中学校
- ⑦三重中学校
- ⑧皇學館中学校
- ⑨鈴鹿中等教育学校
- ⑩津田学園中学校

滋賀県

- ①[国立]滋賀大学教育学部附属中学校
- ②[県立] 河瀬中学校
  - 守山中学校
  - 水口東中学校

京都府

- ①[国立]京都教育大学附属桃山中学校
- ②[府立]洛北高等学校附属中学校
- ③[府立]園部高等学校附属中学校
- ④[府立]福知山高等学校附属中学校
- ⑤[府立]南陽高等学校附属中学校
- ⑥[市立]西京高等学校附属中学校
- ⑦同志社中学校
- ⑧洛星中学校
- ⑨洛南高等学校附属中学校
- ⑩立命館中学校
- ⑪同志社国際中学校
- ⑫同志社女子中学校(前期日程)
- ⑬同志社女子中学校(後期日程)

大阪府

- ①[国立]大阪教育大学附属天王寺中学校
- ②[国立]大阪教育大学附属平野中学校
- ③[国立]大阪教育大学附属池田中学校

④[府立]富田林中学校
⑤[府立]咲くやこの花中学校
⑥[府立]水都国際中学校
⑦清風中学校
⑧高槻中学校（A日程）
⑨高槻中学校（B日程）
⑩明星中学校
⑪大阪女学院中学校
⑫大谷中学校
⑬四天王寺中学校
⑭帝塚山学院中学校
⑮大阪国際中学校
⑯大阪桐蔭中学校
⑰開明中学校
⑱関西大学第一中学校
⑲近畿大学附属中学校
⑳金蘭千里中学校
㉑金光八尾中学校
㉒清風南海中学校
㉓帝塚山学院泉ヶ丘中学校
㉔同志社香里中学校
㉕初芝立命館中学校
㉖関西大学中等部
㉗大阪星光学院中学校

兵庫県

①[国立]神戸大学附属中等教育学校
②[県立]兵庫県立大学附属中学校
③雲雀丘学園中学校
④関西学院中学部
⑤神戸女学院中学部
⑥甲陽学院中学校
⑦甲南中学校
⑧甲南女子中学校
⑨灘中学校
⑩親和中学校
⑪神戸海星女子学院中学校
⑫滝川中学校
⑬啓明学院中学校
⑭三田学園中学校
⑮淳心学院中学校
⑯仁川学院中学校
⑰六甲学院中学校
⑱須磨学園中学校(第1回入試)
⑲須磨学園中学校(第2回入試)
⑳須磨学園中学校(第3回入試)
㉑白陵中学校
㉒夙川中学校

奈良県

①[国立]奈良女子大学附属中等教育学校
②[国立]奈良教育大学附属中学校
③[県立]国際中学校
　　　　青翔中学校
④[市立]一条高等学校附属中学校
⑤帝塚山中学校
⑥東大寺学園中学校
⑦奈良学園中学校
⑧西大和学園中学校

和歌山県

①[県立]古佐田丘中学校
　　　　向陽中学校
　　　　桐蔭中学校
　　　　日高高等学校附属中学校
　　　　田辺中学校
②智辯学園和歌山中学校
③近畿大学附属和歌山中学校
④開智中学校

岡山県

①[県立]岡山操山中学校
②[県立]倉敷天城中学校
③[県立]岡山大安寺中等教育学校
④[県立]津山中学校
⑤岡山中学校
⑥清心中学校
⑦岡山白陵中学校
⑧金光学園中学校
⑨就実中学校
⑩岡山理科大学附属中学校
⑪山陽学園中学校

広島県

①[国立]広島大学附属中学校
②[国立]広島大学附属福山中学校
③[県立]広島中学校
④[県立]三次中学校
⑤[県立]広島叡智学園中学校
⑥[市立]広島中等教育学校
⑦[市立]福山中学校
⑧広島学院中学校
⑨広島女学院中学校
⑩修道中学校
⑪崇徳中学校
⑫比治山女子中学校
⑬福山暁の星女子中学校
⑭安田女子中学校
⑮広島なぎさ中学校
⑯広島城北中学校
⑰近畿大学附属広島中学校福山校
⑱盈進中学校
⑲如水館中学校
⑳ノートルダム清心中学校
㉑銀河学院中学校
㉒近畿大学附属広島中学校東広島校
㉓AICJ中学校
㉔広島国際学院中学校
㉕広島修道大学ひろしま協創中学校

山口県

①[県立]下関中等教育学校
　　　　高森みどり中学校
②野田学園中学校

徳島県

①[県立]富岡東中学校
　　　　川島中学校
　　　　城ノ内中等教育学校
②徳島文理中学校

香川県

①大手前丸亀中学校
②香川誠陵中学校

愛媛県

①[県立]今治東中等教育学校
　　　　松山西中等教育学校
②愛光中学校
③済美平成中等教育学校
④新田青雲中等教育学校

高知県

①[県立]安芸中学校
　　　　高知国際中学校
　　　　中村中学校

福岡県

①[国立]福岡教育大学附属中学校（福岡・小倉・久留米）
②[県立]育徳館中学校
門司学園中学校
宗像中学校
嘉穂高等学校附属中学校
輝翔館中等教育学校
③西南学院中学校
④上智福岡中学校
⑤福岡女学院中学校
⑥福岡雙葉中学校
⑦照曜館中学校
⑧筑紫女学園中学校
⑨敬愛中学校
⑩久留米大学附設中学校
⑪飯塚日新館中学校
⑫明治学園中学校
⑬小倉日新館中学校
⑭久留米信愛中学校
⑮中村学園女子中学校
⑯福岡大学附属大濠中学校
⑰筑陽学園中学校
⑱九州国際大学付属中学校
⑲博多女子中学校
⑳東福岡自彊館中学校
㉑八女学院中学校

佐賀県

①[県立]香楠中学校
致遠館中学校
唐津東中学校
武雄青陵中学校
②弘学館中学校
③東明館中学校
④佐賀清和中学校
⑤成穎中学校
⑥早稲田佐賀中学校

長崎県

①[県立]長崎東中学校
佐世保北中学校
諫早高等学校附属中学校
②青雲中学校
③長崎南山中学校
④長崎日本大学中学校
⑤海星中学校

熊本県

①[県立]玉名高等学校附属中学校
宇土中学校
八代中学校
②真和中学校
③九州学院中学校
④ルーテル学院中学校
⑤熊本信愛女学院中学校
⑥熊本マリスト学園中学校
⑦熊本学園大学付属中学校

大分県

①[県立]大分豊府中学校
②岩田中学校

宮崎県

①[県立]五ヶ瀬中等教育学校
②[県立]宮崎西高等学校附属中学校
都城泉ヶ丘高等学校附属中学校
③宮崎日本大学中学校
④日向学院中学校
⑤宮崎第一中学校

鹿児島県

①[県立]楠隼中学校
②[市立]鹿児島玉龍中学校
③鹿児島修学館中学校
④ラ・サール中学校
⑤志學館中等部

沖縄県

①[県立]与勝緑が丘中学校
開邦中学校
球陽中学校
名護高等学校附属桜中学校

もっと過去問シリーズ

北海道

北嶺中学校
7年分（算数・理科・社会）

静岡県

静岡大学教育学部附属中学校
（静岡・島田・浜松）
10年分（算数）

愛知県

愛知淑徳中学校
7年分（算数・理科・社会）
東海中学校
7年分（算数・理科・社会）
南山中学校男子部
7年分（算数・理科・社会）
南山中学校女子部
7年分（算数・理科・社会）
滝中学校
7年分（算数・理科・社会）
名古屋中学校
7年分（算数・理科・社会）

岡山県

岡山白陵中学校
7年分（算数・理科）

広島県

広島大学附属中学校
7年分（算数・理科・社会）
広島大学附属福山中学校
7年分（算数・理科・社会）
広島学院中学校
7年分（算数・理科・社会）
広島女学院中学校
7年分（算数・理科・社会）
修道中学校
7年分（算数・理科・社会）
ノートルダム清心中学校
7年分（算数・理科・社会）

愛媛県

愛光中学校
7年分（算数・理科・社会）

福岡県

福岡教育大学附属中学校
（福岡・小倉・久留米）
7年分（算数・理科・社会）
西南学院中学校
7年分（算数・理科・社会）
久留米大学附設中学校
7年分（算数・理科・社会）
福岡大学附属大濠中学校
7年分（算数・理科・社会）

佐賀県

早稲田佐賀中学校
7年分（算数・理科・社会）

長崎県

青雲中学校
7年分（算数・理科・社会）

鹿児島県

ラ・サール中学校
7年分（算数・理科・社会）

※もっと過去問シリーズは
国語の収録はありません。

教英出版
〒422-8054
静岡県静岡市駿河区南安倍3丁目12－28
TEL 054-288-2131
FAX 054-288-2133
詳しくは教英出版で検索
教英出版 検索
URL https://kyoei-syuppan.net/

一　次の文章を読んで、後の問いに答えなさい。

焼肉屋でランチをした帰りのレジにちいさな籠《かご》があって、そこにカラフルな飴玉《あめだま》がたくさん入っていた。透明《とうめい》なフィルムに包まれた飴玉には、黄色、黄緑色、水色、オレンジ色、紫《むらさき》色、薄桃《うすもも》色、透明があって、どれもとても淡《あわ》い色できらきらしていた。普段《ふだん》、焼肉屋のレジのこういうお口直しは貰《もら》わない。おいしい焼肉を食べたあとは口直しなんてもったいない、できるだけ長く口内をその余韻《よいん》にしておきたいと思ってしまうのだ。しかしその日は透明な包み紙に包まれている飴になぜか猛烈《もうれつ》にこころ惹《ひ》かれた。おそらくぶどう味だろうと思い、ミドリがお会計の小銭《こぜに》を受け取っている隙《すき》に紫色の飴玉をひとつ貰うと、[X]レシートを貰い終えたミドリも同じ色の飴玉を手に取った。お店の自動ドアを出て、車に乗りこむまでのほんの数十秒の間で、わたしたちは飴玉を口に含《ふく》んだ。

「ぶどうあじあじだ。」

とわたしが言うと、彼《かれ》は聞き間違《まちが》えたのかという顔で首をかしげた。

「ぶどうあじあじだよ。ぶどうの味じゃなくて、[1]ぶどう味の味がするの、わかる？」

あー、と彼は飴を左右の頬《ほお》に移動させながらその味を確かめているようだった。ぶどうあじあじだよ、これが。なんかすっごく久しぶりにこういう味食べる気がしてうれしいなあ。ふふ、本当にぶどうあじあじだ。わたしは口の中でころころ飴を転がしながらにこにこ車に乗りこんだ。

わたしが小学生だったころの駄菓子屋《だがしや》には、まさにぶどうあじあじのように、いちごあじあじや、メロンあじあじのお菓子がたくさんあったような気がする。その果物そのものではなく、あくまで「いちご味」の味や、「メロン味」の味なのだ。わたしはそれを人工甘味料《じんこうかんみりょう》がどうとか[Y]目くじら立てるつもりはない。「あじあじ」たちのことも、それはそれでとても好きだ。

もうずいぶん前から、果物のお菓子は果汁《かじゅう》をそのまま詰《つ》めこんだように濃縮《のうしゅく》されたジュースを飲んでいるような味に進化したように思う。特にグミ。もはやその果物を超《こ》えてしまっているのではないかと思うくらい、果汁の酸味や甘《あま》みが濃《こ》い。飴も、ガムも、アイスも、ジュースも、みんなみんな「ぶどうあじあじ」から「ぶどうそのもの」を求めて進化してしまった。だからいま、お菓子売り場でこうした「ぶどうあじあじ」のものを探すほうが難しい。

ぶどうあじあじからは、どんくさいサービス精神を感じる。みんなが大好きなぶどうの味をがんばってすこしでも再現してみようと思います！と言わんばかりの、それでいてそこまでうまくいっていない不器用さのようなものもあり愛《いと》[Z]しい。

包み紙のシンプルさも、ぶどうあじあじの魅力《みりょく》を最大限に引き出してくれたのかもしれない。[2]たとえばつやつやの巨峰《きょほう》のような絵が描《か》かれた濃い紫色の包み紙からぶどうあじあじの飴が出てきたら、たぶんちゃんとがっかりするだろう。七色の飴が何も描かれていない包み紙に包まれているからよかったのだ。

わたしたちは紫色だからおそらくぶどうだろう、と信頼《しんらい》してその飴を口へ入れて、ぶどうあじあじに「やっぱりぶどう！」と喜ぶ。わたしがお菓子に求めているうれしさは、きらっとひかる薄紫の「やっぱりぶどう！」くらいがちょうどいい。

（くどうれいん『桃《もも》を煮《に》るひと』による）

問一　――線部1「ぶどう味の味」とはどのような味ですか、答えなさい。

問二　――線部2「つやつやの～がっかりするだろう」とありますが、どうしてですか。理由を答えなさい。

問三　～～線部X「レシート」のように、「ート」で終わる外来語はたくさんあります。1～5の意味になるそのような言葉を、（　）内の文字数になるように、解答らんに合わせて答えなさい。

1　警報（四字）　2　支援《しえん》（四字）　3　スポーツ選手（五字）

4　遠くはなれた所から行うこと（四字）　5　旅券（五字）

問四　～～線部Y「目くじら立てる」とありますが、次の1～6の「目」を使った言葉に、〔Ⅰ〕〔Ⅱ〕の語群にある言葉を正しくつなぎ、慣用句を完成させなさい。〔Ⅰ〕〔Ⅱ〕の言葉は同じものを何度使ってもかまいません。

1　裏目　2　大目　3　駄目《だめ》　4　目頭　5　目先　6　目鼻

〔Ⅰ〕　が　と　に　へ　を

〔Ⅱ〕　押《お》さえる　押す　変わる　使う　付く　出る　見る

問五　問題文中の[Z]について、次の問いに答えなさい。

A　[Z]に、「お」「を」「う」のいずれか一つを入れて、正しい表現を完成させなさい。

B　次の1～5の文の□に「お」「を」「う」のいずれか一つを入れて、正しい表現を完成させなさい。

1　運動会の開会式で、き□つけの号令をかける。

2　元日に早起きをして、初も□でに出かけてきた。

3　生活が苦しくて月々の返済がとどこ□っている。

4　不正を働いていたことが、お□やけになった。

5　やむ□えず急停車いたしますのでご注意ください。

二　次の俳句は新年から春夏秋冬の順でならんでいます。[1]〜[6]に入る語として最も適当なものをそれぞれ後のア〜シから選び、記号で答えなさい。ただし、同じものはくり返して使えません。

※　谷本元子

※　野間口一夫

[3]の花長《なご》うして雨ふらんとす　正岡子規

[4]のどの花となく雫《しずく》かな　岩井英雅

葉《は》洩《も》れ日《び》の粒《つぶ》の不揃《ふぞろ》い[5]園　片山由美子

白[6]のひかりの棒をいま刻む　黒田杏子

ア　あじさい　イ　梅　ウ　さくら　エ　山茶花《さざんか》

オ　歯朶《しだ》　カ　すずしろ　キ　椿《つばき》　ク　葱《ねぎ》

ケ　向日葵《ひまわり》　コ　藤《ふじ》　サ　葡萄《ぶどう》　シ　紅葉《もみじ》

三　次の各文の□に入るひらがな三字の適当な言葉を答えなさい。なお、□の言葉は上と組み合わさって一つの言葉になります。ただし、同じ言葉はくり返して使えません。

（例）葬儀《そうぎ》にはみな黒□の服装で参列していた。　答　ずくめ

1　おため□ではなく、心から君に親切にしているのだ。

2　この事業からは、ゆき□上《じょう》、手を引くわけにはいかない。

3　事件のあらましについては、現場への道□話そう。

4　となりの家とは、長年にわたり家族□のつき合いがある。

5　友達と遊ぶ約束をしていたのに、待ち□をくわされた。

四　次の各文の□に入る言葉として、最も適当なものをそれぞれ後のア〜オから選び、記号で答えなさい。ただし、同じものはくり返して使えません。

1　あんなに会いたがっていたのだから、□来ないことはあるまい。

2　彼女《かのじょ》は□とりすました感じの良家のおじょうさんだった。

3　彼《かれ》の参加を認めるか認めないかは、運営側にとっても□できない問題だ。

4　ここまですすめてきたからには□あともどりはできませんよ。

5　社員たちの言い分を聞いていた社長は、□口を開いた。

ア　いささか　イ　おもむろに　ウ　なおざりに

エ　もはや　オ　よもや

五　和語と漢語では、和語「みぎひだり」・漢語「左右《サユウ》」、和語「あとさき」・漢語「前後《ゼンゴ》」のように順序が逆になるものがあります。そのようなものを次の1〜4の語群からそれぞれ一つずつ選び、対応する漢語とともに答えなさい。

1　いきしに　うりかい　やまかわ　よるひる

2　あけしめ　かちまけ　のりおり　みちひき

3　あにおとうと　あねいもうと　ちちはは　めおと

4　うえした　たてよこ　にしひがし　ゆきき

六　次の〔例〕とⅠ〜Ⅲの漢字しりとりは、1〜4の〔条件〕を満たしています。これについて、後の問いに答えなさい。

〔例〕漢[A]—[A]作—作[B]—[B]景—景[C]—[C]議

Ⅰ　法[A]—[A]注—注[B]—[B]角—角[C]—[C]胸

Ⅱ　街[A]—[A]明—明白—白[B]—[B]力—力[C]—[C]破

Ⅲ　母[A]—[A]得—得[B]—[B]情—情実—実[C]—[C]師

〔条件1〕　それぞれのA・B・Cの漢字を適切な順序で並べると、三字熟語になります。

〔条件2〕　どの漢字も、すべて音読みです。

〔条件3〕　どの漢字も、読み方は毎回同じとは限りません。

〔条件4〕　三字熟語は、次のア〜オのいずれかの意味です。

ア　季節の感じをよく表している事物。

イ　影絵《かげえ》が映し出される器具で、「思い出が次々と心の中に現れる」時のたとえとして用いられる言葉。

ウ　自分の考えの中に入れないでおくこと。

エ　だしぬけに行動に出るさま。

オ　武道やスポーツで重んじられる三つの要素をならべたもの。

問一　Ⅰ〜Ⅲの[A]〜[C]に入る漢字をそれぞれ答えなさい。

※〔例〕では、A「詩」・B「風」・C「物」。

問二　Ⅰ〜Ⅲの[A]〜[C]に入る漢字を並べかえて、三字熟語をそれぞれ答えなさい。

※〔例〕では、「風物詩」。

問三　問二で答えた三字熟語の意味として、最も適当なものをそれぞれ〔条件4〕のイ〜オから選び、記号で答えなさい。

※〔例〕で答えた「風物詩」の意味は「ア」。

令和６年度　　灘中学校　入学試験問題

算数　（第１日　３枚のうちの１枚目）（60分）

次の問題の □ にあてはまる数を３枚目の解答欄《らん》に書き入れなさい。

［注意］

- 問題にかいてある図は必ずしも正しくはありません。
- 円周率には 3.14 を用いなさい。
- 角すいの体積は，(底面積) × (高さ) × $\frac{1}{3}$ で求められます。

1

$$1 \div \left\{ \frac{1}{9} - 1 \div (35 \times 35 + 32 \times 32) \right\} = 9 + \frac{81}{\square}$$

2

太郎君は１本の値段が □ 円のペンを５本買う予定でしたが，所持金が 120 円足りませんでした。代わりに，１本の値段が予定していたものより 100 円安いペンを７本と 60 円の消しゴムを１個買ったところ，ちょうど所持金を使い切りました。

3

ある学校の生徒に，A，B，C の３つの町に行ったことがあるかどうかの調査をしたところ，A，B，C に行ったことがある生徒の割合はそれぞれ全体の $\frac{2}{7}$，$\frac{5}{14}$，$\frac{1}{9}$ でした。A と B の両方に行ったことがある生徒の割合は全体の $\frac{1}{4}$ でした。また，C に行ったことがある生徒は全員，A にも B にも行ったことがありませんでした。A，B，C のどの町にも行ったことがない生徒は 999 人以下でした。

A，B，C のどの町にも行ったことがない生徒の人数として考えられるもののうち最も多いものは □ 人です。

4

A 町と B 町を結ぶ道があります。この道を何台ものバスが A 町から B 町に向かう方向に一定の速さで，一定の間隔《かんかく》で走っています。

太郎君が同じ道を，A 町から B 町に向かう方向に一定の速さで自転車で走ると，バスに 20 分ごとに追い越《こ》されました。太郎君がそのままの速さで走る方向のみを反対に変えると，バスに 10 分ごとに出合いました。その後，太郎君が速さを時速 6km 上げたところ，バスに９分ごとに出合いました。

バスとその次のバスの間隔は □ km です。

ただし，バスと自転車の長さは考えないものとします。

5

４枚のカード [0]，[2]，[2]，[4] があるとき，この４枚のカードを並べてできる４桁《けた》の数のうち 11 で割り切れるものは全部で ① 個あります。ただし，0224 は４桁の数ではありません。

また，５枚のカード [0]，[2]，[2]，[4]，[6] があるとき，このうちの４枚のカードを並べてできる４桁の数のうち 11 で割り切れるものは全部で ② 個あります。ただし，[6] のカードを上下逆にして [9] として用いることはできません。

6

1，2，3，4，5，6，7，8 から異なる４つを選び，大きい方から順に A，B，C，D としました。また，選ばなかった残りの４つを並び替《か》え，E，F，G，H としました。すると，４桁の数 ABCD から４桁の数 DCBA を引いた差は４桁の数 EFGH でした。４桁の数 ABCD は □ です。

7

図のような，電池１個，電球１個，スイッチ７個を含《ふく》む電気回路があります。スイッチのオン・オフの仕方は全部で 128 通りあり，そのうち電球が点灯するようなスイッチのオン・オフの仕方は全部で □ 通りあります。

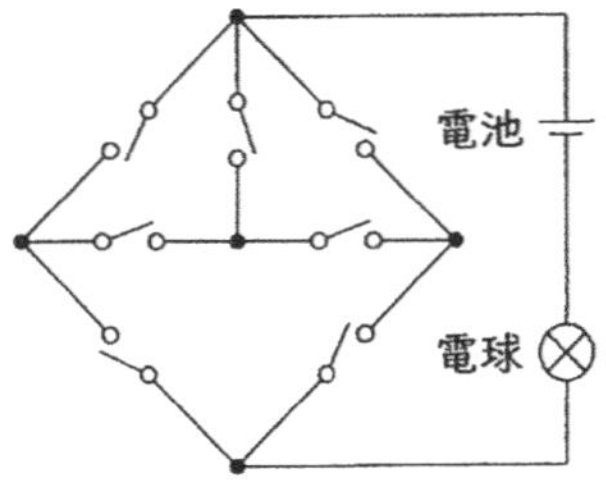

令和６年度　**灘中学校　入学試験問題**

算数　（第１日　３枚のうちの２枚目）

8

図のように，三角形 ABC，DEF があり，点 A，D はそれぞれ辺 EF，BC 上にあります。また，辺 AB，DE は点 G で交わり，辺 AC，DF は点 H で交わります。

辺 AB，DE の長さは等しく，辺 AC，DF の長さは等しく，辺 AE，AF の長さは等しく，辺 CD の長さは辺 BD の長さの３倍です。また，辺 BC，EF は平行です。四角形 AGDH の面積は三角形 AHF の面積の［　　　］倍です。

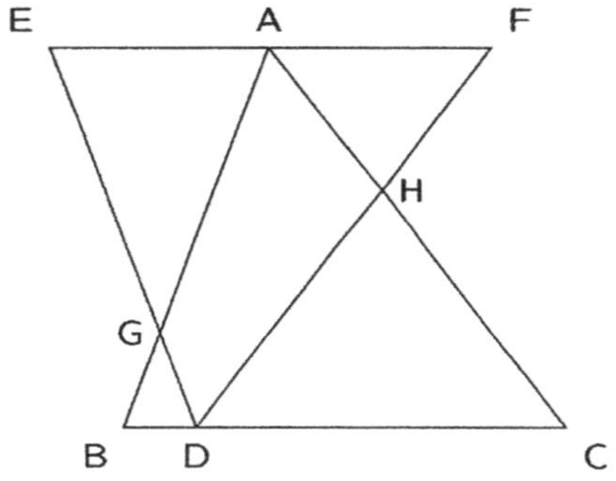

9

１辺の長さが 8cm である２つの正方形 ABCD，PQRS があります。

図１には，点 B を中心とし点 D を通る半円と，点 C を中心とし点 A を通る半円がかかれています。

図２のように正方形 PQRS が ① の位置から ② の位置まで直線アの上をすべることなく転がるときに辺 PQ が通過する部分の面積と，図１の斜線《しゃせん》部分の面積の和は［　　　］cm^2 です。

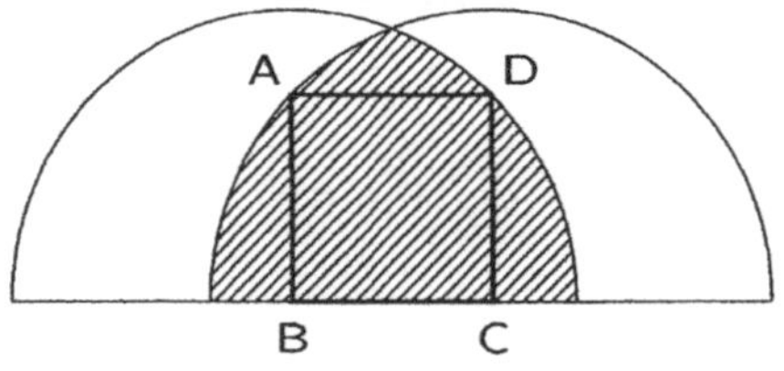

図１

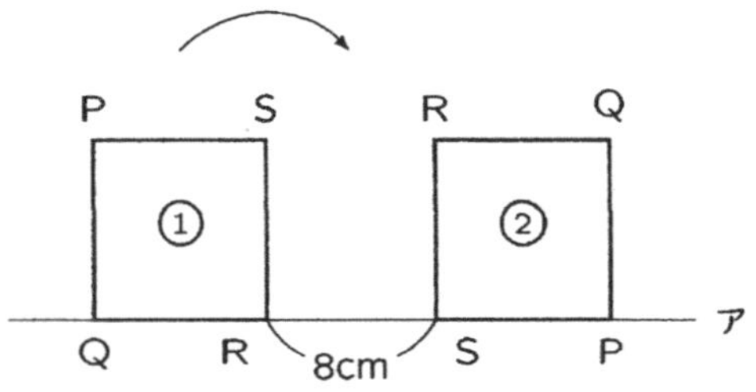

図２

10

図の五角形 ABCDE は正五角形で，四角形 CDFG，ADHI はどちらも正方形です。このとき，角㋐の大きさは［　　　］度です。

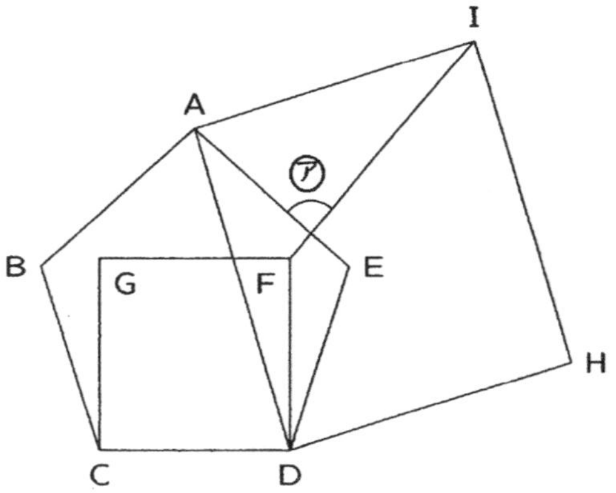

11

図の直方体 ABCD-EFGH について，辺 AD，AE，EF の長さはそれぞれ 1cm，2cm，1cm です。また，点 I は辺 CD の真ん中の点です。３点 A，F，I を通る平面でこの直方体を切り分けたとき，点 C を含む方の立体の体積は，他方の立体の体積の［　　　］倍です。

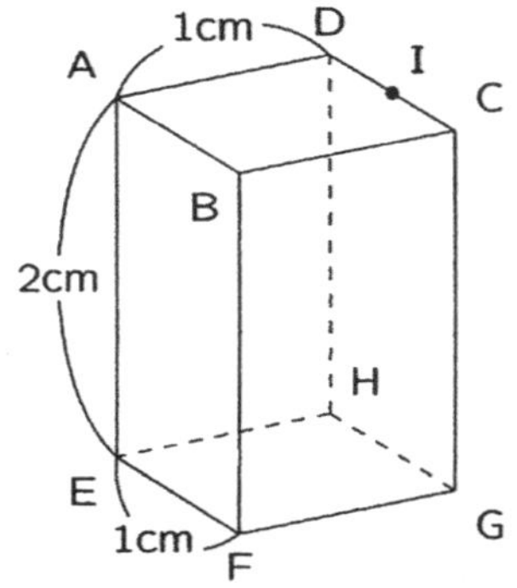

12

ある立体の展開図は図のようになっています。この立体の体積は［　　　］cm^3 です。ただし，同じ記号がかかれた辺の長さは等しいとします。

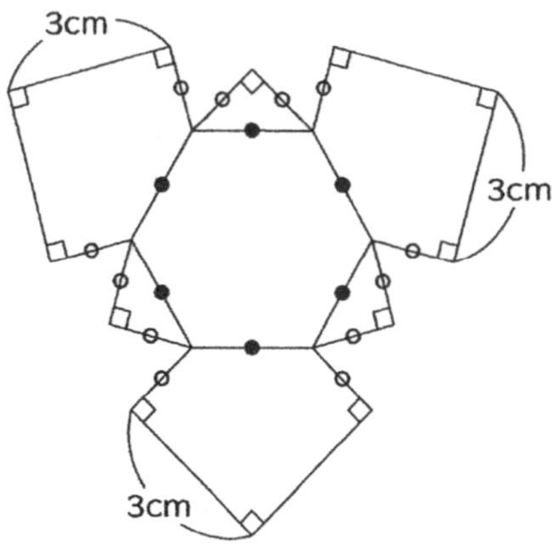

※ 解答は5枚目の解答らんに記入すること。この用紙の裏面は計算に使ってよろしい。

1　地震《しん》について以下の問いに答えなさい。

問1　地震は，地盤《ばん》に大きな力がはたらき，岩石が破壊《はかい》されて断層ができることで起こります。断層について述べた次の文aとbが，正しいか誤っているかの組合せとして適切なものを，右の表の**ア**～**エ**から選び記号で答えなさい。

a　地震を起こした断層は，地表に現れることがある。
b　地震を起こした断層が，水平方向にずれることはない。

	a	b
ア	正しい	正しい
イ	正しい	誤り
ウ	誤り	正しい
エ	誤り	誤り

問2　地震において岩石の破壊が始まった点を震源といいます。地震が起こると，震源では性質の異なる二種類の揺《ゆ》れが同時に発生し，あらゆる方向に一定の速さで地中を伝わっていきます。これらはＰ波，Ｓ波とよばれ，それぞれ決まった速さをもっています。下の表はある地震の記録の一部で，３か所の観測地点Ａ，Ｂ，Ｃについて，震源からの距離《きょり》，Ｐ波が到《とう》達した時刻，Ｓ波が到達した時刻を示しています。

観測地点	A	B	C
震源からの距離	（　①　）km	45km	（　②　）km
Ｐ波の到達時刻	3時8分5秒	3時8分8秒	3時8分14秒
Ｓ波の到達時刻	3時8分9秒	3時8分14秒	3時8分（　③　）秒

(1)　Ｐ波とＳ波が同時に発生したことをふまえて，震源で揺れが発生した時刻を答えなさい。
(2)　上の表の（　①　）～（　③　）にあてはまる数をそれぞれ答えなさい。
(3)　大きな揺れをもたらすＳ波が到達する前に，予想される地震の揺れの大きさを伝えるしくみが緊急《きんきゅう》地震速報です。震源に近い観測地点が，比較《かく》的小さな揺れであるＰ波を観測した後，数秒以内に緊急地震速報が発表されます。この地震では，震源から15kmの距離にある観測地点ＤでＰ波が観測された8秒後に緊急地震速報が発表されました。観測地点Ａ，Ｂ，Ｃのうち，緊急地震速報の発表後にＳ波が到達した地点として適切なものを次の**ア**～**エ**から選び記号で答えなさい。

ア　A・B・C　　**イ**　B・C　　**ウ**　C　　**エ**　なし（どの地点も緊急地震速報の発表前にＳ波が到達した）

2　５つのビーカーA～Eにそれぞれ，**あ** 塩酸，**い** 炭酸水，**う** 石灰水，**え** 食塩水，**お** アンモニア水 のいずれかが入っています。

実験１　A～Eの水溶《よう》液に赤色リトマス紙をつけたところ，AとCでは青色に変化した。
実験２　A～Eの水溶液に青色リトマス紙をつけたところ，DとEでは赤色に変化した。

問1　**実験１**と**実験２**の結果から，Bの水溶液はどの水溶液とわかるか，**あ**～**お**から選び記号で答えなさい。
問2　A，Cの水溶液を区別するための実験を考えました。
(1) 実験の方法と結果として正しいものを次の**ア**～**エ**から１つ選び記号で答えなさい。
ア　見た目を観察したところ，Aは泡《あわ》が出ていたが，Cは泡が出ていなかった。
イ　においをかぐと，Aからはつんとしたにおいがしたが，Cは何もにおいがしなかった。
ウ　加熱して水分を蒸発させると，Aは黄色の固体が残り，Cは何も残らなかった。
エ　鉄くぎを加えたところ，Aからは勢いよく泡が出たが，Cは何も変化がなかった。
(2) (1)で選んだことから，A，Cの水溶液はそれぞれどの水溶液とわかるか，**あ**～**お**から選び記号で答えなさい。
問3　D，Eの水溶液を区別するための実験の方法として次の**ア**～**ウ**があります。**ア**～**ウ**から好きな方法を１つ選び，D，Eの水溶液をどのように区別するか，例にならって簡潔に答えなさい。
ア　見た目を観察する。
イ　においをかぐ。
ウ　鉄くぎを加える。
（例　無色の方が水，色がついている方が黒砂糖の水溶液。）

２つのビーカーF，Gにそれぞれ，**あ** 塩酸，**い** 炭酸水，**う** 石灰水，**え** 食塩水 のうちいずれかが入っています。

実験３　F，Gの水溶液をいろいろな割合で混ぜたところ，いずれも透《とう》明で，泡が出ていた。
実験４　F，Gを混ぜて作った水溶液はいずれも，加熱して水分を蒸発させると，固体が残った。

問4　**実験３**の結果から，ビーカーF，Gのどちらにも入っていないとわかる水溶液を，**あ**～**え**からすべて選び記号で答えなさい。
問5　**実験３**と**実験４**の結果から，F，Gの水溶液はどの２つの水溶液とわかるか，**あ**～**え**から２つ選び記号で答えなさい。

1枚目おわり

※ 解答は5枚目の解答らんに記入すること。この用紙の裏面は計算に使ってよろしい。

3　一辺が 10cm の立方体の消しゴムがあります。図1のように，消しゴムの各辺に沿って，上下方向，左右方向，前後方向とよぶことにします。また消しゴムは変形しても直方体とみなせるものとします。

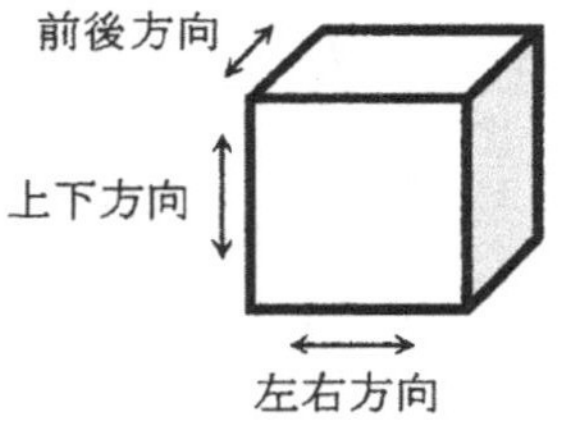

図1

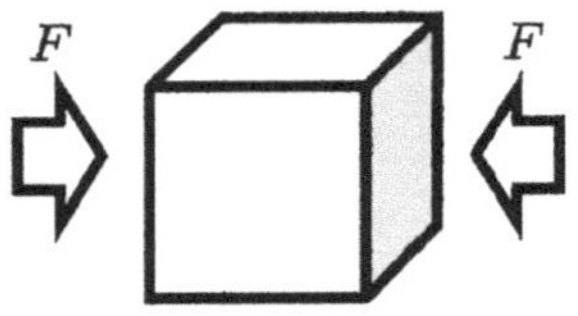

図2

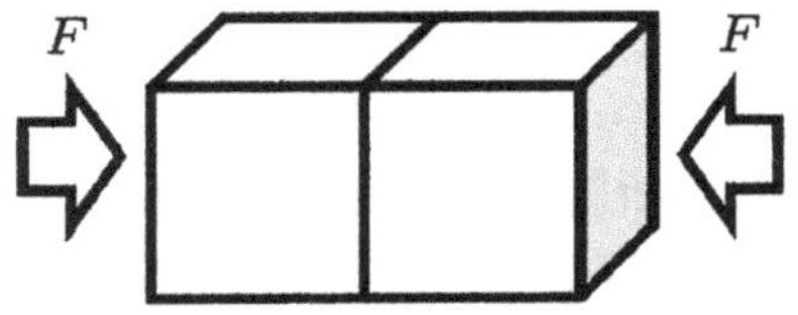

図3

問1　図2のように左右方向に対して垂直な面を，ある大きさ F の力で両側から押《お》すと，消しゴムは左右方向に縮み，左右方向の長さは 9.99cm になりました。力の大きさを変え，両側から押すと，消しゴムは左右方向にもとの 10cm から 0.002cm 縮みました。このとき両側から押した力の大きさは F の何倍ですか。押した力と消しゴムの縮み（縮んだ距離《きょり》）の間には比例関係が成り立つものとします。

問2　今度は先ほどと同じ消しゴムを2個用意し，図3のように左右方向にくっつけて，問1の大きさ F の力で両側から押しました。このとき左右方向の消しゴムの全長（長さの和）は何 cm ですか。

消しゴムが両側から押されたとき，その方向の長さの変化がわかれば消しゴムの体積変化を簡単に計算できそうに思えます。しかし左右方向に両側から押された場合，消しゴムは直方体の形に変形し，上下方向および前後方向の消しゴムの長さも変化するので，計算はそれほど簡単ではありません。

問3　図2のように消しゴムが左右方向に両側から押されたとき，消しゴムの (1) 上下方向 および (2) 前後方向 の長さはそれぞれどうなりますか。伸《の》びる場合はA，縮む場合はBとそれぞれ答えなさい。

図2のように1個の消しゴムが左右方向に両側から押されたとき（上下方向の伸びまたは縮み）÷（左右方向の縮み）の値を a とします。このとき，（前後方向の伸びまたは縮み）÷（左右方向の縮み）の値も a となります。a の値は，消しゴムの素材によって異なります。

問4　問1の消しゴム1個では $a=0.48$ でした。このとき問1の大きさ F の力でその消しゴム1個を両側から押すと，消しゴムの体積は何 cm^3 減りますか。小数第2位まで答えなさい。ただし，x と y がともに1に比べてとても小さな数のとき $(1-x)\times(1+y)\times(1+y)$ を $1-x+2\times y$ のように計算してかまいません。これを近似計算と呼びます。近似計算では例えば，
$(1-0.0003)\times(1+0.001)\times(1+0.001)=1.0017003997$　を　$1-0.0003+2\times0.001=1.0017$
としてよいことになります。

問5　どんな立方体の消しゴムも，両側から押されたとき，体積は必ず減少することが知られています。このことから，a の値はある値以上になりえないことがわかります。ある値を答えなさい。必要であれば問4の近似計算を使ってかまいません。

4　試験管に入れた水を冷やして，水の温度変化と水のようすを調べました。その結果，冷やした時間と水の温度の関係は図1のようになりました。

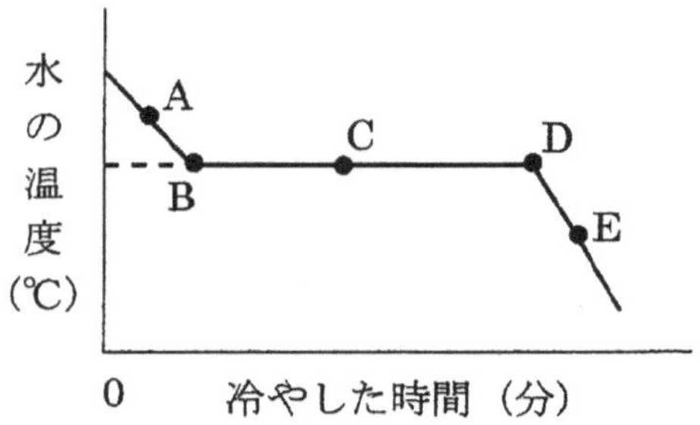

図1

問1　水がこおりはじめる（試験管内に固体が生じはじめる）のは，図1の点A～Eのいずれの点か，記号で答えなさい。

問2　点Cでの試験管内の水のすがたを答えなさい。

次に，試験管に食塩水を入れ，水と同じように冷やしたときの温度変化とそのようすを調べました。食塩水について，水 20g に溶《と》かす食塩の量を変えて，4種類の異なる水溶《よう》液を用意し，それぞれについてこおりはじめる温度を調べると，表のような結果になりました。

水20gに溶かした食塩の重さ（g）	0.5	1.0	1.5	2.0
水溶液がこおりはじめる温度（℃）	−1.6	−3.2	−4.8	−6.4

また，食塩 0.5g を溶かした水溶液について，こおりはじめてから図1の点 C にあたるところまで実験を続けると，水溶液の温度は図2のように変化しました。

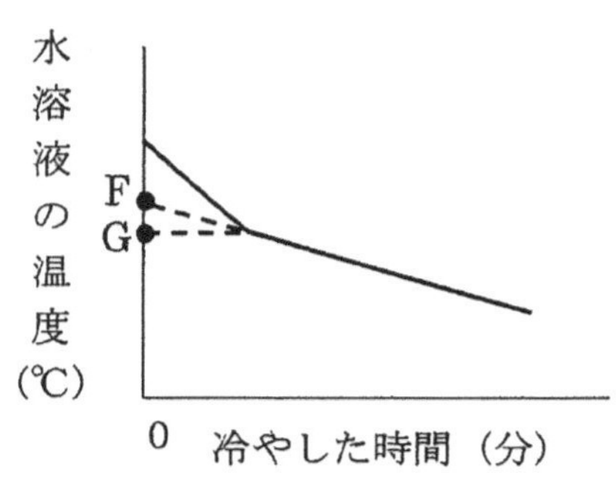

図2

問3　水 100g に食塩 6g を溶かした水溶液を冷やしたとき，何℃でこおりはじめますか。

問4　図2で，こおりはじめる温度の−1.6℃は点F，Gのいずれの点の値か，記号で答えなさい。

問5　図2から，水溶液がこおりはじめてから試験管内で何が起こっていると考えられますか。次のア～ウから選び記号で答えなさい。
　ア　水と食塩が混ざった，食塩水がこおっている。
　イ　水だけがこおっている。
　ウ　食塩だけが固体となって出てきている。

問6　水 20g に食塩 0.5g を溶かした水溶液を−5℃まで冷やしたとき，試験管内に固体は何 g 生じていますか。

5　以下の文の（　　）に最もよくあてはまる語句または数をそれぞれ答えなさい。また，｛　　｝にあてはまるものをそれぞれ**ア**，**イ**から選び，［　⑥　］にあてはまるものを下線部の**あ**～**え**からすべて選び記号で答えなさい。さらに，［　A　］と［　B　］にあてはまる語句をそれぞれ答えなさい。

生物の中で現在最も種類が多いのは昆《こん》虫です。しかし，3億年前の地球にはメガネウラという体長70cmほどのトンボの仲間が存在していたものの，現在の地球ではそのような大きな昆虫を見ることはできません。また，昔も今も昆虫は海にほとんど存在しません。これらの理由を考えてみましょう。

仮に昆虫が進化して，からだが巨《きょ》大になったとします。まず，昆虫がその大きなからだを支えられるかどうかについて考えます。

昆虫はからだの外側が比較《かく》的かたくなっていて体重を支えています。この構造を外骨格といいます。たとえば昆虫のからだが相似形で2倍に（同じ形のまま各部の長さがすべて2倍に）なったとします。からだの密度（$1cm^3$あたりの重さ）が変わらないと仮定すると，「体重を，脚《あし》の断面積で割った値」はもとの（　①　）倍になります。したがって昆虫が大きくなった場合，そのからだを支えるためには，脚をさらに太くする，あるいは昆虫のなかまとは呼べなくなってしまいますが，脚の［　A　］ことが必要になります。

ところで，昆虫の外骨格の主成分は，酸素を利用して固まるクチクラという物質です。ただし，クチクラは非常に硬《かた》いわけではありません。一方，カニも外骨格を持つ生物であり，深海で生息する大きなカニが知られています。このカニが大きなからだを支えられるのは，カニの外骨格が海水中に含《ふく》まれるカルシウムを取り込《こ》んで非常に硬くなっていることや，水中では［　B　］ことが理由として考えられます。

ちなみに，ゾウは非常に巨大な陸上の生物ですが，今よりもさらにからだを大きくするには，ゾウの脚を構成する（　②　）と骨を太くする必要があります。かつて存在した恐竜《きょうりゅう》は，ゾウよりもきわめて大きいものも存在しましたが，恐竜はからだの（　③　）がゾウに比べてかなり小さかったため，その体重を支えることができました。

以上のように，外骨格をもつ生物であっても内骨格（からだの内部にあって体重を支える骨）をもつ生物であっても，進化して巨大になることは簡単ではないことがわかります。

次に，からだを支えること以外で，昆虫が巨大化できない理由を考えます。

昆虫は外骨格につながった気管を体内にもっており，この気管を使って呼吸しています。昆虫は一生のうちで何回か（　④　）を行うことでからだを大きくしますが，外骨格だけでなく気管も一回り大きくなります。このとき気管は｛⑤ **ア** 単純　**イ** 複雑｝な構造のほうがうまく（　④　）を行うことができます。

また，ゾウの血液の役割には，**あ** 酸素の運搬《ぱん》，**い** 老廃《ろうはい》物の運搬，**う** 二酸化炭素の運搬，**え** 養分の運搬 などがありますが，昆虫の体液の役割としてあてはまるものは，下線部の**あ**～**え**のうち［　⑥　］です。昆虫は背中側に心臓と血管をもち，腹の体液を頭まで移動させますが，頭で血管は途《と》切《ぎ》れてなくなり，体液は頭・胸・腹へと拡散します。このことから，昆虫とゾウでは｛⑦ **ア** 昆虫　**イ** ゾウ｝の方がより計画的に血液または体液を全身に送ることができると言えます。

呼吸についても，昆虫（特に幼虫）とゾウを比較すると，｛⑧ **ア** 昆虫　**イ** ゾウ｝のほうがより効率よく呼吸することができます。

つまり，血液・体液の循環《じゅんかん》という点でも，呼吸という点でも，昆虫が巨大化するのは難しいと結論できそうです。

なお，現在の地球で比較的大きな昆虫が見られる地域は熱帯雨林などです。大昔にメガネウラのような巨大な昆虫が生息していたのも，当時の地球は空気中の（　⑨　）の割合が大きかったためであると考えられます。

最後に，昆虫が海で生息できるかどうかについて考えてみます。

陸上に生息する生物が進化して再び海に生息するようになった例として，ほ乳類ではクジラ，は虫類ではウミヘビ，植物ではアマモなどが知られています。空を飛ばない鳥のなかまで，海に生息または海で活動するものの例には（　⑩　）があります。

しかし，海に生息する昆虫はほとんど見つかっていません。それは，海水中という環境《かんきょう》では，ヒトと同様にからだの中の体液の（　⑪　）の濃さを調節できないことや，酸素が少ないので（　⑫　）をつくりにくいことが理由だと考えられています。

3枚目おわり

※ 解答は5枚目の解答らんに記入すること。この用紙の裏面は計算に使ってよろしい。

6 長さ100cmの糸に小さなおもりをつけた振《ふ》り子を用意します。糸の端《はし》は壁《かべ》の点Oに固定されていて，振り子は壁の表面にそって振らせることができます。空気抵抗《ていこう》および壁との摩擦《まさつ》は無視します。振り子の最下点Pの高さを高さの基準(高さ0cm)とします。

糸を張った状態で，左側の高さ20cmの位置で静かにおもりを放《はな》すと，よく知られているように，おもりは糸が張った状態のまま点Pを通過して進み，右側の高さ20cmの位置で一瞬《いっしゅん》静止し，その後，放した位置まで引き返します。

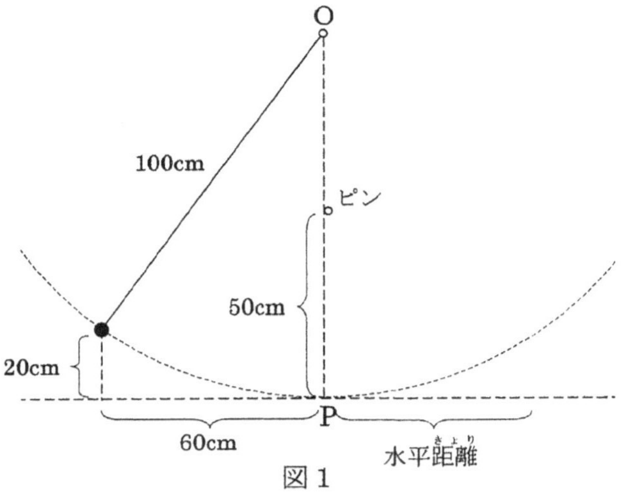

図1

問1　おもりを放す位置は変えずに，直線OP上で高さ50cmの位置にピンを打ち(図1)，そこで糸が折れ曲がるようにした場合，おもりは右側のどの位置まで進むでしょうか。直線OPからその位置までの水平距離を答えなさい。

問2　問1の場合も，おもりは一瞬静止した後，放した位置まで引き返します。おもりが往復するのに要する時間は，ピンを打たない場合に比べてどうなりますか。次のア～ウから選び記号で答えなさい。

ア　変わらない。　**イ**　長くなる。　**ウ**　短くなる。

問3　放す高さを20cmのままにして，ピンを打つ高さを50cmよりも少し小さくした場合，おもりが進む位置までの水平距離は，問1の答えに比べてどうなるでしょうか。次の**ア**～**ウ**から選び記号で答えなさい。

ア　変わらない。　**イ**　大きくなる。　**ウ**　小さくなる。

問4　放す高さを20cmのままにして，ピンを打つ高さをさらに少しずつ小さくしながら実験を続けてみたところ，ピンの高さをある値よりも小さくすると，糸がたるむ(糸が張ったままではいられない)ことがわかりました。ある値は何cmですか。

問5　おもりを放す高さをHcm，ピンを打つ高さを$x$cmとします。ただし，Hとxは100以下とします。いろいろなHの値に対して，xの値をHよりも大きな値から始めて少しずつ小さくしながら実験を続けてみたところ，おもりが点Pを通過した後のおもりの動きはA，B，Cの3種類の動きのどれかひとつになることがわかりました。AとBは次のような動きです。

A　図2のように，糸がたるむことなく進んでいき，一瞬静止して引き返す。
B　図3のように，あるところで糸がたるみ，静止することなく不規則な動きが続く。

Cはどのような動きでしょうか。Cの動きを図で示しなさい(図4を完成させなさい)。ただし，おもりが点Pを通過してから点Oの真下のある点に達する瞬間《しゅんかん》までのおもりの道筋(┈┈)と，その瞬間におけるおもりの位置(●)と，糸(──)をかくこと。

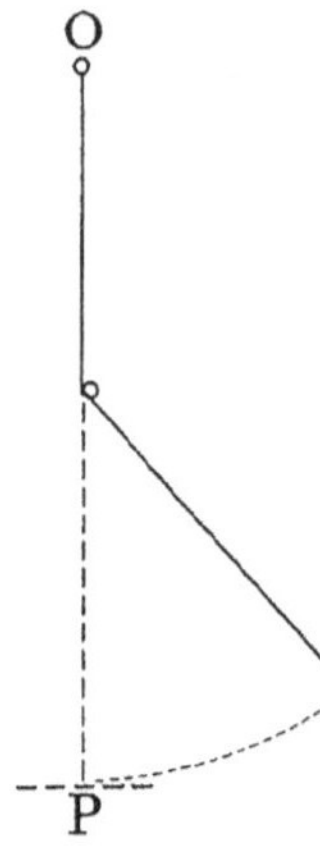

図2

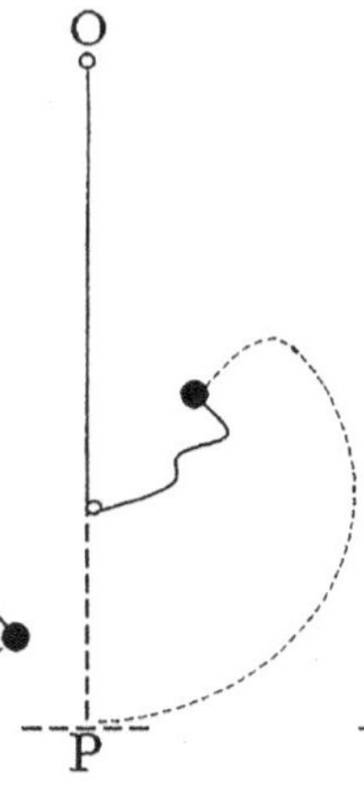

図3

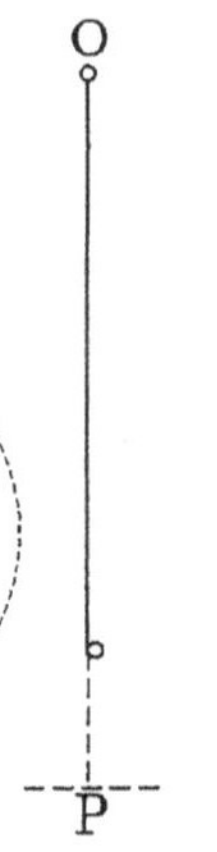

図4

4枚目おわり

受験番号

令和六年度

灘中学校入学試験問題　国語

一日目

三枚のうちの三枚目

※80点満点
（配点非公表）

◎解答に字数制限のある場合、句読点などの記号も字数に数えます。

一

- 問一
- 問二
- 問三　1（Ｉ・ト）　2（Ｉ・ト）　3（Ｉ・ト）　4（Ｉ・ト）　5（Ｉ・ト）
- 問四　1（Ⅰ・Ⅱ）　2（Ⅰ・Ⅱ）　3（Ⅰ・Ⅱ）　4（Ⅰ・Ⅱ）　5（Ⅰ・Ⅱ）　6（Ⅰ・Ⅱ）
- 問五　A　B　1　2　3　4　5

二

1　2　3　4　5　6

三

1　2　3　4　5

四

1　2　3　4　5

五

- 1　和語　漢語
- 2　和語　漢語
- 3　和語　漢語
- 4　和語　漢語

六

- 問一　Ⅰ（A・B・C）　Ⅱ（A・B・C）　Ⅲ（A・B・C）
- 問二　Ⅰ　Ⅱ　Ⅲ
- 問三　Ⅰ　Ⅱ　Ⅲ

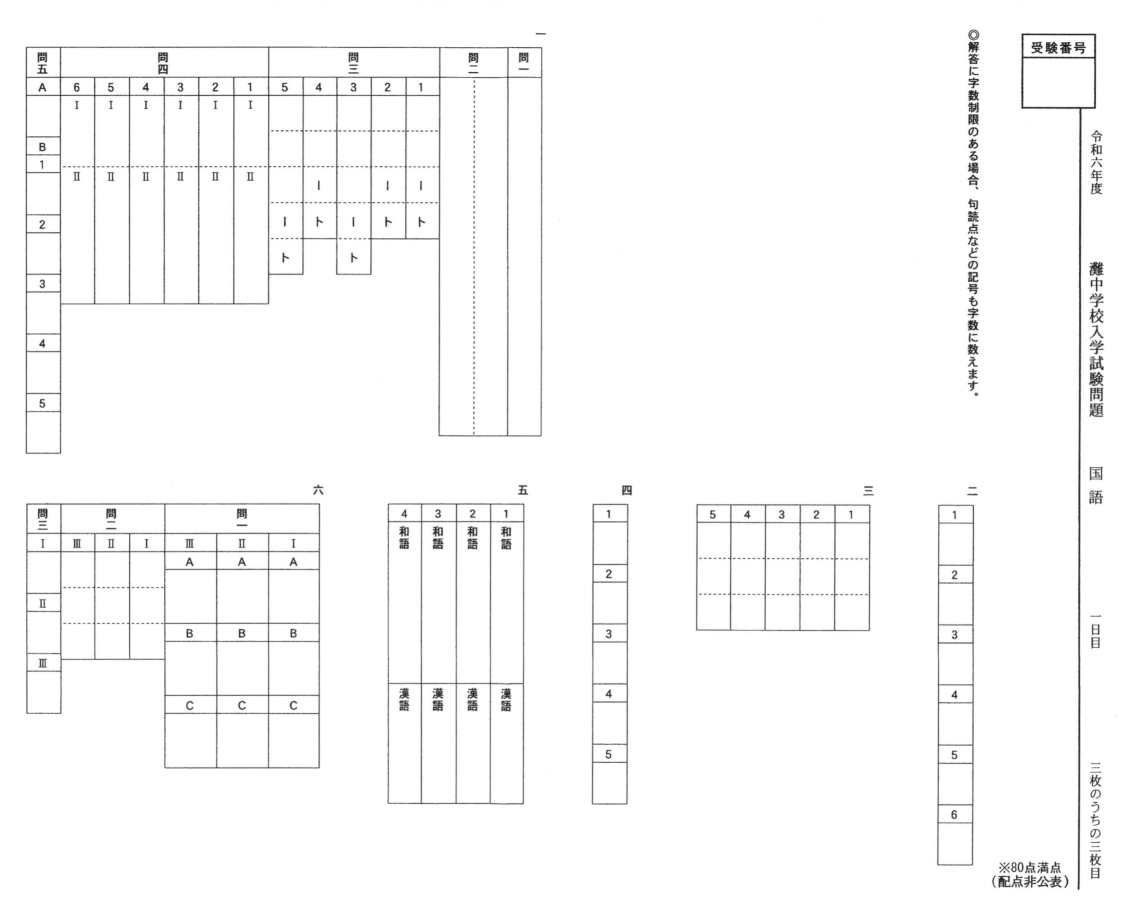

受験番号

令和６年度　　灘中学校　入学試験問題　※100点満点（配点非公表）

算数　（第１日　３枚のうちの３枚目）

（計算用紙）

解　答　欄

（単位は記入しなくてよろしい）

1	2	3

4	5		6
	①	②	

7	8	9

10	11	12

受験番号

※左に受験番号を必ず記入すること。

解答らん

1

問1		問2	(1)	時　分　秒	(2)	①	②	③	(3)	

2

問1		問2	(1)		(2)	A	C
問3	方法	区別のしかた					
問4		問5	,				

3

問1	倍	問2	cm	問3	(1)	(2)	問4	cm^3	問5	

4

問1		問2					
問3	℃	問4		問5		問6	g

5

①		②		③		④			
⑤		⑥		⑦		⑧		⑨	
⑩		⑪		⑫					
A		B							

6

問1	cm	問5	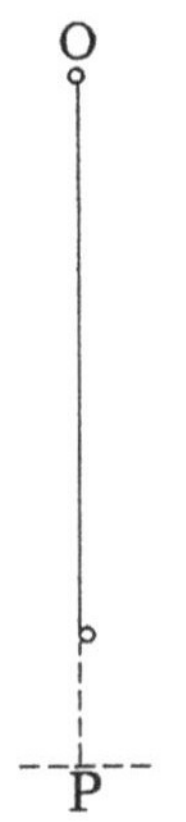
問2			
問3			
問4	cm		

一　**次の文章を読んで、後の問いに答えなさい。**

Aちゃんはなかなか[A]リハツな人で、ちょっとした受験が必要な小学校にそれほど受験勉強もせずに進学しました。本人の希望で空色のランドセルをお母さんから買ってもらい、意気揚々《いきようよう》と彼女《かのじょ》の小学校生活は始まりました。しかし、早速《さっそく》そこでちょっとした事件がもちあがります。もう一人、空色のランドセルを選んだ子がたまたまいて、ランドセルの色がバッティングしてしまいます。そして、そのもう一人の空色のランドセルの子、クラスでお友だちも多く、ちょっとボス的なBちゃんに目をつけられてしまうのです。

そもそもAちゃんが夢中なのは、怪獣《かいじゅう》や昆虫《こんちゅう》で、彼女の愛読書は、『おもしろい！　進化のふしぎ　ざんねんないきもの事典』です（そのシリーズの第2弾《だん》か第3弾だったような気がします）。ですから、ランドセルの色がバッティングしたことなどは当然ながら[1]彼女は気にも留めていません（あるいはそもそも気づいていなかったかもしれません）。

しかしもう一人の空色のランドセルの子は「空色ランドセルがかぶった事件」をきっかけにAちゃんを強烈《きょうれつ》に意識してしまったようで、Bちゃんのちゃんへの猛《もう》アタックが始まりました。早熟で社会性の高いBちゃんは、お友だちというよりは取り巻きと言ったほうがよいような同級生も何人かいて、そうした女の子も巻《ま》き込《こ》んでAちゃんの気を惹《ひ》くための小さな策略が張《は》り巡《めぐ》らされます。

Aちゃんにいっしょに帰ろうと誘《さそ》っては、いざ帰宅の段になると今日は別の子と帰るからいっしょに帰らないと言ってみたり、大阪弁で言うなら自分になびかないなら「はみご」（仲間はずれにすること）にするぞとほのめかします。そうかと思うと急に何かをくれたりと、ともかく巧《たく》みに駆《か》け引《ひ》きをして、Aちゃんの自分への関心を少しでも大きくして、濃密《のうみつ》な関係を持とうとするのです。しかし、そもそも怪獣と昆虫に夢中なAちゃんに対して[2]そうした手練手管はうまく通用せず、ことごとく彼女の戦略は外れてしまいます。

ついに堪忍袋《かんにんぶくろ》の緒《お》が切れたBちゃんは、もっと露骨《ろこつ》な実力[B]コウシに出ます。何かの順番で並んでいたAちゃんが躓《つまず》いて[C]タイレツから少しはみ出して、元の位置に戻《もど》ろうとしたときに、「ちゃんと順番を守りなさいよ。」と他の自分の取り巻きの女の子たちとはやし立ててもう一度一番後ろから並ばせようとし、いやだと言って抵抗《ていこう》するAちゃんを無理やり後ろに行かせてとうとう泣かせてしまいます。また、別の機会にはAちゃんの髪《かみ》の毛《け》がきちんと結ばれていないのを見て、「その団子みたいな髪をどうにかしたらどう？　そんな髪で学校に来るのはみっともない。」と揶揄《やゆ》したりと、そういったことがくりかえされたようです。

しかし、時々は泣かされることはあっても、なかなかに気の強いAちゃんはたいていは負けずに言い返し、しかももっと別のことに夢中のAちゃんは、すぐにそんな事件のことは忘れてしまって、結局は、Bちゃんのいじわるは期待したほどのダメージをAちゃんに与《あた》えることができませんでした。

同じ方面に帰るのがBちゃんのグループだけだったので、とうとうAちゃんは一人で下校することになってしまいますが、通学電車で、たまたま怪獣好きの二年生の男の子と知り合いになり、怪獣の話で盛り上がって、いつもその生徒と下校するようになります。そうしたなかで、学校での出来事か、下校中のことかはわかりませんが、Bちゃん[D]イッパに囲まれてなにかまたまた難癖《なんくせ》をつけられていた時に、この男の子が「馬《ば》鹿《か》というやつが馬鹿だ。」とか言って大声でかばってくれるということもあったようです。

そうこうしているうちにBちゃんもちょっかいを出すのを諦《あきら》めて、一年生が終わった時には[3]先生たちの配慮《はいりょ》でクラス替《が》えになってBちゃんとは別の（怪獣や虫好きの子どもが多い）クラスになり、Bちゃん事件はいつの間にか立ち消えになったようでした。

Bちゃんもなかなかのつわものですが、Aちゃんもなかなかのつわものです。Bちゃんのちょっかいについておおよそは歯牙《しが》にもかけず、結局はBちゃんのことをそれほど特別に意識もせぬままにスルーしてしまったのですが、そんな彼女が[4]大泣きしてうちに帰ってきたことがありました。

虫好きのAちゃんは学校の花壇《かだん》で青虫をみつけ、うちで飼おうと思って持って帰ってきました。お母さんが「青虫さんは学校の花壇でみんなと過ごしていたほうが幸せだから帰してあげなくちゃあだめ。」と諭《さと》すと、ちょっと涙《なみだ》ぐみながら納得《なっとく》し、あくる日にマッチ箱に入れて花壇に帰しに行くことになりました。

Aちゃんは、この青虫さんとのお別れが名残《なご》り惜《お》しくて、最後に一目お別れをしようと、マッチ箱を登校途中《とちゅう》の電車のなかで開けてしまいます。すると、青虫がマッチ箱から零《こぼ》れ落《お》ちてしまい、混み合っている電車のなかでどこにいったかわからなくなってしまいました。お母さんの顔を見た途端《とたん》、それまで形になっていなかった気持ちがあふれだしてしまったのか、「つぶされてしまったわ！」（この「わ」は、女の子の言葉使いの「わ」ではなくて、関西弁などで使うような詠嘆《えいたん》と少し怒《いか》りのこもった「わ」です）と、大声で泣きながら、彼女は訴《うった》えました。小一時間近くもなかなか彼女は泣《な》き止《や》まず、お母さんも困り果ててあれこれなだめすかしていたのですが、[5]「きっと無事に電車を出て今頃《いまごろ》はお外の花壇にたどり着いているわよ。」というお母さんの苦《くる》し紛《まぎ》れの慰《なぐさ》めがなんとか効いたようで、「そうかな～」と訝《いぶか》しがりながらではありますが、ようやく泣き止んだそうです。

Bちゃんが採用した対人戦略をとりあえずは、いじわるコミュニケーション（略していじコミ）と呼んでおこうと思います。女の子の間では、小学一年生でも、こうしたバトルは始まっていると同僚《どうりょう》の先生からお聞きしたことがあります。[6]女の子にとって一〇歳《さい》というのが一つの鬼門《きもん》だとも、別の児童精神科を[E]センモンにしている先生からずいぶん前に聞いたことがあるのですが、自分自身の臨床《りんしょう》経験からもそれは当たっているような気がしています。いじコミによって成立する社会が一応の完成をみるのが、女の子の場合は一〇歳頃ではないか、その時に最大多数がいじコミを習得するなかで、それに乗れない子が孤立《こりつ》して事例化することがあるのではないかとも考えられます（男の子同士の場合はこれよりもかなり遅《おく》れて、暴力を含《ふく》むもう少し非文化的なかたちで、発現するのが[F]テンケイと考えられます）。

いじコミというのは、適度な量のいじわるをお互《たが》いの社会的[G]カイソウ（子ども社会のなかでの大げさにいえばスクールカーストのようなもの）や個人的力量に応じて小出しに＊ジャブ打ちしながら、自分の子ども社会における立ち位置を決めていく技術のことです。たぶん、幼稚園《ようちえん》の終わりか、小学校の低学年では、Bちゃんのように早熟な子はもうじゅうぶんにそれを意識しながら行動しはじめていて、自分が何をしたいかが、他人が自分をどう思っているのかよりも主要な関心事になる＊ADHDやASDの傾向《けいこう》のある子は、だんだんとこのいじコミの世界からはじきだされてしまうことになるのでしょう。

上手にいじコミすることは、[X]を避《さ》けて[Y]を保つという点では相当に文化的な[H]イトナみともいえます。京都や英国など長い伝統的な文化がはぐくまれている[I]チイキでは、鋭敏《えいびん》な感性がないと察知できないいじコミ力を養わないと一人前の市民とは認知《にんち》されないといったこともあり、洗練されれば高度な対人スキルに仕上がるコミュニケーション技術の側面があるように思われます。

（兼本浩祐《かねもとこうすけ》『普通《ふつう》という異常　健常発達という病』による）

＊注　ジャブ打ち――言葉による軽い攻撃《こうげき》や牽制《けんせい》（もとはボクシングでの戦法）。
ADHDやASD――それぞれ「注意欠陥《けっかん》多動性障害」、「自閉症《じへいしょう》スペクトラム障害」を略した言い方。

問一　――線部A～Iのカタカナを漢字に直しなさい。

問二　――線部1「彼女は気にも留めていません」とありますが、それはなぜですか。理由を答えなさい。

問三　――線部2「そうした手練手管」とありますが、それはどのようなことですか、答えなさい。

問四　――線部3「先生たちの配慮」とありますが、「先生たち」はどのように考えたのですか、答えなさい。

問五　――線部4「大泣きしてうちに帰ってきた」とありますが、「大泣き」したいきさつを百字以内で説明しなさい。

問六　――線部5「きっと無事に電車を出て今頃はお外の花壇にたどり着いているわよ」とありますが、この発言にはお母さんのどのような意図がありますか、答えなさい。

問七　――線部6「女の子にとって一〇歳というのが一つの鬼門だ」とありますが、それはどのようなことを言っているのですか。問題文中の言葉を使って答えなさい。

問八　文中の[X]・[Y]に入れるのに最も適当なものを次のア～カからそれぞれ選び、記号で答えなさい。

ア　一時的な友情　　イ　強制的な支配　　ウ　社会的な関係　　エ　絶対的な自由　　オ　直接的な暴力　　カ　物理的な距離《きょり》

二　次の文章を読んで、後の問いに答えなさい。

三月半ば、＊軍艦島《ぐんかんじま》上陸のために長崎へ降り立った。はるばる北海道からのツアーなのだが悪天候で上陸が叶《かな》わなくても振《ふ》り替《か》えはしないという。

[1]半ば賭《か》けにも似た旅の途中《とちゅう》、明日の天気予報を見ればどれも「雨」とある。上陸出来なくても、遠巻きに島を一周するというのだけが慰《なぐさ》めで、それでもいいと言ってはいたが旅行代金は北海道から夫婦《ふうふ》ふたりで八万円だ。上陸したい。口に出せば叶うだろうか、いやここは祈《いの》ろう。

行ったり来たりの思いと祈りが通じてか、[2]翌朝は眩《まぶ》しいほどの快晴、海はべた凪《なぎ》だった。

現地には軍艦島クルーズの会社が数件あり、上陸時間は限られている。港と島のあいだは常に船が行ったり来たり。船に乗《の》り込《こ》み、どんどん近づいてくる島影《しまかげ》は、なんとなく軍艦に見えなくもない。DVDやテレビ番組などで見知った島影とはちょっと違《ちが》う。それもそのはず、軍艦に見える絶好の撮影《さつえい》ポイントというのは、ぐるりと回り込んだ沖からのものだった。

そして上陸――廃墟《はいきょ》好きが高じて、とうとう軍艦島まで来てしまったと思った瞬間《しゅんかん》、[3]旅行代金が頭から消えた。

上陸後はガイドさんに案内されながら、島にまつわるお話を伺《うかが》う。船着き場のすぐそばには、一週間前に高波で倒《たお》れ、手が着けられない状態だというコンクリートの壁《かべ》があった。島は絶えず変化している。歩いて見学が出来るのは炭鉱の建物があった側だという。坑道《こうどう》の入り口に続く階段が青空の下、露出《ろしゅつ》している。

ガイドさんがゆっくりと静かに話す。

「この坑道入り口から入った人と、無事に出てこられた人の数は一致《いっち》しないのです。」

北海道にも複数の炭鉱があったし、生まれ育った釧路《くしろ》にも数年前まで炭鉱が存在していたというのに、廃墟だ廃墟だと逸《はや》る心に、ついそ[4]うした現実は埃《ほこり》を被《かぶ》って眠《ねむ》ってしまっていたらしい。

ガイドさんの言葉にはことさら切々とした感情は込められておらず、それゆえにこちらに伝えたいことがらの重みが伝わってくる。

現在の島は、長く個人の所有地であったゆえ残っている姿だという。

過剰《かじょう》な人口を支えた島の、坑道入り口、海底からベルトコンベアーで地上に運ばれてくる石炭、工場を見下ろす高い場所にあるのは重役用の住宅だ。重役の居住区から眺《なが》める長崎の夜景は、今と同じく星空のように美しかったろうか。

炭鉱に働く人とその家族が住んでいたのは、沖を望む海側だったようだ。いま上陸見学できる場所は、島民の住宅建物から五十メートルほど手前まで。当然、生活空間だったところには入ることができない。いちばん見たいものは遠くから眺めるのみ。

ビデオを観《み》れば、島を去る際に持ち出されなかった家具や家電、人形や生活道具がそのままの場所に残っている画像が出てくる。

上陸して目にする物はみな、呼吸をしていなかった。すべてが過去形、すべてが無機物。そんな言葉が頭に浮《う》かび、通り過ぎて行く。空の青さが疎《うと》ましくなってきた最終地点で、ガイドさんが言った。

「週末になると、たくさんの方々がこの島を訪《おとず》れます。炭鉱のあたりをご案内しているときは気づかないのですが、島民の住宅部分が見えるこまでやってくると分かるんです。百人二百人というみなさまを一度にご案内するのですが、毎回おひとりかおふたり、ここで写真も撮《と》らなければ驚《おどろ》きもせず、黙《だま》ってアパートを見つめている方がいるんです。そんなときは『すみませんが、もしかして。』とお声がけいたします。今まで外れたことはありません。十人お声がけすれば十人が、元島民あるいは島民のお子さんでした。」

5軍艦島上陸ガイドはそのお話で締《し》めくくられるのだった。スマホ片手にわぁわぁ言いながら画像を撮っていた手がだらりと下がる。

正直なことを言うとあのとき、文章では伝えきれない風のにおいを嗅《か》いだ。

決して、物見遊山《ものみゆさん》で行くなと訴《うった》えているわけではない。一度観て損はないし、是非《ぜひ》ともあのガイドさんと過ごす時間を体験して欲《ほ》しいとも思う。己《おのれ》の文章表現の拙《つたな》さを棚《たな》に上げつつ「いっぺん観てみて。」と。

ビデオには映らない「何か」があるからこそのガイド付き上陸なのだろう。持ち帰る感情はひとりひとり違《ちが》っていいのだという包容力が、6ガイドさんの口調をより平坦《へいたん》なものにしていた。

（桜木紫乃《さくらぎしの》「軍艦島にて」『ベスト・エッセイ２０２０』所収　光村図書出版による）

＊注　軍艦島――長崎市にある端島《はしま》の通称《つうしょう》。

問一　――線部1「半ば賭けにも似た旅」とありますが、このように言えるのはなぜですか。理由を説明した次の文の□に入る言葉を自分で考えて答えなさい。

旅行の目的がかなうかどうかは□であるから。

問二　――線部2「翌朝は眩しいほどの快晴、海はべた凪だった」とありますが、これは筆者にとってどのようなことを意味しますか、答えなさい。

問三　――線部3「旅行代金が頭から消えた」とはどういうことですか、答えなさい。

問四　――線部4「そうした現実」とありますが、ここで筆者が言っているのは、「炭鉱」のどのような「現実」のことですか、説明しなさい。

問五　――線部5「軍艦島上陸ガイドはそのお話で締めくくられるのだった」とありますが、この話を聞いて、筆者は軍艦島をどのようなところだと感じるようになったのですか、答えなさい。

問六　――線部6「ガイドさんの口調」とありますが、ガイドさんの語りはどのようなものだったのですか。本文全体をふまえて答えなさい。

＊問題は四枚目に続きます。

三　次の詩を読んで、後の問いに答えなさい。

夜の舟《ふね》　細見和之《ほそみかずゆき》

午前二時
私が寝《ね》ようとしていた矢先である
「タウ！」の叫《さけ》びとともに
娘《むすめ》は飛び起きてひとしきり泣いた

二歳《にさい》になった上の娘はプチ反抗期《はんこうき》で
何ごとにも「タウ、タウ」（□、□）を繰《く》り返《かえ》す
夢のなかでまでいったい何を否認《ひにん》していたのか
娘の泣き声に
さきに休んでいた妻も起き出して
[1]長い夜がはじまった

娘を抱《だ》いて妻があやしはじめる
「船だよ、船だよ」――
娘はすこし落ちついてきたようだ
それを見て妻が調子をあげる
「船だよー、おっきな船だよー」
「タウ！」
娘の言葉がピシャリと放たれた
船はどうやら小さいようだ
「じゃあ、モーターボートだ、エンジン全開！」
「タウ！」
エンジンもいけないらしい
[2]娘はいまでは泣き出しそうな気配だ
これで生まれたばかりの下の娘まで泣き出せば
妻の小舟は阿鼻叫喚《あびきょうかん》である

妻は右手でオールを漕《こ》ぐ仕草をしながら問いかける
「どこ行こう？　バータンとこ？」
「タウ！」
「コウくんとこ？」
「タウ！　タウ！」
いずれもあまりに近場である
そこで私が寝酒《ねざけ》に酔《よ》った口を挟《はさ》む
「東京のアーちゃんとこー？」
「タウ！」
「アメリカは遠すぎるよ、アメリカは遠すぎるよ」
妻が心細げに口走る
二歳の娘に「アメリカ」が分かるはずがない
彼女《かのじょ》もだいぶ疲《つか》れて混乱していたのだろう
けれども
私が覚えているのはそこまで
[3]あえなく私は睡魔《すいま》の海に攫《さら》われてしまった

目を覚ますと
眩《まぶ》しい光を反射して
むっちりとした娘の足が
私の目の前に横たわっていた
[4]行く先不明の妻の舟は
それでも
[5]朝の港にたどりついていた

問一　二か所の□には、同じ言葉が入ります。その言葉を考えて答えなさい。

問二　――線部1「長い夜がはじまった」とありますが、「長い」と感じるのはなぜですか。理由を答えなさい。

問三　――線部2「娘はいまでは泣き出しそう」なのはなぜですか。理由を具体的に考えて答えなさい。

問四　――線部3「私は睡魔の海に攫われてしまった」とありますが、これはどういうことを表現していますか。これについて説明した次の文の［　A　］［　B　］に入る言葉をそれぞれ答えなさい。

［　A　］という語からの連想で「睡魔」を「海」にたとえ、［　B　］ことを表現している。

問五　――線部4「行く先不明の妻の舟」とありますが、これは妻のどのような様子を表していますか、答えなさい。

問六　――線部5「朝の港にたどりついていた」とはどういうことですか、答えなさい。

受験番号

令和６年度　**灘中学校　入学試験問題**　※100点満点（配点非公表）

算数　（第２日　３枚のうちの１枚目）　(60分)

［解答上の注意］

- [1] (2) (イ)，[2] (2)，[3] (2) (イ)，(ウ)，[5] (2) は答え以外に文章や式，図などもかきなさい。それ以外の問題は答えのみ記入しなさい。
- 問題にかいてある図は必ずしも正しくはありません。
- 角すいの体積は，(底面積) × (高さ) × $\frac{1}{3}$ で求められます。

1

10 以上の整数に対して，各位の数をかけ合わせる操作１回を記号 → により表します。この操作を繰《く》り返し，10 より小さくなると終了《しゅうりょう》します。たとえば，2 × 1 × 0 ＝ 0 ですから，210 から始めると 210 → 0 となります。また，4 × 8 ＝ 32，3 × 2 ＝ 6 ですから，48 から始めると 48 → 32 → 6 となります。

(1) ２桁《けた》の整数Ａで A → 0 となるものは全部で ［　　］ 個あり，３桁の整数Ｂで B → 0 となるものは全部で ［　　］ 個あります。

(2) ３桁の整数ＣでＣ → Ｄ → ２となるものを考えます。ただしＤは整数です。

(ア) このような整数Ｃのうち，最も小さいものは ［　　］ で，最も大きいものは ［　　］ です。

(イ) このような整数Ｃは全部で何個ありますか。

答　　　　個

2

製品Ｐは，１日につき，工場Ａで 2000 個，工場Ｂで 3000 個生産されます。工場Ａで生産された製品Ｐから 1000 個取り出して検査すると７個不良品が見つかります。また，工場Ｂで生産された製品Ｐから 1000 個取り出して検査すると 12 個不良品が見つかります。工場Ａと工場Ｂで生産された製品Ｐはすべて検査場に入荷され，検査の前によく混ぜられます。

たとえば工場Ａで生産された製品Ｐが 3000 個あったとき，その中の不良品の個数は $3000 \times \frac{7}{1000} = 21$ 個と推測されます。実際には 21 個より多いことも少ないこともあり得ますが，このように推測します。

この例にならって次の問いに答えなさい。

(1) ある期間，工場Ａ，工場Ｂはどちらも休まず稼働《かどう》しました。その期間に検査場に入荷された製品Ｐから不良品が 1000 個見つかったとき，その 1000 個の不良品のうち工場Ａで生産された不良品の個数は ［　　］ 個と推測されます。

(2) ある年の４月，工場Ａは休まず稼働しましたが，工場Ｂは何日か休業となりました。その１ヶ月に検査場に入荷された製品Ｐから 10000 個取り出して検査したところ，不良品が 80 個見つかりました。その 80 個の不良品のうち工場Ａで生産された不良品の個数は何個と推測されますか。

答　　　　個

受験番号

令和６年度　**灘中学校　入学試験問題**

算数　（第２日　３枚のうちの２枚目）

3

(1) 右の図の正方形 ABCD において，三角形 AEF の面積は　　　cm^2 です。
また，４つの面がそれぞれ三角形 ABE, ECF, FDA, AEF と合同な三角すいの体積は　　　cm^3 です。

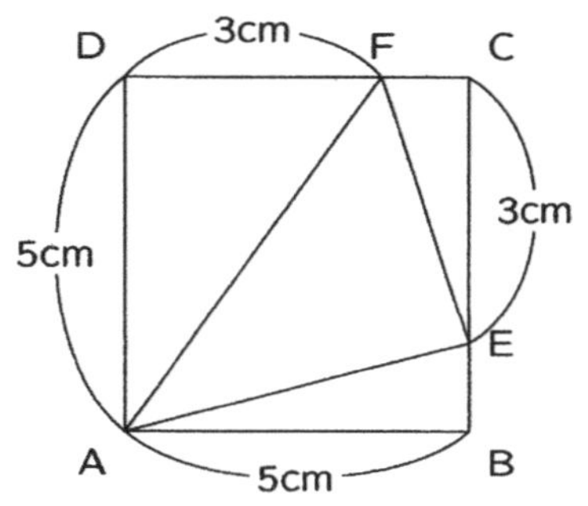

(2) 右の図のような，１辺の長さが 20cm の立方体 GHIJ-KLMN があります。点 P は GP の長さが 10cm となる辺 GJ 上の点，点 Q は GQ の長さが 15cm となる辺 GH 上の点，点 R は KR の長さが 3cm となる辺 KL 上の点です。

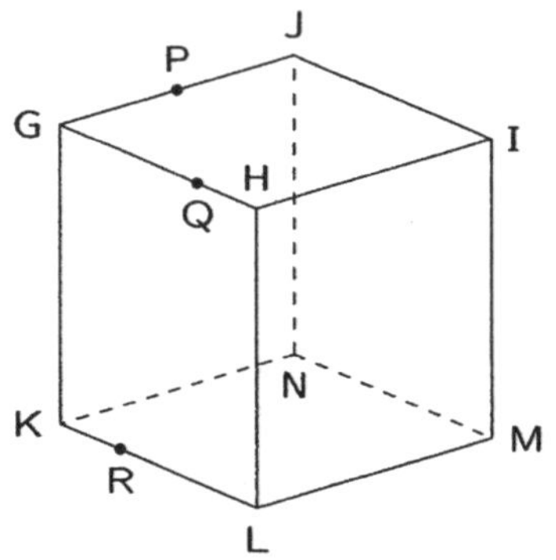

（ア）３点 P，Q，R を通る平面と辺 KN が交わる点を S とします。このとき，KS の長さは　　　cm です。
また，３点 P，Q，R を通る平面で立方体 GHIJ-KLMN を２つの立体に切り分けたとき，G を含《ふく》む方の立体の体積は　　　cm^3 です。

（イ）４点 G，P，Q，R を頂点とする三角すいの，三角形 PQR を底面とみたときの高さを求めなさい。

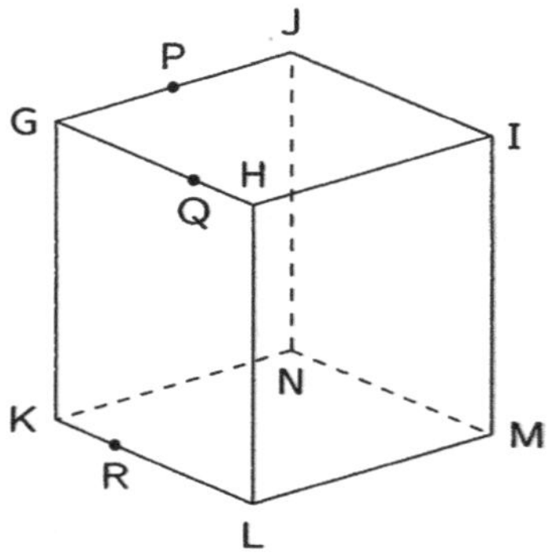

答　　　　　cm

（ウ）４点 M，P，Q，R を頂点とする三角すいの，三角形 PQR を底面とみたときの高さを求めなさい。

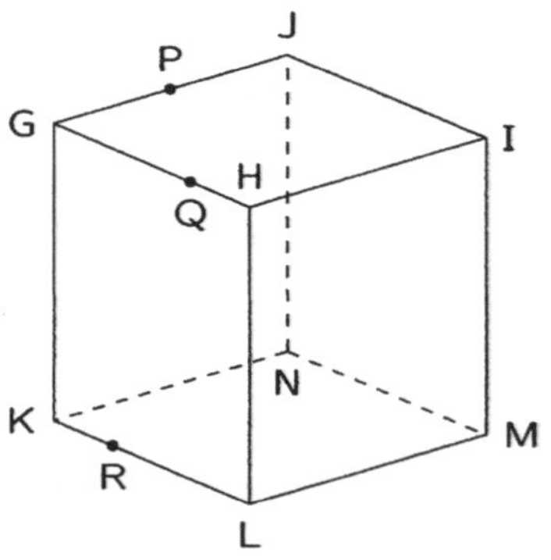

答　　　　　cm

受験番号

令和６年度　**灘中学校　入学試験問題**

算数　(第２日　３枚のうちの３枚目)

4

(1) 右の図のような長方形 ABCD があり，辺 BC 上に点 E，辺 CD 上に点 F があります。三角形 AEF が直角二等辺三角形であるとき，三角形 AEF の面積は　　　cm^2 です。

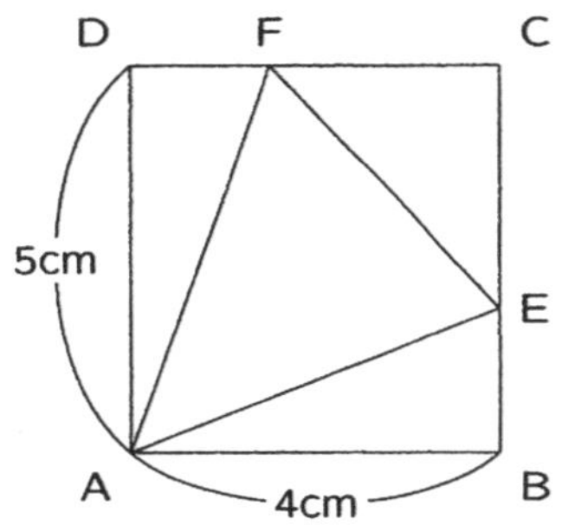

(2) 1 辺の長さが 12cm である正方形 GHIJ があります。右の図のように，辺 HI の延長上に点 K があり，GK と IJ が点 L で交わっています。また，半径が 3cm である半円が三角形 GJL にぴったり収まっています。このとき，三角形 GHK にぴったり収まる円の半径は　　　cm です。また，辺 HK の長さは　　　cm です。

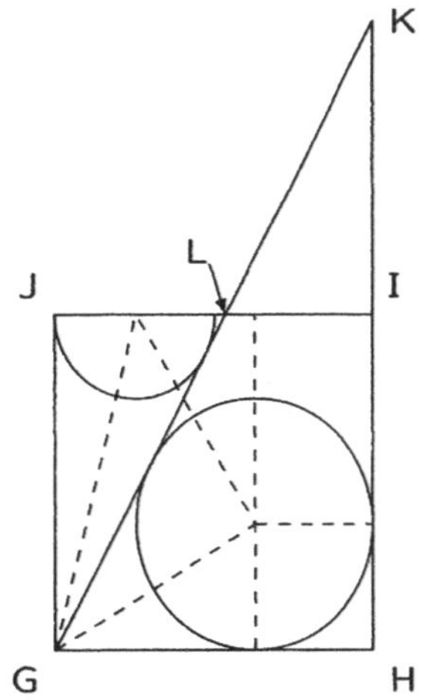

5

図のような的《まと》があり，A から I の９つの場所に 1，2，3，4，5，6，7，8，9 の９つの数が１つずつ書かれています。また，同じ数は２つ以上の場所に書かれることはありません。

A	B	C
D	E	F
G	H	I

(1) 太郎さんがボールを３つ投げると，A，E，I に当たり，当たった場所に書かれた数の和は 10 になりました。次郎さんもボールを３つ投げると，C，E，G に当たり，当たった場所に書かれた数の和は 10 になりました。

(ア) E に書かれた数が５であるとき，的に書かれた９つの数の並びは全部で　　　通りあります。

(イ) 的に書かれた９つの数の並びは，(ア) の場合を含めて全部で　　　通りあります。

(2) 太郎さんがボールを３つ投げると，的のどの縦列にも１回ずつ，どの横列にも１回ずつ当たり，当たった場所に書かれた数の和は 10 になりました。次郎さんもボールを３つ投げると，的のどの縦列にも１回ずつ，どの横列にも１回ずつ当たり，当たった場所に書かれた数の和は 10 になりました。また，太郎さんが当てて次郎さんが当てなかった場所がありました。このとき，的に書かれた９つの数の並びは，(1) の場合を含めて全部で何通りありますか。

答　　　　　　　　通り

受験番号

令和六年度　灘中学校入学試験問題　国語　二日目　五枚のうちの五枚目

◎解答に字数制限のある場合、句読点などの記号も字数に数えます。

一

問一　A　B　C　D　E　F　G　H（み）　I

問二

問三

問四

問五

問六

問七

問八　X　Y

二

問一

問二

問三

問四

問五

問六

三

問一

問二

問三

問四　A　B

問五

問六

※120点満点
（配点非公表）

一　次の文章は、校正者が自身の仕事について書いたものです。これを読んで、後の問いに答えなさい。なお、校正とは本が出版される前に文章を読んで、内容の誤りを正したり不足な点を補ったりすることです。

観光船サークルラインは、＊マンハッタンが、縦に細長い、しかし極度に稠密《ちゅうみつ》的な島であることを実感できる格好の乗り物だ。船は、ハドソンリバー岸を出発点とし南下、自由の女神《めがみ》像を眺望《ちょうぼう》しつつ、かつて世界貿易センタービルが聳《そび》え立《た》っていたマンハッタン南端《なんたん》を回って、イーストリバーに入りこれを北に遡行《そこう》する。

ウォール街のビル群、ニューヨークマラソンが通るブルックリンブリッジ、やがて現れるスタイリッシュな国連本部ビル。アールデコのクライスラービル。白い羊羹《ようかん》を削《そ》ぎ切りにしたようなシティコープビル。ひときわ高いエンパイアステートビル。次々と見せ場がやってくる。

（福岡伸一《ふくおかしんいち》『生物と無生物のあいだ』）

サントリー学芸賞、新書大賞を受賞したベストセラー『生物と無生物のあいだ』はこんなふうに始まります。著者の研究者人生の起点になったAアメリカはマンハッタン。トランクひとつを手に旅立ち、与えられた研究室の窓からイーストリバーを見下ろすと、満員の観光船が川を行《ゆ》き交《か》っている。かつてはあの船の上からマンハッタンの摩天楼《まてんろう》を見上げる観光客のひとりだった自分が、いまは同じ船をこうして見下ろしている……映画のような映像が目に浮《う》かぶプロローグです。

ところが、そんな原稿《げんこう》を編集者に渡《わた》してしばらくしてから、著者のもとに送られてきたゲラ＊には「バーンとマンハッタンの地図のコピーが貼《は》り付《つ》け」られ、「各ビルの位置がマーカーペンで塗《ぬ》られていた」のだそうです。何事かと思えば「見える順番が違《ちが》います。」。位置関係からしてエンパイアステートビルが見えるのはクライスラービルよりもずっと前、国連ビルが見えるのはさらにその後ではないか、という校正者からの指摘《してき》でした。

「見える順番が違います。」などという指摘、自分にはできる気がしないと腰《こし》が引けてしまうのは地理に苦手意識があるからです。方向音痴《ほうこうおんち》という引け目があって、いつまでたっても1地図と仲良くなれない。Bランドマークの名称《めいしょう》を確認《かくにん》するだけなら辞書でもこと足りますが、地図を広げひとつひとつ印をつけ、観光船の航路をたどりながら位置関係を確かめて、船上から見える景色を想像していくことで初めて「見える順番が違います。」と気がつける。

著者はこの指摘を読んで「確かに校正者さんの言うとおり。」と認めます。そのうえで「この部分は、書いたときの流れを尊重してもらってこのままとした。」というのです。

テレビやSNSの影響《えいきょう》か、校正の仕事の中でもとりわけ「校閲《こうえつ》」の部分が注目されることが増えました。調べもの、事実確認、ファクトチェックなどさまざまな呼び方がありますが、固有名詞や数字、事実関係に誤りがないかどうかを信頼《しんらい》のおける資料を使って調べ、確かめる工程です。文字や言葉の誤り以上にこうした「事実」に誤りがないか神経を尖《とが》らせるのは、「事実」は誰《だれ》の目にも正誤が明らかな事柄《ことがら》だからです。

C文字や言葉で「誤り」とされるものの中には、かならずしも誤りとはいいきれないものもあります。でも、固有名詞や数字などの誤りは誰が見ても歴然とした「誤り」、新聞の校閲記者は「あってはならない致命《ちめい》的なもの」とさえいいます。ビルの「見える順番が違う」のは事実に反している。だから改めねばならない。そう考える読者がいたとしても当然です。

ですが、校正とははたしてすべてを「事実」に即《そく》して正すべき仕事なのでしょうか。

新聞やノンフィクションのような事実を伝えるためのメディアにおいては、正確であることは大前提です。たったひとつの発言の裏を取るために東京から北海道まで足を運ぶ、著者のそんな地道な積み重ねを、校正者が裏付け補強する。でも『生物と無生物のあいだ』はそうした性質の文章ではありません。著者が「考えた末」に「書いたときの流れを尊重してもらってこのままとした。」というのは、この文章においては事実よりも優先されるべきものがあるということです。頭の中で何十回も何百回も反復された記憶《きおく》は、事実とは違っているかもしれない。でも、その人にとっては真実です。

「目ざとい読者がそのうち指摘してくるかもしれない。」と著者はいいます。2「でも私はあえてこう書いたのです。そういえるプロセスがここには含《ふく》まれている。」と。校正者は「事実としては、こうではありませんか。」と指摘はします。採る／採らないは編集者と著者しだい。採られなかった指摘も無駄《むだ》にはなりません。読者からの問い合わせに編集者は「ご指摘まことにごもっとも。ですが著者は〝あえて〟こう書いたのです。」と答えることができる。費《つい》やされた時間は建築物の筋交《すじか》いのように見えないところで文章を強靭《きょうじん》にする。

「活字の未来」と題された文章は、こんな一文で締《し》めくくられています。

書き手、編集者、校正者。この間のてまひまが活字というものを支えているのである。（福岡伸一『ルリボシカミキリの青』文春文庫刊）

（牟田都子《むたさとこ》『文にあたる』による）

＊注　マンハッタン――アメリカ合衆国、ニューヨーク市中心部の島。　ゲラ――校正をするために仮に刷ったもの。

問一　――線部1「地図と仲良くなれない」とはどういうことですか、説明しなさい。

問二　――線部2「でも私はあえてこう書いたのです」と言えるのはなぜですか。理由を答えなさい。

問三　〰〰線部A「アメリカはマンハッタン」とありますが、‖線部の「は」の使い方がこれと同じものを次のア～オから一つ選び、記号で答えなさい。

ア　象は‖日本にはもともと住んでいない。

イ　ぼくが行ったことのある店は‖ここだ。

ウ　山には‖行ったが海には行かなかった。

エ　曾祖父《そうそふ》は明治は‖四十五年の生まれだ。

オ　彼女《かのじょ》はそのおじさんが好きでは‖ない。

問四　〰〰線部B「ランドマーク」とは「その土地の目印となるもの」という意味ですが、同じように「ーク」という形の外来語・カタカナ語は多くあります。次に挙げる意味の言葉を、指定された字数で答えなさい。

1　機密情報などをもらすこと（三字）
2　煙《けむり》でいぶして作った燻製《くんせい》（四字）
3　最盛期をむかえた状態（三字）
4　人やコンピュータ同士の結びつき（六字）
5　ほかにない独自なこと（四字）

問五　〰〰線部C「文字や言葉で『誤り』とされるもの」とありますが、次の1〜3の各文には、誤って変換《へんかん》された言葉が一字ずつふくまれています。誤っている漢字一字を挙げ、正しい漢字に書き改めなさい。

1　レポートの期限が延びたので、調査し直していたら、情報が増えすぎて収集がつかなくなった。
2　自宅のガレージに車を進入させようとしたら、車庫のとびらが解放されていないことに気づき、あわてて車を止めた。
3　会合で新たな商品について意見をかわし合ったところ、参加者から意外な発想が飛び出して関心した。

二　俳句の中には、買い物を通じて季節を描いたものがあります。次の［1］〜［6］に入る語を、それぞれ後のア〜シから選び、記号で答えなさい。ただし、同じものはくり返して使えません。

春　※著作権上の都合により省略いたします　教英出版編集部　水田むつみ
夏　船旅や買ってすぐ着る［2］　山崎ひさを
夏　いま買いし花付《はなつき》［3］今かじる　小澤實
秋　路地売りの尻《しり》まで紅《あか》き［4］買う　吉田千嘉子
冬　※著作権上の都合により省略いたします　教英出版編集部　間宮あや子
冬　※著作権上の都合により省略いたします　教英出版編集部　寺島ゆう子

ア　アロハシャツ　イ　苺《いちご》　ウ　鉛筆　エ　胡瓜《きゅうり》
オ　鯛焼《たいやき》　カ　ちゃんちゃんこ　キ　手袋　ク　日記
ケ　初鰹《はつがつお》　コ　バナナ　サ　蓬餅《よもぎもち》　シ　林檎《りんご》

三　ことわざ・慣用句の中には、数を用いたものがあります。次の1〜6の□に入る、数字をふくむ適切な語句を漢字で答えなさい。

1　悪事□を走る
2　一寸の虫にも□のたましい
3　□に一生を得る
4　酒は□の長
5　□逃げるにしかず
6　早起きは□の得

四　「〜笑い」という言葉はいろいろあります。次の各文の□にあてはまる言葉を、それぞれ指定された字数のひらがなで答えなさい。ただし、同じ言葉はくり返して使えません。

1　悪人どもをこらしめて、正義の味方はかかかと［（二字）］笑いを残して去って行った。
2　弟に注意しても、［（三字）］笑いをうかべるだけで、全く聞き入れようとしない。
3　彼《かれ》は、社長のそうおもしろくもない話に、［（三字）］笑いをうかべてこたえている。
4　彼は、ぼくを見くびっているのか、ふんと鼻で［（三字）］笑いながら近寄ってきた。
5　とても簡単な問題をまちがえて、［（二字）］笑いするしかなかった。

五　「〇っ〇」という形の三字の言葉はいろいろあります。次の各文の□にあてはまるそのような言葉を答えなさい。ただし、同じ言葉はくり返して使えません。

（例）自分にかけられた疑いを［やっき］になって打ち消した。
1　いきなり切りかかってきた刀を□と受け止めた。
2　彼が犯人だなどと□なことを言うもんじゃない。
3　急に意見を求められても□に言葉が出てこない。
4　他人の落とし物を横領するのは□とした犯罪だ。
5　見張りがいないのを□の幸いと牢《ろう》をぬけ出した。

六　次の〔条件〕にしたがって、漢字しりとりを完成させなさい。

〔条件1〕　示されている漢字も、A〜Lの字も、すべて音読みです。
〔条件2〕　示されている漢字も、A〜Lの字も、一回目と二回目とで読み方・意味が変わってもかまいません。
〔条件3〕　熟語［A］［B］、［C］［D］、……、［K］［L］はそれぞれ逆の意味、または対の意味になる字の組み合わせです。
〔条件4〕　熟語［A］［B］、［C］［D］、……、［K］［L］の時の漢字A〜Lの読み方は、次から選びなさい。同じものはくり返して使えません。
｛エン、カン、クウ、ジ、タン、チ、チョウ、テン、ヒ、ホウ、ミン、リ｝
〔条件5〕　同じ字はくり返して使えません。また、示されている字を解答に使ってもいけません。

〔例〕海［W］—［W］［X］—［X］災—災［Y］—［Y］［Z］—［Z］者
（読み方）イ、カ、スイ、ナン
（解答）W　水　X　火　Y　難　Z　易

身［A］—［A］［B］—［B］調—調［C］—［C］［D］—［D］常
—常［E］—［E］［F］—［F］前—前［G］—［G］［H］—［H］満
—満［I］—［I］［J］—［J］上—上［K］—［K］［L］—［L］衆

令和５年度　**灘中学校　入学試験問題**　(60分)

算数　(第１日　３枚のうちの１枚目)

次の問題の □ にあてはまる数またはカタカナを３枚目の解答欄《らん》に書き入れなさい。

［注意］

- 問題にかいてある図は必ずしも正しくはありません。
- 円周率は 3.14 とします。
- 円すいの体積は，(底面積) × (高さ) × $\frac{1}{3}$ で求められます。

1　$2023\times\left(\frac{1}{14}-\frac{1}{15}\right)\times\frac{1}{17}\times\frac{1}{17}=1\div\left(81-\square\right)$

2

図のように，三角形 ABC の周と三角形 DEF の周が G，H，I，J，K，L で交わっています。点 A から点 L までの 12 個の点から異なる３個の点を同時に選んでそれらの点を直線で結びます。このとき，三角形ができない３個の点の選び方は全部で □ 通りあります。

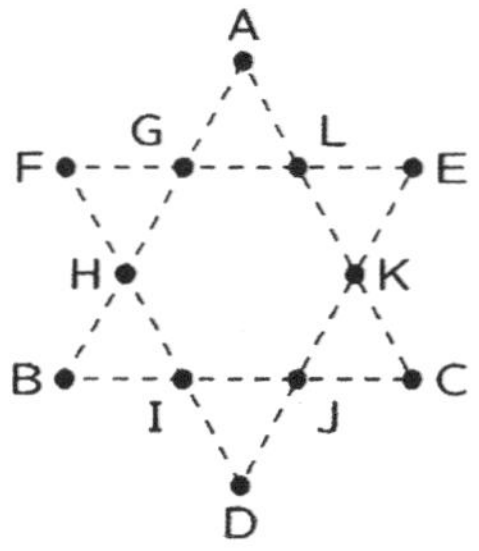

3

１桁《けた》の数 A，２桁の数 BC，３桁の数 DEF と３桁の数 ABC，２桁の数 DE，１桁の数 F について，A＋BC＋DEF＝ABC＋DE＋F が成り立っています。このとき，次のアからソのうち，必ず成り立つものは３つあります。それは ① と ② と ③ です。ただし，①，②，③ の順序は問いません。

ア A＝B	イ A＝C	ウ A＝D	エ A＝E	オ A＝F
カ B＝C	キ B＝D	ク B＝E	ケ B＝F	コ C＝D
サ C＝E	シ C＝F	ス D＝E	セ D＝F	ソ E＝F

4

1, 2, 3, 4, 5, 6, 7, 8, 9, 1, 2, 3, 4, 5, 6, 7, 8, 9, 1, 2, 3, . . .

というように１から９までの数を繰《く》り返し並べ，

|1, 2, 3, 4|5, 6, 7, 8|9, 1, 2, 3|4, 5, 6, 7|8, 9, 1, 2|3, . . .

というように４個ずつの数のグループに分けていきます。

2023 番目のグループに含《ふく》まれる４個の数の和は ① です。１番目のグループから 2023 番目のグループまでに含まれる 8092 個の数の和は ② です。

5

６個の数 1，2，3，4，5，6 を２個ずつ３つのグループ A，B，C に分けます。A に含まれる２つの数のうち大きい方が，B に含まれる２つの数のうち大きい方よりも大きくなるような分け方は全部で □ 通りです。

6

まっすぐな道路に地点 P と地点 Q があります。A さんは地点 P を出発して地点 Q に向かって歩き，地点 Q に着くとすぐに折り返して地点 P に向かって歩きます。A さんが地点 P を出発するのと同時に B さんは地点 Q を出発して地点 P に向かって歩き始め，地点 P に着くとすぐに折り返して地点 Q に向かって歩きます。A さんも B さんも，それぞれ常に一定の速さで歩きます。

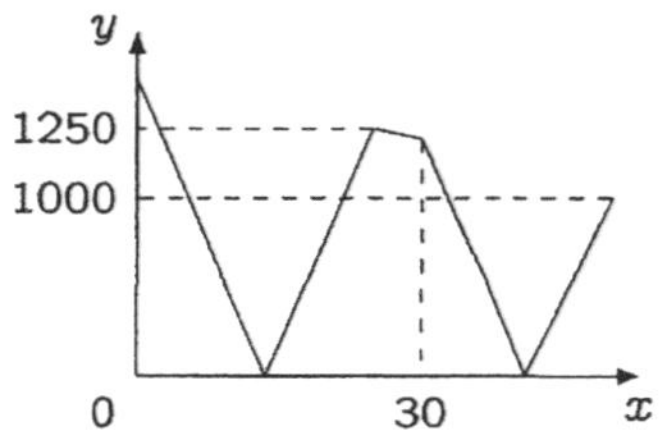

A さんが地点 P を出発して x 分後の A さんと B さんの距離《きょり》を y m とします。A さんが地点 P を出発したのち再び地点 P に着くまでの間の x と y の関係は上のグラフのようになりました。このとき，地点 P と地点 Q の距離は ① m です。また，A さんが地点 P を出発して ② 分後に，A さんと B さんは初めてすれ違《ちが》います。

令和５年度　**灘中学校　入学試験問題**

算数　（第１日　３枚のうちの２枚目）

7

ある国で使われる通貨の単位は「ナダ」です。円・ナダ取引において，円に対するナダの値段は毎日１回変化し，前日より安くなるか高くなるかのどちらかです。

ある日１ナダは 150 円でした。A さんはその次の日から以下のような方法で円・ナダ取引を始めました。前日よりナダが安くなれば持っている円の半分をナダに替《か》え，前日よりナダが高くなれば持っているナダの半分を円に替えます。

A さんは最初 5760 円のみを持っており，ナダは持っていませんでした。１ナダは取引１日目は 120 円でした。前日よりナダが安くなったので，１日目の取引の後 A さんの所持金は 2880 円と 24 ナダになりました。１ナダは取引２日目は 90 円，取引４日目は 180 円で，４日目の取引の後 A さんの所持金のうち円は 5940 円でした。このとき，取引３日目の１ナダは最も高い場合で［①　　］円，最も安い場合で［②　　］円です。ただし，A さんがしたすべての取引について，１円未満，１ナダ未満の端数《はすう》は生じませんでした。また，手数料などは考えないものとします。

8

図のように，四角形 ABCD の辺上に点 E，F，G，H があります。このとき，四角形 EFGH の面積は［　　］cm^2 です。

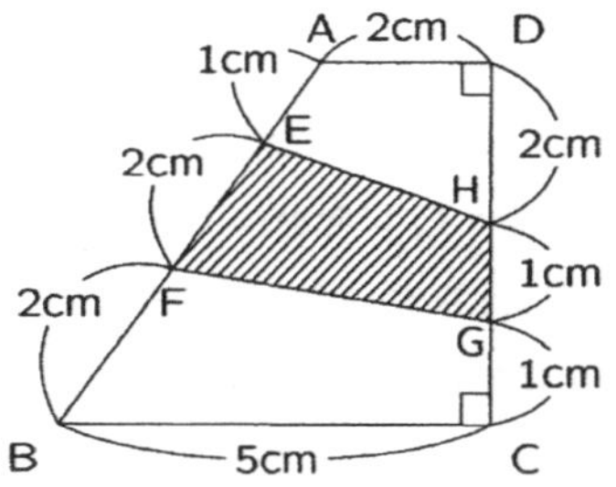

9

図のように，半径が 2cm の大きな円の周上に中心を持つ，半径が 1cm の小さな円が７つあります。また，小さな円の中心はその隣《となり》の小さな円の周上にあります。このとき，太線の長さは［　　］cm です。

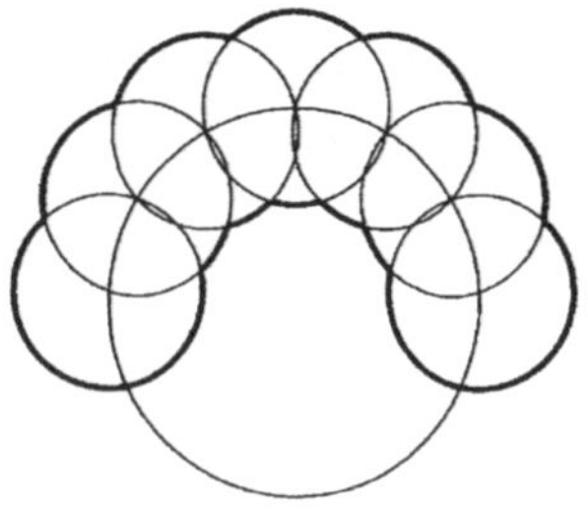

10

図の四角形 ABCD，BEFG，CHIE はすべて正方形です。また，F は辺 AB 上に，I は辺 AD 上にあります。正方形 CHIE の面積が $65cm^2$，四角形 AFEI の面積と三角形 BCE の面積の和が $56cm^2$ のとき，正方形 BEFG の面積は［　　］cm^2 です。

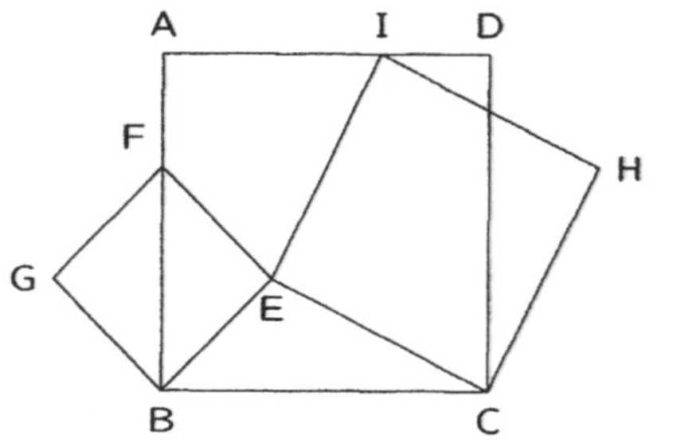

11

図のような，１目盛りの幅《はば》が 1cm の方眼用紙があります。斜線《しゃせん》部分の図形を，２点 A，B を通る直線のまわりに１回転させたとき，その図形が通過する部分の体積は［　　］cm^3 です。

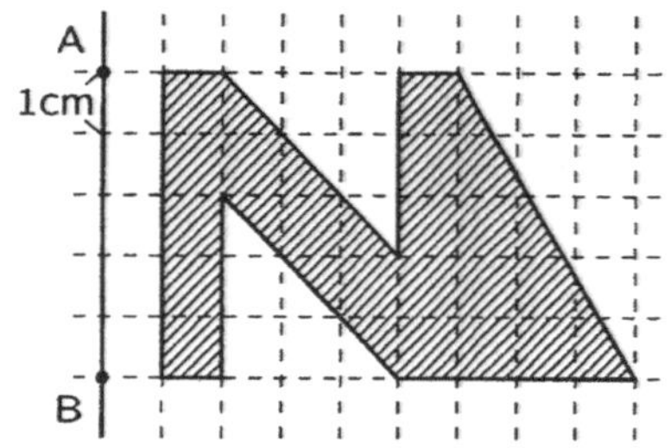

12

白の立方体，赤の立方体，青の立方体が全部で 216 個あります。それぞれの立方体の中は表面と同じ色です。それら 216 個を図のように積み上げて大きな立方体を作ります。３点 A，B，C を通る平面でこの大きな立方体を切断したときの切り口について，赤い部分の面積は白い部分の面積の［　　］倍です。

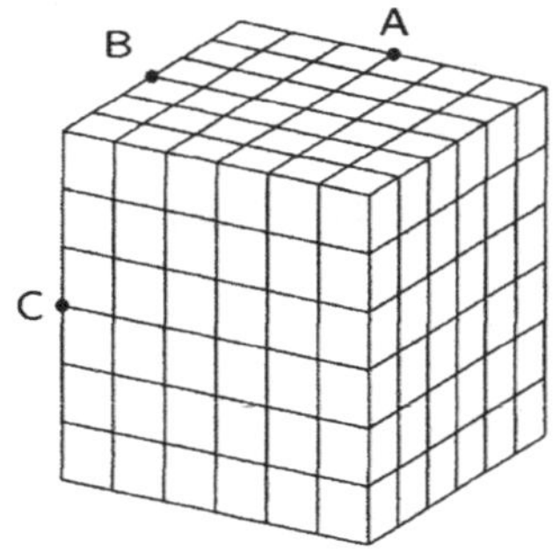

白	白	白	白	白	白
白	赤	赤	赤	赤	白
白	赤	青	青	赤	白
白	赤	青	青	赤	白
白	赤	赤	赤	赤	白
白	白	白	白	白	白

上から１段目，３段目，５段目

白	白	白	白	白	白
白	青	青	青	青	白
白	青	赤	赤	青	白
白	青	赤	赤	青	白
白	青	青	青	青	白
白	白	白	白	白	白

上から２段目，４段目，６段目

令和5年度灘中学校入学試験問題（理科）　(60分)

※解答は4枚目の解答らんに記入すること。この用紙の裏面は計算に使ってよろしい。

1　固体の物質 A，B，C を水に溶《と》かす実験を行いました。右図は，物質 A，B，C について，水溶《よう》液の温度と，水 100g に溶ける物質の重さの関係をグラフで表したものです。例えば，40℃の水 100g に物質Aは 40g まで溶けますが，それより多くの物質Aを加えても，溶けきらず固体が残ります。このように，限界まで物質が溶けた水溶液を「ほう和水溶液」といいます。なお，複数の異なる物質が水に溶けるときも，水に溶ける物質のそれぞれの重さはグラフにしたがうものとします。また，物質 B，C のグラフは直線とみなせるものとします。

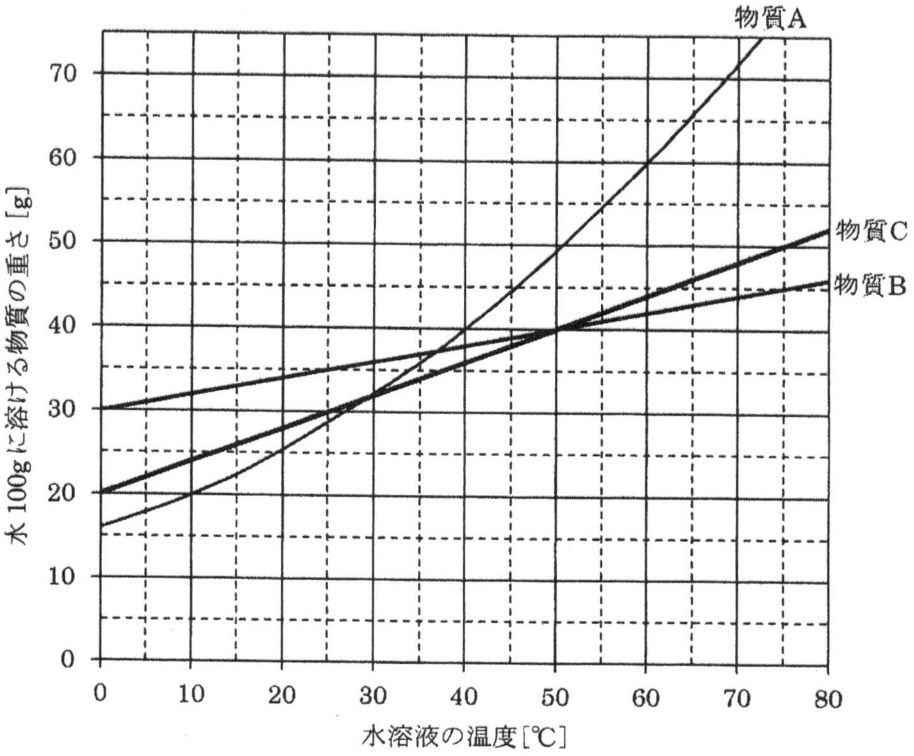

問1　60℃の物質Aのほう和水溶液 100g に溶けている物質Aは何 g ですか。

問2　60℃の物質 A のほう和水溶液 100g を 10℃まで冷やした場合，溶けきらずに出てくる物質 A は何 g ですか。

問3　物質Aに少量の物質Bが混ざった試料Xがあります。50g の試料Xを 60℃の水 100g に加えると，すべて溶けました。それを 10℃まで冷やしたところ，物質 A のみが 26g 溶けきらずに出てきました。50g の試料Xにふくまれる物質Aは何 g ですか。

問4　問3で 10℃まで冷やした水溶液から，温度を変えずに水を蒸発させ，物質Aのみをできるだけ多く取り出したいと考えました。何 g の水を蒸発させるとよいでしょうか。また，そのとき新たに溶けきらずに出てくる物質Aは何 g ですか。

問5　物質Cに少量の物質Bが混ざった試料Yがあります。50g の試料Yを 80℃の水 100g に加えると，すべて溶けました。それを 10℃まで冷やしたところ，物質 C のみが溶けきらずに出てきました。さらに，温度を変えずに水を蒸発させ，物質 C のみをできるだけ多く取り出そうとしました。水を 75g 蒸発させたときに物質 B も溶けきらずに出てきはじめたので，この段階で水の蒸発を止め，出てきた物質Cを集めました。

(1) 50g の試料Yにふくまれる物質Cは何 g ですか。

(2) 一連の操作で出てきた物質Cは合計何 g ですか。

2　右図のように金属板が，床《ゆか》との角度がx度となるように糸でつるされています。xの値は$0 \leqq x \leqq 90$の間で調整でき，実験中の太陽の高度は常に60度で，太陽光の光の強さは一定とします。

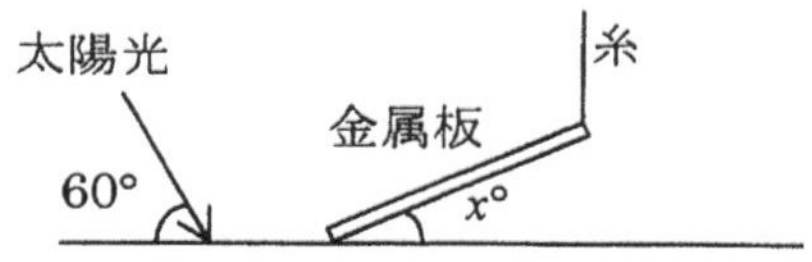

問1　いくつかのxに対して，一定時間あたりの金属板に当たる光の量を調べました。金属板に最も光が当たるときの光の量を1とすると，xの値と光の量との関係は下表のようになりました。表の中の①～③にあてはまる数値を答えなさい。

x	0	10	20	30	40	50	60	70	80	90
光の量	0.87	0.94	0.98	①	0.98	0.94	②	0.77	0.64	③

$x=0$のとき，金属板に太陽光を10分間当て続けると，はじめ20℃だった金属板の温度が上昇《しょう》し，30℃になりました。金属板の温度変化は太陽光からのエネルギーでのみ起こり，また金属板が受け取る太陽光からのエネルギーは表の光の量に比例するものとします。

問2　$x=30$のとき，金属板に太陽光を10分間当て続けると，はじめ20℃だった金属板の温度は何℃になりますか。割り切れない場合は，小数第2位を四捨五入して小数第1位まで答えなさい。

以下の各問いでは，xの値が一定の割合で増えるように，金属板をゆっくり引き上げます。

問3　10分間かけて$x=0$から$x=30$まで金属板を引き上げました。このとき，はじめ20℃だった金属板の温度は何℃になりますか。最も近いものを次のア～キから選び記号で答えなさい。

ア　29.0℃　　イ　29.5℃　　ウ　30.0℃　　エ　30.5℃　　オ　31.0℃　　カ　31.5℃　　キ　32.0℃

問4，問5では，問3で選んだ値を用いて計算しなさい。

問4　20分間かけて$x=0$から$x=60$まで金属板を引き上げました。このとき，はじめ20℃だった金属板の温度は何℃になりますか。

問5　10分間かけて$x=0$から$x=60$まで金属板を引き上げました。このとき，はじめ20℃だった金属板の温度は何℃になりますか。

1枚目おわり

※解答は4枚目の解答らんに記入すること。この用紙の裏面は計算に使ってよろしい。

3　ヒトが生きていくために最も重要な3つの栄養素には，A，B，Cがあります。Aはおもにからだをつくる材料になります。またBおよびCは，おもにからだを動かすためのエネルギー源になります。多くの植物体内で，光や空気中の物質Xなどを利用してつくられる物質Yは，Bに分類されます。Yにヨウ素液を1滴《てき》たらすと，青むらさき色になりました。

また，ヒトがからだの調子を整えるのに必要な2つの栄養素DとEをふくめて，A～Eは五大栄養素とよばれています。

右図は，さまざまな食品の可食部（食べられる部分）にふくまれるA～Cなどの成分について，重さの割合をグラフで表したものです。

一番上のグラフはコメ（白米）のものです。食品①～④のグラフは，牛肉（もも），バナナ，ほうれんそう，ごま のいずれかのものです。

なおZはさまざまな食品にふくまれている成分で，五大栄養素にはふくまれませんが，ヒトのからだの中でも大切なはたらきをしています。

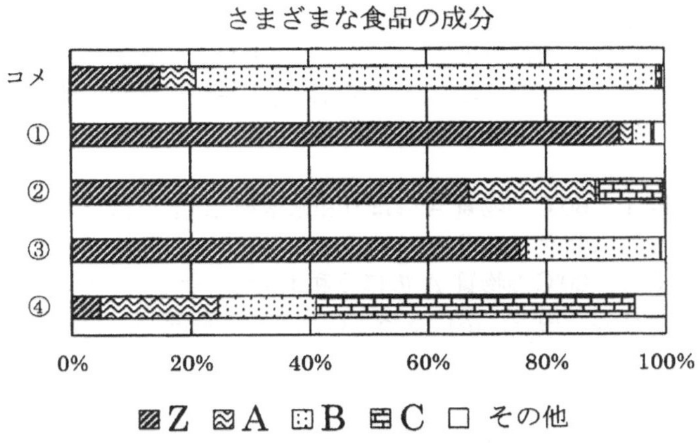

問1　A～Eはそれぞれ何ですか。ただしDとEの順序は問いません。

問2　X～Zはそれぞれ何ですか。

問3　食品①～④はそれぞれ何ですか。次のア～エから選び記号で答えなさい。

ア　牛肉（もも）　　**イ**　バナナ　　**ウ**　ほうれんそう　　**エ**　ごま

物質Yに関する，以下の**実験1**，**実験2**を行いました。

	実験の操作	観察された現象
実験1	小さな試験管に粉末状のYを1g入れ，ごく少量の物質Sと水5mLを加えて10分間，40℃に保ってから，ヨウ素液を1滴たらした。	色の変化はほとんどなかった。
実験2	小さな試験管に［　あ　］。	［　い　］。

問4　**実験1**と**実験2**の結果を比べることにより「物質Sが物質Yを他のものに変える性質をもつ」ことがわかりました。［　あ　］および［　い　］にあてはまる文を書きなさい。

4　北斗七星をある日から一か月ごとに同じ時刻に観測し，スケッチを計3枚えがきました。また，やぎ座についても別の季節のある日から一か月ごとに同じ時刻に観測し，スケッチを計3枚えがきました。しかし，どの月の観測かを記入していなかったので，えがいた順番がわからなくなってしまいました。ただし，スケッチ中の矢印は頭の真上の方向を示しています。

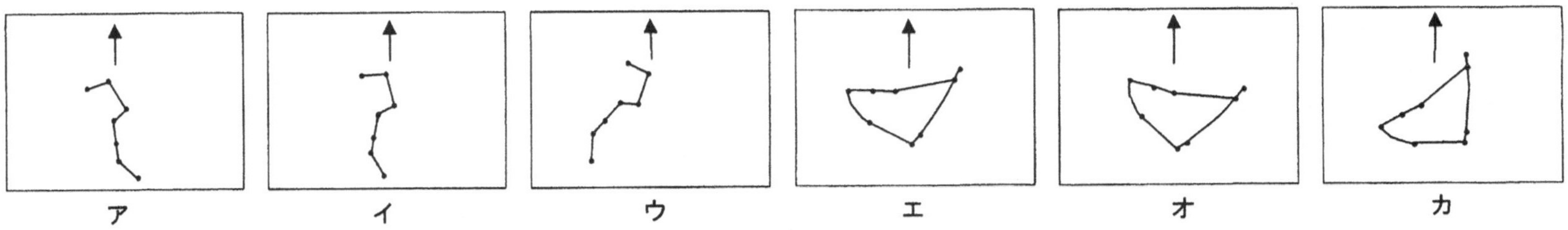

問1　北斗七星，やぎ座のスケッチについてえがいた順番をそれぞれ**ア**～**カ**の記号で答えなさい。

問2　やぎ座のスケッチを2回目にえがいたとき，やぎ座は南の方角にみえていました。北斗七星のスケッチを2回目にえがいたとき，北斗七星はどの方角にみえていましたか。｛北，北東，東，南東，南，南西，西，北西｝のうちから選びなさい。

ある日のある時刻，こと座のベガは，ほぼ頭の真上にみえました。右のスケッチは，そのある日の一か月前の同じ時刻に，夏の大三角をえがいたものです。ただし，スケッチ中の矢印は頭の真上の方向を示しています。

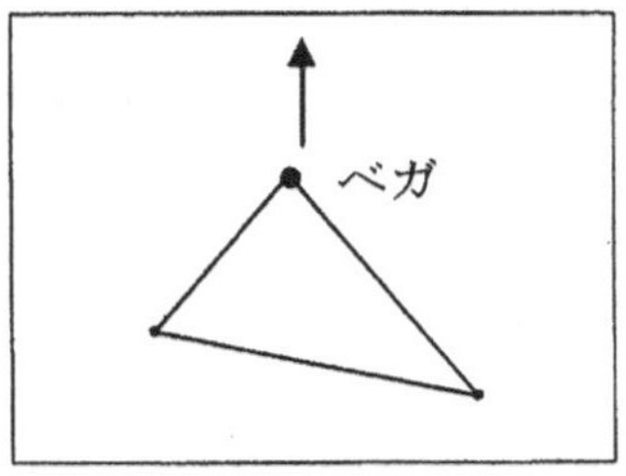

問3　夏の大三角を構成する，こと座のベガ以外の星座と星の名前をそれぞれ答えなさい。ただし，星座と星の組み合わせが正しければ，解答の順序は問いません。

問4　下線部の日の一か月後の同じ時刻にえがいた夏の大三角のスケッチはどれですか。次の**ア**～**ウ**から選び記号で答えなさい。

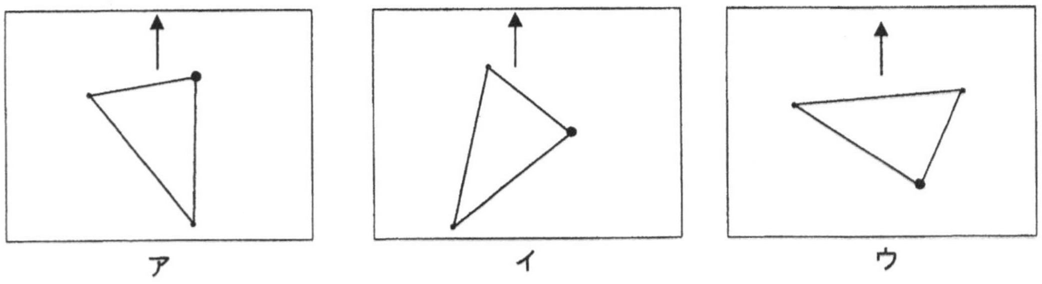

※解答は4枚目の解答らんに記入すること。この用紙の裏面は計算に使ってよろしい。

5 日本でも物々交換《こうかん》が行われていた時代はありましたが，これを効率的に行うために流通貨幣《かへい》が用いられるようになりました。現在，流通貨幣には硬貨《こうか》と紙幣があり，その中で硬貨はさまざまな金属でできています。1円硬貨は（　①　）からできていて，5円，10円，50円，100円，500円硬貨は主に（　②　）からできています。(①)は自動車や航空機の軽量化に利用されており，リサイクルが容易です。5円硬貨は(②)と（　③　）が混ざったものであり，この混ざってできる金属（合金）は（　④　）とよばれることがあります。10円硬貨は古くなるにつれて空気中の物質と結びつき，（　⑤　）色のろくしょうとよばれるものができます。50円以上の硬貨の色はニッケルが混ざったことによるものです。

いま，(①)0.5gと(③)3gを用意しました。それぞれを，ある濃さの塩酸（塩酸A）と反応させたとき，加えた塩酸の体積，溶け残った(①)や(③)の重さ，発生した気体の体積の関係をまとめると，表1と表2のようになりました。ただし，気体の体積はすべて同じ条件の下で測定したものです。

加えた塩酸Aの体積(cm^3)	10	20	30	40	50	60
溶け残った(①)の重さ(g)	0.41	0.32	0.23	0.14	0.05	⑥
発生した気体の体積(cm^3)	120	240	360	480	600	⑦

表1

加えた塩酸Aの体積(cm^3)	20	40	60	80	100	120
溶け残った(③)の重さ(g)	2.35	1.7	1.05	0.4	⑧	⑨
発生した気体の体積(cm^3)	240	480	720	960	1108	⑩

表2

問1　（　①　）～（　④　）にあてはまる金属名と，（　⑤　）にあてはまる色を答えなさい。

問2　6個ある100cm^3ビーカーに，1円，5円，10円，50円，100円，500円硬貨をそれぞれ1枚ずつ入れて，その中に水を50cm^3ずつ入れました。ビーカーの底にしずんでいる硬貨は全部で何枚ですか。0～6の数で答えなさい。

問3　表の中の⑥～⑩にあてはまる数値を答えなさい。割り切れない場合は，小数第1位を四捨五入して整数で答えなさい。

問4　(②)と(③)の金属の粉末が5円硬貨と同じ重さの割合で混ざっているもの2gに塩酸A 40cm^3を加えたところ，発生した気体は260cm^3でした。5円硬貨にふくまれる(②)と(③)はそれぞれ何%ですか。割り切れない場合は，小数第1位を四捨五入して整数で答えなさい。

問5　重さがわからない(①)，(②)，(③)の金属の粉末を混ぜて，重さを計測すると10gでした。これに塩酸A 300cm^3を加えたところ，発生した気体は3120cm^3でした。また，このとき溶け残った金属の重さは3.9gでした。(①)と(③)はそれぞれ何gふくまれていましたか。

6 図1のように，一本の糸の端《はし》に輪をくっつけて，もう一方の端におもりをくっつけたものを用意します（これをSとよぶことにします）。図では輪とおもりは大きくえがいてありますが，それらの大きさは無視できるものとします。また，おもり以外の部分の重さはすべて無視するものとします。

図2のように，細くてかたい棒を水平に固定して，棒にSの輪を通します。棒はじゅうぶん長く，輪と棒の間には摩擦《まさつ》はない（よくすべる）ものとします。おもりを持っていた手を放すと，輪がどの場所にあっても糸はつりあいます（安定して静止する）。

図3のように，棒をななめに固定した場合は，手を放したときにつりあう場所はありません。

図4のように，固定点Aと固定点Bの間に別の糸をゆるく張り（点Aのほうが点Bよりも高い位置にある），その糸にSの輪を通します。輪と糸の間には摩擦はないものとします。手を放すと，輪がすべって移動し，特定の場所でつりあいます。

つりあっているときには糸はまっすぐになっている（たるんでいない）ことに注意して以下の問いに答えなさい。

問1　図4で手を放したあとでつりあったとき，輪の場所はどのような場所でしょうか。最も適するものを次の**ア**～**ウ**から選び記号で答えなさい。

ア　AとBを直線で結んだ真ん中の点の真下。　**イ**　**ア**よりもAに近いところ。　**ウ**　**ア**よりもBに近いところ。

問2　問1の場所の説明として適するものはどれですか。次の**ア**～**ウ**から選び記号で答えなさい。

ア　輪から点A，点Bまでの直線距離《きょり》が等しい。　**イ**　輪から点A，点Bまでの水平距離が等しい。

ウ　Sの糸の延長線が，張られた糸が折れ曲がって作る角を二等分する。

一端《たん》または両端に輪をつけた糸を新たに用意します（これをS′とよぶことにします）。図5のように壁《かべ》に棒を70度の角で固定します。

問3　図5に示したようにSとS′を配置して手を放すと，SとS′は，およそ図5′のような形になってつりあいます。このときS′の糸が壁となす角度を答えなさい。（角度は壁の下方向となす角xの値で答えること。以下同様）

問4　図6のようにSとS′を配置して手を放すと，SとS′はどのような形になってつりあうでしょうか。S′の糸が壁となす角度を答えなさい。

問5　図7のようにSとS′を配置して手を放すと，SとS′はどのような形になってつりあうでしょうか。Sの糸が壁となす角度を答えなさい。

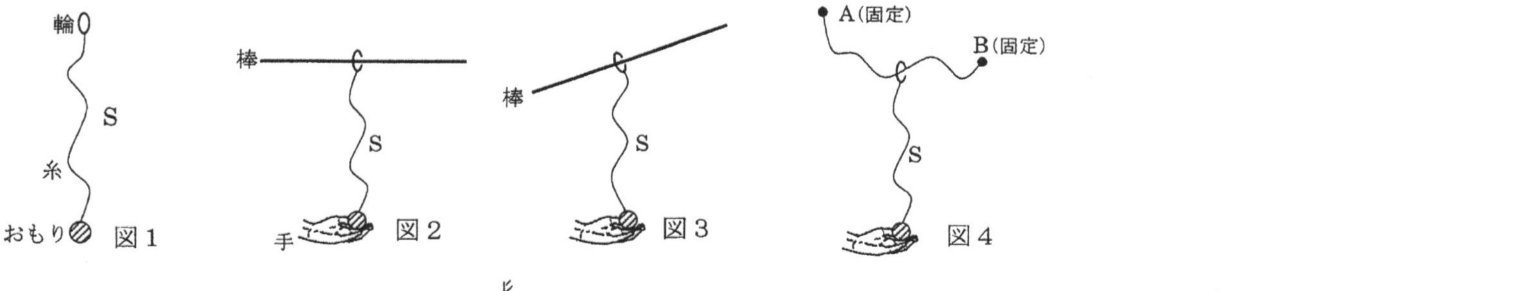

図1　図2　図3　図4

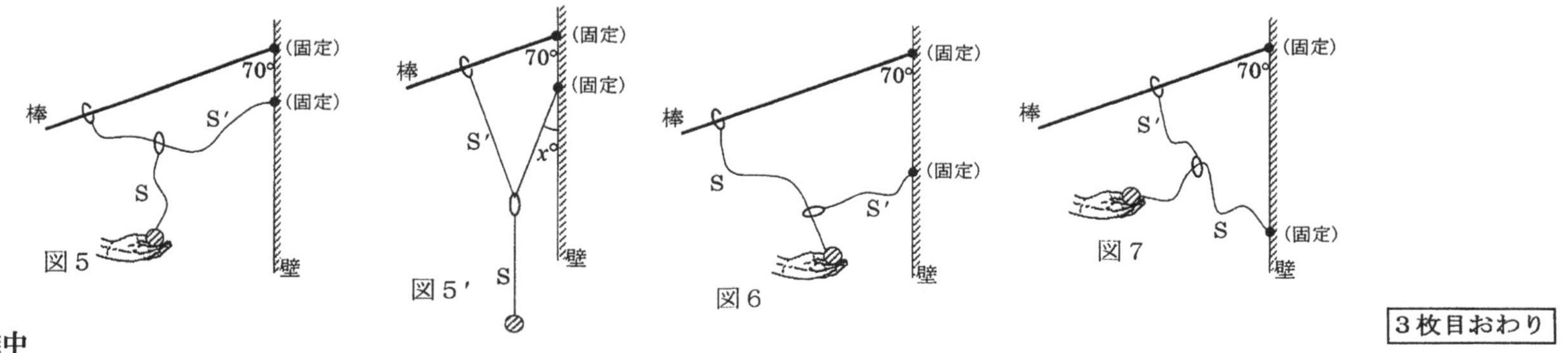

図5　図5′　図6　図7

3枚目おわり

受験番号

令和五年度　灘中学校入学試験問題　国語　一日目　三枚のうちの三枚目

◎解答に字数制限のある場合、句読点などの記号も字数に数えます。

一

問一

問二

問三

問四　1 ｜ ク　2 ｜ ク　3 ｜ ク　4 ｜ ク　5 ｜ ク

問五　1（誤）→（正）　2（誤）→（正）　3（誤）→（正）

二

1　2　3　4　5　6

三

1　2　3　4　5　6

四

1　2　3　4　5

五

1 つ　2 つ　3 つ　4 つ　5 つ

六

A	E	I
B	F	J
C	G	K
D	H	L

※80点満点
（配点非公表）

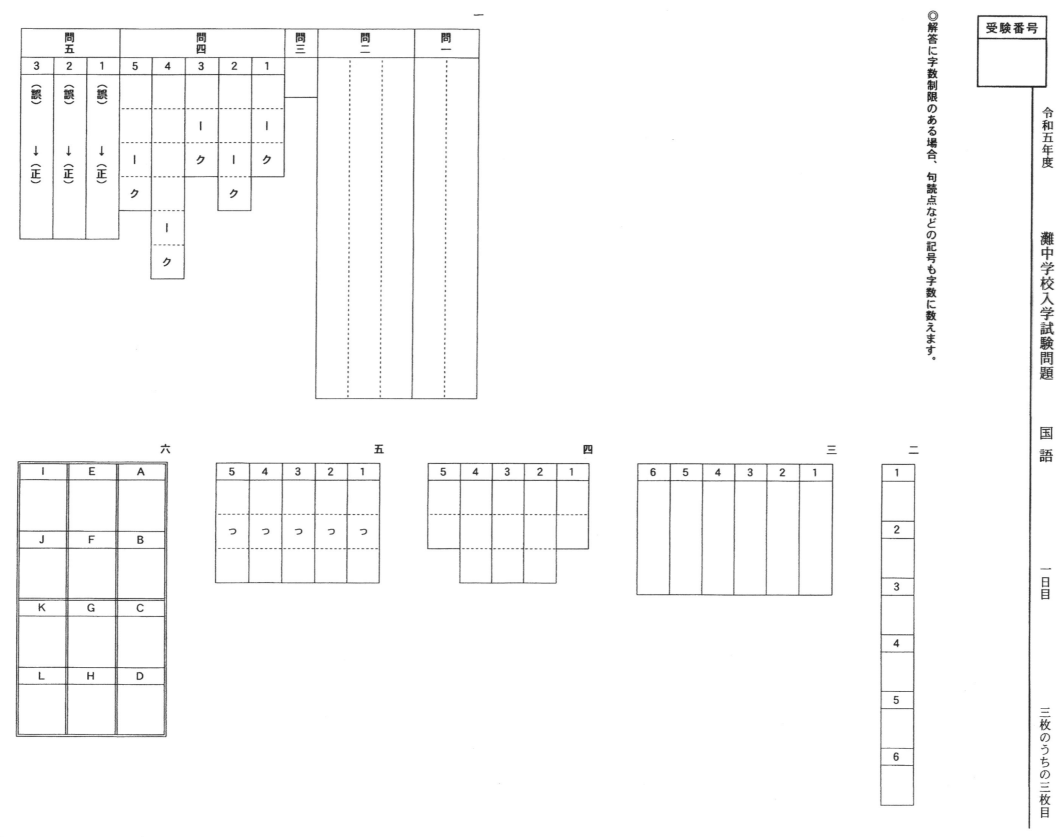

受験番号

令和５年度　**灘中学校　入学試験問題**　※100点満点（配点非公表）

算数　（第１日　３枚のうちの３枚目）

（計算用紙）

解　答　欄

（単位は記入しなくてよろしい）

1	2	3		
		①	②	③

4		5
①	②	

6		7	
①	②	①	②

8	9	10	11

12

※100点満点
（配点非公表）

令和５年度灘中学校入学試験問題（理科）

受験番号

※左に受験番号を必ず記入すること。

解答らん

1

問１	g	問２	g	問３	g	問４	水 g	物質Ａ g	問５	(1) g	(2) g

2

問１	①	②	③	問２	℃	問３		問４	℃	問５	℃

3

問１	A	B	C	D	E
問２	X	Y	Z		
問３	①	②	③	④	
問４	あ				
	い				

4

問１	北斗七星 → →	やぎ座 → →	問２			
問３	星座 座	星	星座 座	星	問４	

5

問１	①	②	③	④	⑤						
問２	枚	問３	⑥	⑦	⑧	⑨	⑩	問４	② %	③ %	
問５	① g	③ g									

6

問１		問２		問３	度	問４	度	問５	度

令和五年度　灘中学校入学試験問題　国語　(70分)　二日目　五枚のうちの一枚目

一　次の文章を読んで、後の問いに答えなさい。

田舎《いなか》を離《はな》れたのは十二年前。大学の入学をきっかけにひとり京都に越《こ》してきて、すぐに本屋でアルバイトをはじめた。京都は本好きに優《やさ》しい街で、古書店も、大型店も、ちょっと変わった本屋もある。それらがお互《たが》いのAリョウブンを守りながら、碁盤《ごばん》の目の内にBテンザイしている。それぞれの点をCシュウユウする生活は楽しく、居心地《いごこち》よく感じていたから、卒業後はそのままこの地に留《とど》まって、十年ちょっとの間、本屋として過ごした。

1そんな人間が今は農業をやっている。理由はあとで書くとして、一年前から京都で有機農業を営んでいる会社で働きはじめ、農業の勉強をしている。技術を学び、数年後には故郷に戻《もど》り、農家として独立することを目標にしている。まだまだ半人前といったところで、周りに助けてもらってどうにかやれている。

どういう理由で農家になったのかと、よく人に聞かれる。2切掛《きっか》けはやっぱり本だった。まだ本屋だった頃《ころ》、『忠吉《ちゅうきち》語録』という本の案内を見て、面白《おもしろ》そうだと思って自分の店にも仕入れた。忠吉というのは、島根県木次《きすき》乳業の創業者の佐藤《さとう》忠吉さんのことで、低温殺菌《さっきん》の牛乳を日本で初めて流通させた、日本の有機農業の草分け的存在である。

一般に流通している牛乳は、120℃〜150℃の高温で殺菌される。保存期間が長くなるので、流通と販売《はんばい》のことを考えれば都合が良いのだけど、この方法だと生乳の風味や有用な菌まで殺してしまう。対して65℃の低温で長い時間をかけて殺菌（パスチャライズ）すると、それらを活《い》かしたままにすることができる。消化に良いのも特徴《とくちょう》らしい。牛乳は好きだけど、飲むとお腹《なか》がゆるくなってしまう体質のぼくも「木次パスチャライズ牛乳」はぐびぐび飲めたので、あの黄色と白のパックには見覚えがあった。

数日後、本が届き、休憩《きゅうけい》時間にパラパラ読んでいると、「百姓《ひゃくしょう》とは地べたのことをする仕事。」という一文が目にとまる。その本には焦点《しょうてん》を当てるべき言葉が他にたくさん並んでいたけれど、何気ない会話の流れに登場した「地べた」という言葉にとりわけ惹《ひ》かれた。自分の祖父よりも歳上《としうえ》で、戦争を経験している忠吉さんが使う言葉の先に色々なものが見える。『忠吉語録』は、著者の野津恵子《のづけいこ》さんはじめ、忠吉さんの言葉を次代に残そうと地元のDユウシが集まってつくった一冊で、すっと健《すこ》やかな本だった。地に足がついた言葉というものは、こういう、しなやかな強さを言うのだと思った。農業へ漠然《ばくぜん》とした憧《あこが》れを抱《いだ》きはじめたのはそれからだった。

たしか、三月の頭とか、朝晩がまだ冷える季節に、ナスの種をポケットに入れていたことがあった。夏の野菜の苗《なえ》を種から育ててみようと思って調べていると、種に発芽のスイッチを入れるにはちょうど人肌《ひとはだ》くらいの温度を保つと良いと書いてあったので、名刺《めいし》くらいの大きさの、封《ふう》ができるビニールに、湿《しめ》らせたキッチンペーパーを入れて、それに種を包み、肌身離さずに持ち歩く方法を試《ため》していたのだった。親鳥のような心境で、種から白い根が顔を出すのを待ちわびていた。

その日は、デザイナーのAさんが店を訪ねてきた。自作の絵本をつくったから感想を聞かせて欲《ほ》しいと言うので、ポケットからメモ帳を取り出そうとして、何気なく例の種が入ったビニールを机に並べた。

「なんですかそれ？　お薬？」

「あぁ、これはナスの種で……。」

それまでにAさんと農業の話をしたことがなかったから、急に種の話になって驚《おどろ》かれた。それから本の話を聞いて、別れ際《ぎわ》に、いつか農業に携《たずさ》わってみたいと打ち明けた。後日、Aさんから連絡《れんらく》があった。

「友人夫婦《ふうふ》が京都で有機農業をしているんですけど、ちょうど今、求人をしているらしくて、鎌田《かまた》さんどうですか？」

3ポケットの種が生んだ不思議な縁《えん》。何千、何万と並ぶ本の海から、今まさに読まねばならない本をぴたっと見つけ出すような、偶然《ぐうぜん》の嗅覚《きゅうかく》というか、そういう、技術や知識と無関係のところで、人生の分岐《ぶんき》をいつもEスクわれてきた。農家になったのもそんな偶然からだった。

あれから、色白だった肌が日に焼けたり、体重が落ちたり、ふと鏡を見て、少しずつ変わっていく自分に気がつくことがある。そうやって、仕事に見合った風貌《ふうぼう》になっていくのだろうし、体つき以外にも変化を感じることがあって、4とくに距離《きょり》や広さの感覚は農家らしくなってきたと思う。去年の日記を見ると、初日の感想に「畝《うね》が長くてビビった。」と一言だけ書いてあった。その日の仕事はズッキーニの収穫《しゅうかく》で、その畝はだいたい70メートルあるのだけど、最初はこれがとんでもなく長く見えた。慣れないうちは、泥濘《ぬかる》んだ畝の間を歩くことだって大変だ。今年の夏は、同じ場所にオクラが植わっている。いつから畑をすいすい歩けるようになったのか、よく覚えていない。

農作業は、自らの体を物差しに世界を見る訓練のようだ。親指から小指の先までちょうど20センチ。握《にぎ》り拳《こぶし》が10センチ。小股《こまた》の一歩が50センチ。大股だと1メートル。畑でいちいちメジャーを使っていられないから、手足を使って距離を測る。慣れていくと、見ただけでなんとなくの長さがわかる。作物の株間や、畝の長さ、広さ、肥料の計量など、自分の体を規格に世界を観察すると、風景が具体化していって、最初はあんなに広く、途方《とほう》もなく感じていた畑が、今は違《ちが》って見える。

初めて歩いた時はやけに長く感じた道が、次に通る時にはなぜか短く思えたりする。道や畑がFチヂんだわけではないから、変わったとすれば自分のほうなのだ。二年目の季節はそんなふうに過ぎていく。

農業の一年目を終えて、そんなことを考えていると友達に話したら、「そういえば幸田文《こうだあや》5もそんなことを書いてたよ。」と教えてくれた。彼女《かのじょ》の文章を読んでいると、つくづく見る目がある人だなぁと思うのだけれど、樹木の観察についてこんなことを書いている。

> 去年の晩秋にも、ここへ檜《ひのき》を見にきているのだが、その時から夏にもぜひもう一度と思っていた。そういう思いかたは私に、抜《ぬ》きがたい家庭人の癖《くせ》がついているからだとおもう。若い頃にしみこんだ、料理も衣服も住居も、最低一年をめぐって経験しないことには、話にならないのだ、とGツウカンしたその思いが、今も時にふれて顔をだすのである。
>
> （「ひのき」『木』収録　新潮文庫刊）

筍《たけのこ》のあくは椿《つばき》の葉でも抜けるんでっせ。最近仲良くなった近所の爺《じい》さんは、そんな調子で生活の知恵《ちえ》を教えてくれる。山椒《さんしょう》の保存の仕方とか、山菜のこととか、昔の茶《ちゃ》摘みの話とか、そんな生きた知恵を仕入れると、来年、同じ季節がやってくるのが待ち遠しくなる。山椒の実が取れたら今度は*ジンに漬《つ》け込《こ》んでみようとか、そんなことを随分《ずいぶん》先のカレンダーに書き込んで忘れないようにしておく。そうやって、いろいろな美味《おい》しいものを知りながら、自分にとって6農業と生活が縫《ぬ》い目なく繋《つな》がっていけば良い。

幸田文が癖と呼んでいるものは、家事仕事から培《つちか》われたもので、Hレイゾウや流通の事情も違う、ひと昔前の家事は今よりもずっと季節に寄《よ》り添《そ》うものだったんだろうと思う。一年経《た》って、彼女の「一年めぐらないと確かではない」という言葉の意味がよくわかる。例えば、ネムノキの花が咲《さ》く頃にオクラの花も咲くとか、雨が続くとカボチャがみんな腐《くさ》るとか、それが今回だけのIゲンショウなのか、それとも、毎年繰《く》り返《かえ》されるものなのか、季節がひとめぐりしてみないとわからない。春夏秋冬のそれぞれに景色があって、畑では毎日違うことが起きている。季節の移り変わりとともに生きて、だんだんと野生の暦《こよみ》を学んでいく。

（鎌田裕樹《かまたゆうき》「ポケットの種から」による）

＊注　ジン――香《かお》りをつけた酒の一種。

問一　――線部A～Iのカタカナを漢字に改めなさい。

問二　――線部1「そんな人間」とはどのような人のことですか、答えなさい。

問三　――線部2「切掛けはやっぱり本だった」とありますが、筆者が農家になったきっかけを答えなさい。

問四　――線部3「ポケットの種が生んだ不思議な縁」とありますが、どのような「不思議な縁」なのですか。次の説明文の［X］～［Z］に入る内容を、それぞれ問題文中の言葉を用いて十五字以上二十字以内で答えなさい。

たまたまデザイナーのAさんに［X］ことをきっかけに、Aさんに［Y］ところ、［Z］という縁。

問五　――線部4「距離や広さの感覚は農家らしくなってきた」とはどういうことですか、答えなさい。

問六　――線部5「そんなことを書いてたよ」とありますが、具体的にはどのように書いていたのですか。問題文中から三十五字程度でぬき出し、始めと終わりの五字を答えなさい。

問七　――線部6とありますが、「農業と生活が縫い目なく繋がってい」くとはどういうことですか、答えなさい。

二　次の文章A・Bはいずれも村井理子《むらいりこ》『本を読んだら散歩に行こう』の一節です。これを読んで、後の問いに答えなさい。

A

ここ数年、料理に対する情熱がどんどん失われつつあった。その理由はいくつか考えられるけれど、1「疲《つか》れた」というひと言でほとんどすべて説明できるだろう。なにがどう疲れてしまったのかを説明すると、決まって「え、そんなことで？」と驚《おどろ》かれる。そこは盲点《もうてん》だったなあと感心されてしまう。種明かしをすると、私が心底疲れてしまったのは、自分自身の「味」だ。自分が作り出す、何十年も変わらない自分の味に疲れて、嫌気《いやけ》がさし、心底うんざりしている。ため息が出るほど自分の料理に飽《あ》きた。豪華《ごうか》なものなんていらない。奇抜《きばつ》なアイデアも必要ない。ただただ、私は自分以外の誰《だれ》かが作ってくれた、なんの変哲《へんてつ》もない一皿に飢《う》えている。そして私は、誰かのために作ることに、疲れ切ってしまったのだ。

両親が共働きだったため、小学校の低学年から料理は作り続けてきた。最初はインスタントラーメンぐらいしか作ることができなかったけれど、火の扱《あつか》いへの恐怖《きょうふ》心が徐々《じょじょ》に薄《うす》らぎ、やがて自信に変わると、次々と新しいレシピに挑戦《ちょうせん》するようになった。それは料理というよりは、むしろ図画工作や理科の実験に近かった。材料を切って、火を通して、調味料を加えていくことで、食べることができるなにかになるという面《おも》白《しろ》さと、それを「美味《おい》しい」なにかに変えていくことの楽しさにすっかりやみつきになった。私が料理をすると母が驚くのも、兄が褒《ほ》めちぎるのも、父が残さず食べてくれるのもうれしかった。結局、小学校を卒業するまでに、学校行事に必要な弁当は自分で作ることができるまでになった。

料理に対する気持ちが微妙《びみょう》に変化しはじめたのは、私が料理を作ることが、当然のことと受け止められるようになってからだ。大学を出て働きはじめ、結婚適齢期《けっこんてきれいき》に近づくにつれ、「こんな料理を作ることができるんだね。」とか、「ありがとう！」という、シンプルだけれど、私にとってはうれしい周囲の言葉がピタリと止まった。実の母でさえ、おふくろの味だとか、男性を喜ばせるレシピなんて本を送ってくるようになり、私が母に対して出す料理にも、「もうちょっと甘《あま》くしたほうが男の人は好きだよ。」とか、「働《はたら》き盛《ざか》りの男の人には塩分を多めに。」とか、2ことあるごとに言われるようになった。どれだけ作っても、必ずひとつは課題点を見つけられる。その課題点の先にあったのは、結婚だった。あなたの料理はあなたのためではないと遠回しに言われ続けた私の心のなかで、違和感《いわかん》はくすぶり続けた。

しかし、それを思い出して私が暗澹《あんたん》たる気持ちになるのは、そんな周囲からの言葉を受け入れていたのは、ほかでもなく自分であったという事実だ。あの頃《ころ》の自分は、努力しても必ずなにかを指摘《してき》され、課題を与《あた》えられることに慣れてしまい、それを当然のことだと信《しん》じ込《こ》んでいた。料理は誰かのために、必ず私がやり続けなければならないことだと思っていた。今となっては、その頃の自分に心からご苦労さまと伝えたい。そして、誤解を解いてあげたいし、同じ誤解を誰に対しても与えないようにしなければと思う。

子どもが生まれて、作った料理をあっさりと拒絶《きょぜつ》されることの痛みにも、やっぱり手作りが一番美味しいという呪《のろ》いの言葉にも慣れ、私はすっかりやさぐれた主婦となってしまった。小学生の頃抱《いだ》いていた3料理に対するわくわくとしたピュアな喜びなんて美しいものは、すっかり消え去った。数年前に大病をしてからというもの、料理に対する気持ちは拒絶に近いものとなり、今はもう、手作りVS冷凍《れいとう》食品という論争にも気軽に乗れない程度に、私のなかの「料理」は瀕死《ひんし》の状態だ。

しかし、病を克服《こくふく》したことで私が得た、かけがえのない宝物の存在が、私の頑《かたく》なな心に小さな声で呼びかけ続けている。そのかけがえのない宝物とは、自分をなによりも大切にするという気持ちだ。自分自身をないがしろにすることが、家族への愛だと勘違《かんちが》いをしていた自分に別れを告げてからは、ただひたすら、自分をいたわるようになった。だから、I私はもう一度、料理に向き合おうと決めた。今度は誰かのためではなく、自分自身のために。自分のより良い生活のために。

B

主婦として家事を切り盛りして二十年以上経過するが、最近になってようやく気づいたことがある。なにを今更《いまさら》と思うのだが、私にとってはなかなかどうして大きな発見だった。私が最も得意としていたもの、ここ数年で完全に熱意を失い、気持ちが冷め切ってしまっていた家事、そう、料理についてである。

なぜ料理がそこまでつらくなってしまったのか、自分なりにしっかりと考えてみた。まずは、自分の味に飽きたことがひとつ。そして、拒絶されることのがっかり感に、そろそろ疲れてきたのがもうひとつの理由だった、料理本とにらめっこして、どれだけ工夫《くふう》を重ねても、新しいメニューにチャレンジすればするほど、「美味しい料理を作らなければ。」という強い思い（そして重い）だけが空回りしたと気づく、あの瞬間《しゅんかん》である。

さあどうぞ、食べてみて！　と張り切って出したとき、例えば子どもが微妙な表情をしつつも、「美味しいよ。でもお腹《なか》がいっぱいなんだ。」と、4私に対する優《やさ》しさを最大限に発揮して言ったとする。そして実際に息子《むすこ》たちは、そう言う場合が多い。そこで私はがっかりするのだが、同時にとても気の毒になって、そのうえじわじわと腹が立つのである。この、がっかり・気の毒・腹が立つのコンボが、二十年ほどのときを経て私を打ちのめしたのだと気づいた。大げさだが。

そしてなにより、「軽く腹が立つ自分」にも、軽く腹が立つ。なぜかというと、そこに「作ってやったのだから、喜んで食べるのは当然だ。」みたいな、自分のエゴの存在をちらりと感じてしまうからだ。そして、その私の一方通行な気持ちを汲《く》み取《と》った子どもが、「美味しい。」と言わねばならぬシチュエーションを作っている、そんな自分が嫌になる。

それじゃあどうすればいいんだよ……私が子どもの立場だったら、一〇〇％そう言うだろう。私だったら、絶対に、はっきりと、辛辣《しんらつ》に言う。母さんは考えすぎじゃないの？　そんな一方的な思いを押《お》しつけられても、こっちだって困る。っていうか、重すぎるよ、その気持ち。べつに、手の込んだものを作ってほしいなんて言ってないよね？　簡単なものでいいのに、勝手に焦《あせ》ってるのはそっちじゃん……私だったらこのように、流れるように言いますね。というか、言ったことがあります、実の母に。

自分の子ども時代を回想しつつ、熟考を重ねたとある日の夕方、私はとうとう最後の真実に辿《たど》りついた。私という人間は、料理だけに限らず、なにかと「考えすぎである」ということに。読者の皆《みな》さんはここで、「ようやく気づいてくれたか。長い道のりだったな。」と思われるだろう。とにかく私は、自分の気持ちが先行し、それが常に空回りするのだ。特に、相手が自分の子どもだと、その傾向《けいこう》が顕著《けんちょ》であると認めざるを得ない。だから私は自分自身に、肩《かた》の力を抜《ぬ》くこと、そしてなにより、5「皿の上に自分の念まで盛り付けない」という掟《おきて》を定めた。二十年目にして解脱《げだつ》である。

ということで、最近のわが家の食卓《しょくたく》は、週の半分がミールキット（食材が下ごしらえをした状態で届き、仕上げ作業だけでメニューが完成するよう工夫されたキット）、そして残りの半分が究極にシンプルなメニューで構成されている。シンプルなメニューがどんなものかというと、新米がとても美味しい時期だから、塩むすびである。炊《た》きたてのご飯を、少し強めの塩で握《にぎ》って、パリパリの海苔《のり》を巻く。それだけだ。それだけなのになんと、「うまい！」という声が上がるではないか。味噌汁《みそしる》は、良い出汁《だし》パックを使って作れば、卵を溶《と》いて葱《ねぎ》をぱらりと入れるだけで、「うわあ、美味しい。」となる。ゆで卵をマヨネーズのチューブと一緒《いっしょ》に、ドン！　とテーブルの上に出すだけで食卓が盛り上がる。じゃがいもをオーブンに三十分ほど放り込み、バターと塩を添《そ》えて、こちらもドン！　と出すだけで、もうそれでいいのである。なぜ今までそうしなかったのか。新米と塩とマヨネーズ。この三つがあれば勝てる。まんぷく三銃士《さんじゅうし》と呼びたい。素材が良ければ当然6勝率はアップする（これ、とても重要）。

そしてもちろん、自分が本当に好きなメニューもどんどん作る。自分のために作る。バターを溶《と》かしたフライパンに卵を流して作るスクランブルエッグとか、長芋《ながいも》のステーキだとか、甘くて大きなお揚《あ》げが入ったきつねうどんとか、そんなものである。

考えに考え、勝手に傷つき、ぐるりと回って私は再びスタートラインに立つことができた。II料理と向き合う日々は続いている。

（村井理子『本を読んだら散歩に行こう』）

問一　――線部1「疲れた」とありますが、筆者は何に「疲れた」のですか。文章Aから二つぬき出して答えなさい。一つは十三字、もう一つは十字です。

問二　――線部2「あなたの料理はあなたのためではない」とありますが、ここで筆者が作ることを求められている料理はどのようなものですか、答えなさい。

問三　――線部3「料理に対するわくわくとしたピュアな喜び」とはどういったものですか、答えなさい。

問四　――線部4「とても気の毒になって」とありますが、筆者はどうしてそのような気持ちになるのですか。理由を説明しなさい。

問五　――線部5とありますが、「皿の上に自分の念まで盛り付け」るとはどういうことですか、答えなさい。

問六　――線部6「勝率はアップする」とはどういうことですか、答えなさい。

問七　＝＝線部I「私はもう一度、料理に向き合おうと決めた」・II「料理と向き合う日々は続いている」とありますが、この結果筆者の作る料理はどのようになりましたか。文章A・Bをふまえて答えなさい。

三　次の詩を読んで、下の問いに答えなさい。

あなたに　秋村宏《あきむらひろし》

1 ずいぶんカドがとれましたね
この頃《ごろ》
そう言われることがある
若い時とは違《ちが》うし
それに人生というものもわかってきたし

そうつぶやいてから
そのわたしをじっとみているあなたに気づく
そういえば
わたしの好きな言葉は
□　だった

夢とか希望とかを話しあう時
2 声が小さくなっていないか
怒《おこ》ったり笑ったりする時
心が深くついていかなくなっていないか

なぜ
3 カネとかモノのあたたかさに
ひたっていたいのだろう
わたしが望んでいるのは
この 憤《いきどお》りに満ちた世界を変えることなのに

でもそれが普《ふ》通《つう》なのではないか
わたしはいつも世間の誘《ゆう》惑《わく》のなかにいて
あなたはいつも未来や人間の豊かさの側にいる
だからわたしは
4 あなたにじっとみられるのが嫌《きら》いではない

どうか手を強く握《にぎ》ってください
5 丸くなって座《すわ》っているようにみえても
生きる意味を問いつづけることはできる
あなたと話すために
いつも始まりの言葉を探しているのだから

（『生きものたち』による）

問一　――線部1「ずいぶんカドがとれましたね」とありますが、「カドがとれる」とはどういう意味ですか、答えなさい。

問二　詩中の□に入る言葉として最も適当なものを次のア～オから選び、記号で答えなさい。

ア　落ち着いている　　イ　変わっている
ウ　尖《とが》っている　　エ　弾《はず》んでいる
オ　曲がっている

問三　――線部2「声が小さくなっていないか」とありますが、ここでの「声が小さくなる」の意味として最も適当なものを次のア～オから選び、記号で答えなさい。

ア　考えが浅くなる　　イ　体力がなくなる
ウ　立場が弱くなる　　エ　他人に迷《めい》惑《わく》がかかる
オ　熱意がなくなる

問四　――線部3「カネとかモノのあたたかさ」を言いかえた言葉を、詩中から五字以内でぬき出して答えなさい。

問五　――線部4「あなたにじっとみられる」とありますが、
A「あなた」とはどんな存在ですか、答えなさい。
B「あなたにじっとみられる」とはどうすることですか。Aの問いをふまえて答えなさい。

問六　――線部5「丸くなって座っている」とはどのような様子のたとえですか、説明しなさい。

※100点満点
（配点非公表）

受験番号

令和５年度　　**灘中学校　入学試験問題**　　(60分)

算数　　（第２日　３枚のうちの１枚目）

［解答上の注意］

- 1 (1)，2 (1)，(2)，3 (3)，5 (1) は答えのみ記入しなさい。それ以外の問題は答え以外に文章や式，図などもかきなさい。
- 問題にかいてある図は必ずしも正しくはありません。

1

次の【操作】を考えます。

【操作】奇数に対しては３を足す。偶数に対しては２で割る。

たとえば，１から始めて【操作】を１回行うと，４が得られます。また，５から始めて【操作】を４回行うと，５ → ８ → ４ → ２ → １となり，１が得られます。

(1) 81 から始めて【操作】を３回行うと，［　　　］が得られます。また，81 から始めて【操作】を 2023 回行うと，［　　　］が得られます。

(2) 整数Ａから始めて【操作】を６回行うと，初めて１が得られました。Ａとして考えられる数をすべて求めなさい。

答

(3) $\underbrace{2\times2\times\cdots\times2}_{2023\text{個}}-1$ から始めて【操作】を何回行うと，初めて１が得られますか。

答　　　　　回

2

図のような，すべての面が１辺の長さが 1cm の正三角形である三角すいがあり，太線でかかれた辺にはインクがぬられています。この三角すいを紙の上に置き，紙にふれている面のいずれかの辺を軸《じく》としてすべらないように何回か転がします。ただし，インクは紙についても辺からなくならないものとします。

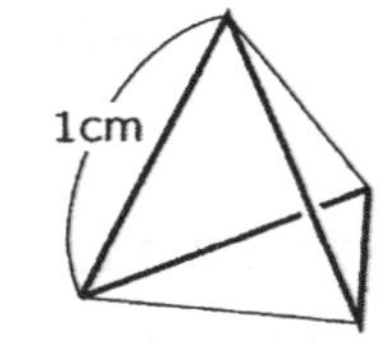

(1) ２回転がす場合，紙についたインクの線は，長さの合計が 3cm のものが全部で２通り，4cm のものが全部で３通り，5cm のものが全部で４通りあります。それらを下の図にかき入れなさい。ただし，転がす前に紙についているインクの線はあらかじめ太線で印刷されています。また，解答の順序は問いません。

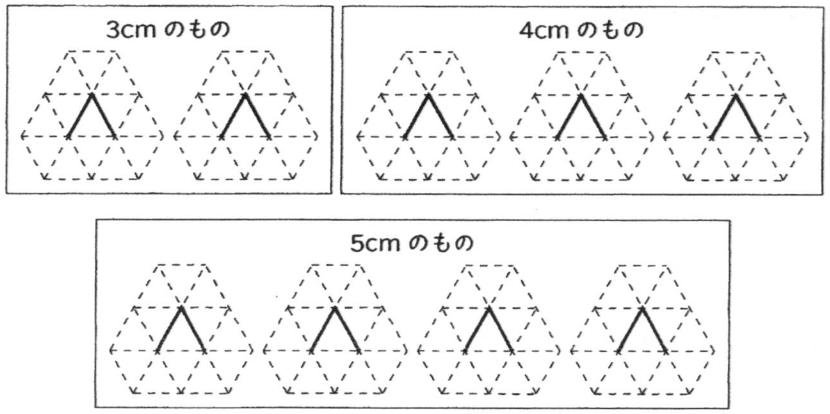

(2) ３回転がします。紙についたインクの線の長さの合計が最も大きくなるとき，それは［　　　］cm です。また，そのような転がし方は全部で［　　　］通りあります。

(3) ４回転がします。紙についたインクの線の長さの合計が最も大きくなるとき，それは何 cm ですか。また，そのような転がし方は全部で何通りありますか。

答　　　　cm,　　　　通り

受験番号

令和５年度　**灘中学校　入学試験問題**

算数　（第２日　３枚のうちの２枚目）

3

生徒が 25 人いるクラスで 10 点満点の試験を行いました。試験は１番，２番，３番の３問からなり，配点は１番が２点，２番が３点，３番が５点です。部分点はありません。

試験の結果，２番を正解した生徒は全部で 14 人，３番を正解した生徒は全部で 14 人いました。また，３問中ちょうど２問正解した生徒は全部で 16 人おり，その 16 人の得点の平均は 6.5 点でした。３問中ちょうど１問正解した生徒の得点の平均は 3.5 点でした。クラス全体の得点の平均は 5.68 点でした。得点が０点の生徒はいませんでした。

(1) １番を正解した生徒の人数を求めなさい。

答　　　　　人

(2) ３問中ちょうど１問正解した生徒の人数を求めなさい。

答　　　　　人

(3) この試験の得点の度数分布表としてあり得るものは下の３通りです。空欄《らん》をうめなさい。

得点（点）	人数（人）
10	
8	2
7	
5	
3	
2	
合計	25

得点（点）	人数（人）
10	
8	4
7	
5	
3	
2	
合計	25

得点（点）	人数（人）
10	
8	6
7	
5	
3	
2	
合計	25

4

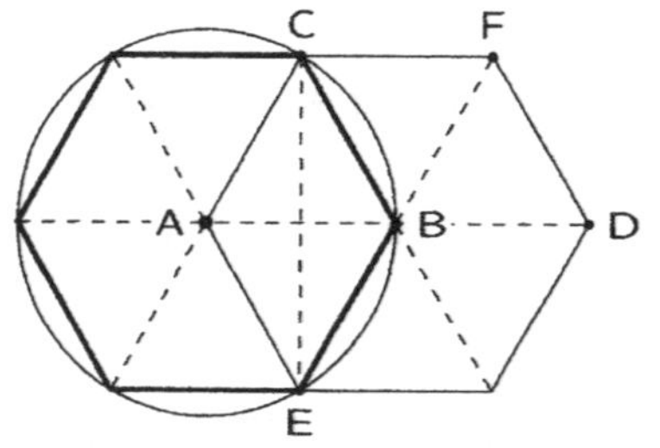

右の図で，太線，細線の六角形はどちらも１辺の長さが 6cm の正六角形です。

点Ｂは点Ａを中心とする半径 6cm の円周上を１周します。点Ｂが動くとともに，点Ｂと点Ｃを結ぶまっすぐな線，点Ｂと点Ｄを結ぶまっすぐな線，点Ｂと点Ｅを結ぶまっすぐな線，点Ｂと点Ｆを結ぶまっすぐな線がそれぞれ長さと向きを変えないように，点Ｃ，Ｄ，Ｅ，Ｆも動きます。たとえば，Ｂが半周したとき，ＤはＡの位置にあります。

ここでは円周率は 3.14 とし，この図において三角形 ABC の面積は 15.6cm^2 であるとします。

(1) 点Ｂ，点Ｃを結ぶまっすぐな線が通過する部分のうち，太線の正六角形の内側にある部分を斜《しゃ》線《せん》で図にかき入れました。この部分の面積を求めなさい。

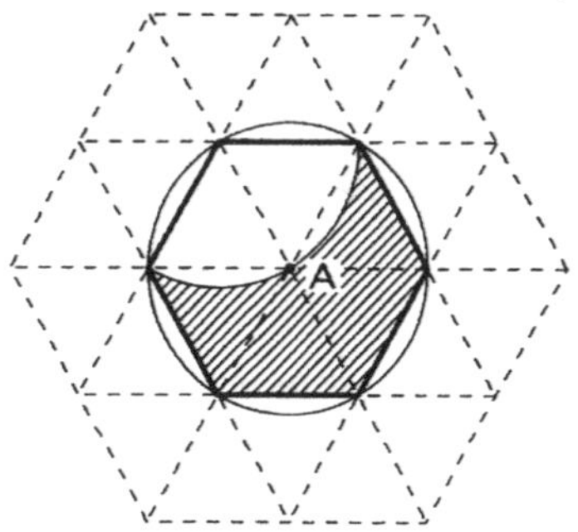

答　　　　　cm^2

(2) 点Ｃ，点Ｅを結ぶまっすぐな線が通過する部分のうち，太線の正六角形の内側にある部分を (1) の図にならって図にかき入れ，面積を求めなさい。

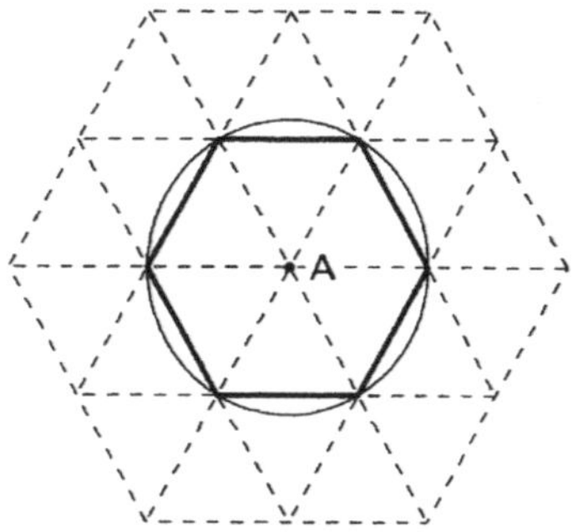

答　　　　　cm^2

(3) 点Ｄ，点Ｆを結ぶまっすぐな線が通過する部分のうち，太線の正六角形の内側にある部分を (1) の図にならって図にかき入れ，面積を求めなさい。

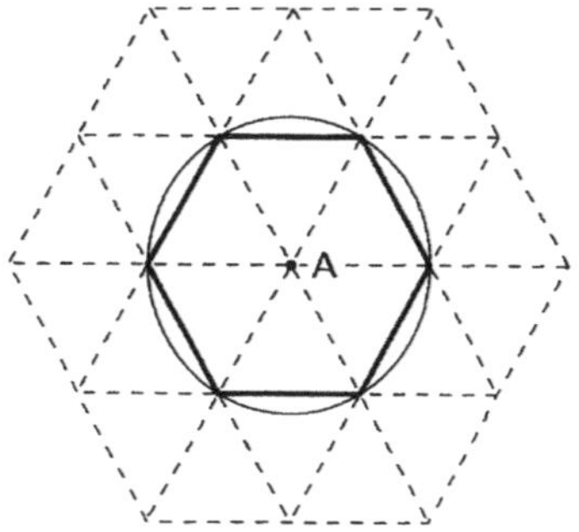

答　　　　　cm^2

受験番号

令和５年度　**灘中学校　入学試験問題**

算数　（第２日　３枚のうちの３枚目）

5

図のように，１辺の長さが 6cm の立方体 ABCD-EFGH があります。辺DA，AB，BF，CD，CG，BC の真ん中の点をそれぞれI，J，K，L，M，Nとします。３点I，J，Kを通る平面を㋐，３点I，L，Mを通る平面を㋑，３点J，M，Nを通る平面を㋒とします。

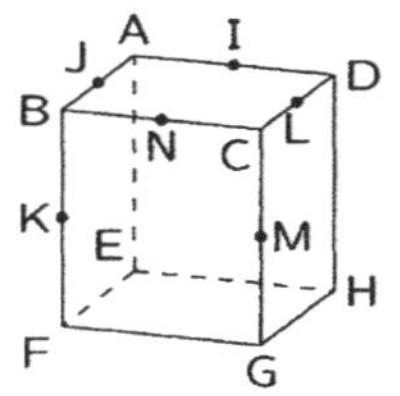

角すいの体積は，(底面積)×(高さ)×$\frac{1}{3}$ で求められます。

(1) 平面㋐で立方体を２つの立体に切り分けたとき，点Hを含《ふく》む立体の体積は ＿＿＿＿ cm^3 です。

(2) ３つの平面㋐，㋑，㋒で立方体をいくつかの立体に切り分けたとき，点Gを含む立体の体積を求めなさい。

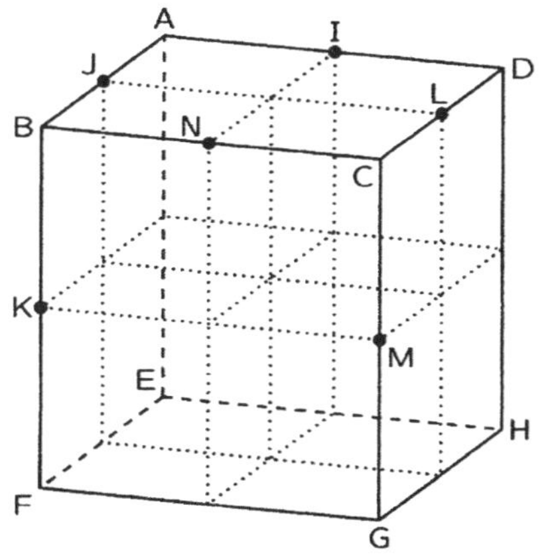

答　＿＿＿＿　cm^3

(3) ２つの平面㋐，㋑で立方体をいくつかの立体に切り分けたとき，点Dを含む立体の体積を求めなさい。

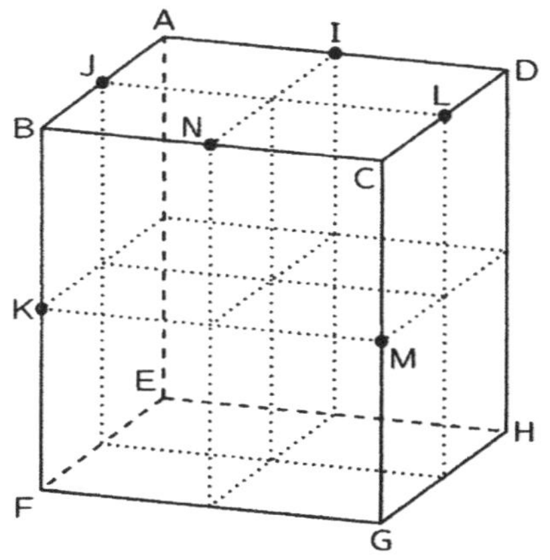

答　＿＿＿＿　cm^3

(4) ２つの平面㋐，㋑で立方体をいくつかの立体に切り分けたとき，点Cを含む立体をVとします。また点Bと点Jの真ん中の点をP，点Cと点Mの真ん中の点をQとします。３点N，P，Qを通る平面で立体Vを２つの立体に切り分けたとき，点Iを含む立体の体積を求めなさい。

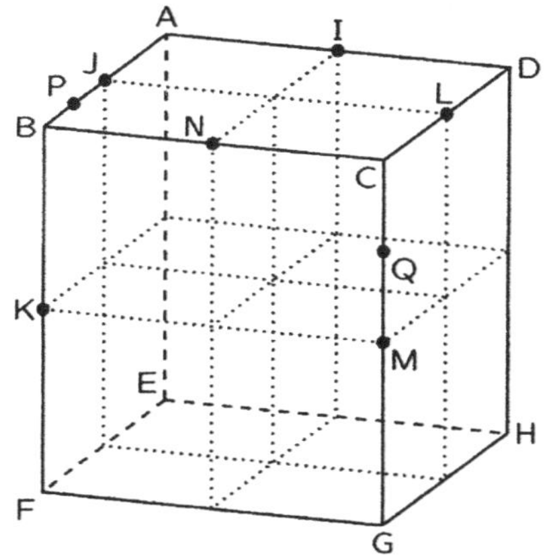

答　＿＿＿＿　cm^3

受験番号

令和五年度　灘中学校入学試験問題　国語　二日目　五枚のうちの五枚目

※120点満点
（配点非公表）

◎解答に字数制限のある場合、句読点などの記号も字数に数えます。

一

問一　A　B　C　D　E　われ　F　んだ　G　H　I

問二

問三

問四　X　Y　Z

問五

問六　〜

問七

二

問一　・　・

問二

問三

問四

問五

問六

問七

三

問一

問二

問三

問四

問五　A　B

問六

一　次の文章を読んで、後の問いに答えなさい。

何日か前、暑いまっ昼間に、突然《とつぜん》クシャミが出てとまらなくなった。研究室の学生もいっせいにクシャミを始めた。いったいなぜだか、さっぱりわからない。一階へおりてみると、下の住民もみんなそろってクシャミをしている。まもなく三階からもかけおりてきて、建て物じゅう[a]キツネにつまれたような感じになった。

やがて、原因はすぐ前の草地にまいている除草剤《じょそうざい》であることがわかった。さっそく文句をいいにいったが、これは有毒な薬ではないという答えだった。「毒がないたってこんなにクシャミが出るんだから……。」といっても、[b]おい□□とは聞き入れそうもない雰囲気《ふんいき》であった。

隣人《りんじん》にさんざんクシャミをさせてまで、なぜそんなにムキになって草を退治したいのだろう？　ぼくのすんでいる公務員住宅でも、夏になると月二回は全員総出で草取りをする。少し離《はな》れた草原も、朝早くから草刈《くさか》り機が轟音《ごうおん》を立てながらきれいに刈る。せっかくみごとに群生していた美しいネジバナも、秋口に咲《さ》くツルボも、おかまいなしに、ぜんぶ刈ってしまう。[1]手ごわいと見れば除草剤をまいて、一面に赤茶けた焼けあとにする。それでもまだ足りないらしく、用務員さんが何日も地べたにしゃがみこんで、生えかけた草を一本一本、根っこからこそげとる。おかげで地面は裸《はだか》になり、雨でも降れば[c]ツルツルすべって、どうしようもない。天気のいい日がつづけば土ぼこりは必然だ。

なんでそんなに草をとるのですか？　と聞けば、「雑草ですからね。」という答えである。雑草はだめで、花壇《かだん》や芝生《しばふ》ならいいわけだ。消防庁のお達しだともいう。草が生えていると、冬、火災の危険があるそうだ。今どき[d]コンクリートの建て物ばかりなのに、いったいどういうつもりだろう。

けれど、もっと根本にあるのは、「草ぼうぼう……」とか、「草の伸《の》びるにまかせた……」という表現に示されているような、[2]「手入れの思想」ではないだろうか？　草など生やして……といわれたくないのである。自分の管理下にある土地に、「雑草」は生やしてはならないのだ。なぜなら、雑草は「とにかく」悪いものだからである。

同じことは山林についてもいえる。ほったらかしの山を見て「もっと手入れをすればいい山になるのに……。」という人は多かろう。だが、「いい山」とは何を指すのだろうか。

美しく咲きそろった花壇、きれいな芝生、すくすくと伸びた杉林《すぎばやし》……そういうものがよくて雑草が悪いという感覚は、画一管理の思想につらなる。いろいろな雑草が思い思いに生え、育ってゆくことを許せないのだからである。野山に緑を、といいながら、自分の家のまわりの「雑草」を退治するような感覚は、*欺瞞《ぎまん》もはなはだしいものだと思う。

（日高敏隆《ひだかとしたか》『日高敏隆選集Ⅴ　動物はなぜ動物になったか』による）

＊注　欺瞞――人をごまかし、だますこと。

問一　――線部1「手ごわい」とありますが、草のどのような点が「手ごわい」というのですか。考えて答えなさい。

問二　――線部2「手入れの思想」とはどのような考えですか。問題文中の言葉を用いて答えなさい。

問三　〰〰線部a「キツネにつまれた」とありますが、次の1～6の□にあてはまる言葉を後のア～コから選び、記号で答えなさい。ただし、同じ物はくり返して使えません。

1　窮鼠《きゅうそ》□をかむ　　2　鶏口《けいこう》となるも□後となるなかれ　　3　犬□の労　　4　鶴《つる》は千年□は万年

5　鳶《とび》が□をうむ　　6　□ににらまれた蛙《かえる》

ア　亀《かめ》　イ　蛇《へび》　ウ　牛　エ　鷹《たか》　オ　犬　カ　猿《さる》　キ　鶴　ク　猫《ねこ》　ケ　猪《いのしし》　コ　馬

問四　〰〰線部b「おい□□と」の□にあてはまるひらがなを答えなさい。

問五　〰〰線部c「ツルツル」とありますが、次の1～4の□には、同じように一・三文字目がタ行、二・四文字目がラ行のそれぞれ同じ文字からなる四文字の言葉が入ります。あてはまる言葉をひらがなで答えなさい。ただし、同じ言葉はくり返して使えません。

1　□思うに、人生は短い。　　2　□と脂《あぶら》ぎった顔。　　3　不平を□のべる。

4　昼下がりに□まどろむ。

問六　〰〰線部d「コンクリート」とありますが、これは「コン」で始まる外来語です。次の1～5の文の（　　）に入れるのに適当な「コン」で始まる外来語を、後のA～Gから選び、記号で答えなさい。

1　白と黒の配色の（　　）がきわだつ絵画。

2　製品の（　　）があいまいで消費者に伝わらない。

3　新企画《きかく》について、社内の（　　）を得ることができた。

4　逆境の中でも自分の感情を（　　）する。

5　大量の情報を（　　）な形にまとめる。

A　コンセプト　B　コンセンサス　C　コンタクト　D　コンディション

E　コントラスト　F　コントロール　G　コンパクト

二　1～4群の俳句の□には、「春・夏・秋・冬」のいずれかが共通して入ります。それぞれどの季節を入れるのがよいか答えなさい。ただし、同じものはくり返して使えません。

1
襟巻《えりまき》に首引入れて□の月　五十嵐播水
ことごとく未踏《みとう》なりけり□の星　杉山杉風
かくれなく重なりあうや□の山　髙柳克弘
　蝶夢

2
どこまでが父の戦記の□の空　宇多喜代子
伸《の》びることのみに徹《てっ》する□の草　福田甲子雄
河童《かわたろ》の恋《こい》する宿や□の月　与謝蕪村
　和家明子

3
足もとはもうまっくらや□の暮　草間時彦
遠山やしずかに見ゆる□の空　高桑蘭更
□の蚊《か》の影《かげ》のごときを払《はら》いけり　檜紀代
石山の石より白し□の風　松尾芭蕉

4
一草に一花の手はず□の雨　伊藤敬子
さまざまのもの流れけり□の川　勝見二柳
　山内遊糸
□の海ひねもすのたりのたりかな　与謝蕪村

三　次の1～5の各組の［A］・［B］に入る二つの漢字を組み合わせると、別の漢字一字ができます。その漢字をそれぞれ答えなさい。

1　他山の［A］とする ―― 面《つら》の［B］が厚い
2　夜を［A］に継《つ》ぐ ―― 去る［B］は追わず
3　［A］死に一生を得る ―― 墓［B］を掘《ほ》る
4　時は［A］なり ―― ［B］中八九
5　［A］をときめく ―― 立てば歩めの親［B］

四　次の1～4の各群は、動作や状態を表す言葉です。各群の□に それぞれ共通するひらがな二字を入れて、言葉を完成させなさい。

1　はる□　ひし□　なぞ□
2　ひろ□　むら□　ころ□
3　ささ□　かが□　つぶ□
4　なみ□　あわ□　きわ□

五　次の1～6の各文の□に入る言葉を、それぞれ答えなさい。

1　大《おお》□に乗ったつもりで、ゆったり構えていろ。
2　大《おお》□を広げるだけでは信用されないよ。
3　不注意で窓ガラスを割って大《おお》□を食った。
4　おれは有史以来の天才だと大《おお》□をたたいた。
5　大《おお》□を切った以上は、あとには引けない。
6　大《おお》□をふるって、不要な人員を整理した。

六　次の1～3の各文章の――線部ア～エには、敬語としてふさわしくない表現がそれぞれ一つずつふくまれています。その記号を答えなさい。また、選んだものを敬語としてふさわしい形に書きかえなさい。

1　このたびはすばらしいミカンをア送ってくださり、まことにありがとうございます。さっそく家族でおいしくイいただきました。実家がミカン農家のウお母さんも、こんなにおいしい物は初めて食べたとエ申しておりました。

2　Aさんから、ここ数日あなたが体調をアくずしていらっしゃるとイうかがいました。無理せずじっくりウお休みしてください。元気なあなたとエお会いできるのを楽しみにしています。

3　今日は気温が高かったので、アいらっしゃられたお客様には冷たい麦茶をイお出ししましたが、どなたもおいしそうにウ召《め》し上《あ》がっていました。エ喜んでいただけたようでうれしく思います。

七　次の1～3の漢字しりとりを、後の〔条件〕に合わせて完成させなさい。

1　理［A］―［A］来―来［B］―［B］紀―紀［C］―［C］［D］―［D］曜
2　首［E］―［E］［F］―［F］体―体［G］―［G］作―作［H］―［H］句
3　絶［I］―［I］成―成［J］―［J］［K］―［K］配―配［L］―［L］銅

〔条件1〕　示されている漢字も、□に入る漢字も、すべて音読みです。

〔条件2〕　示されている漢字の読み方は、一回目と二回目とで異なりません。

〔条件3〕　□に入る漢字の読み方は、一回目と二回目とで異なります。たとえば、大学（だいがく）―学校（がっこう）のように、「っ」に変化するものでもかまいません。

令和４年度　　灘中学校　入学試験問題

算数　（第１日　３枚のうちの１枚目）　(60分)

次の問題の □ にあてはまる数を３枚目の解答欄《らん》に書き入れなさい。

［注意］

・問題にかいてある図は必ずしも正しくはありません。

・角すいの体積は，(底面積)×(高さ)×$\frac{1}{3}$　で求められます。

1　$\left(\frac{\square}{726}+\frac{1}{22}\right)\div\frac{2}{5}=2\times\left(\frac{1}{3}-\frac{7}{121}\right)$

2

ある仕事に兄と弟が取り組みます。兄は 30 分働くごとに 5 分休むことを繰《く》り返します。弟は働き始めると休まずに働き続けます。兄が働き始め，その 95 分後に弟も一緒《いっしょ》に働き始めると，兄が働き始めてから 135 分後にこの仕事が終わります。また，弟が働き始め，その 90 分後に兄も一緒に働き始めると，弟が働き始めてから 140 分後にこの仕事が終わります。

この仕事を弟だけで終わらせるには □ 分かかります。

3

濃度《のうど》が ① %の食塩水が ② g 入っている容器に，濃度が 1.9%の食塩水 100g を加えてよくかき混ぜると，濃度が 3.1%になりました。そのあとに食塩 10g を加えてよくかき混ぜると，濃度が 5%になりました。

4

2 を 10 個かけてできる数 2×2×2×2×2×2×2×2×2×2 を 17 で割った余りは ① です。また，2 を 2022 個かけてできる数 $\underbrace{2\times\cdots\cdots\times2}_{2022個}$ を 17 で割った余りは ② です。

5

A, B, C, D は 1 以上 10 以下の整数です。A, B, C, D の中に同じ整数が含《ふく》まれていてもよいものとします。 $A\times B+A\times C+A\times D+B\times C\times D$ が偶数となるような A, B, C, D の組は全部で □ 組あります。

6

$$\frac{\boxed{ア}}{\underbrace{2\times\cdots\cdots\times2}_{\boxed{ウ}個}}-\frac{\boxed{イ}}{\underbrace{3\times\cdots\cdots\times3}_{\boxed{エ}個}}-\frac{1}{5\times5\times5\times5}=\frac{337}{\underbrace{2\times\cdots\cdots\times2}_{\boxed{ウ}個}\times\underbrace{3\times\cdots\cdots\times3}_{\boxed{エ}個}\times625}$$

の ア に整数を， イ に 1 以上 9 以下の整数を， ウ , エ に 2 以上 5 以下の整数をあてはめて，この式を完成させました。このとき， ア にあてはまる整数は □ です。

令和４年度　　灘中学校　入学試験問題

算数　（第１日　３枚のうちの２枚目）

7

図のような形をしたタイルがそれぞれ何枚かあります。これらを裏返さずに，壁《かべ》に固定された枠《わく》の中にすき間なくぴったりはりつけます。一辺の長さが20cmの正方形の枠の中に，２枚のタイルＢをはりつける方法は全部で２通りあります。

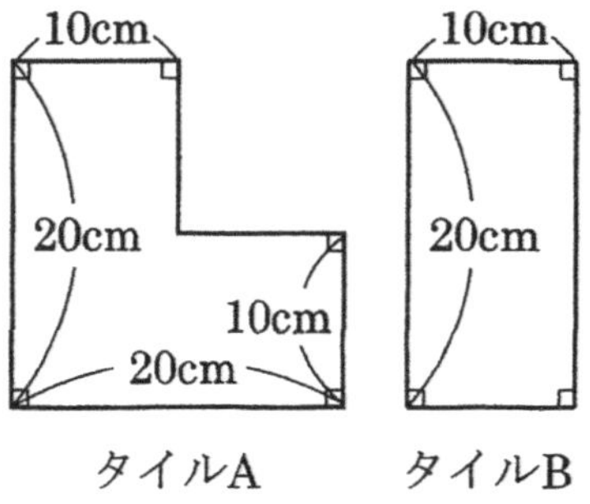

縦の長さが20cm，横の長さが40cmの長方形の枠の中に，２枚のタイルＡと１枚のタイルＢをはりつける方法は全部で [①] 通りあります。

また，縦の長さが20cm，横の長さが50cmの長方形の枠の中に，２枚のタイルＡと２枚のタイルＢをはりつける方法は全部で [②] 通りあります。

8

右の図で，３本の直線AD，BE，CFは点Oで交わっています。また，三角形OABの面積は$3cm^2$，三角形OBCの面積は$5cm^2$，三角形OCAの面積は$4cm^2$です。このとき，三角形DEFの面積は [①] cm^2，三角形OEFの面積は [②] cm^2です。

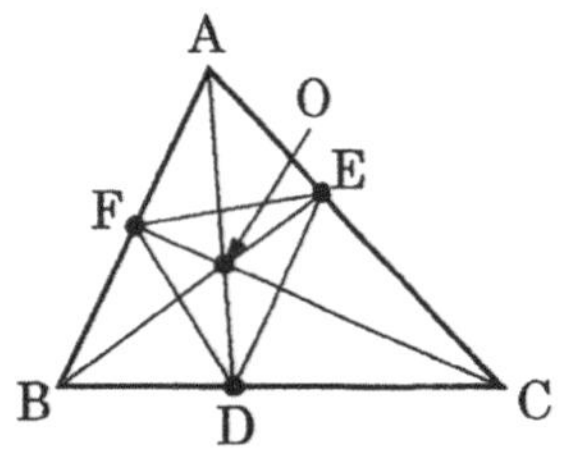

9

右の図の四角形ABCDで，㋐の角の大きさは150°，㋑の角の大きさは60°，㋒の角の大きさは90°です。辺BCの長さが辺ABの長さの５倍であるとき，辺CDの長さは辺DAの長さの [　] 倍です。

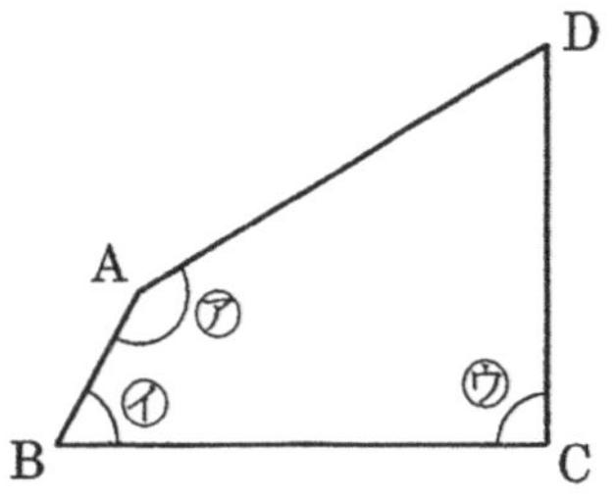

10

右の図のように，一辺の長さが1cmの正十二角形があります。この正十二角形の面積は，一辺の長さが1cmの正三角形12個の面積の和よりも [①] cm^2大きいです。また，右の図の斜線《しゃせん》部分の面積は，一辺の長さが1cmの正三角形６個の面積の和よりも [②] cm^2大きいです。

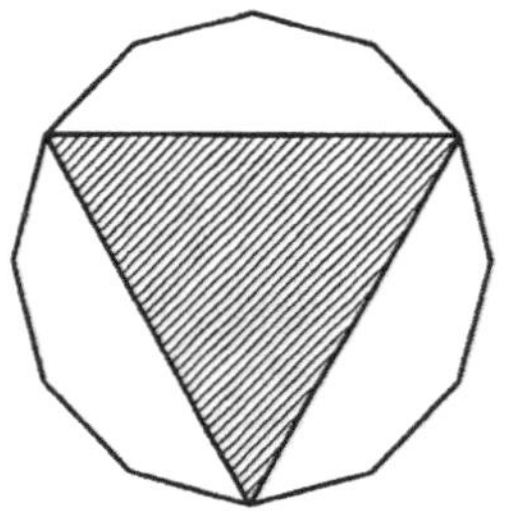

11

右の図のように，体積が$144cm^3$の四角すいO‐ABCDがあります。辺OA，OB，OC，ODの長さはすべて等しく，底面は正方形ABCDです。Eは辺ADの真ん中の点，Fは辺BCの真ん中の点です。Gは辺OD上の点で，OGの長さはGDの長さの５倍です。この四角すいを，３点E，F，Gを通る平面と，その平面に平行で点Aを通る平面で３つの立体に切り分けたとき，点Oも点Dも含《ふく》まない立体の体積は [　] cm^3です。

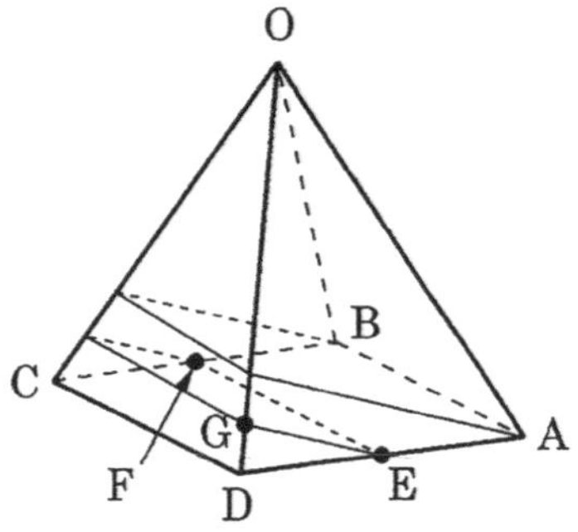

12

右の図で，X，Yはどちらも，すべての辺の長さが1cmで底面が正方形の四角すいです。Xの正方形の面を床《ゆか》に接着し，AとF，BとE，CとDがそれぞれ重なるようにXとYを接着すると，Gの床からの高さは，Aの床からの高さの [　] 倍です。

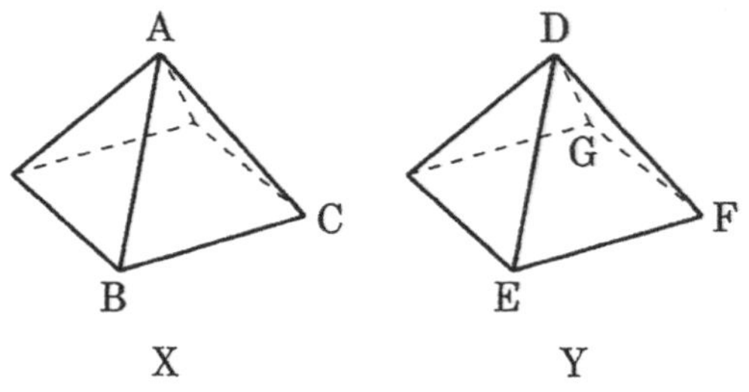

令和4年度灘中学校入学試験問題（理科）　(60分)

※解答は5枚目の解答らんに記入すること。この用紙の裏面は計算に使ってよろしい。

1　図1のような小さな圧力センサーを使って実験をします。圧力センサーは，その上にたとえば50gのおもりをのせると「50g」と表示される装置です。

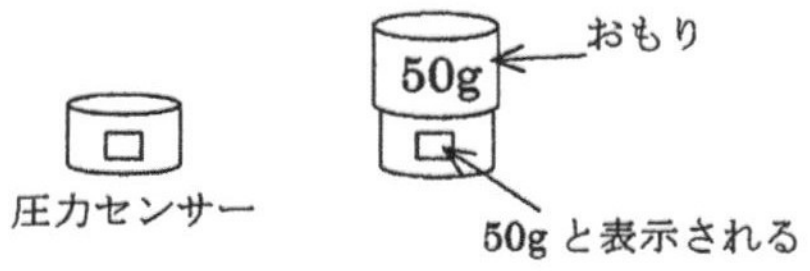

図1

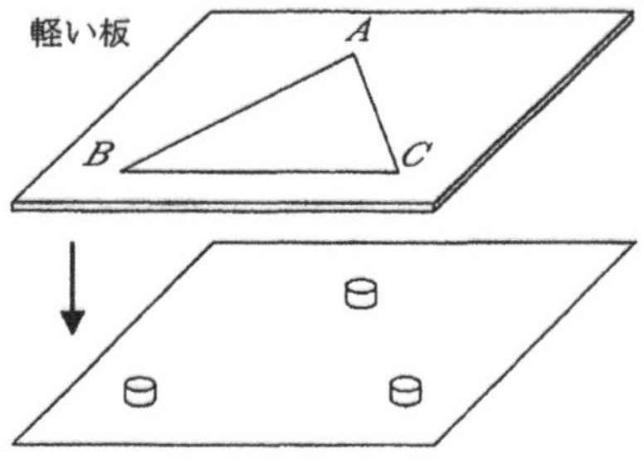

センサーを3個並べてその上に板を乗せる

図2

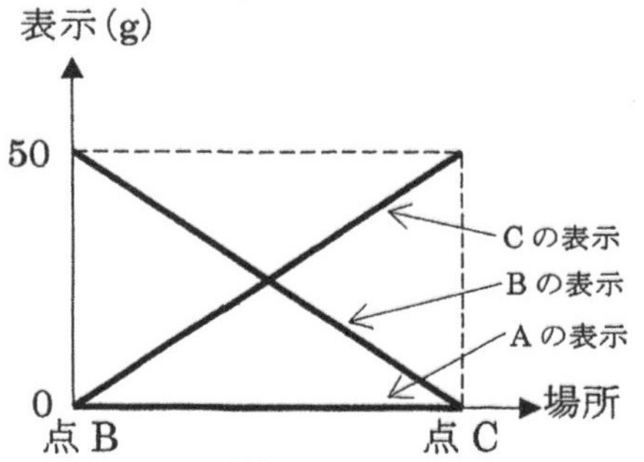

図3

図2のように，正三角形ABCをかいた軽い板を用意し，各頂点A，B，Cの真下にそれぞれセンサーを並べて，その上に板を乗せます。3個のセンサーを頂点と同じ記号A，B，Cで区別しておきます。板の重さは無視します。

板の上に何も置かないときはセンサーの表示はA，B，Cの順に(0g，0g，0g)です。たとえば頂点Bに50gのおもりを置いたときは，表示は(0g，50g，0g)です。以下では，単位を省いてA，B，Cの順に数字を並べて(0，50，0)のように表すことにします。

いま，Bに50gのおもりを置き，辺BC上でBからCまで少しずつ，そのおもりの場所を変えながらセンサーの表示を読み取りました。その結果が図3のグラフです。

問1　次の文の［①］，［②］にあてはまる数値を答えなさい。

『図4のように，辺BCを2：3に分ける点Pに50gのおもりを置く。このとき，センサーの表示は(0，［①］，［②］)となる。このおもりの置き方は，点Bに［①］gのおもりを置き，点Cに［②］gのおもりを置いた場合と同等である。つまり1個のおもりを適切な2個のおもりに置きかえることができる。』

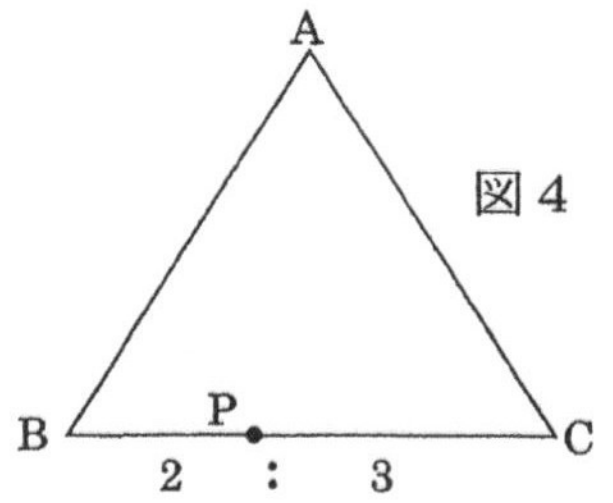

図4

問2　点Aに30gのおもりを置き，点Pに60gのおもりを置いた場合，センサーの表示はどうなりますか。(　，　，　)の形で答えなさい。

問3　問2と同じ表示をおもり1個だけを置いて実現するためには，何gのおもりをどの場所に置けばよいですか。おもりの重さを答え，場所を図示しなさい。（図示のしかたは図示例にならいなさい。以下同様。）

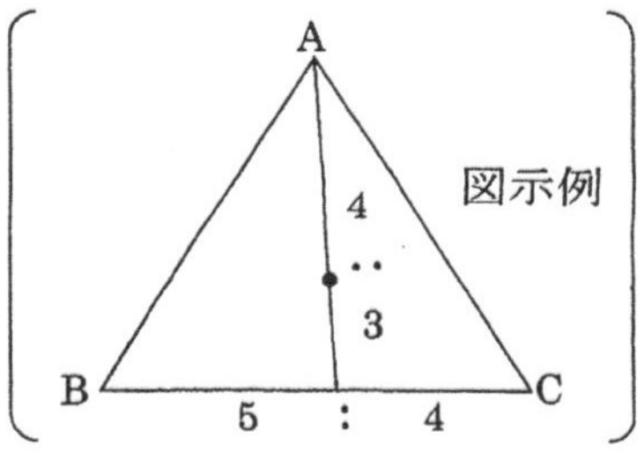

図示例

問4　おもり1個だけを置いてセンサーの表示が(50，30，70)になるようにするためには，何gのおもりをどの場所に置けばよいですか。おもりの重さを答え，場所を図示しなさい。

問5　辺AB，BC，CAのそれぞれのまん中の点を順にD，E，Fとします。点D，E，Fにおもりを1個ずつ置いて，問4の表示を実現するためには，それぞれ何gのおもりを置けばよいですか。

2　スチールウール（細い糸状の鉄）は酸素中では激しく燃えますが，空気中でもガスバーナーで火をつけた後，ガラス管で息をふきつけると燃やすことができます。スチールウールの重さをA～Dのようにかえて，空気中でスチールウールを燃やし，燃えた後の重さを調べると，右表のような結果になりました。なお，この実験を行ったとき，一回だけ途中《とちゅう》で火が消えてしまいました。

	A	B	C	D
スチールウールの重さ(g)	0.42	0.63	1.05	1.26
燃えた後の重さ(g)	0.58	0.87	1.40	1.74

問1　空気中でも，スチールウールに火をつけた後，息をふきつけるとスチールウールを燃やすことができるのはなぜですか。25字以内で説明しなさい。

問2　途中で火が消えてしまったのは，A～Dのうちのどれですか。記号で答えなさい。

問3　スチールウール1.5gが完全に燃えると，重さは何g増えますか。四捨五入によって小数第二位まで答えなさい。

問4　スチールウールとスチールウールが燃えた後の物質は異なる物質です。そのちがいについて述べた次の文章の①～③の{　}内から，あてはまるものをそれぞれ選び，記号で答えなさい。

> スチールウールを塩酸に入れると，①{ア　白色，イ　黄色，ウ　かっ色，エ　無色}の気体が発生しながら溶《と》ける。燃えた後の物質は塩酸に溶けるが，気体は発生しない。
>
> スチールウールを塩酸に溶かした溶《よう》液から水を蒸発させると，②{ア　白色，イ　うすい黄色，ウ　うすい青色，エ　うすい赤色}の固体(粉)が残るが，燃えた後の物質を塩酸に溶かした溶液から水を蒸発させても，固体は③{ア　残る，イ　残らない}。

問5　次のあ～おの文のうち，内容にまちがいがある文は何個ありますか。0～5の数字で答えなさい。

あ　空気の入ったビンの中に火のついたろうそくを入れてふたをすると，ビンの中の酸素がすべてなくなって，ろうそくの火が消える。

い　空気中のちっ素には，ものを燃やすはたらきがない。

う　空気中でものが燃えると，必ず二酸化炭素が発生する。

え　空気中で，木を燃やしても炭を燃やしても，いずれのときも水蒸気が発生する。

お　酸素だけが入ったビンの中に火のついていないろうそくを入れても，ろうそくに火がつき激しく燃える。

問6　実験の途中で火が消えたスチールウールでは，最初のスチールウールのうち何%が燃えずに残りましたか。

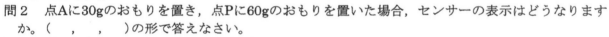

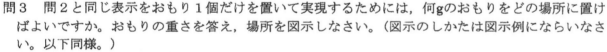

※解答は5枚目の解答らんに記入すること。この用紙の裏面は計算に使ってよろしい。

3　地球のまわりには空気が取り巻いており，この空気を地球の大気と呼んでいます。大気中の，特に地表に近い部分では，風がふいたり，雲ができて雨が降ったりと，さまざまな天気の変化が起こっています。地球の大気はどれくらいの高さまであるのでしょうか。

問1　雲は，できる高さと形などによって，10種類に分けられています。次の①～④の説明にあてはまる雲を，下の**ア**～**カ**からそれぞれ選び，記号で答えなさい。

①　最も高い位置にできる雲のひとつである。雨を降らせることはない。
②　うね雲とも呼ばれ，波打ったような形をしている。この雲が次々と出てくると，その後の天気がくずれることがある。
③　ひつじ雲とも呼ばれる。この雲がすぐに消えると，晴れることが多い。
④　むくむくと空高くにわき上がる雲である。雷《かみなり》をともなった大雨を降らせることがある。

ア　高積雲　　**イ**　乱層雲　　**ウ**　巻積雲　　**エ**　積乱雲　　**オ**　層積雲　　**カ**　層雲

問2　空気にも重さがあります。ある高さで，$1m^2$の平面の上に乗っている空気の柱の重さを，その高さでの大気圧といい，高さが0mとなる海水面$1m^2$の上に乗っている空気の柱の重さは10トン（10000kg）にもなります。一方で，大気圧は，その高さよりも上にある空気の柱の重さによって決まるので，高い場所ほど大気圧は小さくなります。図1に示すように，5.5km高くなるごとに，大気圧の大きさは半分になっていくことが知られています。地球の全表面が海水面と同じ高さであると仮定したとき，高さ11kmより下にあるすべての大気の重さは，地球全体の大気の重さのおよそ何%になりますか。整数で答えなさい。

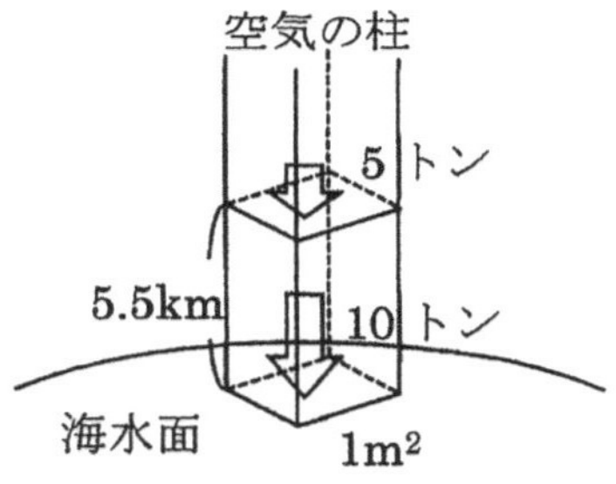

図1

問3　海水面付近では，空気1Lの重さは1.3gであることが知られています。実際には，上空ほど空気1Lの重さは小さくなりますが，もし，空気1Lの重さが1.3gのまま上空まで変わらないとしたら，地球の大気は，海水面からどれくらいの高さまであることになりますか。最も近いものを次の**ア**～**カ**から選び，記号で答えなさい。

ア　80m　　**イ**　800m　　**ウ**　8km　　**エ**　80km　　**オ**　800km　　**カ**　8000km

問4　大気の高さが初めて推定されたのは，今から1000年ほど前と言われています。その方法を説明した次の文の［①］～［③］にあてはまる数値を整数で答えなさい。必要であれば，下図の直角三角形の3辺の長さの比を用いなさい。ただし，図は正確ではありません。

地球の大気は，太陽の光を受けると明るくなるという性質があるため，日の出前に東の地平線付近の空が明るくなる「薄明《はくめい》」という現象が起こります。この「薄明」が始まってから日の出までの時間の長さを計測することによって，大気の高さを推定しました。ここでは，春分の日に，薄明が始まってから日の出までの時間を72分とします。

図2は，地球の赤道上のGに人が立ったようすを，北極点の上空から見たものです。Gでの地平線はBCで表され，太陽がBにきたとき，Gでは日の出となります。一方で，Gで薄明が始まった瞬間の太陽の位置をAとします。Aから出た太陽の光は地上のEを通りDに達します。このDが大気の上の端《はし》であると考えたのです。

太陽は24時間で地球のまわりを1周しますから，72分間では［①］度回転します。したがって，地球の中心をHとすると∠EHG＝［②］度になります。地球の半径を6400kmとすると，FD＝［③］kmとなり，この値が求める大気の高さとなります。

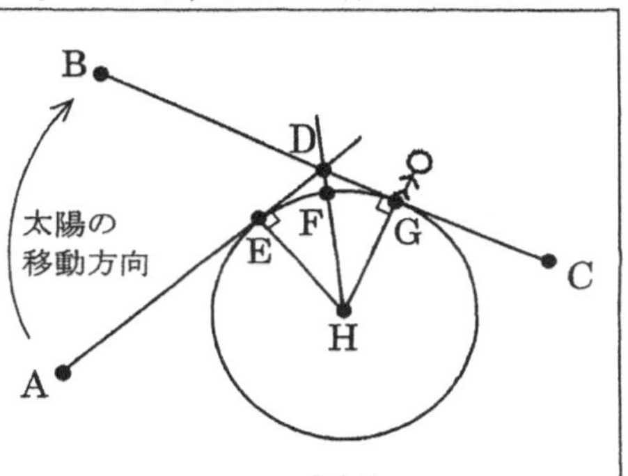

図2

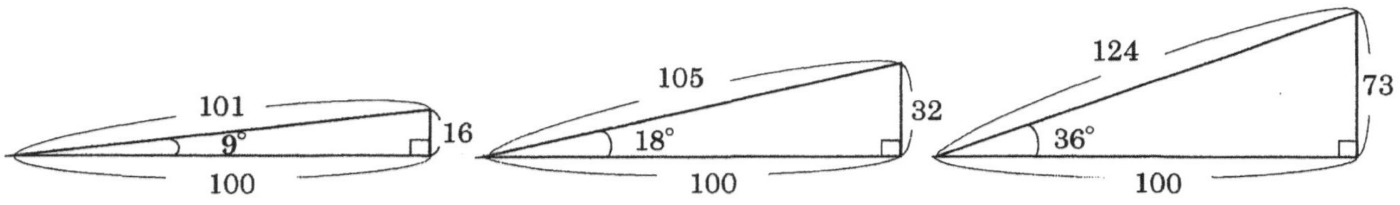

2枚目おわり

※解答は5枚目の解答らんに記入すること。この用紙の裏面は計算に使ってよろしい。

4　手回し発電機にコンデンサーを１個つないでハンドルを一定の速さで回し続け（図１），じゅうぶんに時間をかけて充電《じゅうでん》してから，コンデンサーを取りはずしました。この充電されたコンデンサーの状態をAとします。

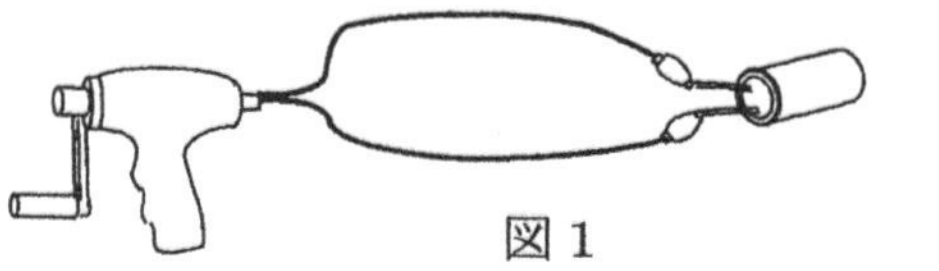

図１

また，複数の同じ電熱線を用意します。充電されたコンデンサーに電熱線を接続すると，電流が流れます。以下の実験の説明を読み，問いに答えなさい。

実験１　状態Aのコンデンサーを，電流計を介《かい》して電熱線１本に接続します（図２）。接続したときから時間を計り始め，電流計の示す値を，整数値で時間ごとに記録したところ，図３のグラフおよび表のようになりました。電流の単位（mA）はミリアンペアです。

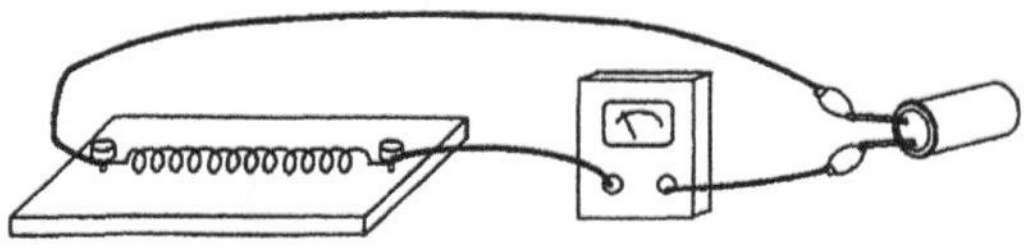

図２

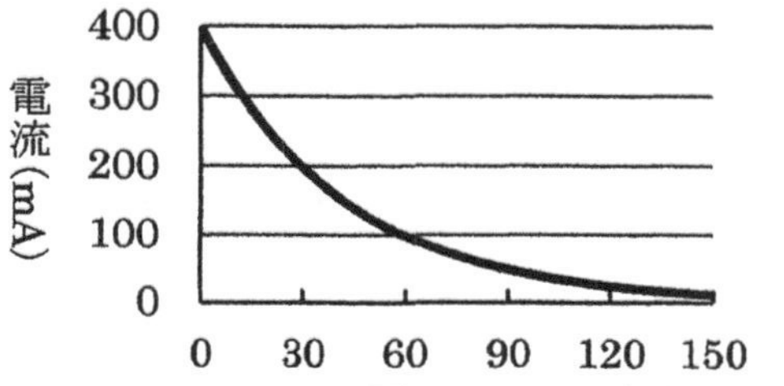

図３

時間（秒）	0	30	60	90	120	150
電流（mA）	400	200	100	50	25	13

実験２　コンデンサーを再び充電し，状態Aのコンデンサーを用意します。状態Aのコンデンサーを，直列につないだ電熱線２本に接続します。電流計の示す値は下の表のようになりました。

時間（秒）	0	30	60	90	120	150
電流（mA）	200	141	100	70	50	35

実験２は**実験１**に比べて，接続した直後（0秒）での電流は400mAからその半分の200mAに，また「電流が半分まで減る時間」は30秒からその2倍の60秒になっていました。

問１　くわしく調べてみると，電流が半分まで減る時間は□に比例していることがわかりました。□にあてはまる言葉を次の**ア**～**ウ**から選び，記号で答えなさい。

ア　充電でのハンドルを回す速さ　　**イ**　直列につないだ電熱線の本数　　**ウ**　電熱線の温度

実験３　手回し発電機のハンドルを状態Aの場合の2倍の速さで回し続けてコンデンサーを充電しました。このコンデンサーの状態をBとします。状態Bのコンデンサーを，直列につないだ電熱線２本に接続します。電流計の示す値は下の表のようになりました。

時間（秒）	0	30	60	90	120	150
電流（mA）	400	282	200	141	100	70

問２　コンデンサーに最初たまっていた電気の量を考えます（以下ではこの量を「電気量」と呼ぶことにする）。電気量は，「接続した直後での電流」×「電流が半分まで減る時間」に比例します。コンデンサーの状態AとBの電気量の比を答えなさい。

実験４　再び充電された状態Bのコンデンサーを用意し，並列につないだ電熱線２本に接続します（図４）。電流計の示す値を測定しました。

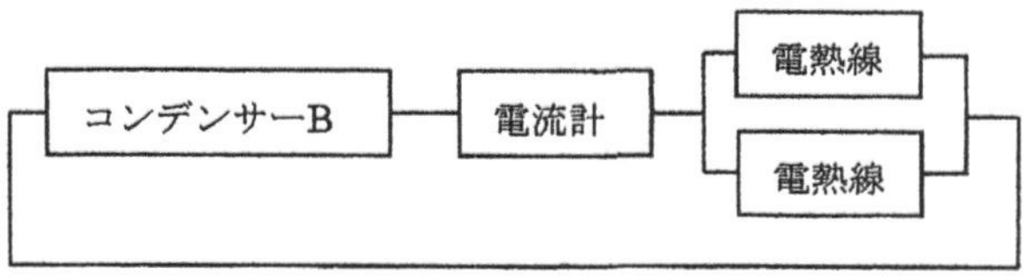

図４

問３　**実験４**で，「電流が半分まで減る時間」は15秒でした。接続した直後の電流計の示す値を答えなさい。

実験５　次に手回し発電機のハンドルを状態Aの場合の1.5倍の速さで回し続けてコンデンサーを充電しました。このコンデンサーの状態をCとします。状態Cのコンデンサーを，あるつなぎ方の３本の電熱線（図５のXの部分）に接続します。電流計の示す値は下の表のようになりました。

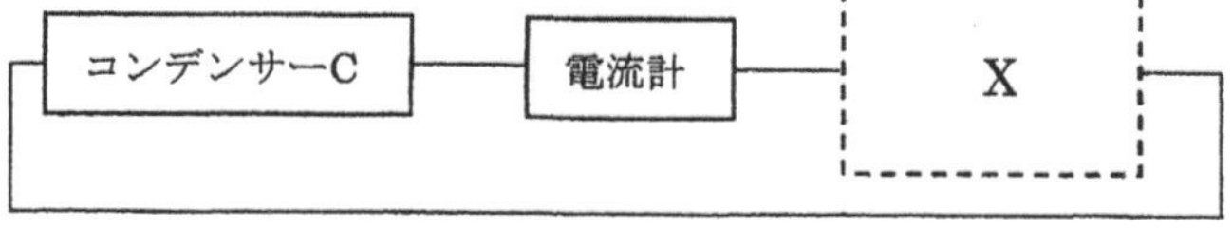

図５

時間（秒）	0	30	60	90	120	150
電流（mA）	400	252	159	y	63	40

問４　表のyにあてはまる数値を答えなさい。またXの部分にあてはまる電熱線のつなぎ方を次の**ア**～**エ**から１つ選び記号で答えなさい。

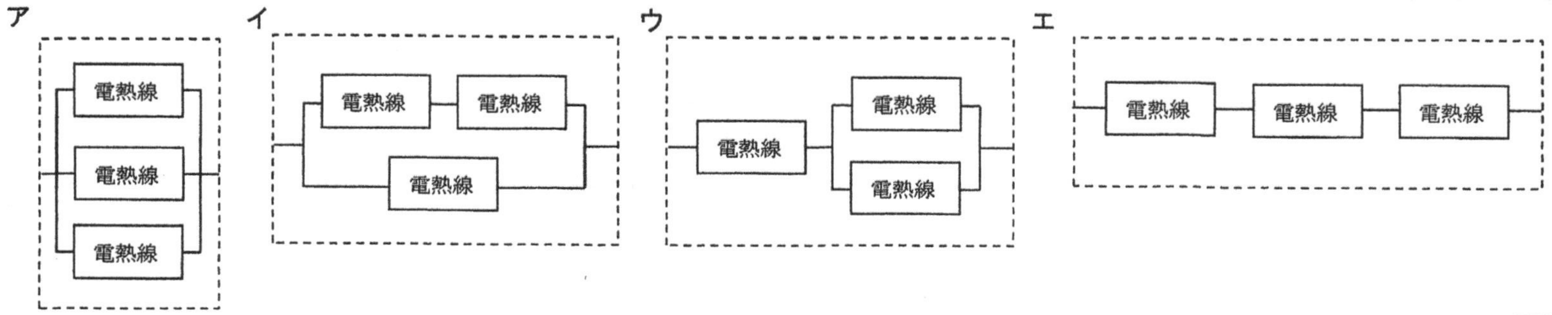

※解答は5枚目の解答らんに記入すること。この用紙の裏面は計算に使ってよろしい。

5　以下の問いに答えなさい。

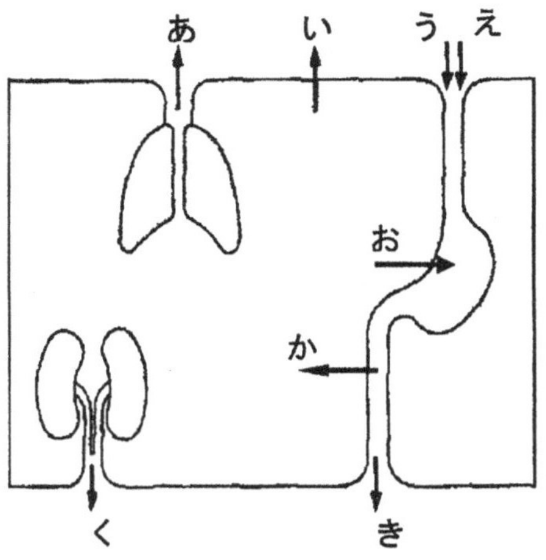

問1　植物における光合成は，次のような変化が起こります。

二酸化炭素　＋　水①　→　ブドウ糖　＋　酸素　＋　水②

水①と水②の量をくらべると，水①のほうが多いので，この変化では水が消費されることがわかります。水①は植物のどこから入って来ますか，また，水②は葉のどこから出て行きますか，それぞれ答えなさい。

次に，ヒトのからだの水の出入りを考えます。1日の水の出入りには次の表のA～Iがあり，からだ全体における，入る水の量と出る水の量は同じになっています。

A	飲料水	1.0L	F	便にふくまれる水	0.1L
B	消化液等	8.2L	G	食べ物にふくまれる水	1.2L
C	肺からの水蒸気	0.3L	H	腸から吸収した水	x L
D	尿《にょう》	1.5L	I	ヒトの体内でブドウ糖が分解されたときに生じる水	y L
E	ひふからの汗	0.6L			

問2　脂《あぶら》と消化液を混ぜるはたらきをするだけで，消化には直接関わらないものを次の**ア**～**オ**から1つ選び，記号で答えなさい。

ア　だ液　　**イ**　胃液　　**ウ**　すい液　　**エ**　たん汁《じゅう》　　**オ**　腸液

問3　右上の図はヒトにおける水の出入りを矢印で表した模式図です。矢印**あ**～**く**に対応するものを表のA～Iからそれぞれ選び，記号で答えなさい。ただし，**う**と**え**の順番は問いません。

問4　口から肛門《こうもん》までの管全体を『消化管』とみなします。消化管における水の出入りがつりあっているとして，表のxにあてはまる数値を答えなさい。

問5　ヒトは吸収したブドウ糖を分解し，エネルギーを得て活動しています。このとき，問1で示した変化の逆向きの変化が起こります。

ブドウ糖　＋　酸素　＋　水②　→　二酸化炭素　＋　水①

この変化においても水①のほうが水②よりも多いので，ブドウ糖を分解すると体内で水が生じることがわかります。からだ全体における水の出入りがつりあっているとして，表のyにあてはまる数値を答えなさい。

問6　口から肛門までの『消化管』は水の通路であり，消化管の内側の空間も『からだの外部』とみなすことができます。このとき，③『からだの内部』から『からだの外部』に出て行く水の量と④『からだの外部』から『からだの内部』に入る水および体内で生じる水の量がつりあうことになります。下線部③と④にあてはまるものを，それぞれ表のA～Iからすべて選び，記号で答えなさい。

6　3種類の塩酸（塩酸A，塩酸B，塩酸C）と水酸化ナトリウム水溶《よう》液を使って実験をしました。水や水溶液はいずれも1cm³あたり1gとし，また1gの水や水溶液の温度を1℃上げるのに必要な熱は同じになるとして，以下の実験の説明を読み，問いに答えなさい。

実験1　(1)ある濃さの水酸化ナトリウム水溶液と塩酸Aをそれぞれ25℃にし，合計体積が100cm³になるように熱を逃がさない容器の中でよく混ぜた。すぐに温度を測定し，結果を表にした。

水酸化ナトリウム水溶液の体積(cm³)	100	90	80	60	40	20	0
塩酸Aの体積(cm³)	0	10	20	40	60	80	100
水溶液の温度(℃)	25.0	27.7	30.4	35.8	35.8	30.4	25.0

実験2　(2)**実験1**と同じ濃さの水酸化ナトリウム水溶液と塩酸Bをそれぞれ25℃にし，合計体積が100cm³になるように熱を逃がさない容器の中でよく混ぜた。すぐに温度を測定し，結果を表にした。

水酸化ナトリウム水溶液の体積(cm³)	100	90	80	60	40	20	0
塩酸Bの体積(cm³)	0	10	20	40	60	80	100
水溶液の温度(℃)	25.0	35.8	46.6	41.2	35.8	30.4	25.0

実験3　塩酸Bを1.5倍の濃さにした塩酸Cを用意した。**実験1**と同じ濃さの水酸化ナトリウム水溶液と塩酸A，塩酸B，塩酸Cとをそれぞれ25℃にし，熱を逃がさない容器の中でよく混ぜた。すぐに温度を測定し，BTB溶液を加えて水溶液の色を確認した。その結果を表にした。

水酸化ナトリウム水溶液の体積(cm³)	塩酸Aの体積(cm³)	塩酸Bの体積(cm³)	塩酸Cの体積(cm³)	温度(℃)	水溶液の色
20	100	0	0	29.5	黄色
90	45	0	0	①	⑤色
105	25	5	0	②	⑥色
150	110	10	0	③	⑦色
310	210	10	10	④	⑧色
⑨	280	20	5	39.8	黄色

問1　下線部(1)のように実験を行うと，水溶液の温度を最高何℃まで上げることができますか。

問2　下線部(2)のように実験を行うと，水溶液の温度を最高何℃まで上げることができますか。

問3　**実験3**において，表の温度①～④にあてはまる数値，⑤～⑧にあてはまる水溶液の色，水酸化ナトリウム水溶液の体積⑨にあてはまる数値をそれぞれ答えなさい。

4枚目おわり

受験番号

令和四年度　灘中学校入学試験問題　国語　一日目　三枚のうちの三枚目

◎解答に字数制限のある場合、句読点などの記号も字数に数えます。

一

問一

問二

問三　1　2　3　4　5　6

問四　おい　と

問五　1　2　3　4

問六　1　2　3　4　5

二

1　2　3　4

三

1　2　3　4　5

四

1　2　3　4

五

1　大
2　大
3　大
4　大
5　大
6　大

六

1　（記号）　（書きかえ）
2　（記号）　（書きかえ）
3　（記号）　（書きかえ）

七

A　B　C　D

E　F　G　H

I　J　K　L

※80点満点
（配点非公表）

受験番号

令和４年度　灘中学校　入学試験問題

（計算用紙）

算数　（第１日　３枚のうちの３枚目）

※100点満点
（配点非公表）

解　答　欄

（単位は記入しなくてよろしい）

1	2	3	
		①	②

4		5	6
①	②		

7		8	
①	②	①	②

9	10	
	①	②

11	12

受験番号

※100点満点
（配点非公表）

解答らん

1

問1	①	②	問2	（　　，　　，　　）

問3	おもりの重さ　g	問4	おもりの重さ　g
	おもりの場所 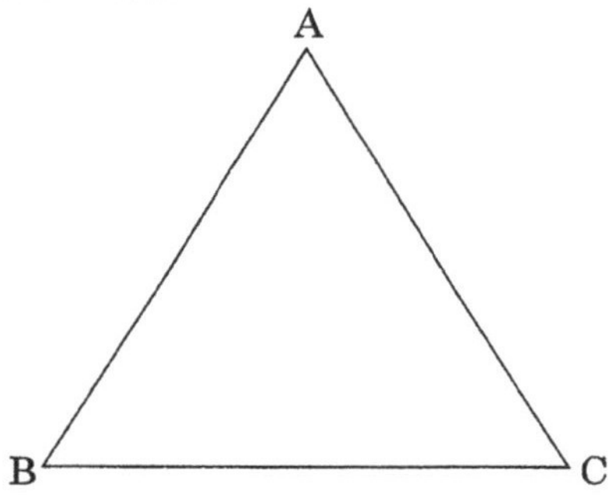		おもりの場所 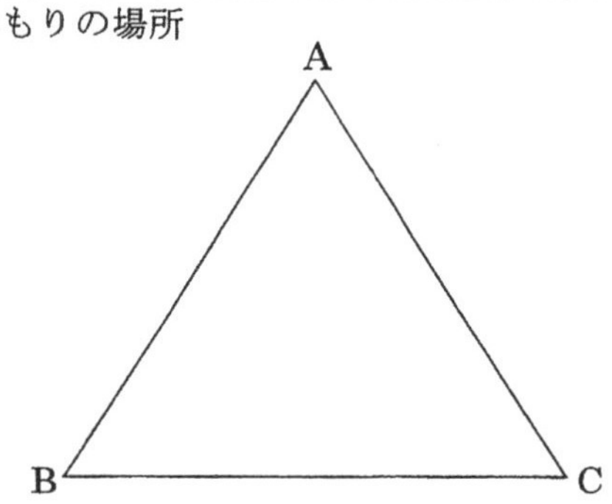

問5	D　g	E　g	F　g

2

問1															

問2		問3	g	問4	①	②	③	問5	個	問6	%

3

問1	①	②	③	④	問2	%	問3		問4	①　度	②　度	③　km

4

問1		問2	A：B＝　：	問3	mA	問4	y　mA	つなぎ方

5

問1	①	②	問2	

問3	あ	い	う	え	お	か	き	く

問4	L	問5	L	問6	③	④

6

問1	℃	問2	℃

問3	①　℃	②　℃	③　℃	④　℃	
	⑤　色	⑥　色	⑦　色	⑧　色	⑨　cm^3

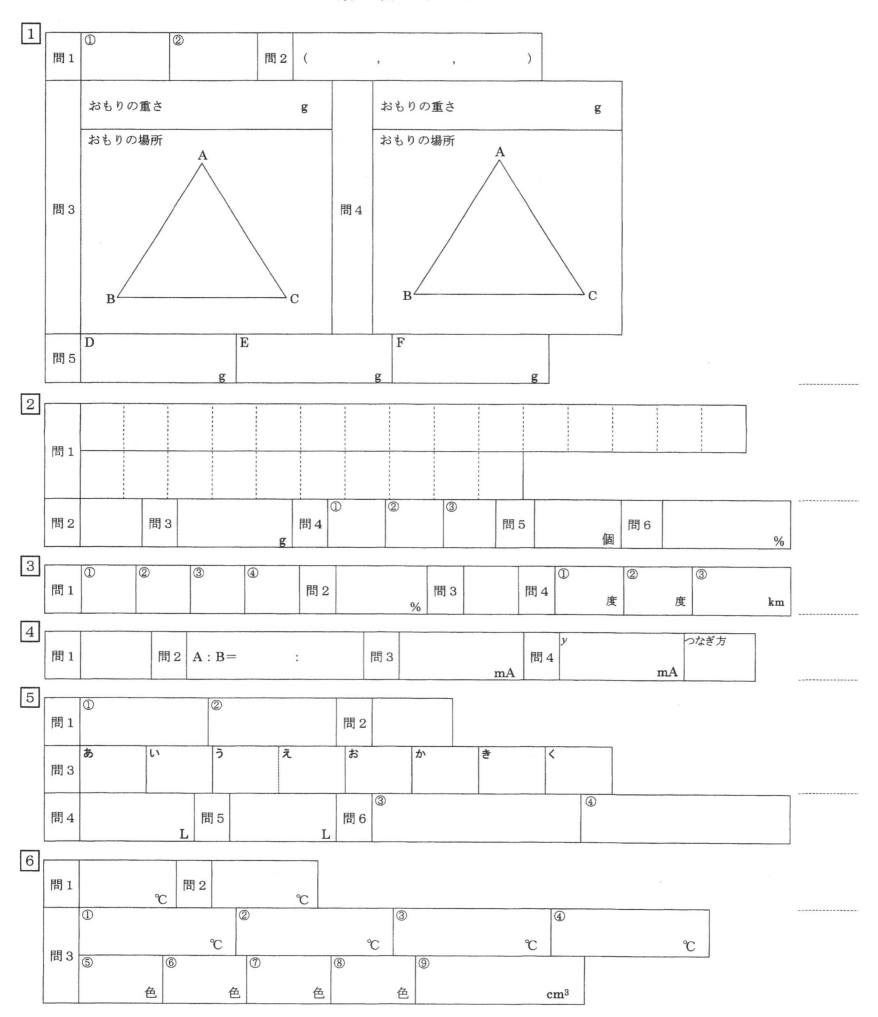

一　次の文章を読んで、後の問いに答えなさい。

　ハツカネズミは生後わずか2ヵ月で成長・成熟し、名前の通り20日間の妊娠《にんしん》期間で4～5匹《ひき》の赤ちゃんを出産します。[1]このペースで年に何度も出産します。もし野生のハツカネズミが餌《えさ》にも恵《めぐ》まれ何年も生き延びたら、町中ネズミだらけになることでしょう。実際にヒトが住まなくなった街で、ネズミが大発生しているのはよく聞く話です。

　「進化が生き物を作った」という[A]カンテンからハツカネズミの生き方を考えると、彼《かれ》らの生き残り戦略、つまり結果的に生き残れた理由としては、天敵に食べられて死ぬ[B]カクリツを減らすために、すばしっこく動くことで逃《に》げ回《まわ》り、食べられる前にできるだけ早く成熟して、たくさん子供を残すような性質を持ったものが生き残ったということになります。

　そのトレードオフ（引《ひ》き換《か》え）として、小型のネズミは長生きに関わる機能――例えばがんになりにくい抗《こう》がん作用や、なるべく長生きできるような抗老化作用に関わる遺伝子の機能を失っていったと考えられます。なぜなら、どうせ食べられて死ぬので、彼らにとって長生きは必要ないのです。そういう意味では、ヒトの老化を研究するためにマウスをモデル動物として[C]サイヨウするのは、あまり良くないのかもしれません。つまり、[2]ヒトとマウスの死に方は違《ちが》うのです。

　ネズミでも、中型や大型になってくると事情が違ってきます。まず寿命《じゅみょう》ですが、中型のハリネズミ（体長約20センチメートル）の寿命は約10年、大型のビーバー（体長約1メートル）は約20年生きます。体長が大きくなれば寿命も延びるというわけです。これら大型ネズミが長寿になった原因は、もうおわかりのことと思いますが、独特の身を守る形態（ハリネズミの針のような毛）や生活環境《かんきょう》の多様化（ビーバーの水上暮らし）により、他の生物から食べられにくくなり、長生きするほうがより子孫を多く残せたからです。つまり、長寿になるための遺伝子が進化したと言えます。[3]彼らの長寿化は、それを可能にした形態や生活様式の変化に支えられています。そのため、よりとがった毛やより大きなダムを作る能力も同時に進化しました。そういう能力が高いものが生き残り、長寿を達成できたわけです。全ての性質に理由があるのです。こういうところも、生物学の面白《おもしろ》いところです。

　かくしてネズミの仲間は、「食べられる死に方」から「寿命を全《まっと》うする死に方」に変化しました。ただ、他から捕《ほ》食《しょく》されなくても、老化して自分で餌が取れなくなったら死んでしまうので、顕著《けんちょ》に身体の能力が低下した老齢期《ろうれいき》のようなものはありません。ピンピンコロリな死に方です。

　[4]ネズミの中には、体が小さいにもかかわらず食われて死なないタイプのものもいます。ハダカデバネズミがそれに当てはまります。ハダカデバネズミは、その名の通り毛がなく出っ歯で、アフリカの乾燥《かんそう》した[D]チイキにアリの巣のような穴を掘《ほ》りめぐらし、その中で一生を過ごします。

　天敵は時折ヘビが侵入《しんにゅう》してくるくらいで、あまりいません。そのため体長は10センチメートルとハツカネズミとほぼ同じ大きさですが、ハツカネズミ的死に方、つまり、より早く成熟してより多くの子孫を残して食べられて死ぬ、ということにはならずに寿命を全うできます。その寿命は、なんとハツカネズミの10倍以上の30年。ネズミの仲間では最長です。

　ハダカデバネズミが長寿になったのは、天敵が少ないためだけではありません。そこには、長寿を可能にする重要なヒントが隠《かく》されています。まず、低酸素の生活環境です。深い穴の中で、１００匹《びき》程度が集団生活を送っているため、酸素が薄《うす》い状態に[E]テキオウしています。普通《ふつう》のネズミは酸素がなくなると5分程度で死んでしまうのに対し、もともと酸素が少ない環境で生活しているハダカデバネズミは20分以上生きていられます。体温も非常に低く（32度）、そのため体温を維持《いじ》するエネルギーが少なくていいので、食べる量も少なくてすみます。これらの性質はハダカデバネズミの代謝が低い、つまり省エネ体質であることを示しています。

　省エネ体質のさらに有利な点は、エネルギーを生み出すときに生じる副産物の活性酸素が少ないということです。活性酸素は、生体物質（タンパク質、ＤＮＡや脂質《ししつ》）を酸化、つまり錆《さ》びさせる作用がある老化促進《そくしん》物質です。これらが少ないということは、細胞《さいぼう》の機能を維持する上で有利です。

　例えばＤＮＡが酸化されると遺伝情報が変化しやすくなり、がんの原因となりますが、そのリスクが減ります。興味深いことに、実際に[5]ハダカデバネズミは全くがんになりません。これは長寿に相当貢献《こうけん》しています。また、狭《せま》いトンネルの中で暮らしているため、体に多くのヒアルロン酸が含《ふく》まれ、皮膚《ひふ》に弾力性《だんりょくせい》を与《あた》えています。このヒアルロン酸も抗がんの作用があることが最近の研究で[F]ハンメイしました。

　省エネ体質に加えて、もう一つの長寿の原因となる特徴《とくちょう》は、ハダカデバネズミは哺乳類《ほにゅうるい》ではめずらしく「真社会性」をとる生き物であることです。真社会性とは、[6]ミツバチやアリなどの昆虫《こんちゅう》で見られる女王を中心とした分業制です。ハダカデバネズミは１００匹程度の集団で暮らしていますが、その中で1匹の女王ネズミのみが子供を産みます。ちょうどミツバチの女王バチのようです。ミツバチの場合、働きバチは全てメスで、それらは生まれながら子供を産めません。一方、ハダカデバネズミの女王以外のメスは、女王ネズミの発するフェロモンによって排卵《はいらん》が止まり、子供が一時的に産めなくなっています。女王ネズミが死んでいなくなるとフェロモンの影響《えいきょう》も受けないため、排卵が[G]フッカツした別のメスが女王になり、子供を産み始めます。

　女王以外の個体は、それぞれ仕事を分業しています。例えば、[H]ゴエイ係、食料調達係、子育て係、布団《ふとん》係などなど、です。布団係はゴロゴロして子供のネズミを温め体温の低下を防ぎます。寝《ね》るのが好きな個体には、人気の[I]ショクシュかもしれません。真社会性の大切なことは、これらの分業により仕事が効率化し、1匹あたりの労働量が減少することです。実際に布団係以外の多くの個体もゴロゴロ寝て過ごす姿が見られます。こうした労働時間の短縮と分業によるストレスの軽減が、寿命の延長に重要だったと思われます。そして寿命の延長により、「教育」に費《つい》やせる時間が多くなり、分業がさらに高度化・効率化し、ますます寿命が延びたというわけです。まさに、[7]寿命延長の正のスパイラルによって通常のネズミの10倍もの長生きが可能になったわけです。

　そして肝心《かんじん》の死に方ですが、これがまた不思議で、若齢《じゃくれい》個体と老齢個体でその死亡率にほとんど差がありません。つまり年をとって元気のない個体がいないのです。何が原因で死ぬのかはわかっていませんが、死ぬ直前までピンピンしています。まさにピンピンコロリで理想的な死に方です。

（小《こ》林《ばやし》武彦《たけひこ》『生物はなぜ死ぬのか』による）

問一　――線部A～Iのカタカナを漢字に改めなさい。

問二　――線部1「このペースで年に何度も出産します」とありますが、ハツカネズミがこのようなペースで出産すると有利なのはなぜですか。理由を答えなさい。

問三　――線部2「ヒトとマウスの死に方は違うのです」とありますが、どのように違うのですか、答えなさい。

問四　――線部3「彼らの長寿化は、それを可能にした形態や生活様式の変化に支えられています」とはどのようなことですか、答えなさい。

問五　――線部4「ネズミの中には～当てはまります」とありますが、ハダカデバネズミが「体が小さいにもかかわらず食われて死なない」のはなぜですか。理由を答えなさい。

問六　――線部5「ハダカデバネズミは全くがんになりません」とありますが、それはなぜですか。左の□に合うように理由を答えなさい。

□ことに加えて、体に多くのヒアルロン酸を含んでいるから。

問七　――線部6「ミツバチやアリなどの昆虫で見られる女王を中心とした分業制」とはどういう仕組みのことですか、答えなさい。

問八　――線部7「寿命延長の正のスパイラル」とはどのようなことですか、答えなさい。

二　次の文章を読んで、後の問いに答えなさい。

ネットで見つけた弾《ひ》き語《がた》り教室は、古いマンションの一室にあり、年季の入ったソファにはおばあちゃんの家に来たような生活感が漂《ただよ》っていた。

「どんな曲が歌いたい？」

五十代半ばの女性の先生は、童謡《どうよう》や昔の歌謡曲の楽譜《がくふ》をいくつか見せてくれた。

「生徒さんが選んだ詩に、私がメロディをつけてあげることもあるの。」という。その言葉に、私は「実は詩を書くのが好きで、ときどき書いてるんです。」と漏《も》らした。初対面で「詩人」を自称《じしょう》することはないが、1こんなことを言って相手の反応を観察する悪い癖《くせ》がある。

果たして先生は「あら、私も詩を書くの。ちょっと見せてもらえる？」とノリノリで応じてきた。ならば、とネットに載《の》っている自分の詩を一篇《ぺん》読んでもらった。

先生は読みながら頷《うなず》いて「……うん、なかなか詩心がありますよ！」と一言。

「あ、詩心があってよかったなあ。」と思わずホッとする自分。それはそれでプロとしてどうなのか。

そんなキャラの濃《こ》い先生の勢いに押《お》されるように、その教室に通いはじめた。

習いはじめたきっかけは、成り行き任せのものだった。たとえば、親に勧《すす》められるままお見合いをして、なんとなく結婚《けっこん》したような具合である。

さかのぼること二年半前、私はクラシックギターの柔《やわ》らかい音色に興味を持った。自分でも弾けたらどんなに気持ちがいいだろう。けれど「教室で習うなんて怖《こわ》くてムリ！　ひとまず部屋にあれば弾くようになるかも……。」と思い、中古でヤマハのクラシックギターを購入《こうにゅう》（楽器店に行くのも恐《おそ》ろしいため、あろうことかヤフオク*で落札）。

半年後、東京出張の際に訪ねてきた父がそのギターを見つけた。「懐《なつ》かしいなあ。お父さんも昔弾いてたんだよ。」と嬉々《きき》として、新しい弦《げん》に張《は》り替《か》えてくれた。そればかりか、父は近所の楽器教室の店主と顔なじみになり、「ぜひ娘《むすめ》さんも一度連れてきてください。」と私の知らぬところで話がまとまっていたのだった。そんなのありか。まさにお見合いである。

思えば、2私には「趣味《しゅみ》」がなかった。「趣味」とはどういうものなのか、どうも理解できなかったのだ。

みんな、結果の見えないことをなぜそんなに楽しめるのか。歌手になるわけでもないのにカラオケに通い、ケーキ屋さんを開くわけでもないのにお菓子《かし》作りに励《はげ》む。私はすぐに、受付でのダルい待ち時間や、店員の空虚《くうきょ》な視線、汚《よご》れた調理器具の片付けを想像して、「めんどくさ……。」と意欲を失う。めんどくさいのはお前の方だ。

物書きを目指していた十代の頃《ころ》を思い返すと、大げさではなく「それが創作によい刺激《しげき》を与《あた》えてくれるかどうか」という基準で全行動を決めていた。

遊びも勉強も、苦手なものは徹底的《てっていてき》に避《さ》け、好きな分野でも、上達の見込《みこ》みがないとわかった時点で投げ出した。自己満足の趣味なんて見苦しい、とお気楽な大人たちを見て苦々しく思ったものだった。

曲がりなりにもプロの書き手になった今は、自己満足ってなかなかいいものじゃないか、と思う。自己満足は誰《だれ》の評価も気にする必要がない。誰に頼《たの》まれたわけでもない自分だけの愉《たの》しみを持つ人は幸せそうだ。アイドルに熱狂《ねっきょう》するオタクたち、山登りに向かうおじいちゃんたち。とても純粋《じゅんすい》に何かに打《う》ち込《こ》んでいるように見える。

なぜ私はここまで趣味に不慣れなのか。思い当たる節がある。

実は私が楽器を習うのは、ギターが初めてではない。三歳《さい》から十歳頃《ごろ》まで演奏家の先生について、バイオリンのレッスンを受けていた。

毎日二時間の練習も、当時の私には地獄《じごく》だった。友達とは遊べないし、「名探偵《めいたんてい》コナン」は観《み》られないし、ミスするたび母に怒鳴《どな》られるし、寝《ね》る時間は遅《おそ》くなるし。3とにかく時計の針ばかり見ていた記憶《きおく》がある。練習が嫌《いや》すぎて泣《な》き叫《さけ》び、弓を折ったこともある（バイオリンの弓って高いんだってね……）。思えばこの頃《ころ》の経験が、趣味への臆病《おくびょう》さに拍車《はくしゃ》をかけたようだ。

自分なりに必死にがんばっていたけれど、同時期に習いはじめた同い歳《おなどし》の女の子はレベルが違《ちが》った。私と同じ日に教室を見学し、同時に楽器を手にした彼女《かのじょ》だったが、瞬《またた》く間《ま》に難曲をクリアし、進みに圧倒的《あっとうてき》な差をつけた。熱心な父親と一日四時間は欠かさず練習し、楽器を挟《はさ》む顎《あご》が赤く腫《は》れていた。プロの演奏家を目指して、メキメキと力をつけていく。その様子を間近で見せつけられ、「自分にはムリ」と心底思った。

才能はもちろん、意志も根性《こんじょう》も、逆立ちしたって彼女に敵《かな》うことはなかった。

先生は進みの遅い私を「ゆみちゃんはカメね！」「カタツムリみたい。」と何かとなじったが、それも仕方のないことだった。

教室で、発表会で、コンクールで——私などよりはるかに才能があり、その世界で4自然に呼吸している人たちがいた。

九歳のとき、学生対象の音楽コンクールに初めて出場した。本番前、楽屋で私が石のごとく緊張《きんちょう》していると、歳下の小さな男の子がはしゃいで駆《か》けまわっていた。こんな状況《じょうきょう》下で笑えるってどういうこと？　まるで自分の家にいるようなくつろぎようだ。彼は舞台《ぶたい》に出ると、私の選んだ曲より難しい課題曲を見事に弾きこなした。弦《げん》を押さえる指は軽く、弓は呼吸するように動き、まるで別人だった。彼の次に自分が演奏するなんて……。私はますます畏縮《いしゅく》し、結果、練習でも問題のなかった箇所《かしょ》でミスをしてしまった。

じきに私はバイオリンを辞《や》めた。もっと早く辞めてもよかったと思う。

何かに挑《いど》むということは、すなわち戦いの土俵に上がること。自分より才能があり、能力のある者と厳しく比較《ひかく》されるものなのだ。

「才能がないものに時間をかけてもムダ。さっさと辞めるべき。」という考え方は、この経験で強化されたように思う。だが、そんな「生きるか死ぬか」の覚悟《かくご》で自分の趣味を決めている人は、どうやら稀《まれ》のようだ。

「うん！　そんな風に歌うと、ヘタなりによく聞こえますよ。」

ヘタなりに……。先生の一言に、ガクッと膝《ひざ》の上のギターが傾《かたむ》いた。

弾き語り教室では、どんなにヘタでも恥《は》ずかしくても、先生の前で歌わなくてはならない。「ヘタなりに」やるしかないのだ。けれど意外だった。「ヘタ」であるという事実を突《つ》きつけられても、私は落ち込むどころか、むしろ歌を楽しもうとしている。だんだんと「ヘタなりに楽しい」という感覚が得られるようになってきた。もしや、これが「趣味」なのか。とうとう私も趣味に目覚めたぞ、とひとりごちた。

趣味ってすごい。惰性《だせい》で続けてナンボ。他人と比べず、無理に上達しなくてもいい。そんなものは仕事だったらまずありえない。すべてが趣味になったらどんなにいいだろうか。

書くこと以外のすべてが「趣味」ならば、「こんなことも自分はできないのか。」と思ってきた多くのことを許せるだろう。炊事洗濯《すいじせんたく》も趣味。人間付き合いも趣味。朝起きて夜寝るのも趣味。趣味は救いの神か。無趣味の暗闇《くらやみ》にいた私へ光が差し込み、趣味が*ゲシュタルト崩壊《ほうかい》を起こす。

仮に「ギターを習ってるんです。」と人に話せば、「なんのために？」と聞かれるだろう。「ああ、エッセイのネタにされるんですね！」と返す人もいるだろう。私がギターを弾くのは、なんのためでもない。この原稿《げんこう》は例外として、今後ネタにすることもないはずだ。5そのことが、なんだか清々《すがすが》しく思える。

我ながらギターの腕前《うでまえ》はひどいものだ。たどたどしい旋律《せんりつ》、追いきれない楽譜、見失いがちなリズム。習い出したから仕方なく続けている、と自分自身に言い聞かせてきた。けれど半面、もう手放したくないとも思う。

ああ、と私はようやく納得《なっとく》する。こんな自分でも、ギターを弾くことが好きなのだ。

私は私。誰かのペースと並ぶ必要なんてない。そんな心持ちでギターを抱《かか》えてみれば、弦を押さえる指先がじんわりと痛い。この痛みを越《こ》えた頃、私は自分の音を鳴らせるのかな、と思いながら、たどたどしく音階をなぞる。かたくなだった音は少しずつ柔《やわ》らかくなり、一小節を確かにつないでいく。

この文章を書こうと思ったのは、趣味でさえ躊躇《ちゅうちょ》する臆病な自分を励ましたかったからだ。矛盾《むじゅん》することを承知で言えば、6私はレッスンに通う一方で、ギターがうまくなってしまうことが怖かった。上達すれば、人目に触《ふ》れる機会も増える。それはまた、私をあの過酷《かこく》なコンクールの舞台に引《ひ》き戻《もど》してしまう気がした。

「自分なんかが踏《ふ》み込《こ》んでよいのか。」と躊躇してしまうのは、自信がないからではなく、むしろ自分に期待をかけすぎている証拠《しょうこ》だろう。楽器が弾ける人を口では「いいなあ。」と羨《うらや》みながら、内心は「いつまでも弾けない自分でいたい。」と甘《あま》えにすがっていたのだ。

「趣味はギターです。」と胸を張って言える日はまだまだ遠い。ひっそりと練習をこなし、ときおり小さな発表会に出る。それが当面の目標だ。内輪の発表会に出て喜んでいるような自分を、十代の頃の私が見たらひどい言葉で罵倒《ばとう》するだろう。お気楽か！　恥知《はじし》らず！

でもね、趣味も案外悪くないものだよ。「立派な書き手になりたい、ならなくては。」と背伸《せの》びし続けていた私を、7等身大の二十五歳にほどいてくれるのだから。

（文月悠光《ふづきゆみ》『臆病な詩人、街へ出る。』新潮文庫刊による）

＊注　ヤフオク——中古品などの競売を行うインターネット上のサービスの一つ。
ゲシュタルト崩壊——文字などがばらばらに見えてきて、全体としての意味を見失うこと。

問一　——線部1「こんなことを言って相手の反応を観察する悪い癖がある」とありますが、筆者がそれを「悪い癖」というのはなぜですか。その理由として最も適当なものを次から選び、記号で答えなさい。

ア　詩人の身分を隠《かく》して相手のことを知ろうとするのは、ひきょうだと思えるから。
イ　自分の詩に曲をつけてもらうことをすぐ期待するのは、身勝手だと思えるから。
ウ　素人《しろうと》のふりで相手の作った詩を聞き出すのは、自信がないせいだと思えるから。
エ　詩をよく知らない相手の間違いを見下そうとするのは、意地悪だと思えるから。
オ　出会った人の反応を詩の材料にしようとするのは、相手に失礼だと思えるから。

問二　——線部2「私には『趣味』がなかった」とありますが、ここで筆者が「趣味」と呼んでいるのはどのようなものですか、答えなさい。

問三　——線部3「とにかく時計の針ばかり見ていた記憶がある」とありますが、これはどんな気持ちを表したものですか、答えなさい。

問四　——線部4「自然に呼吸している」とはどういうことですか、答えなさい。

問五　——線部5「そのことが、なんだか清々しく思える」とありますが、それはなぜですか。「そのこと」が何を指すのかわかるように理由を説明しなさい。

問六　——線部6「あの過酷なコンクールの舞台」とは、どのような場所ですか。問題文中からそれを説明した部分を、解答らんに合うように二十五字でぬき出して答えなさい。

問七　——線部7「等身大の二十五歳にほどいてくれる」とありますが、「等身大」になるとはどういうことですか。ギター練習の話題にそって答えなさい。

三　次の詩を読んで、下の問いに答えなさい。

大根の種まき　　森文子《もりふみこ》

1 花や　野菜や　さまざまな種
土にあずける手仕事
2 たぶん　性《しょう》にあったのだろう
こちらのリズムに乗って
芽が　わきでることも

ほら　ほそく　風が立ちはじめた
秋迎《むか》えの　儀式《ぎしき》
□　大根の種をまこう

野菜種にしては　大粒《おおつぶ》のほう
なのに　やわらかな芽
3 三日と待たず　もたげる土を　早《は》や
ああ　まだ生きていて　いい
この身をも　ぐっともたげてくれる

4 私は好きだ　大根の種をまくの

ときには　思いっきり
そちらの土にも
大粒のそれ　ぱあっと　まきたい

5 目の前を　とおりすぎていった
あの顔　この顔
萌《も》えいでてくるかも　しれない

そろそろ　彼岸花《ひがんばな》も咲《さ》くころ

（『野あざみの栞《しおり》』による）

問一　——線部1「土にあずける」とありますが、これはどういうことですか、説明しなさい。

問二　——線部2「こちらのリズムに乗って／芽が　わきでることも」とありますが、この部分が示している内容として最も適当なものを次から選び、記号で答えなさい。

ア　自分が朝起きると必ず、それに合わせて作物の芽が生えてくるということ。
イ　自分が種をまく動作のリズムに合わせて、次々に芽が生えてくることもあるということ。
ウ　自分が願った通りの日に、実際に芽を生やすことができることも多いということ。
エ　自分の暮らしのリズムと、種が芽生えるリズムが一致することもあるということ。
オ　自分の全く予想していなかったタイミングで、芽が生えてくることもあるということ。

問三　□　に入る言葉として最も適当なものを次のア～オから選び、記号で答えなさい。

ア　うらやんで　　イ　かなしんで　　ウ　くるしんで
エ　たのしんで　　オ　つつしんで

問四　——線部3「三日と待たず　もたげる土を　早や」とありますが、これはどのような気持ちを示していますか、答えなさい。

問五　——線部4「私は好きだ　大根の種をまくの」とありますが、そう思うのはなぜですか。理由を答えなさい。

問六　——線部5「目の前を　とおりすぎていった／あの顔　この顔／萌えいでてくる」とありますが、どのようなことですか、答えなさい。

受験番号

令和４年度　**灘中学校　入学試験問題**　※100点満点（配点非公表）

算数　（第２日　３枚のうちの１枚目）　(60分)

［解答上の注意］

・1(1)，(2)，2(1)，3(1)，5(2)は答えのみ記入しなさい。それ以外の問題は答え以外に文章や式，図なども書きなさい。

・問題にかいてある図は必ずしも正しくはありません。

・角すいの体積は，（底面積）×（高さ）× $\frac{1}{3}$ で求められます。

1

1より大きい整数 x について，x の約数のうち，小さい方から２番目の数と，大きい方から２番目の数の和を【x】で表します。例えば

【6】= 2 + 3 = 5，【9】= 3 + 3 = 6，【13】= 13 + 1 = 14

です。

(1)　【x】が x より大きいような，1より大きい整数 x を小さいものから順に４個並べると，

□，□，□，□ です。

(2)　【x】が 12 に等しいような，1より大きい整数 x は全部で４個あります。それらを小さいものから順に並べると，□，□，□，□ です。

(3)　50個の数【51】，【52】，【53】，……，【99】，【100】の中で，最も小さい数と，２番目に小さい数を求めなさい。ただし，答えは【　】を使わずに書きなさい。例えば【51】が答えの場合は20と書きなさい。

答　最も小さい数　　　　，２番目に小さい数

2

箱Aには 0，1，2 の３枚のカードが入っています。箱Bには 0，1，2，3，4 の５枚のカードが入っています。２つの箱から一方を選び，次の【操作】を行います。

【操作】選んだ箱の中からカードを１枚取り出し，カードに書かれた数字を確認してカードを箱の中に戻《もど》します。これを４回繰《く》り返し，取り出した４つの数字を確認した順にア，イ，ウ，エとします。そして，９桁《けた》の整数 ８ア８イ８ウ８エ８ を作ります。

(1)　箱Bを選んで【操作】を行います。そこで作られる９桁の整数 ８ア８イ８ウ８エ８ が８の倍数になるカードの取り出し方は全部で □ 通りあります。

(2)　箱Aを選んで【操作】を行います。そこで作られる９桁の整数 ８ア８イ８ウ８エ８ が３の倍数になるカードの取り出し方は全部で何通りありますか。

答　　　　　通り

(3)　箱Bを選んで【操作】を行います。そこで作られる９桁の整数 ８ア８イ８ウ８エ８ が24の倍数になるカードの取り出し方は全部で何通りありますか。

答　　　　　通り

受験番号

令和４年度　　灘中学校　入学試験問題

算数　（第２日　３枚のうちの２枚目）

3

短針と長針のついた時計があります。図のように，最初は短針と長針が 12 時の位置でぴったり重なっています。短針は１時間につき 30°の一定の速さで右回りに動きます。長針は次のルールに従って動きます。

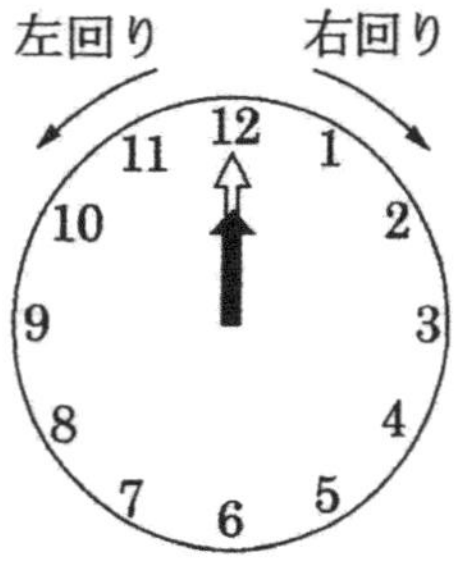

（ア）長針は１時間につき 360°の一定の速さで動きます。

（イ）長針は，最初は右回りに動きます。

（ウ）長針が右回りに動いている間に短針とぴったり重なると，長針は回り方を変えて左回りに動きます。長針が左回りに動いている間に短針とぴったり重なると，長針は回り方を変えて右回りに動きます。ただし，回り方を変えるのに必要な時間はないものとします。

(1)　短針が動き始めたのち，初めて短針と長針がぴったり重なるのは，短針が動き始めてから［　　　　］時間後です。その次に短針と長針がぴったり重なるのは，短針が動き始めてから［　　　　］時間後です。

(2)　短針が動き始めたのち，初めて図の 12 時の位置で短針と長針がぴったり重なるのは，短針が動き始めてから何時間後ですか。

答　　　　　時間後

4

光が鏡で反射するときには，図１のように角㋐と角㋑の大きさが等しくなります。

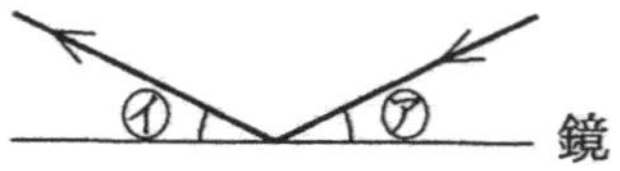

図１

図２で，１辺の長さが 10cm の正方形 XCDY の辺 YX の真ん中の点が A，辺 XC の真ん中の点が B，辺 DY の真ん中の点が E です。五角形 ABCDE の辺に沿って内向きに鏡が置かれています。頂点 A から出た光は，鏡で反射しながら五角形 ABCDE の内側を進み，A，B，C，D，E のいずれかに到達《とうたつ》するとそれ以上は進みません。

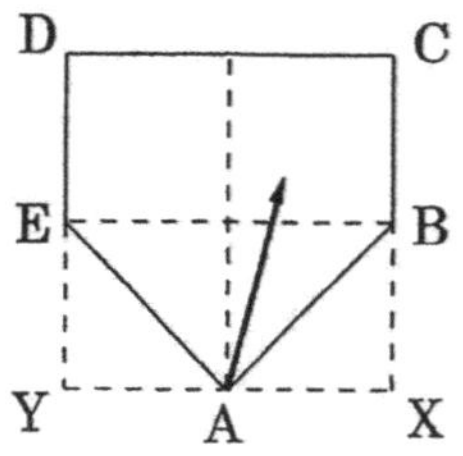

図２

(1)　図３のように，A から出た光が辺 CD 上の点 P で反射したのち，辺 EA 上の点 Q で反射し，B に到達したとき，CP の長さを求めなさい。

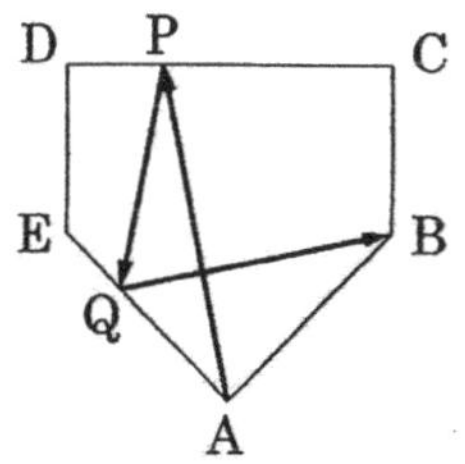

図３

答　　　　　cm

(2)　A から出た光が辺 CD 上の点で反射したのち，さらに鏡で２回反射して C に到達する進み方は２通りあります。これら２通りの場合について，光が最初に反射した辺 CD 上の点を R とするとき，CR の長さを求めなさい。

答　　　　　cm と　　　　　cm

受験番号

令和４年度　灘中学校　入学試験問題

算数　（第２日　３枚のうちの３枚目）

5

８個の合同な正三角形でできた，図１のような立体Ｘがあります。点Ｐは辺DFを３等分する２つの点のうちＦに近い方の点です。立体Ｘの辺を３等分する点のうちのいくつかを図２のように結び，立体Ｘの中に図３のような立体Ｙを作ります。

Ａ，Ｂ，Ｄを通る平面で立体Ｙを切ったとき，その断面は図４のようになり，分けられた２つの立体の体積は等しくなります。

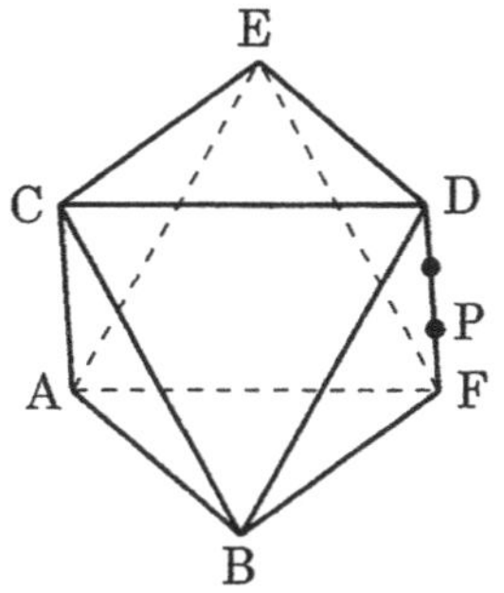

図１

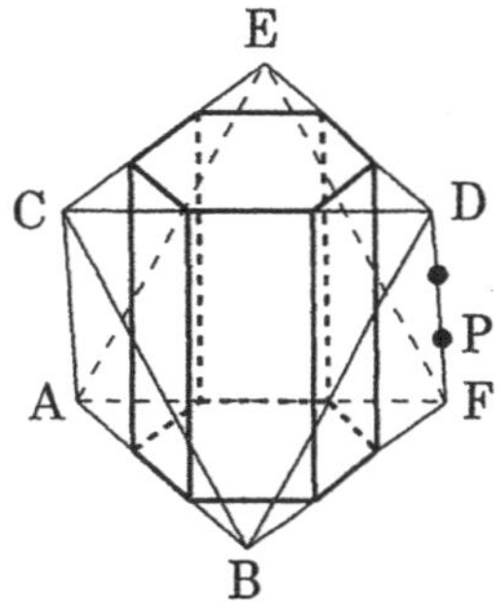

図２

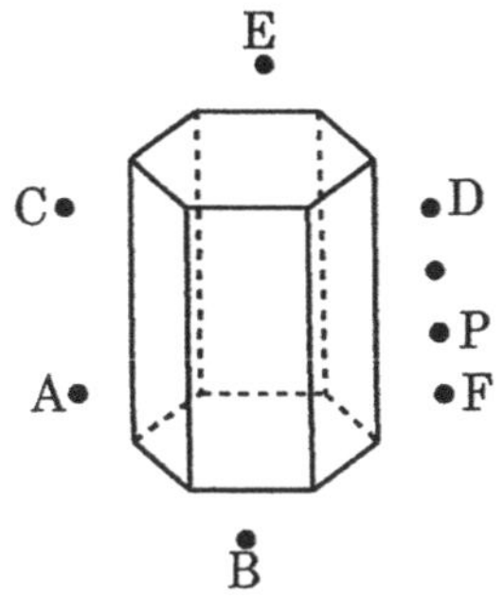

図３

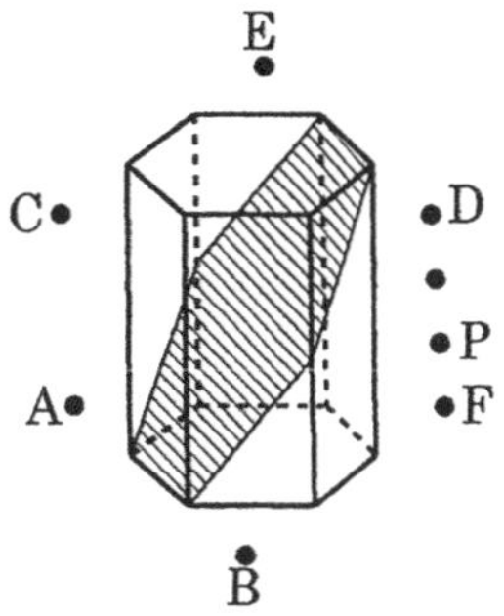

図４

(1)　Ａ，Ｂ，Ｐを通る平面で立体Ｙを切ったとき，分けられた２つの立体のうち大きい方の体積は小さい方の体積の何倍ですか。

答　　　　　倍

(2)　図５は，立体Ｙの12個の頂点に1, 2, …, 12の番号をつけたものです。図６は立体Ｙの展開図です。

Ａ，Ｅ，Ｐを通る平面で立体Ｙを切ったときの断面の周を，図６にかき入れなさい。

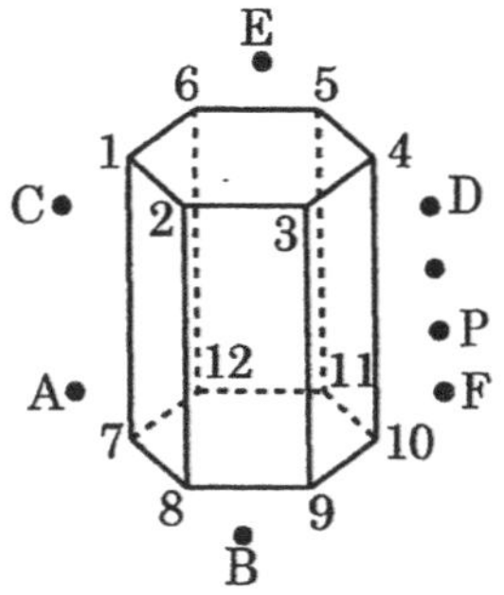

図５

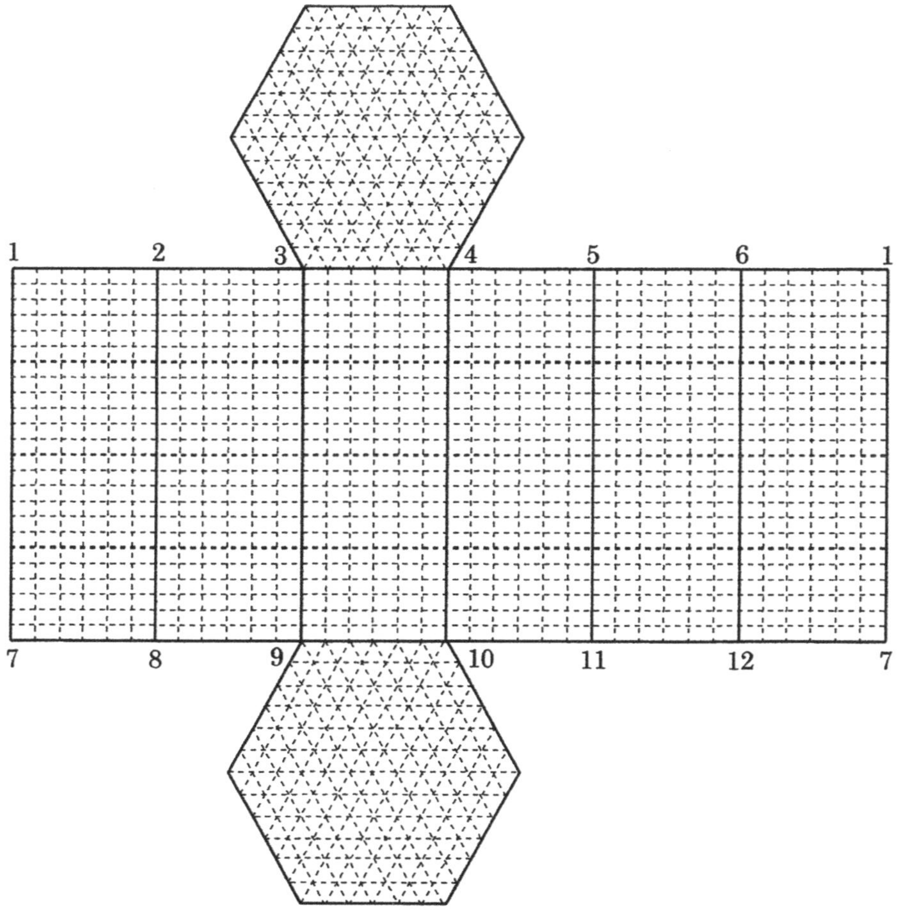

図６

（　問題は以上で終わりです　）

受験番号

令和四年度　灘中学校入学試験問題　国語　二日目　五枚のうちの五枚目

※120点満点
（配点非公表）

◎解答に字数制限のある場合、句読点などの記号も字数に数えます。

一

問一
A
B
C
D
E
F
G
H
I

問二

問三

問四

問五

問六

問七

問八

二

問一

問二

問三

問四

問五

問六

ような場所。

問七

三

問一

問二

問三

問四

問五

問六

令和三年度　灘中学校入学試験問題　国語（40分）　一日目

一　次の文章を読んで、後の問いに答えなさい。

天気予報で「今日の降水確率は三〇パーセントです。」とあったら、傘《かさ》を持って出かけますか？　二〇パーセントだったら？　七〇パーセントだったら？　降水確率がどうであれ、傘を「　X　」か「　Y　」か、行動の選択肢《せんたくし》は二つしかない。傘を三〇パーセントだけ持っていくことはできないのである。

人間は二分法が好きだ。「陰《いん》と陽」「男と女」「右派と左派」「上と下」「敵と味方」「我らと彼《かれ》ら」などなど、どの文化にも二分法はあふれている。現実には、たいていの物事はもっと複雑で、そんなにきれいに分かれるものでもない。しかし、人間が最終的な意思決定をするときには、多くの事柄《ことがら》が、傘を「　X　」か「　Y　」かのように二者択一《にしゃたくいつ》となる。そうすると、人間にとって、そもそもいろいろなものを二つのaカテゴリーに分ける方が、心地《ここち》よいのではないだろうか？

たいていの物事を、三つに分けたり四つに分けたりするのが当たり前、という文化はないのではないか？　「ない」と自信をもって言えるわけではないのだが、非常に少ないと思う。

ところで、商品を買うとき、たとえ自動車などの高価なものであっても、その商品の機能その他に関する情報が、たくさんあればあるほど適切な判断ができるかというと、そうではない。また、人は、商品に関する情報がうんとたくさんあればあるほどうれしいということもない。情報が少なすぎると困るのだが、あり過ぎると、それも嫌《きら》う。これも、どうせ「買う」か「買わない」か、行動の選択肢は二つしかないのだから、適当なところでb腹をくくりたくなるのだろう。

選挙でも、結局はこの候補に「投票する」か「投票しない」か、選択肢はふたつである。しかし、支持・不支持がよほど明快でない限り、人は、普通《ふつう》は迷うだろう。そして、候補者の意見その他の情報が多くあればあるほど、決めがたいと思ったり、あちらの候補が四〇点、こちらの候補が六〇点ぐらいに感じたりして迷うに違《ちが》いない。

こうして見てくると、人間は、情報がたくさんあると二者択一の判断をしにくくなる。そして、そんな状況《じょうきょう》に陥《おちい》るのは不快で、簡単に二者択一で判断したいという欲求がある、と言えそうだ。

学問の営みは、いろいろな問題とその状況に疑問を差《さ》し挟《はさ》み、対象をよくよく調べることで、二分法で単純な解釈《かいしゃく》はできないということを示し続けてきたのだと思う。人種という単純なカテゴリーは存在しない、男と女、と明確に分けられるものでもない、意見の相違《そうい》を「敵と味方」と単純に分けてしまうと本質を見失うなどなど。

このような学問の成果を本当に取り入れるためには、立ち止まってじっくり考えなければならない。ところが、商品の説明があまり多すぎると嫌われるように、人間は、あまり多くの説明をされることは嫌いなのだ。とすると、じっくり考えて学問の成果を取り入れるのは、人間にとって、はなから心地よい作業ではないのだろう。

しかし、そこをなんとかというか、いやでもじっくり考えねばならないという「良識」があった。少なくとも少し前までは。これを大きく壊《こわ》したのがネットだろう。ネットの世界は、飛《と》び交《か》う文章も短いし、同じ考えを表明する仲間たちだけで意見を増幅《ぞうふく》し合うので、二分法と二者択一がc専横する。ネットの世界では、長々とした説明は不人気、単純明快な主張で人々に二分法を押《お》し付《つ》ける。というか、二分法であっさり決着をつけたいという人々の本来の欲望に、すっかり乗っかっているのだろう。

極端《きょくたん》な意見は昔からあった。それを、ある意味で爽快《そうかい》だと思う風潮も昔からあった。しかし、そういうふうに感情に任せてしまうのはよくないという歯止めが、社会のどこかに確かに存在した。ネットは、そんな歯止めをなくし、なくてもいいのだと思わせている。

（長谷川《はせがわ》眞理子《まりこ》『モノ申す人類学』による）

問一　問題文に二つずつある　X　・　Y　に入る適当な言葉を答えなさい。

問二　――線部「人は、商品に関する～うれしいということもない」とありますが、それはなぜですか。理由を答えなさい。

問三　～～線部a「カテゴリー」とありますが、これは「範囲《はんい》」という意味で、「リー」で終わる外来語です。「リー」で終わる次の1～5の外来語の意味を漢字の熟語で表現するとどうなりますか。後のア～キから最も適当なものを選び、記号で答えなさい。

1　ストーリー　2　エントリー　3　リカバリー　4　セオリー　5　ミステリー

ア　回復　イ　決定　ウ　参加登録　エ　神秘　オ　出入口　カ　物語　キ　理論

問四　～～線部b「腹をくくりたくなる」とありますが、次の1～5の意味になる言葉を「腹」を用いて答えなさい。

1　相手にかくさずに本心を打ち明けることのたとえ。
2　失敗や不始末などの責任を取って辞任することのたとえ。
3　大事のためには、小さな犠牲《ぎせい》を払《はら》うのもやむを得ないというたとえ。
4　他人の心中をそれとなしにうかがうことのたとえ。
5　見たことや聞いたことなどを自分だけの秘密にしておくことのたとえ。

問五　～～線部c「専横」の「横」と同じ意味で「横」が用いられている言葉を、次のア～カからすべて選び、記号で答えなさい。

ア　横行　イ　横断　ウ　横転　エ　横暴　オ　横領　カ　縦横

二　次の1～7は、動物を季語としてふくむ俳句を春から冬、新年の順に並べたものです。それぞれの□に当てはまる動物を後のア～コから選び、記号で答えなさい。ただし、同じものはくり返して使えません。

1　※著作権上の都合により省略いたします　教英出版編集部　津川絵理子（春）
2　□のすっかり浮《う》いてから泳ぐ　高田正子（夏）
3　※著作権上の都合により省略いたします　教英出版編集部　金子敦（夏）
4　ぴいと啼《な》く尻声《しりごえ》悲《かな》し夜の□　松尾芭蕉（秋）
5　※著作権上の都合により省略いたします　教英出版編集部　森田峠（秋）
6　□や大きくなりし夜の山　三橋敏雄（冬）
7　木屑《きくず》より出て□の髭《ひげ》うごく　福田甲子雄（新年）

ア　伊勢海老《いせえび》　イ　牛　ウ　馬　エ　亀《かめ》の子《こ》　オ　水母《くらげ》
カ　鹿《しか》　キ　雀《すずめ》　ク　燕《つばめ》　ケ　泥鰌《どじょう》　コ　むささび

三　次の1～5の□に入る動作を表す言葉を、ひらがな三字でそれぞれ答えなさい。

1　暗がりから聞こえるうなり声に、身の毛も□思いがした。
2　血気に□若者たちが、感情にまかせて起こした事件だ。
3　ゲームをしすぎると、勉強に支障を□だろう。
4　ヒーローとして大切なのは、弱きを助け強きを□ことだ。
5　もうやめようとの思いが脳裏《のうり》を□たび、打ち消してきた。

四　次の1～3の各組にある□には、ひらがなが一つ入ります。他と違《ちが》うひらがなが入るものを、それぞれ一つ選び、記号で答えなさい。

1
ア　い□わる（意地悪）　イ　そこ□から（底力）
ウ　ち□む（縮む）　エ　はな□（鼻血）
オ　ま□か（間近）

2
ア　うわ□み（上積み）　イ　き□く（築く）
ウ　て□くり（手作り）　エ　ふみ□き（文月）
オ　りくつ□き（陸続き）

3
ア　うすご□り（薄氷）　イ　お□さま（王様）
ウ　すど□り（素通り）　エ　と□あさ（遠浅）
オ　みやこお□じ（都大路）

五　二字の熟語の中には、「消火」（火を消す）、「発熱」（熱を発する）のような組み立てのものがあります。「消火」「発熱」と同じ組み立ての熟語を次のア～コからすべて選び、記号で答えなさい。

ア　運送　イ　恩師　ウ　解放　エ　学者　オ　兄弟
カ　集金　キ　洗顔　ク　全力　ケ　走行　コ　読書

六　次の1～3の各文には、パソコンで間違《まちが》って変換《へんかん》された言葉が一つずつふくまれています。間違っている言葉をさがし、正しく書き改めて答えなさい。

1　新たに指名された総理大臣の初心表明演説が支持できるものか、クラスメイトと授業中に議論した。
2　不足の事態に備えて多めに人手を確保していたことが、災害を乗り切ることのできた理由だ。
3　初夏の低温や初秋の害虫の異状な発生が要因となって、昨年は西日本で米の生産量が落ち込んだ。

七　次の1～8の言葉のたとえとして用いることができる言葉を後のア～クから選び、記号で答えなさい。ただし、同じものはくり返して使えません。

1　お世辞　2　群衆　3　静けさ　4　疲れ
5　突然《とつぜん》　6　変化　7　理解　8　労働

ア　芋《いも》を洗うよう　イ　手に取るよう
ウ　猫《ねこ》の目のよう　エ　歯が浮《う》くよう
オ　馬車馬のよう　カ　降ってわいたよう
キ　水を打ったよう　ク　綿のよう

八　次の漢字しりとりを、〔条件〕に合わせて完成させなさい。

地[A]―[A][B]―[B][C]―[C]学―学年―年[D]
―[D][E]―[E]店―店[F]―[F][G]―[G]配―配給
―給[H]―[H][I]―[I]歩

〔条件1〕　同じ漢字を二回以上用いてはいけません。
〔条件2〕　A～Iの字はすべて四画です。
〔条件3〕　A～Iのそれぞれの字は二回とも同じ読み方です。
〔条件4〕　A～Iの読み方は、次から選びなさい。同じものはくり返して使えません。
〔カ、ギュウ、ク、シ、シュウ、シン、スイ、ナイ、ブン〕
〔条件5〕　示されている字の読み方は、一回目と二回目とが同じ場合も異なっている場合もあります（学・年・店・配・給）。

令和３年度　　灘中学校　入学試験問題

算数　（第１日　３枚のうちの１枚目）

次の問題の □ にあてはまる数を３枚目の解答欄《らん》に書き入れなさい。

［注意］

・問題にかいてある図は必ずしも正しくはありません。

・角すいの体積は，（底面積）×（高さ）× $\frac{1}{3}$ で求められます。

（60分）

1　$9\frac{32}{221} \div \left(1\frac{1}{17} - \frac{\square}{13}\right) = (12 + 19 \times 11) \times \left(\frac{1}{13} + \frac{2}{17}\right)$

2

３つの容器Ａ，Ｂ，Ｃにあわせて600mLの水が入っています。容器Ｂの水の体積は容器Ａの水の体積の1.5倍です。容器Ａから容器Ｂに水を40mL移すと，容器Ｂの水の体積は容器Ｃの水の体積の1.4倍になりました。水を移したあとの容器Ｂの水の体積は □ mLです。

3

2021の各位の数の和は $2+0+2+1=5$ です。このように，各位の数の和が５である４桁《けた》の整数は，2021を含《ふく》めて全部で ① 個あります。そしてそれらの整数の中で2021は小さい方から数えて ② 番目です。

4

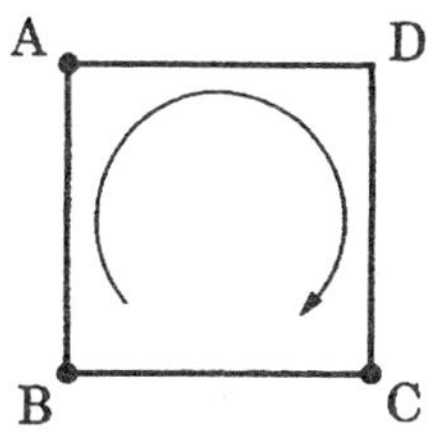

右の図のような正方形ABCDの辺上を３点Ｐ，Ｑ，Ｒが動きます。

点Ｐは点Ｂを出発し図の矢印の向きに，点Ｑは点Ａを出発し図の矢印の向きに，点Ｒは点Ｃを出発し図の矢印と反対の向きに動きます。

点Ｑの動く速さは点Ｐの動く速さの３倍です。３つの点が同時に出発し，点Ｐと点Ｒがはじめて出会うのにかかった時間は，点Ｑと点Ｒがはじめて出会うのにかかった時間の２倍でした。点Ｒの動く速さは点Ｐの動く速さの □ 倍です。

5

A は２桁の整数で，$A \times A$ を15で割ると１余ります。このような A は全部で □ 個あります。

6

２以上の整数 A に対して，A の約数をすべてかけあわせてできる数を $[A]$ と書きます。例えば，

$$[6] = 1 \times 2 \times 3 \times 6 = 36$$

です。

$B = 6$ のとき $\frac{[2 \times B]}{[B]}$ = ① です。また，$\frac{[2 \times C]}{[C]} = 192$ となる２以上の整数 C は ② です。

7

X は３桁の整数で，どの２つの位の数も異なります。X を７倍すると４桁の整数ABCDを作ることができ，A＞B，B＞C，C＞D，D＞0となりました。このとき，X は □ です。

令和３年度　　灘中学校　入学試験問題

算数　（第１日　３枚のうちの２枚目）

8

縦の長さが 1cm，横の長さが 3cm の長方形と，１辺の長さが 2cm の正三角形が，図のように置かれています。正三角形が，長方形の周に沿って，すべることなく図の矢印の向きに回転し，はじめて元の三角形の位置に戻《もど》るまで移動します。このとき頂点Ａが動いてできる線の長さは □ cm です。ただし，円周率は $3\frac{1}{7}$ とし，１辺の長さが 2cm の正三角形の面積は $1\frac{3}{4}$ cm^2 とします。また，頂点Ａは元の位置に戻るとは限りません。

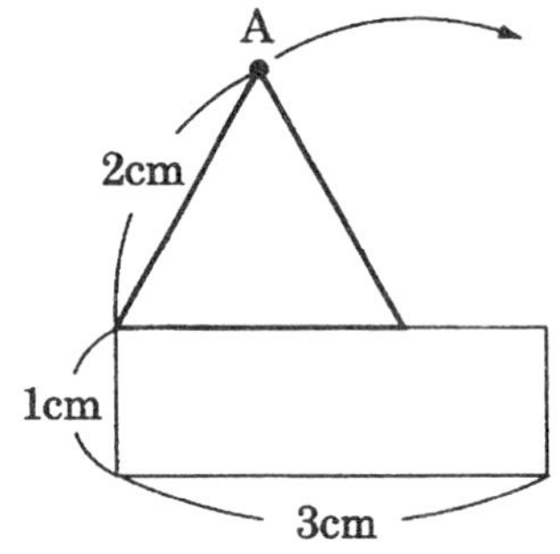

9

右の図で，三角形 ABC の面積は $80cm^2$，三角形 ADF の面積は $10cm^2$，三角形 CFE の面積は $35cm^2$，FC の長さは AF の長さの３倍です。BF と DE の交わる点を G とするとき，GF の長さは BG の長さの □ 倍です。

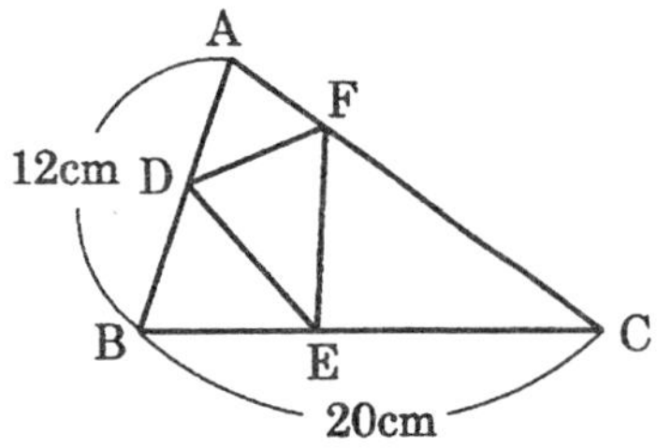

10

直角三角形を図のように三角形 ABC と三角形 DEF に切り分けます。これらの２つの三角形を図のように重ねたとき，斜線《しゃせん》部分の面積は □ cm^2 です。

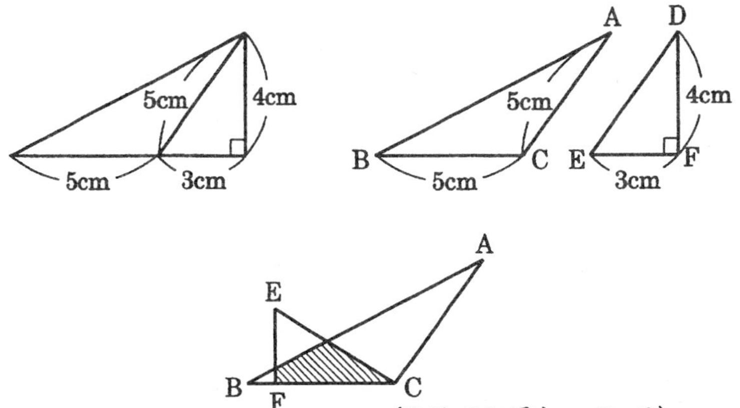

（DはCに重なっている）

11

右の図のように，三角すいの形をした容器があり，４つの面の面積は $16\,cm^2$，$18\,cm^2$，$20\,cm^2$，$24\,cm^2$ です。この容器にはいくらかの水が入っています。この容器を，４つの面のいずれかが水平な地面につくように置きます。容器の内側の面のうち水にぬれる部分の面積が最も大きくなるように置いたとき，水にぬれる部分の面積は $60\,cm^2$ になります。水にぬれる部分の面積が最も小さくなるように置いたとき，水にぬれる部分の面積は □ cm^2 になります。

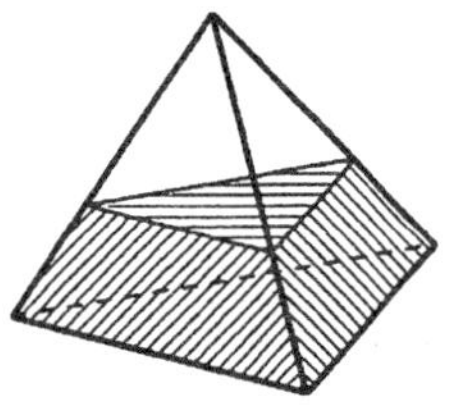

12

ある立体の展開図を，幅《はば》が 3cm の方眼紙にかくと，右の図の太線のようになりました。斜線をつけた三角形は正三角形です。また，正方形でない四角形の面はすべて長方形です。

この立体の体積は □ cm^3 です。

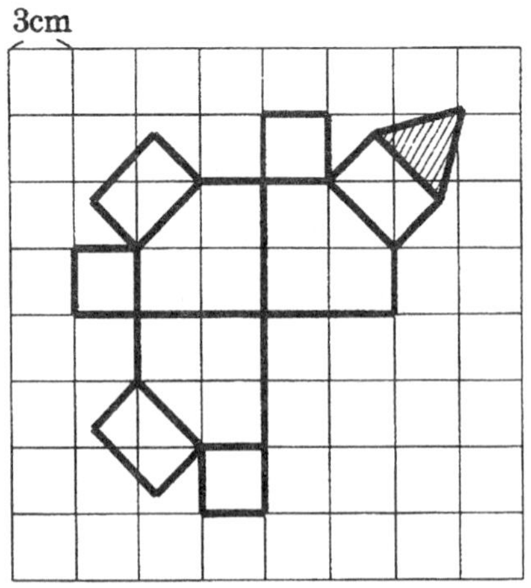

令和３年度灘中学校入学試験問題（理科）

※解答は4枚目の解答らんに記入すること。この用紙の裏面は計算に使ってよろしい。

(60分)

1　太陽のまわりには，私たちの住む地球をふくめて8つの大きな天体が存在し，惑星《わくせい》と呼ばれます。惑星は太陽に近いものから順に，水星，金星，地球，火星，木星，土星，天王星，海王星と名付けられています。おおまかには，これらの惑星は太陽を中心にして，同一平面上を同じ方向に，それぞれ異なる一定の速さで円をえがいてまわっていると考えることができ，この動きを公転といいます。また，惑星が太陽のまわりを一周して元の位置に戻ってくるまでの時間を公転周期といい，地球の公転周期は1年です。公転周期は，太陽に近い惑星ほど短く，太陽から遠い惑星ほど長くなっています。太陽に最も近い水星の公転周期は0.24年で，太陽から最も遠い海王星の公転周期は165年にもなります。

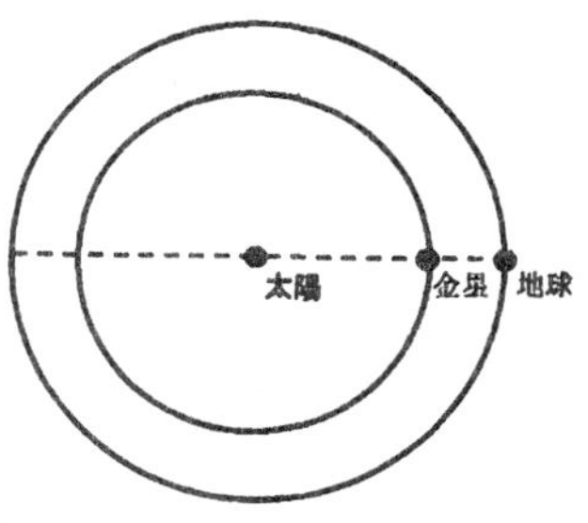

図１

問１　次の5つの惑星ア～オのうち，地球で真夜中に観測することができないものをすべて選び記号で答えなさい。

ア　水星　　イ　金星　　ウ　火星　　エ　木星　　オ　土星

問２　図１の2つの円は，金星と地球の公転の道筋です。図１のように 太陽―金星―地球 の順で一直線に並んだときから，次に 太陽―金星―地球 の順で一直線に並ぶまでに，1.6年かかります。金星の公転周期は何日ですか。1年を365日とし，小数第一位を四捨五入して整数で答えなさい。

問３　地球と火星について，太陽―地球―火星 の順で一直線に並んだときから，次に 太陽―地球―火星 の順で一直線に並ぶまでに，2.2年かかります。また，図２のように 太陽―金星―地球―火星 の順で一直線に並んだときから，次に 太陽―金星―地球―火星 の順で一直線に並ぶまでに，17.6年かかります。この17.6年の間で，太陽と地球と惑星が一直線に並ぶとき，次のア～ウのうち起こりうる並び方をすべて選び記号で答えなさい。

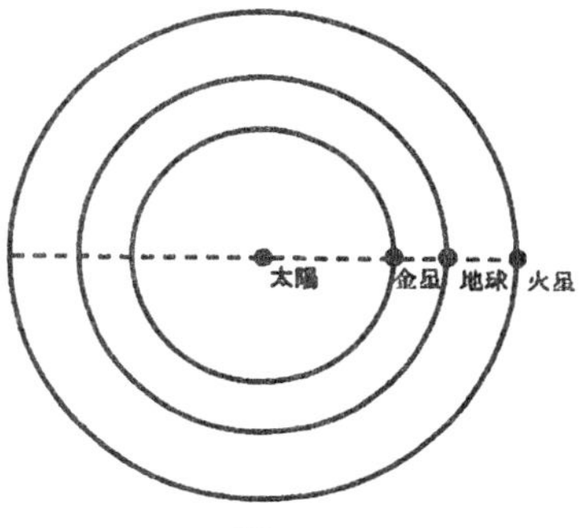

図２

ア　金星―太陽―地球―火星　　イ　地球―太陽―金星―火星　　ウ　火星―太陽―金星―地球

問４　次の文中の｛　　｝の中からあてはまるものをそれぞれ選び記号で答えなさい。

『太陽と地球と惑星が一直線に並んでから再び一直線に並ぶまでの時間は，①｛ア　太陽　イ　地球｝に近い惑星ほど②｛ア　長く　イ　短く｝なり，①から遠い惑星ほどその逆になる。また，地球以外の7つの惑星のうちでは，太陽③｛ア　に近い　イ　から遠い｝惑星ほど，その時間は1年に近くなる。』

2　水酸化ナトリウム水溶《よう》液を蒸発皿に入れて二酸化炭素を十分に溶《と》かした後，水を完全に蒸発させると，水酸化ナトリウムとは別の白い固体が残ります。

いま，ある濃《こ》さの塩酸100mLを入れた蒸発皿に，水酸化ナトリウム水溶液を加えました。さらに，この水溶液に二酸化炭素を十分に溶かした後，水を完全に蒸発させると，白い固体が残りました。加える水酸化ナトリウム水溶液の体積をいろいろ変えたところ，残った白い固体の重さは下の表のようになりました。

水酸化ナトリウム水溶液の体積〔mL〕	5	10	15	20	25	30	35	40	45	50	55	60
白い固体の重さ〔g〕	0.117	0.234	0.351	（ア）	0.585	0.691	（イ）	0.903	1.009	1.115	1.221	（ウ）

問１　表中の（ア）～（ウ）にあてはまる値を小数第三位まで答えなさい。

問２　表の関係をグラフの点線---で表しました。グラフの横軸《よこじく》は水酸化ナトリウム水溶液の体積〔mL〕，縦軸《たてじく》は白い固体の重さ〔g〕を表します。加える水酸化ナトリウム水溶液を濃くしたときと，うすくしたときのグラフはどうなりますか。おおよその形として最も適するものを，それぞれ次のア～カから選び記号で答えなさい。

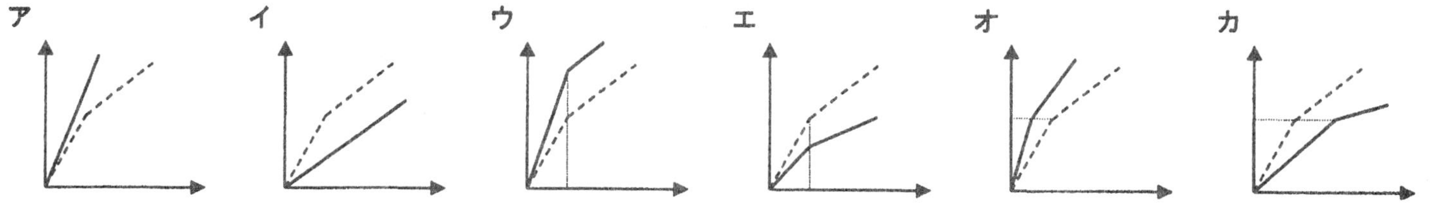

問３　次に，初めに使ったのと同じ水酸化ナトリウム水溶液25mLを入れた蒸発皿に，初めに使ったのと同じ塩酸を加えました。さらに，この水溶液に二酸化炭素を十分に溶かした後，水を完全に蒸発させると，白い固体が残りました。加える塩酸の体積をいろいろ変えたとき，塩酸の体積と，できた白い固体の重さの関係を表したグラフはどうなりますか。おおよその形として最も適するものを，次のア～カから選び記号で答えなさい。ただし，グラフの横軸は塩酸の体積〔mL〕，縦軸は白い固体の重さ〔g〕を表します。また，選んだグラフの空らん□にあてはまる数値を小数第三位まで答えなさい。

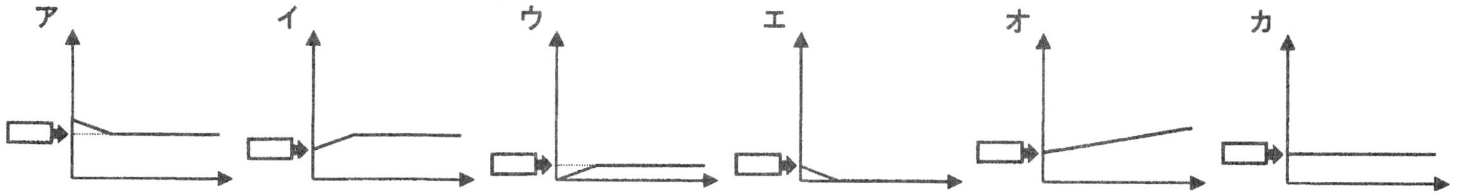

1枚目おわり

令和３年度灘中学校入学試験問題（理科）

※解答は4枚目の解答らんに記入すること。この用紙の裏面は計算に使ってよろしい。

3　ヒトの卵と精子が受精すると，受精卵は1週間ほどで着床《ちゃくしょう》します。おなかの中の子ども（以下「たい児」とする）は母親の子宮の中で育ちますが，子宮の中には［　①　］が満たされており，たい児は外部からのしょうげきなどから守られています。子宮のかべにある［　②　］と，たい児は［　③　］でつながっており，母親はこれを通してたい児へ必要なものをあたえ，いらなくなったものを回収します。

ヒトのたい児は，途中までは子宮の中で回転できますが，成長して出産が近づき，少しずつ［①］が減って子宮の中がたい児にとってせまくなってくると，多くの場合，頭を④｛ア　上　イ　下｝に向けた状態で出産に備えます。そして，受精から⑤｛ア　22　イ　30　ウ　38　エ　46｝週ほどで誕生します。個人差はあるものの，日本人の新生児の平均身長は約⑥｛ア　10　イ　30　ウ　50｝cm，平均体重は約⑦｛ア　1　イ 3　ウ 5　エ 7｝kgとされています。

ヒトの血液が肺へ運ばれると，血液中に気体A（以下「A」とする）が取りこまれ，同時に，血液中に含まれていた気体B（以下「B」とする）が吐《は》き出されます。これを［　⑧　］といいます。このとき，血液中に存在するヘモグロビンという物質がAを受け取ります。母親の体内のうち，肺では血液中のAの濃さは最も高く，Bの濃さは最も低くなっています。肺でAを受け取った血液は母親の体内をめぐり，Aの濃さが低くBの濃さが高くなっている「体の各部分」にたどり着きます。そこで血液中のヘモグロビンは運んできたAの大部分を手放して「体の各部分」へあたえ，Bは血液中に回収されます。母親の血液の一部は［②］へ届き，ここでたい児の血液中のヘモグロビンへAが受け渡され，同時にたい児の血液からBが回収されます。新生児は，産声を発すると同時に，肺での［⑧］を開始します。

問１　上の文中の［　　］にあてはまる語句を答え，また，｛　　｝の中からあてはまるものを選び記号で答えなさい。
問２　気体Aおよび気体Bの名前をそれぞれ答えなさい。
問３　たい児は，産まれる2か月ほど前から，［⑧］の“練習”をしています。どのように“練習”するでしょうか。「たい児は子宮のなかで過ごしている」ことから考えて15字以内で答えなさい。
問４　たい児の血液中のヘモグロビンは，母親の血液中のヘモグロビンとは性質が異なっています。下の文中の［　⑨　］にあてはまる語句を4字以内で，［　⑩　］にあてはまる語句を6字以内で，それぞれ答えなさい。なお，［②］におけるAの濃さ，Bの濃さは，母親の「体の各部分」と同じ条件とします。
『母親の血液中のヘモグロビンに比べて，たい児の血液中のヘモグロビンは，Aの濃さが低くBの濃さが高いときでも，よりAと［　⑨　］やすいという性質をもっている。このことによって，［②］を通してたい児はAを効率よく［　⑩　］ことができる。』

4　1個の電球に電池を直列につなぎ，電池の個数をいろいろ変えた場合，電池の個数と，流れる電流の関係は，右のグラフのようになります。このとき，電球が「1秒間あたりに消費するエネルギー」は，グラフの「横軸《よこじく》の値と縦軸《たてじく》の値の積」で表されることが知られています。たとえば，図１のように1個の電球に10個の電池を直列につないだとき，1.9Aの電流が流れます。このとき，この1個の電球が「1秒間あたりに消費するエネルギー」の値をEとします。Eの値はグラフの点線（‒ ‒ ‒ ‒）で囲まれた長方形の面積で表されます。

この問題では，電球，電池はすべて同じものとします。なお，答は分数で表してもかまいません。

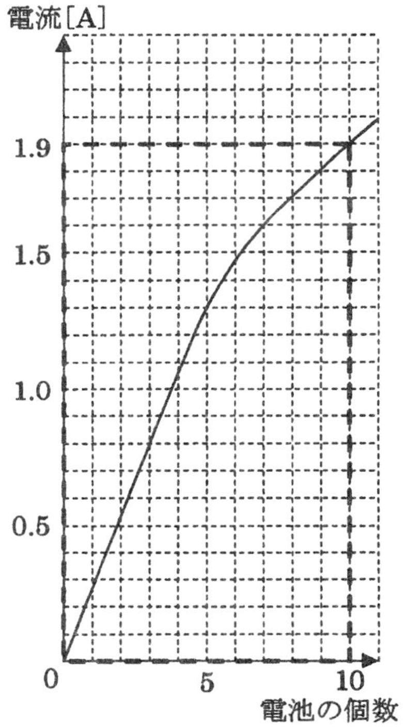

問１　1個の電球に3個の電池を直列につないだとき，何Aの電流が流れますか。
問２　図２の回路で，2個の電球が1秒間あたりに消費するエネルギーの合計はEの何倍ですか。
問３　図３の回路で，2個の電球が1秒間あたりに消費するエネルギーの合計はEの何倍ですか。
問４　図４の回路で，電球が明るく光る順に，不等号「＞」を用いて「あ＞い＞う」のように左から並べなさい。ただし，同じ明るさの場合は等号「＝」を用いること。
問５　図４の回路で，3個の電球が1秒間あたりに消費するエネルギーの合計はEの何倍ですか。
問６　図５の回路で，問４と同様に，電球が明るく光る順に左から並べなさい。
問７　図５の回路で，3個の電球が1秒間あたりに消費するエネルギーの合計はEの何倍ですか。

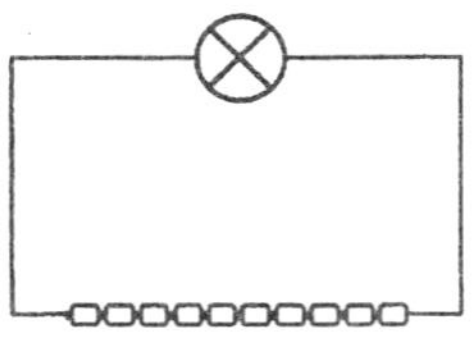
図１

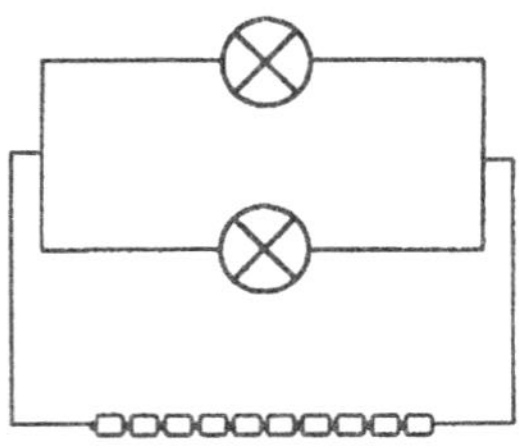
図２

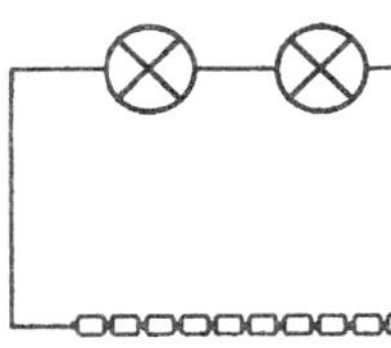
図３

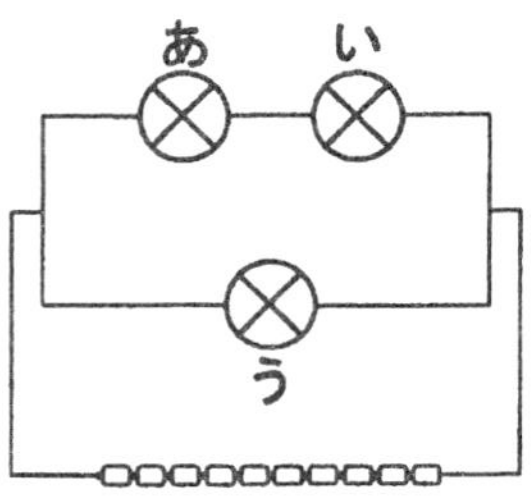

図４

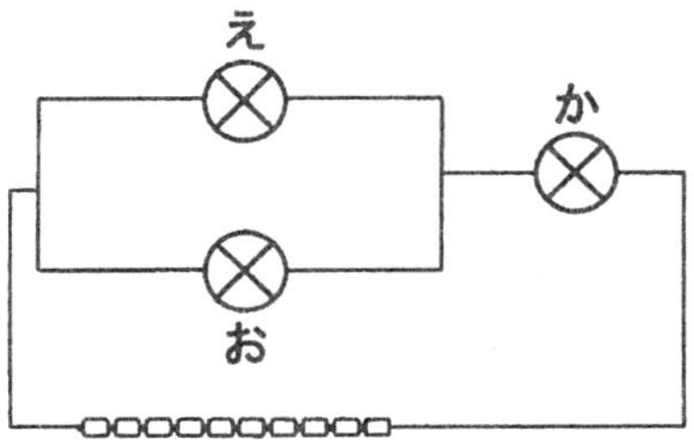

図５

2枚目おわり

※解答は4枚目の解答らんに記入すること。この用紙の裏面は計算に使ってよろしい。

5 [A] 次の**ア〜カ**の6種類の水溶《よう》液は，すべてとうめいで色がついていません。この6種類の水溶液について以下の問いに答えなさい。

ア 食塩水　**イ** 炭酸水　**ウ** 重そう水　**エ** うすいアンモニア水　**オ** うすい塩酸　**カ** うすい水酸化ナトリウム水溶液

問１　ものが水に溶《と》けたといえるには，水溶液がとうめいであることのほかに2つの要件をみたす必要があります。この2つの要件をそれぞれ15字以内で答えなさい。

問２　つんとしたにおいがする水溶液を，上の**ア〜カ**からすべて選び記号で答えなさい。

問３　青色のリトマス紙を赤色に変化させる水溶液を，上の**ア〜カ**からすべて選び記号で答えなさい。

問４　ピペットを用いて重そう水1mLを蒸発皿に取り，加熱して水を蒸発させると白い固体が残りました。この実験を行うとき，ピペットの使い方や加熱の方法で**正しくない**ものを，次の**キ〜サ**からすべて選び記号で答えなさい。

キ　水溶液を吸い上げるとき，ピペットの先を水溶液に深く入れる。
ク　水溶液を吸い上げるとき，ゴム球をおした指を急激にゆるめ，水溶液をすばやく吸い上げる。
ケ　水溶液を吸い上げたあと，水溶液がこぼれないようピペットを逆さまにする。
コ　蒸発皿に入れた水溶液は，弱火で加熱する。
サ　液体が完全になくなるまで加熱を続ける。

[B]　重そう水を万能試験紙で調べると，青色になりました。ところが重そう水を加熱して，蒸発皿に残った白い固体を再び水に溶かした水溶液を万能試験紙で調べると，こい青色になりました。これは加熱により重そうが別の物質に変化したからです。重そう水は，重そうの粉を水に溶かしたものです。そこで水に溶かす前の重そうの粉 8.4g を蒸発皿に入れて十分に加熱しました。加熱後に残った白い固体の重さをはかると 5.3g になっていました。これは加熱により，重そうの粉から水と二酸化炭素が失われたからです。このとき，減った重さの 29%が水で，71%が二酸化炭素でした。

問５　重そうの粉 8.4g を加熱したとき，失われた二酸化炭素は何gですか。小数第二位を四捨五入して小数第一位まで答えなさい。

問６　ある量の重そうの粉を十分加熱したとき，失われた水が 0.15g であったとすると，もとの重そうの粉は何gでしたか。小数第二位を四捨五入して小数第一位まで答えなさい。

問７　ある量の重そうの粉を加熱したとき，途中で加熱をやめると，重さが20%減っていました。もとの重そうの粉のうち何%が水と二酸化炭素を失いましたか。小数第一位を四捨五入して整数で答えなさい。

6 [A] ある日，太郎くんは知り合いの金属加工業の人から金属製のコーン（円錐《えんすい》形）をもらいました。コーンは側面だけがあり，中身と底面はありません。好きなように加工してあげるよ，と言われたので実験してみました。面の厚みは一定とします。

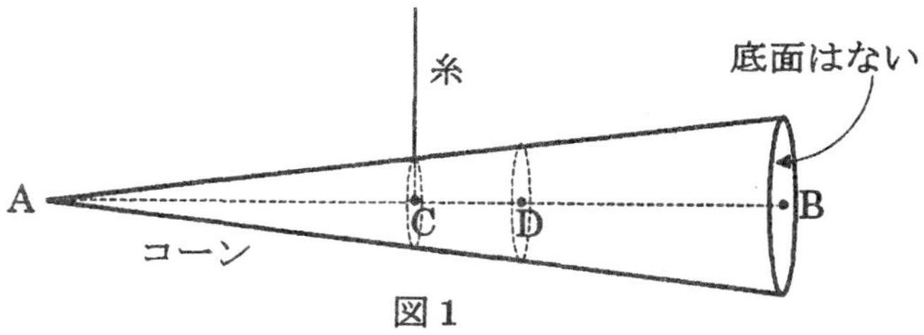

図１

問１　図１のように，コーンの中心軸《じく》ABのちょうど真ん中の点Cのところに糸をつけてつり下げるとどうなるでしょうか。正しいものを次の**ア〜イ**から選び記号で答えなさい。

ア　Aが下がる。　**イ**　Bが下がる。

問２　次に，コーンの真ん中よりもBに近い点Dのところに糸をつけてつり下げると，ABが水平になってつりあいました。点Dの位置を測ってみると長さの比は AD：DB＝2：1 になっていました。糸をはずし，コーンをDのところで（ABに垂直な平面で）切断してもらってA側とB側の2個に分けました。

(1)　それらの重さをはかるとどうなっているでしょうか。正しいものを次の**ア〜ウ**から選び記号で答えなさい。

ア　A側のほうが重い。　**イ**　B側のほうが重い。　**ウ**　重さは等しい。

(2)　A側の重さとB側の重さの比を，整数比で答えなさい。

[B]　またある日，太郎くんはその人から，図２のような直径48cm重さ480gの金属製の球殻《きゅうかく》（中がからっぽの球のこと）をもらいました。好きなように加工してあげるよ，と言われたので，球の中心Cを通る平面で切断して（A側とB側の）2個の半球殻に分けてもらって，実験をしてみました。面の厚みは一定とします。

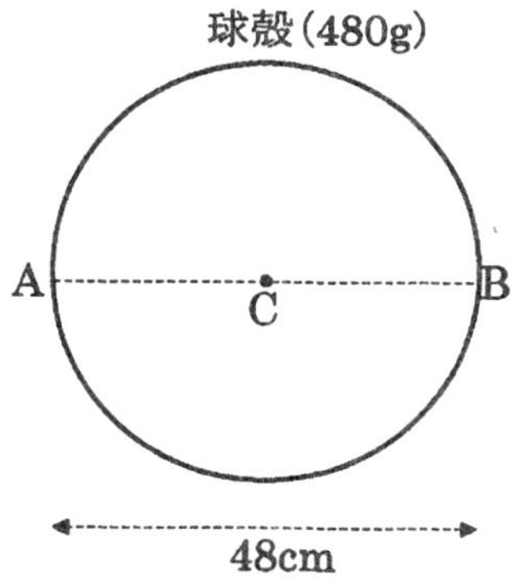

図２

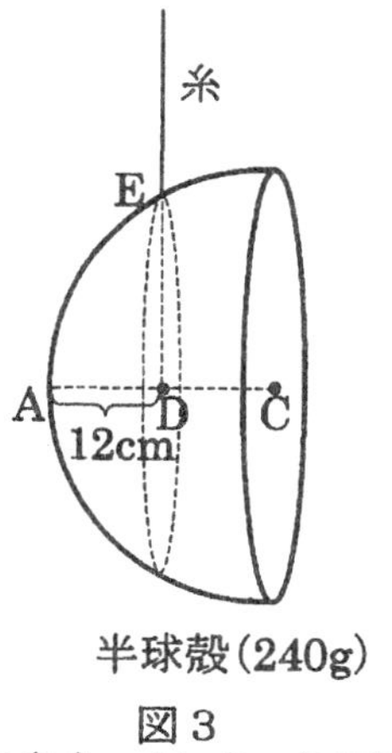

図３

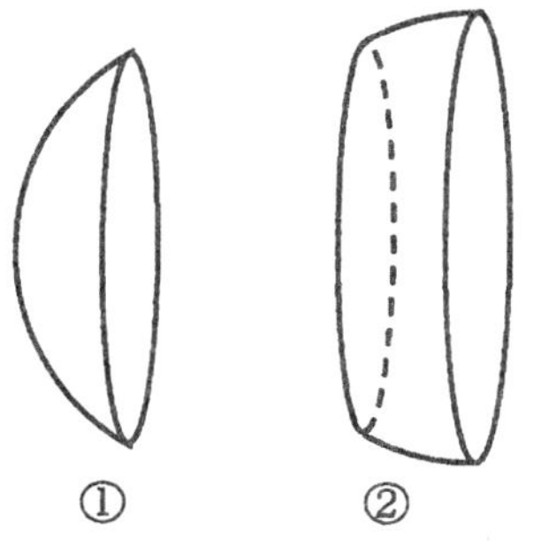

図４

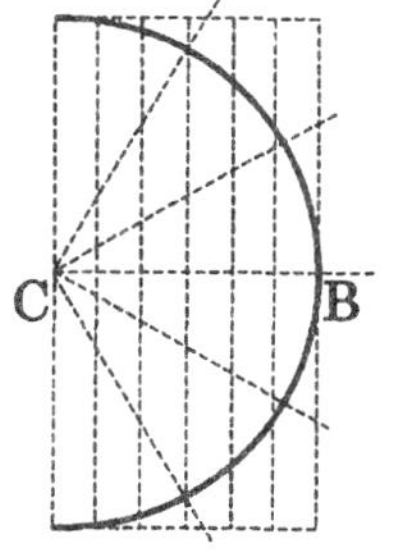

図５

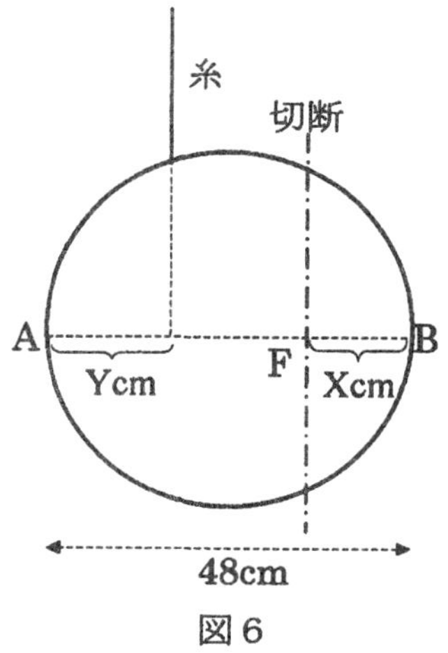

図６

図３のように，A側の半球殻に糸をつけてつり下げてみたところ，「中心軸AC上でAから12cmの点Dにおける，ACに垂直な直線」が球面と交わる点Eに糸をつけたとき，中心軸ACがちょうど水平になってつり合うことを太郎くんは発見しました。糸をはずして，点Dを通りACに垂直な平面で半球殻を切断してもらい，図４の①と②の2個に分けて，それぞれの重さをはかりました。するとどちらも120gだったので，太郎くんはおどろきました。太郎くんは考えて，あることを思いつき，それを確かめるために，その人にたのんで，残ったB側の球殻（図５）を3個に切断してもらいました。その3個の重さをはかると，太郎くんの予想通り，どれも80gでした。

問３　どのように切断してもらったと思いますか。解答らんの図に，切断面を表す2本の直線をかきなさい。

問４　新たに球殻を用意し，図６のように，直径ABのBからXcmの点Fを通り，ABに垂直な平面で球殻を切断し，B側を捨てます。残ったA側に糸をつけて，AFが水平になるようにつり合わせるためには，糸をつける位置を，Aから何cmのところにすればよいでしょうか（図のYcmをいくらにすればよいか）。Yを，Xを用いた式で表しなさい（式の書き方はいろいろあるのでどのように書いてもよい）。

3枚目おわり

受験番号

令和三年度 灘中学校入学試験問題 国語 一日目 三枚のうちの三枚目

◎解答に字数制限のある場合、句読点などの記号も字数に数えます。

一

問一 X Y

問二

問三 1 2 3 4 5

問四 1 2 3 4 5

問五

二

1 2 3 4 5 6 7

三

1 2 3 4 5

四

1 2 3

五

六

1 (誤) → (正)

2 (誤) → (正)

3 (誤) → (正)

七

1 2 3 4 5 6 7 8

八

A B C D E F G H I

※80点満点
（配点非公表）

受験番号

令和３年度　灘中学校　入学試験問題　※100点満点（配点非公表）

算数　（第１日　３枚のうちの３枚目）

（計算用紙）

解　答　欄

（単位は記入しなくてよろしい）

1	2	3	
		①	②

4	5	6	
		①	②

7	8	9	10

11	12

受験番号

令和３年度灘中学校入学試験問題（理科）

4枚のうち4枚目

※左に受験番号を必ず記入すること。

※100点満点
（配点非公表）

解　答　ら　ん

1

問1		問2	日	問3		問4	①	②	③

2

問1	(ア)	(イ)	(ウ)	問2	濃くしたとき	うすくしたとき
問3	グラフ	数値　g				

3

問1	①	②	③	④	⑤	⑥	⑦	⑧
問2	A	B						
問3								
問4	⑨	⑩						

4

問1	A	問2	倍	問3	倍	問4	
問5	倍	問6		問7	倍		

5

問1	溶けたものが				
	溶けたものが				
問2		問3		問4	
問5	g	問6	g	問7	%

6

問1			問3
問2	(1)	(2) A側：B側＝　：	
問4	Y＝		

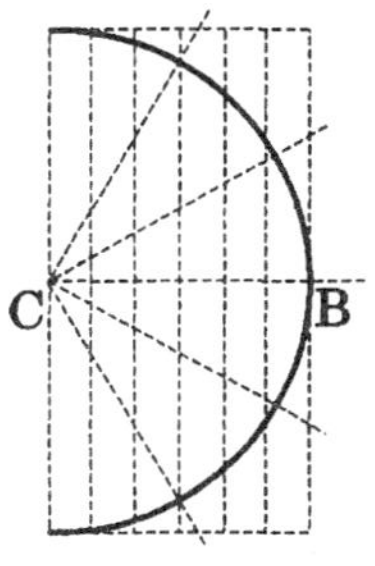

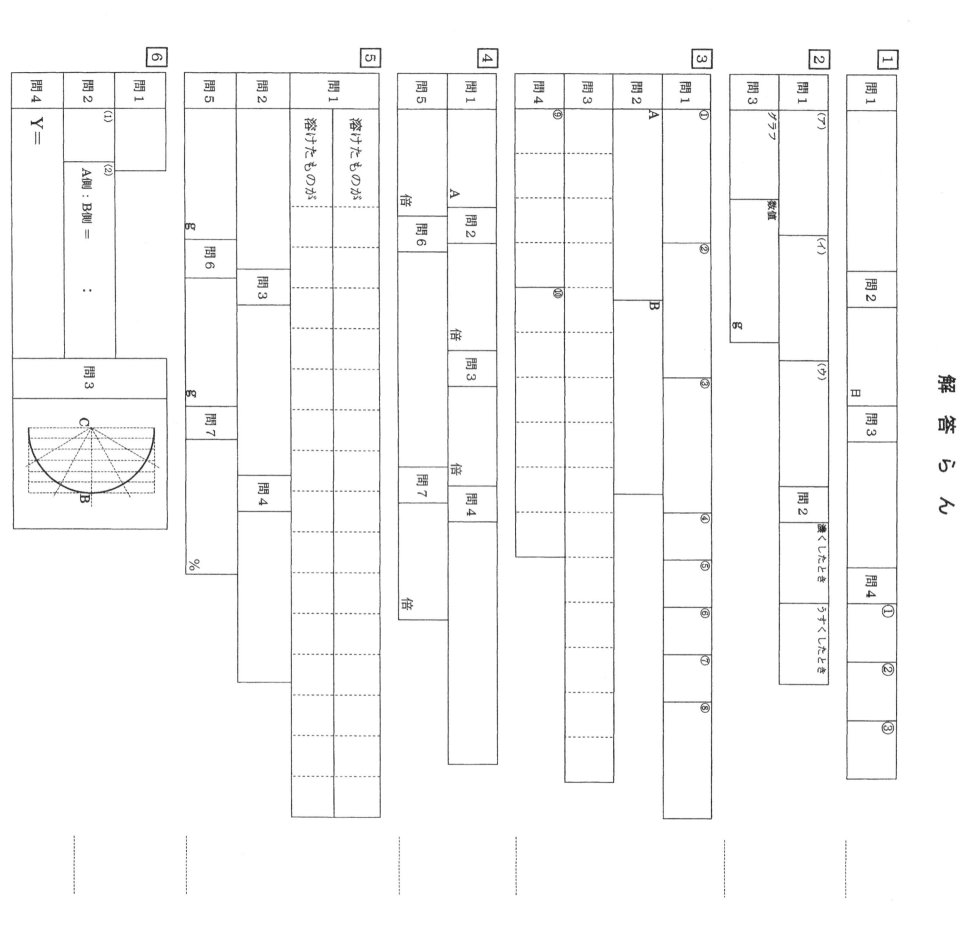

令和三年度　灘中学校入学試験問題　国語　(70分)　二日目　五枚のうちの一枚目

一　**次の文章を読んで、後の問いに答えなさい。**

調理は逆算の美学です。完成後の料理のイメージがまずあり、そこから逆算して用意周到《よういしゅうとう》な計画を立てて、徐々《じょじょ》に完成品へと近づけてゆきます。最高の「食《た》べ頃《ごろ》」でAテイキョウしようと思ったら、さらに慎重《しんちょう》な手順を踏《ふ》まなくては、ベストタイミングで完成させることはできません。白飯と味噌汁《みそしる》に焼き魚や煮物《にもの》という最もシンプルな食事でさえ、一食作るだけでも途方《とほう》もない数の手順が、同時並行《へいこう》で手際《てぎわ》よく進められます。上手な人ほど、料理の完成と同時に、調理具の洗浄《せんじょう》まで完了《かんりょう》しているものです。調理とは、こうしたBフクザツきわまりない作業を、ほぼ反射的に行う1曲芸です。

どうしてヒトはそこまで苦労して調理をするのでしょうか。調理する動物はヒトだけです。自然界には新鮮《しんせん》な生肉や生野菜が溢《あふ》れ、そうした自然食材から栄養を得られることは、野生界を生《い》き抜《ぬ》く多数の動物たちが証明しています。こう考えると2調理は珍妙《ちんみょう》な習慣です。

この習慣には、食卓《しょくたく》を彩《いろど》る料理を眺《なが》めていただけでは見逃《みのが》されてしまう3重要な利点が潜《ひそ》んでいます。ハーバード大学のロサティ博士らは、チンパンジーに生のポテトと茹《ゆ》でたポテトを差し出し、どちらを選ぶかを観察しました。すると選んだポテトの89%は茹でたポテトでした。おそらくおいしいからでしょう。

「おいしさ」とは、舌の味覚器でアミノ酸や糖をCカンチすることです。アミノ酸や糖は栄養素です。生の食材に火を通すと、タンパク質や炭水化物が加熱分解され、こうした小さな分子に変化します。これが消化の助けとなり、Dイチョウからの吸収率が高まります。つまり火を通すと利用可能な栄養量が増えるのです。野生のチンパンジーは生の食材しか手に入りませんから、消化が悪く起床《きしょう》している時間帯の半分ほどを*咀嚼《そしゃく》にEツイやさなくてはなりません。

要するに、「栄養満点」であるという化学信号は、舌では「おいしさ」という味覚信号として脳に届けられるという*合目的的性があるわけです。動物たちが「おいしいものを好む」のは、生物学的な利点から、そうデザインされているのです。つまり、「おいしいから好き」なのではなく、むしろ逆で、4「身体に有益なものをおいしいと感じる」というわけです。

これを推《お》し進《すす》めたのが「調理」です。ジョージ・ワシントン大学のルーカス博士は「ヒトは加熱された料理を食するのに適した口腔《こうこう》や消化器系を発達させている」と指摘《してき》しています。現代人は火を通すだけでは飽《あ》き足《た》らず、調理の腕《うで》を上げ、手の込《こ》んだ皿や菓子《かし》を作るようになりました。

さて先のロサティ博士は、チンパンジーにオーブンのような簡単な調理器を与《あた》えたところ、すぐに調理器でポテトを加熱して食べることを覚えました。わざわざ遠方から生のポテトを運び、加熱して食べるチンパンジーもいました。

調理には、①食材と料理のFインガ関係を理解する能力、②目前の食材を食べずに我慢《がまん》する自制心、など高度な認知《にんち》機能が必要です。チンパンジーがここまで料理への理解力と嗜好《しこう》をGソナえているのであれば、あと必要なのは、□だけです。

ギリシャ神話ではプロメテウスがヒトに火をHデンジュしたことになってはいますが、実際のヒトがいつ火を手に入れたかは正確にはわかっていません。南アフリカの発掘《はっくつ》調査では、100万年前のIチソウから炭化した植物や焦《こ》げた骨が見つかっています。つまり現生人類ホモ・サピエンスが出現する前から、古代人類たちは火を使っていたようです。

火の用途《ようと》は多様です。料理だけでなく、寒さをしのいだり、夜闇《やみ》を照らしたりと多くの使い方ができます。火を手にした瞬間《しゅんかん》、人類の生活が一変したことでしょう。現在では火は、厳《おごそ》かな聖火、装飾《そうしょく》用の蝋燭《ろうそく》、花火、弾薬《だんやく》など、さらに多彩《たさい》な目的で活用されています。ヒトは食材のみならず、5火さえも「調理」する生物なのです。

（池谷裕二《いけがやゆうじ》『脳はすこぶる快楽主義』朝日新聞出版による）

*注　咀嚼――食物を細かくなるまでよくかむこと。
合目的的性――ある目的にかなった性質のこと。

問一　――線部A～Iのカタカナを漢字に改めなさい。

問二　――線部1とありますが、筆者が調理のことを「曲芸」と言うのはなぜですか。理由を答えなさい。

問三　――線部2「調理は珍妙な習慣」とありますが、筆者がそのように考えるのはなぜですか。理由を答えなさい。

問四　――線部3「重要な利点」とは、どのような「利点」ですか。問題文中から十字程度でぬき出して答えなさい。

問五　――線部4「身体に有益なものをおいしいと感じる」とありますが、これはなぜですか。理由を答えなさい。

問六　問題文中の□にはどのような言葉があてはまりますか。自分で考えて答えなさい。

問七　――線部5「火さえも『調理』する」とありますが、これはどういうことですか、説明しなさい。

二　次の文章を読んで、後の問いに答えなさい。

著名な脳科学者が、電子書籍《しょせき》を画面で読むよりも、紙の書物を手に取って読むほうが脳に刺激《しげき》があってよいと書いていた。本の重み、ページをめくる感覚、紙の手触《てざわ》りなど、手に直接受ける刺激が脳によいのだそうだ。

言われれば感覚的に納得《なっとく》できる気がする。そして、手に何かを感じることが脳刺激になるのだとすれば、点字使用者の私は、本を手にもつだけでなく絶えず文字に触《ふ》れているわけだから、かなり自然にたくさんの脳刺激を受ける機会にめぐまれていることになる。＊1墨字《すみじ》が読めない不便と引《ひ》き替《か》えの幸いとでも受け取っておくのがよいのだろう。

私はいわゆる文学少女ではなかったし、自分が読書好きだとも思っていなかった。特に子供のころは、点字や音読の形で読める本自体が限られていたうえ、一文字ずつの表音文字を指でたどって読む点字での読書は、相当な速読能力があっても漢字で意味をとらえながら一度に複数の行に目を走らせるようなわけにはいかない。だから、もちろん本を読まないほうではないとしても、読んでいる人にはとうていかなわないと自覚していた。ただ、ある日母が知人から「麻由《まゆ》ちゃんはいつも本を読んでいるわね。」と言われ、「そうね、必ず枕元《まくらもと》に何冊か本をおいているし、乗り物のなかでもいつも何か読んでいるのよ。何だか面白《おもしろ》いらしくて。」と話しているのを小耳に挟《はさ》んだので、大人から見てもそこそこの読書好きではあったのかもしれない。

2秋は読書に適した季節というのは本当だと、私は小学生のころから思っていた。子供にとって、秋は運動会や学園祭などいろいろ忙《いそが》しい季節だ。けれども、秋は紙の手触りが年間で最もよい季節だと思う。だから本に触《さわ》るのも気持ちがよく、静かな夜長の読書も進むのだろう。普通《ふつう》は秋は静かで気候がよいので読書に適しているといわれているが、私にはそれと同時に、紙に触れる手の感触《かんしょく》がひときわ心地《ここち》よいことも、読書の快感をいや増しているような気がするのである。

もちろん、当時はそんなことを自覚してなどいなかったが、なるほど母の言う通り、夜はいつも本とともに眠《ねむ》ったし、電車のなかで読む本も持ち歩いていた。点字の教科書は電話帳ほどもあるので、時間割に合わせて何冊もの教科書を持ち、そのほかに読む本も持つのは体の小さかった私にはかなりの負担だったと思うが、読みたいという気持ちがそれに勝っていたらしい。そういえば、友だちの母上が私を電車で見かけたとき、「顔は見えなかったけど3本を読む手が見えたから麻由ちゃんだと思った。」と言ったこともあった。

点字と聞いて駅の券売機やエレベーターのボタンの脇《わき》に張ってある文字を思《おも》い浮《う》かべる方も多いだろう。しかし本当の点字は、もちろんたいてい、紙に書いてある。街で見かけるバリアフリー使用の点字は鉄片《てっぺん》やテープに書いてあるので、むしろ特殊《とくしゅ》なものである。

紙に書いた点字は、紙質や季節、その日の湿気《しっけ》や読む人の手の状態によってさまざまに変化する。寒い日にかじかんだ手で点字を読むといつもより薄《うす》く感じるし、梅雨時《つゆどき》に読むとどことなく紙が湿《しめ》っていて、自分の手の湿りと重なって指の滑《すべ》りがとても悪くなる。この季節、点字は年間で最悪の手触りになる。もちろん、指の滑りも最悪だ。

ところが、一転秋になると、点字はスベスベと指によく馴染《なじ》むようになる。空気が乾燥《かんそう》してきて紙が乾《かわ》き、手も汗《あせ》をかかなくなるからだろう。読書のときに指がよく滑ると、快調に読み進むことができる。子供心に、私はその感触が気に入っていたので、読書の秋というのは本当だと思ったのである。

私がそろそろ読書らしい読書ができるようになったころ、点字の本は教科書や図書館の印刷本以外、ほとんどすべてがボランティアの方による手打ちだった。点字用の定規に挟んで紙の裏から点筆《てんぴつ》と呼ばれる針で一点一点穴を開ける打ち方と、点字タイプライターで打つ方法があった。タイプライターの種類によって、本は紙の表だけに打つ「片面打ち」だったり、行間を利用して裏からも打つ「両面打ち」だったりで、そのころの本の点字はいろいろだった。だがタイプライターのほうが楽にたくさん打てたので、点訳を本格的に手がける人たちはタイプライターを使うことが多くなっていた。

盲学校《もうがっこう》の図書室にある本も、そんな手打ちの本ばかりだった。だから、たとえば＊『ああ無情』に出てくるテナルディエという名前が「テナルデー」と書かれていたり、同じ本のなかで大ストーブが「オオストーブ」だったり「ダイストーブ」だったりと表記がバラバラなこともあったが、それはむしろ、私たちのために間違《まちが》えながらも手打ちしてくれたボランティアさんの手の温《ぬく》もりとして、私には嬉《うれ》しく思えた。そんな間違いは、正確だが手打ちの温かみのない大量生産の点字本よりも、ずっと素敵《すてき》だった。もし私が「本が好きな子」だったとしたら、その半分は、本の内容より4手打ちの温かみへの思いだったかもしれない。

小学校高学年のとき、図書委員をしたことがある。その年は、昼休みには委員の仕事で毎日図書室にいた。毎日の仕事は単純で、借りにくる人の「お通い帳」に貸し出す本の書名と貸し出し日を記入し、返ってきた本を書棚《しょだな》に戻《もど》すだけである。週に一度の委員会活動のときには、背表紙から剥《は》がれてしまった点字の書名ラベルを作り直して貼《は》ったり、新しい本を図書カードに書き加えてラベルを貼ったりした。作業中や貸し出し時間のおしゃべりは楽しかったが、仕事はいたって地味で、最初のころはちっとも面白くなかった。何しろ本当は放送委員会に入りたかったのに、くじ引きで負けて図書委員になってしまったのだから楽しいわけがないのである。

しかしいざやってみると、図書委員の仕事はなかなか奥深《おくぶか》くて、外から見ているだけではわからない面白さがあった。5クラスメートに本を貸し出すときは、なんとなくよそよそしい感じがしてちょっと不思議な気持ちになった。上級生に貸し出すときは、大きい人たちがどんな本を読んでいるのか興味津々《きょうみしんしん》だった。そしてときには、真似《まね》をしてちょっと背伸《せの》びした本を借りてみることもあった。

委員の仕事のなかで一番楽しかったのは、下級生に本を貸し出すことだった。まだ点字一文字がやっと収まるぐらいと思われる小さな手をした下級生たちが、一所懸命《いっしょけんめい》本を選んでもってくる。それを点検し、お通い帳に記入して「はい、来週の木曜日までに返してね。」とか「いい本を見つけたね。楽しんでね。」などと言いながら手渡《てわた》してあげるときは、なんとも言えず嬉しかった。自分も楽しく読んだ本を彼《かれ》らが借りていくときは、努めて中身を教えないように自制したものである。小さな手で彼らが私の記入した点字をたどって確認《かくにん》し6「どうもありがとうございました。」と言って帳面を閉じ、重そうに本をもっていく様子はたまらなく嬉しい。そんなときの私はきっと、大人語でいえば目を細めて見ているといった風情《ふぜい》だったに違いない。

（中略）

　あるとき、不思議なサイズの本が届いた。点字紙の普通《ふつう》サイズ（B5判より一回り大きい）を半分に切った「半分紙」サイズで、普通の厚さ（一〇〇ページぐらい）の一・五倍もあろうかという大変な厚みだった。文字は両面打ちのタイプライターでびっしり打たれている。小さいサイズの紙に両面打ちしたものだから、本はパンパンに膨《ふく》れていた。半分サイズのうえ、分冊にしなかったため厚くなったのかもしれない。開いたとたんに壊《こわ》れてしまいそうで、触れるのも恐《こわ》かった。手打ちした点字紙は、左端《ひだりはし》を一センチほど折って糊代《のりしろ》にし、折り目を次のページの左端に合わせて貼りつける形で製本する。点字紙が市販《しはん》のB5サイズより一回り大きいのは、この糊代を取るためだと聞いたことがある。点字板と呼ばれる筆記具で書くと、糊代を自然に折る形になるが、タイプライターでは折り目がつかないので、書きあがってから折ることになる。すると微妙《びみょう》なずれが出て、製本はなかなか綺麗《きれい》にいかない。この謎《なぞ》の本は、そのずれをほとんど直さずに背表紙で閉じられてしまったため、開くと本が左右にガクッとずれる。乱暴に開くとそのままバリッと破れてしまいそうだった。それでも中身を確かめようと開いてみると、半分紙なので一ページに十行ぐらいしか書けないところへ、一行をページ数を打つ行として取ってしまっている。厚みのわりに書いてある文字数がかなり目減りしてしまっていた。

　いったい何の本だろう？　表紙を開くと、タイプライターで紙を細かくずらして作った四角い枠《わく》のなかに、綺麗な点字で「『ああ無情』より」と書かれていた。その下には「小学六年生、〇〇ゆみ子点訳」と書いてあった。もちろん、下の名前もうろ覚えだし、名字は忘れてしまった。ただ「小学六年」の一言が強烈《きょうれつ》に印象に残った。私とほぼ同年齢《どうねんれい》の子が、私たちのために点字を打ってくれたのかという感動とともに、私は同い年の子にボランティアをしてもらわなければ本も読めないのかという、やや情けない気持ちが同時にやってきた。

　『ああ無情』はすでに少年少女版を読んでいたので、この小さな分厚い本に書かれている「一部抜粋《ばっすい》」をあらためて読むまでもなかったが、普《ふ》段《だん》点字で勉強していない小学六年の子がどんな点字を書いているのか興味があったので、早速《さっそく》借りてみた。

　実はこの本に、あの「テナルデー」の文字があったのである。7最初は子供に点字を打ってもらったというコンプレックスからちょっとした反発めいた気持ちがあって、なあんだ、「小学六年」なんて威張《いば》っていても、「ディ」の字が書けないんじゃないか、やっぱり子供ね！　などと子供なのに思ったりしていた。だが、不意に自分が夏休みの作文や読書感想文を点字で書いている様子が思い出され、同じように勉強している子がこれだけの点字を打つには、どのくらいの時間を割《さ》いたのだろうと思ったとき、急に胸が痛くなった。さらに、自分の作文を製本する大変さを思い出すと、たとえ壊れそうな製本でも、これだけの厚みの本を同年齢の子供が一人で製本したのかと思うと、がんばったんだなあといまさらのように感動が湧《わ》いてきた。

　彼女《かのじょ》にとって、それは夏休みの自由研究か何かだったかもしれない。だから時間を割いたとしても彼女自身にとってはさほどの負担ではなかったかもしれない。しかし、その「作品」をいま、私は図書室から「蔵書」として借りて読んでいるのだ。彼女は「蔵書」を作ったのである。小さな図書委員としては、そのことにぐっと胸を突《つ》かれた。

　点字はたしかに間違っている。でも、私はあの図書室のために、蔵書を作ったことがない。やっぱり、すごいことだ。だから、そのご褒美《ほうび》として、彼女は「小学六年」と表紙に大書したのだろう。ほんの少しの「よくやったでしょ」印に。そう思ったら、最初の反発がすっと消えていった。私と同じくらいの「お友だち」が、私たちの文字をこんなにたくさん書いてくれた。それも、私の大好きな『ああ無情』に感動し、その本のある箇所《かしょ》を点訳に選んだのだ。突然《とつぜん》、この見知らぬ「お友だち」と、ジャン・バルジャンの不屈《ふくつ》の精神とユゴーの博愛精神を通してつながったような気がした。そして、8一度も会ったことのない「お友だち」が、一人の「新しいお友だち」になったようで、心が温かくなった。

　残念ながら、この不思議なサイズの本が図書室に届いたのは、この一冊が最初で最後だった。ゆみ子さん（？）は、あれからどうしたのだろう。どんな本と出会ったのだろう。そして、点字のことはおぼえているだろうか。いまもときどき、そんなことを思ったりする。

（三宮麻由子《さんのみやまゆこ》『空が香る』文藝春秋刊による）

＊注　墨字――点字に対して、インクなどで印刷したり書いたりした文字のこと。
　　『ああ無情』――フランスの作家ユゴーの書いた小説。ジャン・バルジャンを主人公とする。

問一　――線部1「墨字が読めない不便と引き替えの幸い」という表現から、筆者が、目が見えないという自分の状況《じょうきょう》をどのように受け止めていると考えられますか、答えなさい。

問二　――線部2「秋は読書に適した季節というのは本当だ」ということを、筆者が、目が見える人よりも強く思うのはなぜですか。理由を答えなさい。

問三　――線部3「本を読む手」とありますが、この言葉はどのような動作を表していますか、答えなさい。

問四　――線部4「手打ちの温かみ」とありますが、これはどういうものですか、答えなさい。

問五　――線部5とありますが、「クラスメートに本を貸し出すとき」に「なんとなくよそよそしい感じ」がするのはなぜだと思われますか。図書委員の立場を考えながら、理由を答えなさい。

問六　――線部6「目を細めて見ているといった風情だった」とありますが、このときの筆者の気持ちを答えなさい。

問七　――線部7「子供に点字を打ってもらったというコンプレックス」とありますが、これと同じ内容の言葉を本文中から四十字以上五十字以内で探し、始めと終わりの五字をそれぞれぬき出して答えなさい。

問八　――線部8「一度も会ったことのない～『新しいお友だち』になったよう」とはどういうことですか、答えなさい。

三　次の詩を読んで、下の問いに答えなさい。

駅伝　村《む》田《ら》好《た》章《よしあき》

（『朝の線香花火《せんこうはなび》』による）

問一　――線部1「ペダルの踏み込みがぎこちない」とありますが、それはなぜですか。理由として最も適当なものを次のア～オから選び、記号で答えなさい。

ア　体が大きくなり自転車がこぎにくくなったから。
イ　氷に長くふれていて片ほおがかゆくなったから。
ウ　自分の父親と顔を合わすまいとしているから。
エ　正面の夕陽がまぶしいために前が見えにくいから。
オ　「わたし」をよけようとハンドルを切ったから。

問二　――線部2「氷で火傷したような～ヒリヒリさせながら」とありますが、それはどのような気持ちですか。自分で考えて答えなさい。

問三　――線部3「見送る」、――線部4「見送られる」とありますが、それぞれどういうことを言っているのですか、答えなさい。

問四　――線部5「夕陽のせいなのだろうか」とありますが、他にはどのような理由が考えられますか、答えなさい。

問五　――線部6「わたしにだけみえる／タスキがゆれている」とはどういうことを言っているのですか、説明しなさい。

受験番号

令和３年度　　灘中学校　入学試験問題　※100点満点
（配点非公表）

算数　（第２日　３枚のうちの１枚目）

［解答上の注意］

・1(2)(イ)，2(2)，3(2)，(3)，5(2)(イ)，(ウ)は答え以外に文章や式，図なども書きなさい。それ以外の問題は答えのみ記入しなさい。

・問題にかいてある図は必ずしも正しくはありません。

・角すいの体積は，（底面積）×（高さ）× $\frac{1}{3}$ で求められます。

（60分）

1

水に液体Ｘを溶かしてできる水溶液をＡ液と呼び，Ａ液の重さに対する液体Ｘの重さの割合を百分率（%）で表したものをＡ液の濃度《のうど》と呼ぶことにします。例えば，水 5g に液体Ｘを 45g 溶かしてできるＡ液の濃度は 90％です。また，水 10g に液体Ｘを 20g 溶かしてできるＡ液の濃度は $66\frac{2}{3}$ %です。

(1)　濃度が96％のＡ液をいくらか用意します。これに水を加えてかき混ぜて，重さが120ｇで，濃度が60％以上80％以下のＡ液をつくります。はじめに用意する，濃度が96％のＡ液の重さは □ g以上 □ g以下です。

(2)　３つの容器Ｐ，Ｑ，Ｒがあります。Ｐには濃度が96％のＡ液が144ｇ，Ｑには水が150ｇ，それぞれ入っています。Ｒには何も入っていません。ＰからＡ液をちょうど８ｇずつ何回か量りとりＲに入れ，Ｑから水をちょうど10ｇずつ何回か量りとりＲに入れます。

（ア）　Ｐから □ 回，Ｑから □ 回量りとりＲに入れ，かき混ぜると，ＲのＡ液の濃度は72％になります。

（イ）　濃度が60％以上のＡ液をＲにできるだけ多く作るには，Ｐ，Ｑからそれぞれ何回ずつ量りとって混ぜればよいですか。またそのときにできるＡ液の濃度を求めなさい。

答　Ｐは　　　回，Ｑは　　　回，Ａ液の濃度は　　　　%

2

下の図のようにたくさんのマス目があります。最も上の段と最も左の列のマスにはすべて１を書き入れます。それら以外のマスには，その１つ上のマスに書かれた数と１つ左のマスに書かれた数の和を書き入れます。図で斜線《しゃせん》をつけたマスを左上の隅《すみ》とする，縦４マス横４マスの正方形の中に，偶数は全部で７個あります。

1	1	1	1	1	1	1	1	1
1	2	3	4					
1	3	6	10					
1	4	10	20					
1								
1								
1								
1								
1								

(1)　図で斜線をつけたマスを左上の隅とする，縦８マス横８マスの正方形の中に，偶数は全部で □ 個あります。

(2)　図で斜線をつけたマスを左上の隅とする，縦16マス横16マスの正方形の中にある偶数の個数を求めなさい。

答　　　　　個

(3)　図で斜線をつけたマスを左上の隅とする，縦32マス横32マスの正方形の中に，偶数は全部で □ 個あります。

受験番号

令和３年度　灘中学校　入学試験問題

算数　（第２日　３枚のうちの２枚目）

3

１辺の長さが 2cm の正六角形 ABCDEF があり，下の図のように点 G，H，I，J，K をとります。4点 G，H，I，F は同じ直線上にあり，4点 A，I，J，K は同じ直線上にあり，4点 G，C，D，K は同じ直線上にあります。

(1)　CH の長さは □ cm で，

DK の長さは □ cm です。

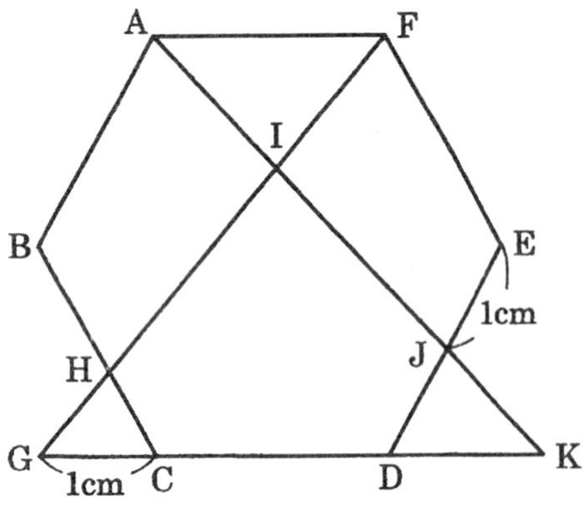

(2)　三角形 AIF の面積は，正六角形 ABCDEF の面積の何倍ですか。

答　　　　　倍

(3)　五角形 CDJIH の面積は，正六角形 ABCDEF の面積の何倍ですか。

答　　　　　倍

4

はじめ，３枚のカード [1]，[2]，[3] が左からこの順に並んでいます。これらのカードの並べ替《か》えを何回かします。１回の並べ替えにつき，次の(A)～(D)のどれか１つが行われます。

(A)　最も左にあるカードを右端《はし》に移動させる

(B)　最も右にあるカードを左端に移動させる

(C)　最も左にあるカードを残り２枚の間に移動させる

(D)　最も右にあるカードを残り２枚の間に移動させる

例えば，１回目に(A)，２回目に(C)の並べ替えをすると，カードの並びは

[1][2][3] → [2][3][1] → [3][2][1]

と変化します。

(1)　右の図で，線でつながれた並びどうしは，(A)～(D)のいずれか１回の並べ替えで変わります。右の図の９つの空欄《らん》に 1～3 のいずれかの数字を入れなさい。右の図の６つの並びは，どの２つも異なります。

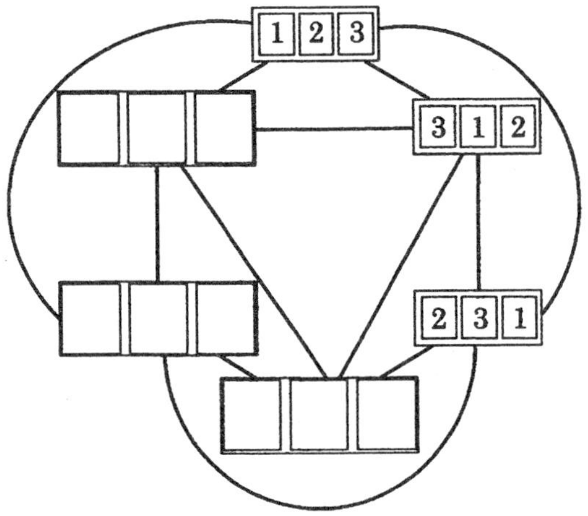

(2)　３回の並べ替えで初めて [1][2][3] の並びに戻《もど》るような，３回の並べ替えの方法は全部で □ 通りあります。

(3)　５回の並べ替えで初めて [1][2][3] の並びに戻るような，５回の並べ替えの方法は全部で □ 通りあります。

(4)　(3)の並べ替えの方法のうち，(A)の並べ替えの回数と(B)の並べ替えの回数の合計が５回であるものは全部で □ 通りあります。

(5)　(3)の並べ替えの方法のうち，(A)の並べ替えの回数と(B)の並べ替えの回数の合計が１回または３回であるものは全部で □ 通りあります。

5

図１は，１辺の長さが 6cm の立方体 ABCD－EFGH です。この立方体の面 EFGH は水平な地面についています。

この立方体から，図２の斜線部分の正方形を底面とし，高さが 6cm の直方体をくりぬきます。次に，図３の斜線部分の正方形を底面とし，高さが 1cm の直方体をくりぬきます。さらに，図４の斜線部分の正方形を底面とし，高さが 1cm の直方体をくりぬきます。このようにしてできる図５の立体をＰとします。

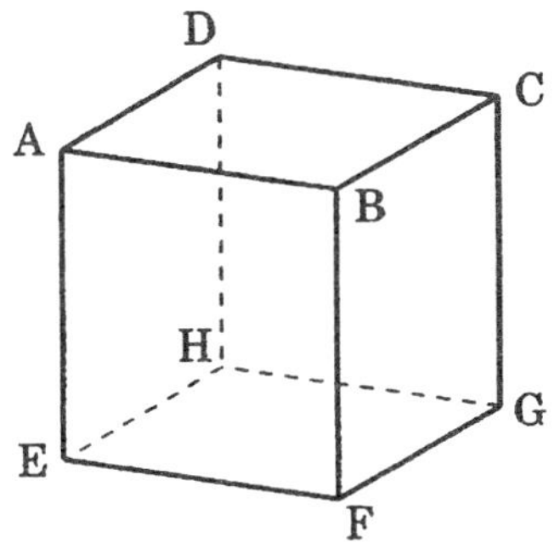

図１

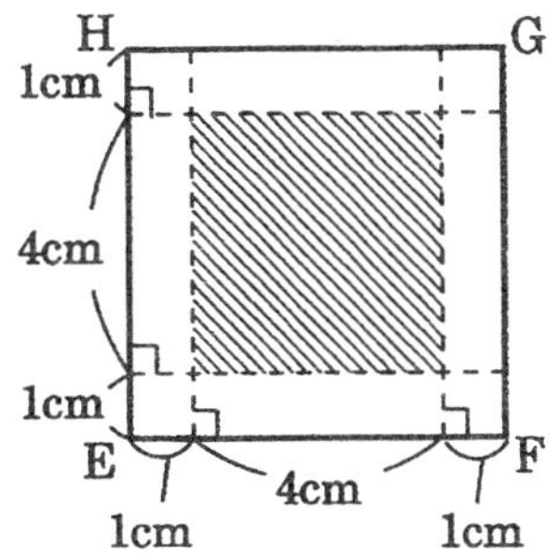

図２

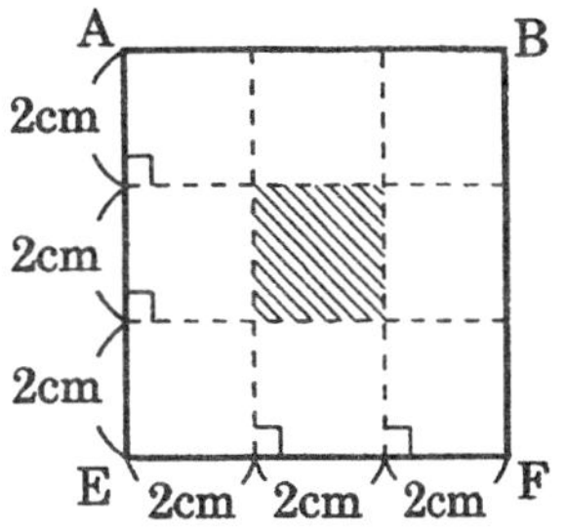

図３

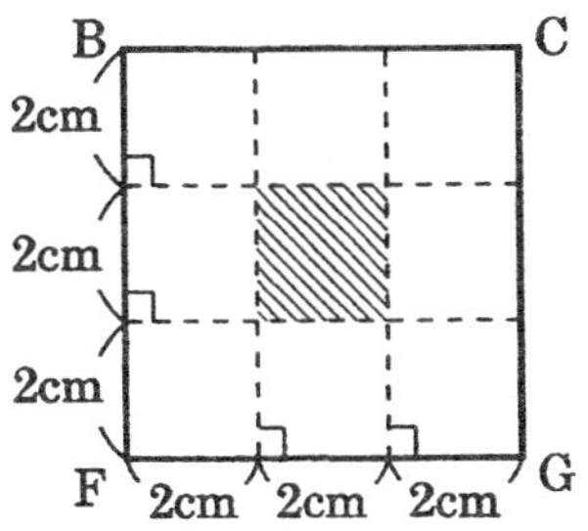

図４

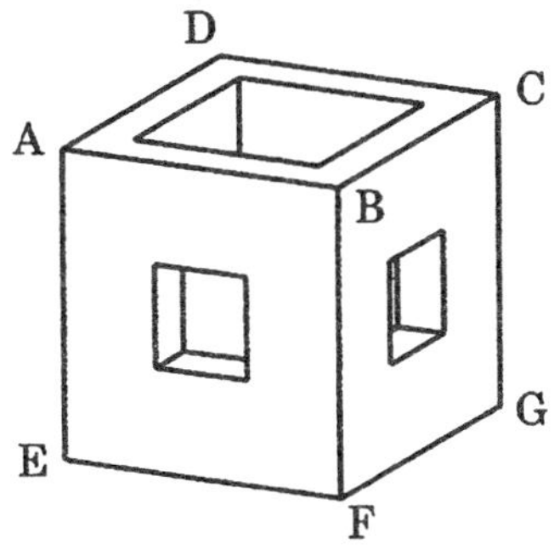

図５

(1)　立体Ｐの体積は ［　　　　］ cm^3 です。

(2)　立体Ｐを，頂点Ａ，Ｃ，Ｆを通る平面で切って２つの立体に分けたとき，頂点Ｂを含《ふく》む方の立体をＱとします。

(ア)　右の図は，立方体の面 EFGH から 5cm の高さにある平面で立体Ｑを切ったときの真上から見た切り口をかき入れたものです。その平面と面 AEFB の交わりを太線で表しています。立方体の面 EFGH から 4cm，3cm，2cm の高さにある平面で立体Ｑを切ったときの真上から見た切り口を，右の図にならってそれぞれかき入れなさい。

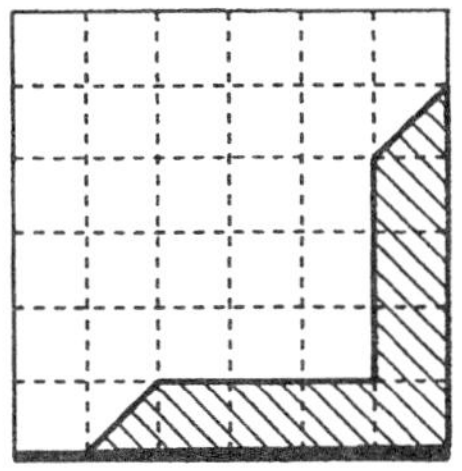
高さ 5cm

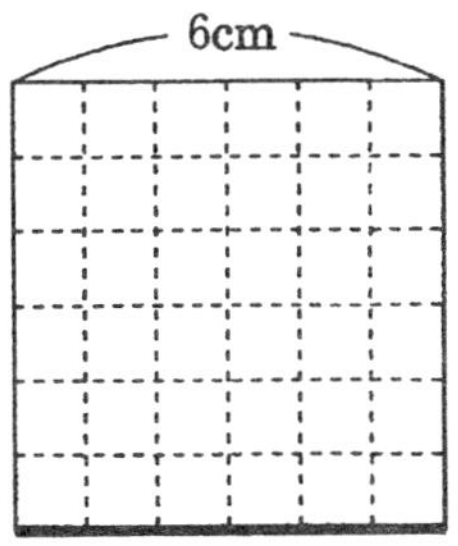

高さ 4cm

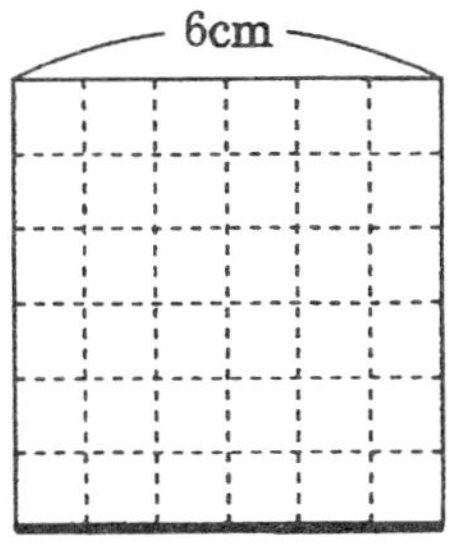

高さ 3cm

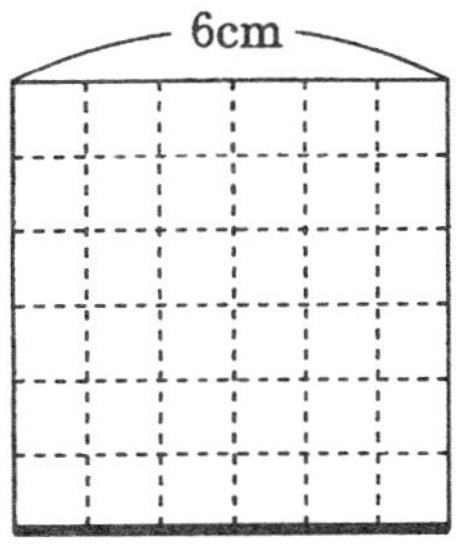

高さ 2cm

(イ)　立体Ｑのうち，面 EFGH から 2cm の高さにある平面と面 EFGH とではさまれた部分の立体の体積を求めなさい。

答　　　　　　cm^3

(ウ)　立体Ｑの体積を求めなさい。

答　　　　　　cm^3

（　問題は以上で終わりです　）

受験番号

令和三年度

灘中学校入学試験問題　国語

二日目

五枚のうちの五枚目

※120点満点
（配点非公表）

◎解答に字数制限のある場合、句読点などの記号も字数に数えます。

一

問一

A	D	G
B	**E**	**H**
C	**F**	**I**

問二

問三

問四

問五

問六

問七

二

問一

問二

問三

問四

問五

問六

問七

〜

問八

三

問一

問二

問三

3	4

問四

問五

一　次の文章を読んで、後の問いに答えなさい。

　私たちは毎日のように選択《せんたく》を迫《せま》られます。仕事に打《う》ち込《こ》むべきか、それとも余暇《よか》を楽しむべきか。おいしいものを食べようか、それとも[X]ダイエットを心がけようか。そして、「どちらが正しいのだろう」と思案するわけですが、そう簡単に結論は出ず、そうなるとこんな疑問が湧《わ》くこともあります。「そもそも『正しい』って何なんだ?」。その答えを得るには、「正しい」という言葉の語源を知ることが助けになります。

　[Y]「正しい」の「しい」は、「おいしい」「やさしい」といった多くの語に共通することからわかるように、*形容詞を作るための台座のようなもの。意味を担《にな》うのはその前の「ただ」です。そして「ただ」だけを見つめていると、「ただ一人」「この品はただ」といった例文が浮《う》かびますね。すなわち「唯一《ゆいいつ》」あるいは「[A]」という意味の「ただ」。一見、関係ない言葉のようですが、実は「ただしい」の「ただ」の源は、この二つと同じなのです。

　「ただ」という語のもともとの意味は、「そっくりそのままで、ほかの要素が入り込まない」ことです。確かに「ただ一人」とは「人が一人いて、ほかの人は入り込まない」状態ですね。いっぽう「[A]」という意味にもなった理由については、店員と客のこんなやりとりを想像してください。店員が「この品をどうぞ」と差し出し、客は「おいくら?」。すると店員は「これをお渡《わた》しすることにお金という要素は入り込みません」という思いを表すために言うのです。「ただ受け取ってください」。そんな「ただ」の使い方から、「[A]」という意味の名詞「ただ」が生まれました。

　「正しい」も、同じ「ただ」から生まれた言葉。だから、もともとの意味は「そっくりそのままで、ほかの要素が入りこまない」ことです。

　私たちが人の行動や発言などを評価するときには、必ずその土台に何らかの基準があります。伝統的には、経験則、学問の書、宗教の教え、村のおきてといった「規範《きはん》」と見比べます。その結果「そっくりそのままで、ほかのものが入り込んでいない」と思ったときに使う言葉、それが「正しい」なのです。だから本当は「規範である[Z]〇〇に照らして正しい」と言うべきなのですが、近代以前の日本は、住人のほぼすべてが同じ規範に従う、いわゆる「村社会」が多数を占《し》めていたので、この部分を省略しても問題がなかったのでしょう。

　しかし、現代の日本は状況《じょうきょう》が異なります。私たちの心は多様な価値観の間で揺《ゆ》れていて、絶対と言える規範はありません。なのに、[1]近代以前の発想が心を支配しているのか、あるいは学校時代に一つの正解を持つ問題ばかりを解いてきたせいか、「よく考えれば正しい答えが見つかるはず」と思ってしまいがちです。

　それはゴールを決めずにゴールに向かって走るようなもの。[2]迷ったときにまず考えるべきは、自分は何を規範とするか、ということです。そのうえで、その規範に照らして何が「正しい」かを思案する。それが、「正しい」の語源が授《さず》けてくれる思考法の王道です。

（高橋《たかはし》こうじ『日本の言葉の由来を愛《いと》おしむ』による）

　＊注　形容詞――主に状態や性質を表す、「〜い」という形で終わる言葉。

問一　三か所の[A]に入れるのに適当な漢字二字の言葉を、自分で考えて答えなさい。

問二　――線部1「近代以前の発想」とはどのような発想ですか。二十字以内で答えなさい。

問三　――線部2「迷ったときにまず〜ということです」とありますが、それはなぜですか。理由を答えなさい。

問四　〰〰線部X「ダイエット」のように「〜ット」という形で終わる外来語で、次の1〜5の意味になるものを、解答らんに合わせてそれぞれ答えなさい。

　1　市場　　2　影絵《かげえ》　　3　作法　　4　秘密　　5　不利な点

問五　〰〰線部Y「正しい」のような、「〜しい」という形の言葉はたくさんあります。次の1〜6の各文の――線部は、いずれもそのような言葉です。〇〇〇にそれぞれひらがな三字を入れて、意味の通る文にしなさい。

1　同じ試食品を五つも食べるとは何とあ〇〇〇しい。
2　彼《かれ》の書くカタカナの「ソ」と「ン」はま〇〇〇しい。
3　彼は落ちぶれてみ〇〇〇しい格好をしていた。
4　骨折した彼が歩いている姿はい〇〇〇しかった。
5　この建築のデザインは、古都にはに〇〇〇しくない。
6　東京オリンピックがは〇〇〇しく開幕した。

問六　〰〰線部Z「〇〇に照らして」のような、「〜に……て」という形の言葉はたくさんあります。次の1〜5の各文の□に適当な言葉をそれぞれひらがな三字以内で入れ、意味の通る文にしなさい。

1　遊ぶことに□て、約束を忘れてしまった。
2　折に□てアドバイスした効果が、試合で出てきた。
3　彼の今日の失敗は私に□て許してやってほしい。
4　これは昔の領主が金に□て造った宮殿《きゅうでん》だ。
5　悪口を言われたことを根に□て、仕返しした。

二　次の1〜3の各組から、意味する内容が大きく異なることわざをそれぞれ一つ選び、記号で答えなさい。

1　ア　猫《ねこ》に小判　イ　馬子《まご》にも衣装《いしょう》　ウ　豚《ぶた》に真珠《しんじゅ》
　　エ　牛に経文《きょうもん》　オ　犬に論語

2　ア　弘法《こうぼう》にも筆の誤り　イ　河童《かっぱ》の川流れ
　　ウ　犬の遠吠《とおぼ》え　エ　猿《さる》も木から落ちる
　　オ　麒麟《きりん》のつまずき

3　ア　釈迦《しゃか》に説法　イ　河童に水練　ウ　孔子《こうし》に学問
　　エ　猿に木登り　オ　鬼《おに》に金棒

三　次の1〜6の漢字について、（　）内に示された画を黒くぬりつぶしなさい。

1　因（四画目）　2　己（二画目）　3　医（二画目）
4　誕（十四画目）　5　卵（三画目）　6　級（八画目）

四　次の1〜6の各文について、――線部の敬語の使い方が正しければ解答らんに○を記入し、まちがっていれば正しい表現を答えなさい。

1　私は先生の姿を初めてご覧になりました。
2　私は先生の家にいらっしゃいました。
3　先生は「こんにちは」とおっしゃいました。
4　先生は私に本をさしあげました。
5　私は先生の家で夕食をめしあがりました。
6　先生が教室においでになりました。

五　次の1〜6の俳句の（　）に入る言葉として、最も適当なものをそれぞれ後のア〜クから選び、記号で答えなさい。ただし、同じものを二度使ってはいけません。

1 2 3 4 5 6

1〜6の俳句は著作権に関係する弊社の都合により本文は省略いたします。
教英出版編集部

有沢文枝
菅井たみよ
千才治子
濱田のぶ子
細見綾子
角川春樹

ア　朝顔　イ　梅　ウ　山茶花《さざんか》　エ　薄《すすき》
オ　蒲公英《たんぽぽ》　カ　椿《つばき》　キ　野菊《のぎく》　ク　葉ぼたん

六　慣用句の中には、共通する漢字を持つものがあります。それを使って（例）のように慣用句を並べた文章を作り、ひらがなの部分は「○」に置きかえました。同様に作った文章の[A]〜[F]に入る漢字を答えなさい。ただし、漢字の読みは一回目と二回目で同じとします。

（例）ここから試合会場は「[A]○[B]○先」だ。今日こそはライバルの「[B]○[C]○」てやりたい。彼の実力は「[C]○[D]○○」だが、ぼくだって負けてはいない。
〔答え〕A　目　B　鼻　C　折　D　紙
（慣用句は「目と鼻の先」「鼻を折る」「折り紙つき」。）

とっさに「[A]食○○[B]」でやりすごしたが、本当は「[B]○○[C]○出○」思いだった。友だちが「[C]○○○○○○煙《けむり》○[D]○○」と追及《ついきゅう》してくるのをかわすために、「[D]○板○[E]」ででたらめをまくしたてたけれど、うそつきだと思われていないかな。今日のことは「[E]○[F]○」てくれるといいんだけど。

七　次の（1）〜（3）の漢字しりとりを、〔条件〕に合わせて完成させなさい。

〔条件1〕漢字の読みはすべて音読みで、一回目・二回目とも読み方はまったく同じです。
〔条件2〕[A][B]は、☆で意味を説明したことわざに使われる熟語です。
〔条件3〕[A]の読み方は、〔カ・ニ・ネン・ハイ・リョウ〕から選びなさい。

（例）☆　幸運は人の力ではどうにもならないから、あせらずに時機を待つしかない。
晩－[1]－[1]－[A]－[A]－[B]－[B]－[2]－[2]－知
〔答え〕1　成　A　果　B　報　2　告
（ことわざは「果報は寝《ね》て待て」。条件に合う熟語は「果報」。）

（1）☆　効果がなく、じれったいこと。
絶－[1]－[1]－[A]－[A]－[B]－[B]－[2]－[2]－差

（2）☆　いくら意見を言ってやっても聞き入れず、ききめがないこと。
過－[1]－[1]－[A]－[A]－[B]－[B]－[2]－[2]－体

（3）☆　身のためになる忠告は聞きづらいものである。
改－[1]－[1]－[A]－[A]－[B]－[B]－[2]－[2]－位

令和２年度　　灘中学校　入学試験問題

算数　（第１日　３枚のうちの１枚目）

次の問題の □ にあてはまる数または漢字を３枚目の解答欄《らん》に書き入れなさい。

［注意］

・問題にかいてある図は必ずしも正しくはありません。

・角すい，円すいの体積は，　（底面積）×（高さ）× $\frac{1}{3}$　で求められます。

(60分)

1

$$\left(\square - \frac{19}{2020}\right) \div 0.00125 = 32 + \frac{48}{101}$$

2

太郎君は 1000 円を持ちコンビニへ商品 A を買いに行きました。コンビニの店内には飲食可能な場所があります。太郎君ははじめ，A を 5 個買って店内で食べようと思っていましたが，店員に「持ち帰るなら消費税は 8%だけど，店内で食べるなら消費税は 10%だから 4 個しか買えないよ」と言われました。そこで，太郎君は 4 個だけ店内で食べ，1 個を持ち帰ることにして，全部で 5 個買うことができました。A の消費税抜《ぬ》きの値段は 1 個につき □ 円です。ただし，この値段には，1 円未満の端数《はすう》はありません。また，消費税は，持ち帰る商品の合計金額の 8%と，店内で食べる商品の合計金額の 10%の合計から，1 円未満を切り捨てた金額とします。

3

右の図のように，4 地点 A，B，C，D を結ぶ直線の道路があります。B と C は 84m，C と D は 1260m 離《はな》れています。

最初，太郎さんは A，次郎さんは C にいます。2 人が B に向かって同時に歩き始めると，同時に B に到着《とうちゃく》します。また，最初の状態から 2 人が D に向かって同時に歩き始めると，同時に D に到着します。このとき，A と B は □ m 離れています。ただし，B に向かうときと，D に向かうときとで太郎さんの歩く速さは同じです。また，次郎さんも，B に向かうときと，D に向かうときとで歩く速さは同じです。

4

ある工場では，毎日休みなく製品を作っています。一日あたりに作る製品の個数は，月曜日から金曜日までが同じで，土曜日は金曜日より少なく，日曜日は土曜日と同じです。ある年，この工場で 6 月に作った製品は 372 個，9 月に作った製品は 366 個でした。この年の，6 月 1 日は ①□ 曜日で，7 月に作った製品は ②□ 個でした。

5

右のように数を並べたものがあります。各段の両端《りょうたん》の数は 1 で，２段目以降の両端以外の数は，その数の左上にある数と右上にある数の和になっています。

1　1　…1 段目

1　2　1　…2 段目

1　3　3　1　…3 段目

1　4　6　4　1　…4 段目

1　5　10　10　5　1　…5 段目

………………………

この 100 段目について，その一部（左から 2 つ，右から 6 つの数）をかくと，

1　100　………　75287520　3921225　161700　4950　100　1

です。また，

$11 \times 11 = 121$ ，$11 \times 11 \times 11 = 1331$ ，$11 \times 11 \times 11 \times 11 = 14641$ ，

$11 \times 11 \times 11 \times 11 \times 11 = 161051$

です。以上のことを参考にすると，100 個の 11 をかけた数

$$\underbrace{11 \times 11 \times \cdots \times 11 \times 11}_{100個}$$

の下 6 桁《けた》は □ です。

例えば，123456789 の下 6 桁は 456789 です。

令和２年度　　灘中学校　入学試験問題

算数　（第１日　３枚のうちの２枚目）

6

右の図のように，正方形の板に点Ａを中心とする円がかいてあり，その円に沿《そ》って，０から９の目《め》盛《もり》が等間隔《とうかんかく》で刻まれています。また，この円と同じ半径の円盤《えんばん》が点Ａの位置を中心にして回転できるように板の上に置いてあり，この円盤には，０から８の目盛が等間隔で刻まれています。

初めは，０の目盛どうしがぴったりと合わさっていて，円盤は１時間かけて，時計の針の回る向きと反対の向きに一定の速さで１回転します。板の７の目盛と円盤の８の目盛がぴったりと合わさるのは，円盤が回転を始めてから［①　分　秒］後で，それから，さらに40分40秒後には，板の［②　　］の目盛と，円盤の［③　　］の目盛がぴったりと合わさっています。

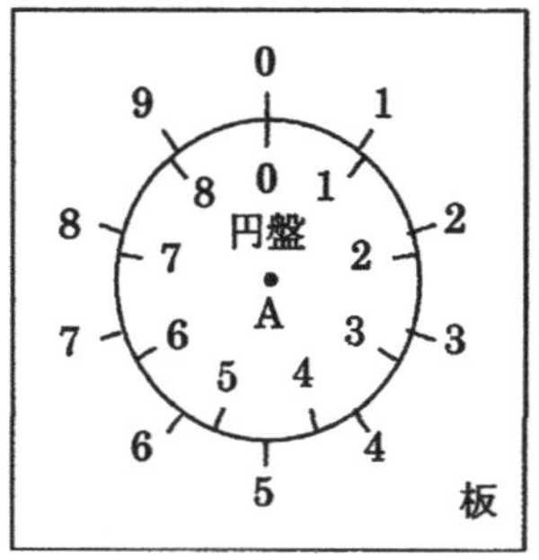

7

右の図で，四角形ABCDは平行四辺形です。

(BGの長さ)：(DGの長さ) ＝ ５：７

のとき，EFの長さは［　　］cm です。

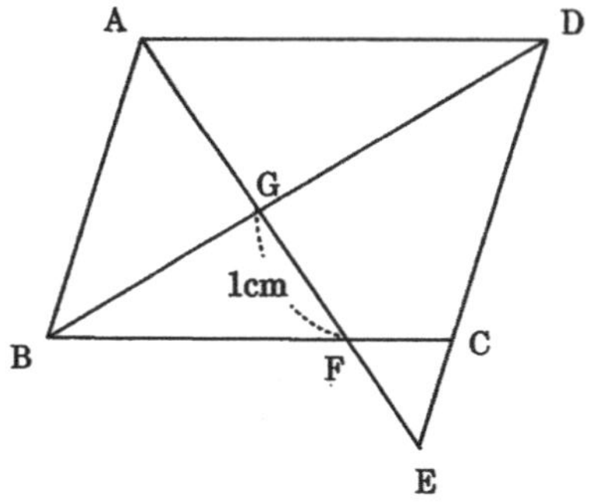

8

右の図のように，三角形ABCに６個の正方形がぴったりと入っています。三角形ABCの面積は［①　　］cm^2，６個の正方形の面積の和は［②　　］cm^2 です。

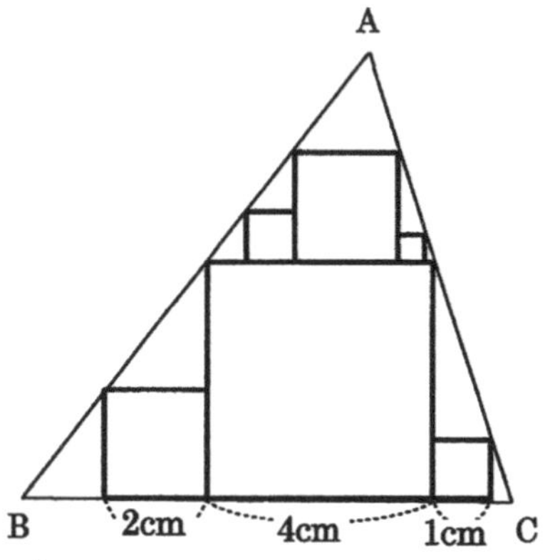

9

右の図において，AB，CEの長さはどちらも8cmで，印 ○ をつけた角の大きさは等しいです。このとき，四角形ACDEの面積は三角形ABCの面積の［　　］倍です。

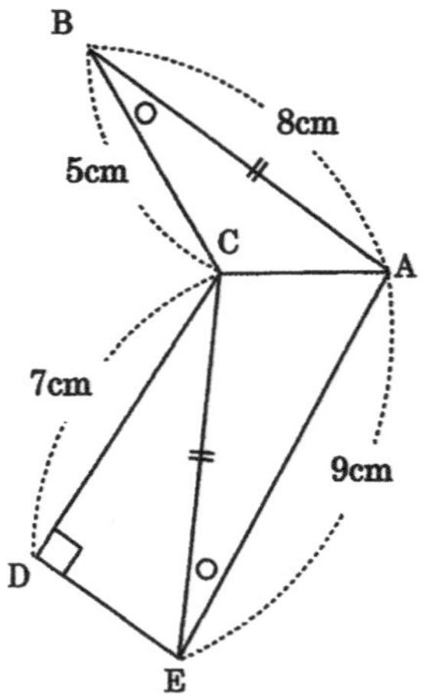

10

右の図のような台形ABCDの板があります。この板を辺CDの周りに１回転させたとき，この板の通過する部分の体積は［　　］cm^3 です。

ただし，円周率は $3\frac{1}{7}$ とします。また，板の厚さは考えません。

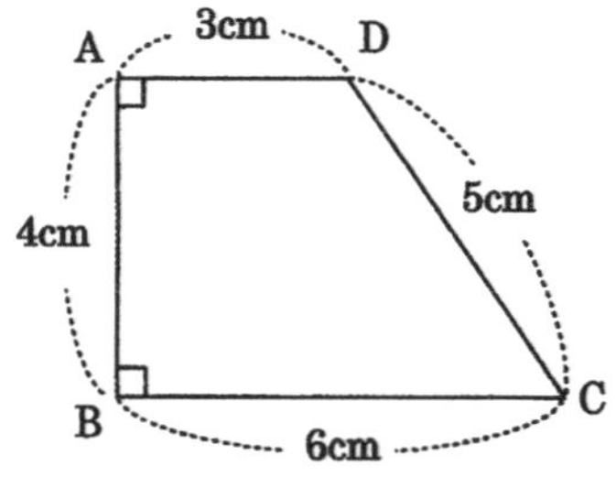

11

展開図が右の図のような立体の体積は，すべての面が１辺の長さが1cmの正三角形からなる三角すいの体積の［　　］倍です。

ただし，印 ● をつけた角の大きさはすべて60° です。

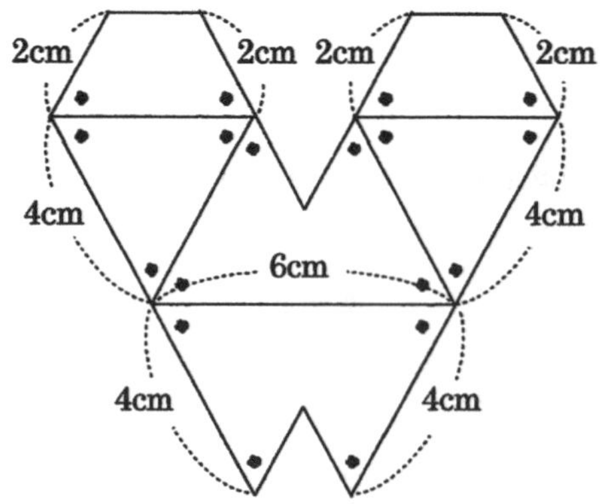

令和２年度灘中学校入学試験問題（理科）

※解答は4枚目の解答らんに記入すること。この用紙の裏面は計算に使ってよろしい。

（60分）

1 ニホンジカについての以下の問いに答えなさい。

問１　シカの特徴《とくちょう》としてあてはまるものを次の**ア～カ**からすべて選び，記号で答えなさい。

ア　殻《から》のある卵《たまご》を産む。　**イ**　恒温《こうおん》動物である。　**ウ**　背骨を持つ。　**エ**　うろこを持つ。　**オ**　羽毛を持つ。　**カ**　肺を持つ。

問２　シカの数が増えたときに起こることとして，**あてはまらないもの**を次の**ア～エ**から一つ選び，記号で答えなさい。

ア　森林の下草をシカが食べることで，そこに生息する昆《こん》虫，土中の小動物が減少する。

イ　森林の下草をシカが食べることで，土があらわになるので水が樹木にいきわたり，土地の保水力が高くなる。

ウ　シカにより食べられる樹皮が多くなる。

エ　シカにより食べられる農作物が多くなる。

問３　日本全国でニホンジカの数が増えている原因として，**適切でないもの**を次の**ア～オ**から一つ選び，記号で答えなさい。

ア　天敵であるニホンオオカミが絶滅《ぜつめつ》した。

イ　林業に関《かか》わる人が減り，ニホンジカが追いはらわれないことで，シカの生息する場所が広がった。

ウ　ニホンジカの狩猟《しゅりょう》をおこなう人が高齢《れい》化し，捕獲《ほかく》される頭数が減った。

エ　年平均気温が上昇したことで冬の積雪量が減少し，1歳《さい》未満のシカの生存率が低下した。

オ　ある地域においてシカの捕獲除去をしようとしても，他の地域に流出し再度流入する。

問４　ある地域のニホンジカの生息数を推測するための手法として，最も有効なものを次の**ア～エ**から一つ選び，記号で答えなさい。

ア　食害の跡《あと》から推測する。　**イ**　落ちた角の数から推測する。

ウ　落ちていたフンから推測する。　**エ**　死体の数から推測する。

右の表は，「さく」で囲ったある地域の「2019年夏」におけるシカの「性別と年齢別生息数」，シカが1年後に生き残っている割合（生存率），および次世代を1年後までに産む割合（生殖《せいしょく》率）を示しています。例えば2019年夏に2歳以上のメス1400頭のうち，その70%が翌年の春に1頭を産み，また2歳以上のメス1400頭のうち，秋から冬にかけてその10%が死ぬことになります。

性別	オス		メス		
年齢	生息数	生存率	生息数	生存率	生殖率
0歳	200	50%	200	50%	0%
1歳	200	60%	200	60%	30%
2歳以上	1400	90%	1400	90%	70%
2019年　夏　の総生息数　3600					

問５　次の文中の（　　）には適する数値を入れ，｛　　｝からは適語を選び記号で答えなさい。

2020年に産まれるシカは（　①　）頭，2020年夏の総生息数は（　②　）頭と予想される。このままでは地域への影響がさけられないので，捕獲除去して総生息数を減らすことになった。最も効果的なのは③｛**ア**　0歳　**イ**　1歳　**ウ**　2歳以上｝の④｛**エ**　オス　**オ**　メス｝を除去することだが，実際には特定の年齢や性別のシカを捕獲することはできず，まんべんなく捕獲除去するしかなかった。

2020年夏も2019年夏と同じ総生息数にするには，2019年の秋の初めに（　⑤　）頭捕獲除去すればよいことになる。

2 二酸化炭素が水に溶《と》けたものが炭酸水です。そこで，二酸化炭素が水にどれだけ溶けるかを調べる実験をおこないました。実験には，やわらかくて形が変わりやすい容積500mLのペットボトルを用いました。

実験１　ペットボトルに，20℃の水200mLと20℃の二酸化炭素300mLを入れ，温度を20℃に保ってよくふり混ぜ，二酸化炭素を溶けるだけ溶かした。その結果ペットボトルがへこみ，溶けずに残っている二酸化炭素の体積は114mLであった。

実験２　ペットボトルに，30℃の水200mLと30℃の二酸化炭素300mLを入れ，温度を30℃に保ってよくふり混ぜ，二酸化炭素を溶けるだけ溶かした。その結果ペットボトルがへこみ，溶けずに残っている二酸化炭素の体積は152mLであった。

実験３　20℃の二酸化炭素120mLを温めて30℃にすると，体積が124mLになった。

水に二酸化炭素が溶けても水の体積は変化せず，また，20℃の水を30℃に温めても水の体積は変化しないものとして，以下の問いに答えなさい。答えが整数にならない場合は小数第一位を四捨五入して答えなさい。なお気体の体積は，温度以外の条件はすべて同じにして，はかりました。

問１　次の**ア～オ**の水溶《よう》液のうち，気体が水に溶けてできている水溶液はどれですか。適するものをすべて選び，記号で答えなさい。

ア　ホウ酸の水溶液　**イ**　アンモニア水　**ウ**　石灰水　**エ**　塩酸　**オ**　水酸化ナトリウムの水溶液

問２　20℃の水100mLと20℃の二酸化炭素400mLをペットボトルに入れ，温度を20℃に保ってよくふり混ぜ，二酸化炭素を溶けるだけ溶かしました。ペットボトルがへこんだとき，溶けずに残っている二酸化炭素の体積は何mLですか。

問３　20℃の水と20℃の二酸化炭素の体積の合計が500mLとなるようにして，ペットボトルに入れ，20℃に保ってよくふり混ぜ，二酸化炭素を溶けるだけ溶かしました。ペットボトルがへこんだとき，溶けずに残っている二酸化炭素の体積がゼロとなるのは，水を少なくとも何mL以上入れたときですか。

問４　ペットボトルに，20℃の水200mLと20℃の二酸化炭素300mLを入れ，温度を20℃に保ってよくふり混ぜ，二酸化炭素を溶けるだけ溶かしたのち，全体を温めて30℃とすると，溶けずに残っている二酸化炭素の体積は30℃で何mLになりますか。

問５　実験１をおこなった後のペットボトルから，溶けずに残っている二酸化炭素を，ペットボトルをさらにへこませてすべて追い出し，その後ペットボトルを温めて30℃に保つと，溶けていた二酸化炭素の一部が出てきます。その体積は30℃で何mLですか。

1枚目おわり

※解答は4枚目の解答らんに記入すること。この用紙の裏面は計算に使ってよろしい。

3　地球から見ると，月と太陽の大きさはほとんど同じに見えます。地球の直径は月の直径の4倍であり，中心角が小さいおうぎ形の弧《こ》の長さと弦《げん》の長さは等しいものとし(図１)，円周率は3.14として，以下の問いに答えなさい。

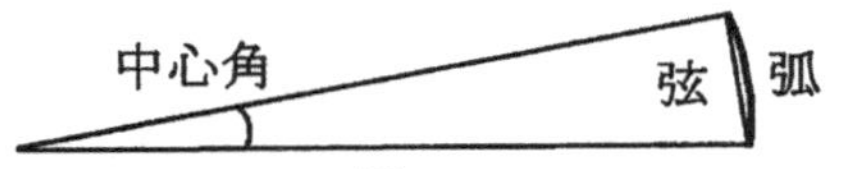

図１

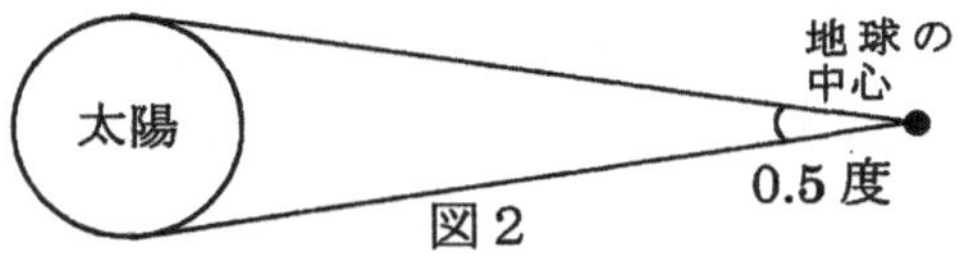

図２

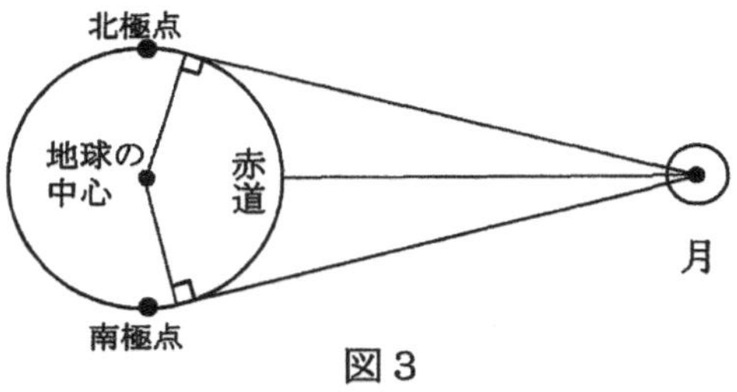

図３

問１　地球の中心から太陽を見たとすると，図２のように太陽の大きさ(角度)は0.5度に見えます。地球の中心から太陽の中心までの距離は，太陽の大きさ(直径)の何倍になりますか。小数第一位を四捨五入して答えなさい。

問２　地球の中心から月を見たとすると，月の大きさ(角度)も0.5度に見えます。地球の中心から月の中心までの距離は，地球の大きさ(直径)の何倍になりますか。小数第一位を四捨五入して答えなさい。

問３　地球の中心から月の中心までの距離は38万km，地球の中心から太陽の中心までの距離は1億5000万kmです。太陽の大きさ(直径)は月の大きさ(直径)の何倍になりますか。小数第一位を四捨五入して答えなさい。

問４　地球の赤道上の地点で満月が頭の真上に見えたとき，北極点や南極点ではこの月の中心を見ることができません。では，北半球でこの月の中心が見える範囲《はんい》は，北緯《ほくい》何度までですか。図３を参考にして答えなさい。

4　図１のように，バットをてことして使った実験をしました。バットの左はしに重さ5kgのおもりAをつるし，ある点Oにひもをとりつけて手で持ちバットを支えます。点Oよりも右の点Pに重さ6kgのおもりBをつるすとつりあいました(図１)。この状態からAはそのままで，支える点をOから10cm右の点O'にずらすとともに，Bをつるす点をPから20cm右の点P'にずらすと，やはりつりあいました(図２)。

ここで「つりあう」というのはバットが水平に静止することを意味します。またバットは十分長く，バットを支える点やBをつるす点がバットのはしから外れることは考えないものとします。ひもの重さは考えないものとし，バットの重さは，バットと同じ重さのおもりを，バットの軸《じく》上のある決まった点G(重心)につけたものとして計算します。以下の問いに答えなさい。

なお，支点のまわりにおもりがてこを回転させる働きは，「支点からおもりをつるす点までの長さ」×「おもりの重さ」という値で決まります。この値を「回転させる働き」とよぶことにします(その値の単位は〔cm×kg〕)。

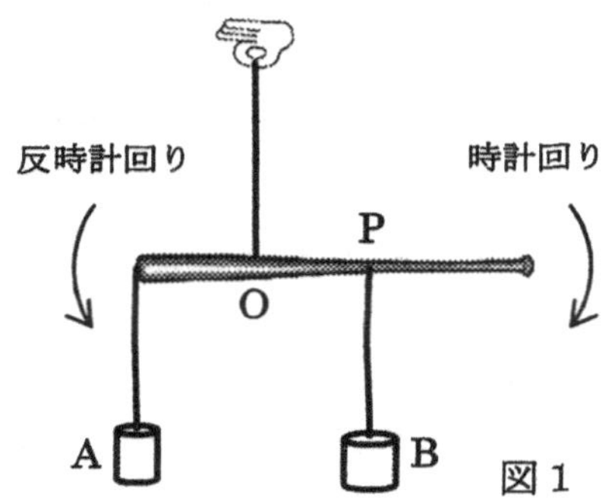

図１

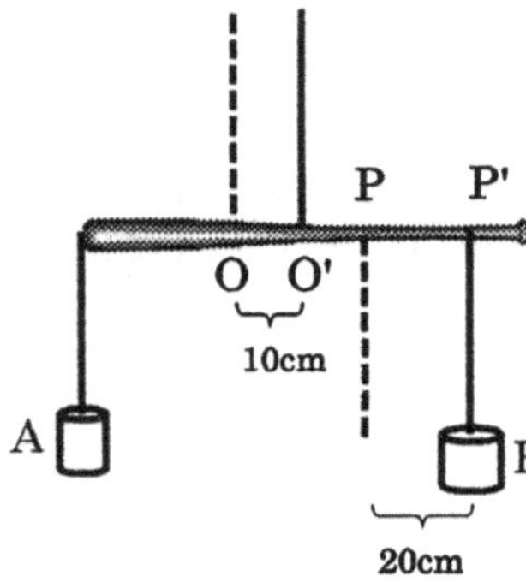

図２

問１　次の文の□には適する数値を入れ，{　　}からは適語を選び記号で答えなさい。

おもりA，Bそれぞれについて，ずらす前の支点Oのまわりに回転させる働きの値に比べて，ずらした後の支点O'のまわりに回転させる働きの値がいくらちがうかを考える。

おもりAはバットを①{ア 時計回り　イ 反時計回り}に回転させようとしていて，支点をずらす前に比べて，ずらした後の回転させる働きの値が［②］〔cm×kg〕だけ大きい。

おもりBはバットを③{ア 時計回り　イ 反時計回り}に回転させようとしていて，支点をずらす前に比べて，ずらした後の回転させる働きの値が［④］〔cm×kg〕だけ大きい。

以上のことから，AとBとによる回転させる働きは，支点をずらした後はずらす前に比べて，差し引き⑤{ア 時計回り　イ 反時計回り}に［⑥］〔cm×kg〕だけ大きくなる。

仮に点Gが点Oよりも左にあるとすると，支点をOからO'にずらしたとき，支点からGまでの長さが10cm長くなってつりあうことから，バットの重さは［⑦］〔kg〕であることがわかる。

問２　仮にGがO'よりも右にあるとして，支点をOからO'に10cmずらしたとき，Bをつるす点をどこにずらすとつりあうかを考えます。次のア～エのうち，正しいものを一つ選び記号で答えなさい。

ア　どこにずらしてもつりあわない。　　イ　Pから右に20cmずらすとつりあう。
ウ　Pから左に20cmずらすとつりあう。
エ　書かれていることだけからは，Bをつるす点をどこにずらすとつりあうかは決まらない。

問３　Gの位置がどこにあるかを考えます。次のア～エのうち，正しいものを一つ選び記号で答えなさい。

ア　バットの真ん中の点に決まる。　　イ　Oとちょうど同じ点に決まる。　　ウ　O'とちょうど同じ点に決まる。
エ　書かれていることだけからは，Gの位置は決まらない。

問４　支点をOからずらす長さx〔cm〕をいろいろ変えたとき，それぞれBをつるす点もPからy〔cm〕ずらすとつりあいました。xとyの関係として，次のア～エのうち，正しいものを一つ選び記号で答えなさい。

ア　yにxを足すといつも30になる。　　イ　yからxを引くといつも10になる。
ウ　yにxをかけるといつも200になる。　　エ　yをxで割るといつも2になる。

問５　5kgのおもりAは左はしにつるしたまま，支点をOにもどし，Bを重さ3kgのおもりにとりかえて，ある点Qにつるすとつりあいました。その状態から支点をOから「ある長さ」だけずらすとともに，おもりBをつるす点を，Qから「ある長さ」の何倍の長さだけずらすとつりあいますか。

２枚目おわり

※解答は4枚目の解答らんに記入すること。この用紙の裏面は計算に使ってよろしい。

5　水や水溶《よう》液の体積を正確にはかりたいとき，ビーカーではなくメスシリンダーを使います。円周率を3.14として以下の問いに答えなさい。

問１　メスシリンダーに入っている水溶液の液面のようす，およびその読み取り方について，次の**ア**～**オ**から正しいものをすべて選び，記号で答えなさい。

ア　液面は真ん中がふくらんでいる。　**イ**　液面は真ん中がへこんでいる。
ウ　メスシリンダー内の水溶液の液面は，必ず真横から読まなければならない。
エ　液面の一番高いところの値を読み取る。　**オ**　液面の一番低いところの値を読み取る。

問２　100mLメスシリンダーの液を入れる部分が，直径4cmの円柱形になっているとします。いま水溶液25mLをはかりとりたいときに，本来の「25mL」の目盛りよりも高さで0.5mmだけ液を余分に入れてしまったとすると，その液の量の差(誤差)は何mLになりますか。

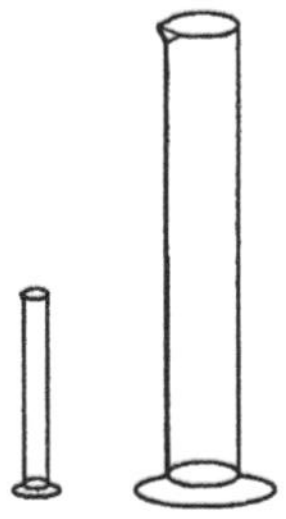

図１

問３　100mLビーカーの液を入れる部分が，直径8cmの円柱形になっているとします。ある体積を表す目盛りよりも高さで0.5mmだけ液を余分に入れてしまったとすると，その液の量の差は何mLになりますか。

問２と問３の結果を比べると，液体の体積をはかるには，ビーカーよりもメスシリンダーのほうが適切であることがわかります。

問４　いま，ここに10mLメスシリンダーと100mLメスシリンダー(概《がい》形は図１。ただし，目盛りは省略)があります。ある水溶液の10mLをはかりとりたいとき，次の方法１と方法２が考えられます。

方法１　10mLメスシリンダーを使って水溶液10mLをはかりとる。
方法２　100mLメスシリンダーを使って水溶液10mLをはかりとる。

次の**ア**～**ウ**のうち最も適切だと思うものを記号で一つ選び，それを選んだ理由を解答らんにおさまるように２行以内で記しなさい。

ア　方法１が，方法２に比べてより正確に10mLをはかれる。　**イ**　方法２が，方法１に比べてより正確に10mLをはかれる。
ウ　方法１でも方法２でも，同じように正確に10mLをはかれる。

デジタル式のはかりには，それぞれ「最小表示」という値が定められています。これは，はかりが見分けることのできる最小の重さ，という意味で，たとえば物体Aの重さを，最小表示が0.1gのはかりではかると「27.3g」のように表示されますが，これは物体Aの重さが27.25g以上27.35g未満であることを意味します。このはかりで重さをはかったとき，表示された値と実際の重さの値との間には，最大で0.05gの誤差を生じることがわかります。

問５　最小表示が0.1gで，200gまではかれるはかりがあります。いまこのはかりを使って食塩や水の重さをはかり，できるだけ正確に濃《こ》さ10%の食塩水をつくるために，次の方法３と方法４を考えました。

方法３　食塩5gと水45gをはかりとって食塩水をつくる。
方法４　食塩10gと水90gをはかりとって食塩水をつくる。

次の文の□にはあてはまる数値を入れ，{　　}からは最も適切だと思うものを一つ選び記号で答えなさい。

はかりではかるときの誤差を考えると，方法３でつくった食塩水の濃さは，［①］%より大きく，［②］%より小さい。同じように考えると，方法４でつくった食塩水の濃さは，［③］%より大きく，［④］%より小さい。

このことから，⑤{**ア**　方法３のほうがより正確に　**イ**　方法４のほうがより正確に　**ウ**　方法３と方法４では同じように正確に}濃さ10%の食塩水をつくれることがわかる。

6　図１のように，長さ30cmの硬《かた》くて細い筒《つつ》の両端《はし》をA，Bとします。筒に長さ90cmの糸を通し，糸の両端をそれぞれC，Dとします。筒の両端には糸を筒に固定するためのクリップがついています。糸がクリップで固定されていないときは，糸は筒の中を摩擦《まさつ》なく自由に動けるものとします(糸が筒の口で折れ曲がっていてもひっかかることなく)。

図１

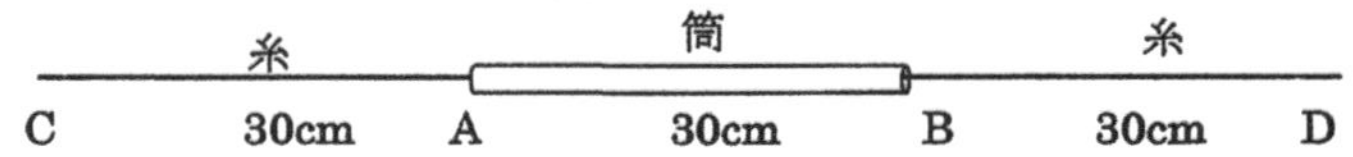

筒の両側に30cmずつ糸を出してクリップで糸を固定し，筒の中央の外側に小さなおもりをとりつけました。筒と糸の重さはおもりの重さに比べて無視するものとします。

糸の端CとDを距離《きょり》30cmあけて天井《てんじょう》につないだ場合を①とし，また，CとDを距離60cmあけて天井につないだ場合を②とします。それぞれについて実験してみると，図２，図３のようにつりあって静止しました。この状態で筒を持っていろいろ動かしてみましたが，おもりの高さをこれより低くすることはできないことがわかりました。

図２（①の場合）

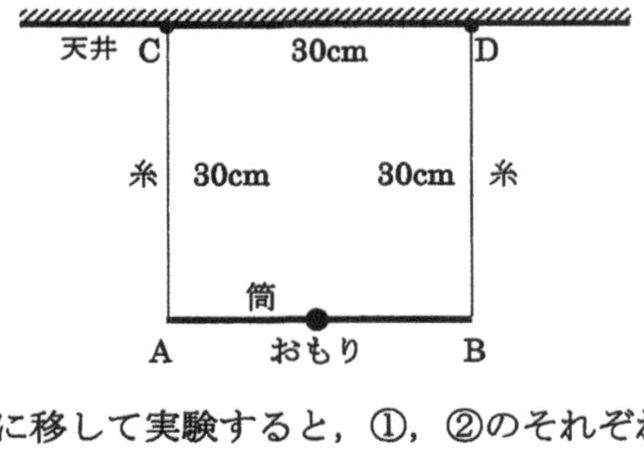

図３（②の場合）

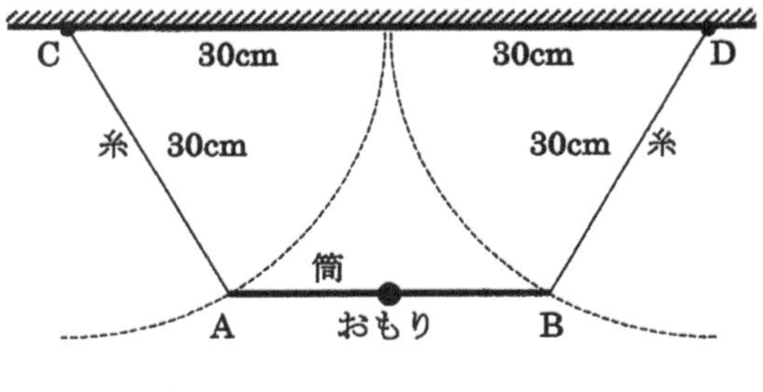

問１　おもりをとりつける位置を筒の中央からAの端に移して実験すると，①，②のそれぞれの場合で，つり下げられた筒はどのように静止するでしょうか。解答らんの図に記入しなさい。（ただし図２や図３のように筒と糸を線で描《か》き，おもりを黒丸で描くこと。文字や記号は不要。コンパスや定規を用いてもよい。以下同じ。）

問２　問１の解答らんの①の状態から，クリップをはずして糸が筒の中を自由に動けるようにしました。筒はどうなるでしょうか。また，問１の解答らんの②の状態からではどうなるでしょうか。それぞれ次の**ア**～**エ**から適するものを一つずつ選び，記号で答えなさい。

ア　筒はそのまま動かない。　**イ**　Aの端が下がりBの端が上がる。　**ウ**　Aの端が上がりBの端が下がる。　**エ**　Aの端もBの端も下がる。

再び筒の両側に30cmずつ糸を出してクリップで糸を固定します。糸の端CとDを天井の同じ一点につないだ場合を考えます。

問３　おもりをとりつける位置を筒のAの端から10cmの位置にすると，筒はどのように静止するでしょうか。解答らんの図に記入しなさい。

問４　問３の解答らんの状態で，クリップをはずして糸が筒の中を自由に動けるようにしました。筒はどのように静止するでしょうか。解答らんの図に記入しなさい。

３枚目おわり

受験番号

令和二年度　灘中学校入学試験問題　国語　一日目　三枚のうちの三枚目

※80点満点
（配点非公表）

◎解答に字数制限のある場合、句読点などの記号も字数に数えます。

一

問一

問二

問三

問四
1 ット
2 ット
3 ット
4 ット
5 ット

問五
1 あ しい
2 ま しい
3 み しい
4 い しかっ（た）
5 に しく
6 は しく

問六
1 て
2 て
3 て
4 て
5 て

二
1
2
3

三
1 因
2 己
3 医
4 誕
5 卵
6 級

四
1
2
3
4
5
6

五
1
2
3
4
5
6

六
A
B
C
D
E
F

七
（1） 1 A B 2
（2） 1 A B 2
（3） 1 A B 2

受験番号

令和２年度　灘中学校　入学試験問題　※100点満点（配点非公表）

算数（第１日　３枚のうちの３枚目）

解　答　欄

（単位は記入しなくてよろしい）

1	2	3

4		5
①	②	

6		
①　分　秒	②	③

7	8	
	①	②

9	１０	１１

2020(R2) 灘中
K 教英出版　解答用紙3の2

受験番号

※この用紙の下の部分は解答らんです。左に受験番号を必ず記入すること。

※100点満点
（配点非公表）

解　答　ら　ん

1

問１		問２		問３		問４	
問５	①	②	③	④	⑤		

2

問１		問２	mL	問３	mL	問４	mL	問５	mL

3

問１	倍	問２	倍	問３	倍	問４	度

4

問１	①	②	③	④	⑤	⑥	⑦	
問２		問３		問４		問５	倍	

5

問１		問２	mL	問３	mL
問４	記号	理由			
問５	① %	② %	③ %	④ %	⑤

6

問１

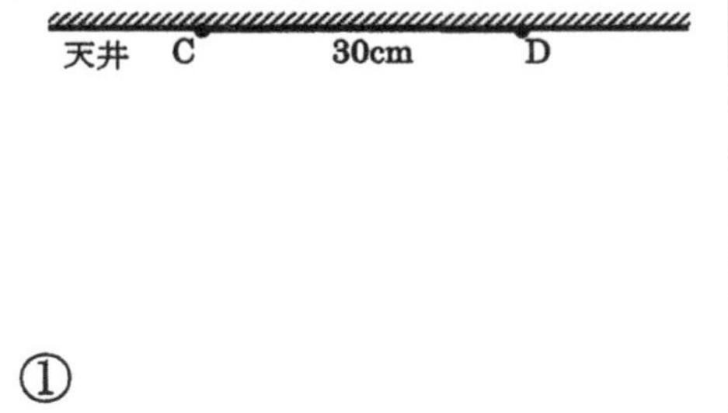

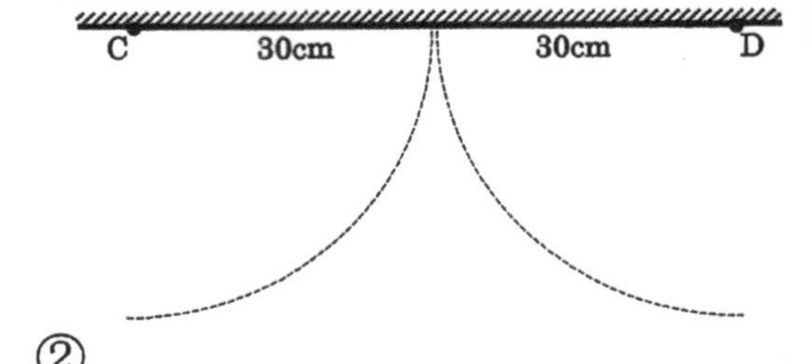

（点線は半径 30cm の円）

問２	①	②

問３

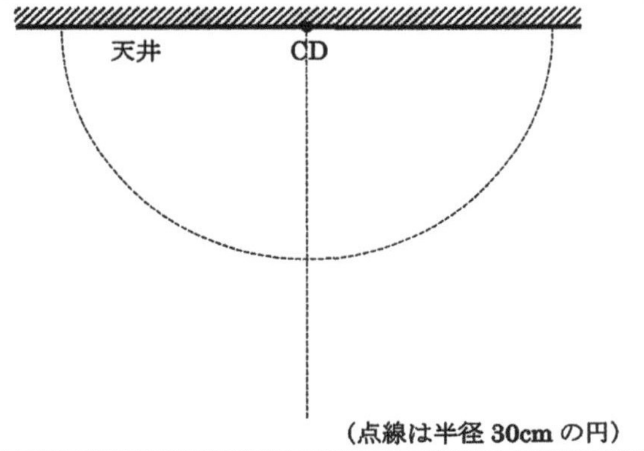

（点線は半径 30cm の円）

問４

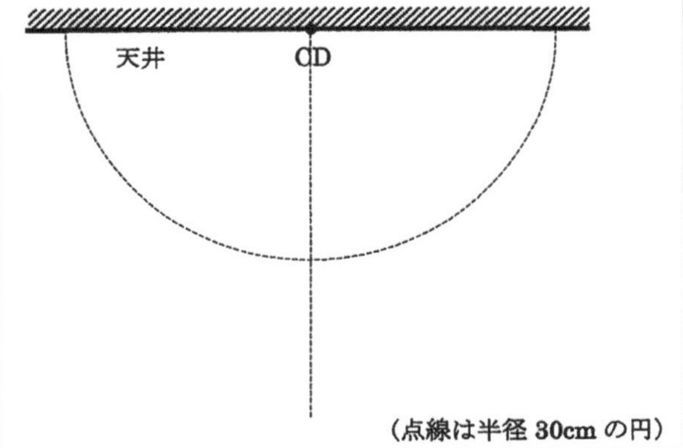

（点線は半径 30cm の円）

令和二年度　灘中学校入学試験問題　国語　（70分）　二日目　五枚のうちの一枚目

一　次の文章を読んで、後の問いに答えなさい。

一般《いっぱん》に、アイデアが豊かな人というのは、なにごとにも興味を示す、好奇心旺盛《こうきしんおうせい》な人であることが多い。これは、日頃《ひごろ》からインプットに積極的だということだ。ただ、だからといって、本を沢山《たくさん》読んでいれば新しい発想が湧《わ》いてくるのか、というとどうもそれほど[A]カンタンではない。おそらく、それくらいのことは、ある程度長く人生を歩んできた人ならご存じだろう。

いずれにしても、いつでも検索《けんさく》できるのだからと頭の中に入れずにいる人は、このような発想をしない。やはり、自分の知識、あるいはその知識から自身が構築した理屈《りくつ》、といったものがあって、初めて生まれてくるものだ。そういう意味では、頭の中に入れてやることは意味がある。テストに出るからとか、知識を人に語れるからとか、そういった理由以上に、[1]頭の中に入った知識は、重要な人間の能力の一つとなるのである。

また、発想というのは、連想から生まれることが多い。これは、直接的な関連ではなく、なんとなく似ているものなどから引き出される。現在受けた刺激《しげき》に対して、「なにか似たようなものがあったな」といった具合にリンクが引き出される。人間の頭脳には、これがかなり頻繁《ひんぱん》にあるのではないか、と僕《ぼく》は感じている。

「これと同じことがどこかであったな」と思いつく、いわゆるデジャヴも同じである。思いついたときには、言葉になっていない。なっていないから、「なんとなく……」と思いつく。思いついたとわかるのに、何を思いついたのか、なかなか引き出せない。それは、視覚的な情景だったり、もっと別の感覚（たとえば嗅覚《きゅうかく》）であったりする。ただ似ているというだけで、「そうそう、あのときと同じ」で終わってしまうこともある。むしろその方が多い。あるいは、考えても考えても、どうしても思い出せないこと、つまり、思いつきを逃《のが》してしまうこともある。夢を思い出せないみたいに、たしかに一度は自分の頭に浮《う》かび上がったのに、煙《けむり》のように消えてしまうのだ。

しかし、ときには「もしかしたら、あれが使えるのではないか」となったり、「これは、あれとなにか関係があるのでは」となったりして、そこから考えていった結果、新しいアイデアにたどり着けることがある。思いついただけでは、ただのアイデアであり、使いものになるかどうかは、実際に試《ため》してみたり、もう少し調べてみたり、あるいは正しいかどうか計算してみたりしないとわからない。それらの確認《かくにん》が、自分ではできないこともある。使えるかどうかも、やはり知識がないと判断できない。でも、[2]この段階では、他者に協力を求めることも、コンピュータを利用することもできる。

さて、このような[3]連想のきっかけになる刺激とは、どんなものだろうか。それはさまざまで、そもそも刺激だと感じない些細《ささい》なものかもしれない。実際、そういったものに敏感《びんかん》か鈍感《どんかん》かで、連想が[B]キドウするか、そのまま見逃《みのが》すかが決まっているようにも考えられる。

日頃、人間はそんなに多くを経験するわけではない。自分の生活や仕事の範囲《はんい》であれば、毎日はさほど変化はない。ときどき、旅行をすると刺激的なインプットがあるように感じるのは、それらが日常のものとは違《ちが》っているから、いわば自分から遠く離《はな》れた情報だからである。距離的《きょりてき》に遠く離れるという意味ではない。知識的、興味的に遠いということである。

現代は、旅行に行かなくても、ＴＶやネットを通して、世界中の情報にアクセスできるので、日常から離れた刺激は、選《よ》り取《ど》りみどりである。ところが、たとえば、ＴＶであれば、毎日、毎週、同じ番組を見て、ぼんやりと時間を過ごすようになって、結局はそれが日常になってしまう。日常になれば、刺激は薄《うす》くなる。薄くなったと、おそらく自覚できるだろう。「ああ、なんか面白《おもしろ》いことがないかな」と欠伸《あくび》をしたくなる気持ちこそが、誰《だれ》にでも[C]ソナわっている人間の［　　］の発動といえるだろう。

連想のきっかけとなる刺激は、日常から離れたインプットの量と質に依存《いそん》している。そして、その種のインプットとして最も[D]コウリツが良いのが、おそらく読書だ、と僕《ぼく》は考えているのだ。

読書以外にももちろんある。僕の場合は、自然の観察や、手を使った工作なども、ほとんど同じくらい刺激がある。これは個人差があるだろう。電車に乗って、[E]シャソウの流れる風景を眺《なが》めているときも、いろいろ思いつくが、目で見ている数々のもの、街や村、[F]カンバン、人々、構造物、地形なども刺激になるようだ。

しかし、誰にでも共通して効果があるのは、やはり読書だと思う。それは、そこにあるものが、人間の個人の頭から出てきた言葉であり、その集合は、人間の[G]エイチの結晶《けっしょう》だからである。本には、日常から距離を取る機能がある。本を開き、活字を読み始めるだけで、一瞬《いっしゅん》にして遠くまで行ける感覚がある。時間を遡《さかのぼ》ることも[H]ヨウイだし、自分以外の人物の視点でものを見ることもできる。経験したことのない感情も知ることができるし、人の思考の流れをたどることだってできる。

難しい本を読むと、意味がわからないことがある。文章としては読めるし、一つ一つの単語は知っているものなのに、その論理展開についていけない。何を言っているのか、と文章を読み直すことがあるだろう。

[4]「わからない」ということを体験できるのも、本の特徴《とくちょう》である。たとえば、小さい子供は相対性理論の本を読んでもわからないはずである。しかし、落胆《らくたん》することはない。「わからない」ということがわかったのだ。それだけでも読んだ価値がある。自分にはわからないことがこの世界にある、と知ることができた。知っていてもわからないことがある、ということを理解したのである。もしこれがなければ、勉強しようとも思わないだろう。なんとかわかりたい、近づきたいと感じるとすれば、[I]キチョウな動機を得られたといえる。

アインシュタインに普通《ふつう》の子供は会えない。もちろん、彼《かれ》はもういない。もしいたとしても、わざわざ遠いところへ訪ねてきて、子供と会って話をしたりはしないだろう。それが、本であれば、誰でも彼の書いたものを読めるのである。ここが、[5]本の最も凄《すご》いところだ。なんというのか、奇跡《きせき》に近いような機会だと思う。

わからないけれど凄そう、という感想を抱《いだ》くことはないだろうか。わからないのに、凄いことがわかるのである。こういった人間の感覚は実に素晴《すば》らしい。これからＡＩが一般的になり、人類の頭脳に近いものが育ってくると思うけれど、人間が感じる「凄さ」を機械が理解できるまでにどれほど時間がかかるのか、と想像してしまう。

（森博嗣《もりひろし》『読書の価値』による）

問一　――線部A～Iのカタカナを漢字に改めなさい。

問二　――線部1「頭の中に～一つとなる」とありますが、「頭の中に入った知識」が必要なのはなぜですか。理由を答えなさい。

問三　――線部2「この段階」とはどのような段階ですか。解答らんに合わせて三十五字以内で答えなさい。

問四　――線部3「連想のきっかけになる刺激」とは、どのような性質を持つものだと筆者は考えていますか。問題文中の言葉を使って答えなさい。

問五　□に入れるのに適当な言葉を、問題文中から三字でぬき出して答えなさい。

問六　――線部4『わからない』ということを体験できる」とありますが、それによってどのような効果が期待できると、筆者は考えていますか、答えなさい。

問七　――線部5「本の最も凄いところ」とはどのようなところですか、答えなさい。

二　有名私立中学校を成績不振《ふしん》で退学した「ぼく」は、公立中学校に転校後、クラスの女子で生活保護（経済的に困っている家庭に最低限の生活を保障する制度）を受けている「佐野《さの》さん」と交流を持ち、社会の仕組みに関心を抱《いだ》き始《はじ》めた。ある日パソコンで調べ物をしていたところ、父から勉強しろとしかられ、反論するとぶたれた上にパソコンを取り上げられる。それに続く次の文章を読んで、後の問いに答えなさい。

しばらくして、母さんだけが部屋にもどってきた。そうっと部屋のドアを閉めると、ぼくに濡《ぬ》れタオルを差し出す。

「ほっぺた赤くなってる。これで冷やしなさい。」

「……ありがとう。」

頰《ほお》に押《お》しあてると、ひんやりと心地《ここち》よい。

「ふふっ。」

母さんは、いきなり楽しげに笑った。

「なに？」

「よく、言ってくれたなーと思って。」

「え？」

「お母さんも、同じこと言われてるもん。養われてる立場のくせにとかね……。」

母さんの瞳《ひとみ》に一瞬《いっしゅん》、憎《にく》しみの色がよぎった気がした。ギョッとして黙《だま》っていると、サッと表情を変える。

「だから和真《かずま》がさっき言ってくれて、胸がスウッとした！」

少女のような笑顔《えがお》にもどったので、1ホッとする。ささくれだっていた心が柔《やわ》らかくなる心地がする。母さんはやはり、ぼくの母さんだと思った。

「受験勉強以外は時間の無駄《むだ》だって、父さんは本気で思ってるのかな。」

「本気だと思うわよ。自分の学歴にすっごい自信持ってるもの。でも、考え方古すぎよね。」

肩《かた》をすくめると、パソコンがなくなったぼくの机の上を見る。

「さっき怒鳴《どな》られたよね、なにを調べてたの？」

「……生活保護のことを。」

「へーえ。」

母さんは、感心した、という顔になった。

「そういうことに興味持ってるんだ。和真は昔から、社会の調べ学習、大好きだったものね。」

「受験には、あんまり役立たないけどね。」

「いいじゃない。なにかを知りたいっていう気持ちは、大切だと思うな。興味があることは、どんどん調べたらいいと思う。でも、どうして生活保護に興味を持ったの？」

「友だちが……。」

知らず知らずに、言葉がするっと滑《すべ》り出《で》た。

そして、佐野さんのことを「友だち」と言ってしまったと思い、友だちなのか？　と考え、なんだか照れくさいような、うれしいような気持ちになってドギマギとした。冷やした頰の代わりに、耳たぶのへんが熱くなる。

「クラスの女子なんだけど……、生活保護を受けているんだ。話を聞くと、制度にいろいろ理不尽《りふじん》なことが多くって。それで調べているんだよ。」

それは、いいことだわ。そう、母さんは言ってくれると思っていた。

なのに母さんは黙りこんだ。

2いかにも不安げなまなざしになり、探《さぐ》るようにこちらを見つめている。

「……クラスメイトの、女子？」

「うん。病気のお母さんに代わって、毎日、妹の保育園の送《おく》り迎《むか》えまでしてるんだ。」

「和真はその子と……。」

言いにくそうにしていたが、思い切ったように聞いていた。

「おつきあいをしているの?」

3絶句した。母さんの口から、そのような言葉が出ようとは思いもしなかった。

「まさか!　そんなんじゃないよ!　ありえない。」

「そ、そうよね。あー、びっくりした。生活保護んちの女の子と、おつきあいしているのかと思ったわ。」

その口調、その安堵《あんど》の顔に、心にビシャッと汚物《おぶつ》をぶちまけられたような気持ちになった。

「それ、なに?」

できるだけ冷静な声を出そうとする。けれども、悲しみとも怒《いか》りともつかないものがこみあげてきて、胸が苦しくなった。

「なにがびっくりなの?　女の子とおつきあいってとこ?　それとも、その子んちが、生活保護ってとこ?」

「どっちもよ。どっちも驚《おどろ》くわよ!」

母さんは、たった今、お化《ば》け屋敷《やしき》から出てきた人のような声をあげた。

「ガールフレンド作るには時期が悪すぎるし。それにお母さん、生活保護家庭の人って、あんまりいいイメージないもの。そりゃあいろんな人がいるから、ひとくくりにはできないけどね。やっぱりうちとは、ちょっと違《ちが》う世界の人だと思うじゃない。」

4あぜんとした。まさか母さんの口から、こんな言葉を聞こうとは。

父さんからは軽《かろ》んじられ、おばあちゃんからは見くだされてきた母さん。

その母さんなら、弱いものの側に立って、味方になろうとするはずだと思っていたのに。

「……うちとは、ちょっと違う世界の人って、どういう意味?」

ぼくは聞きかえした。

「見くだしているんだ。そういう人たちのこと。」

「そんなことない!」

母さんは、あわてたように言葉をつくろってきた。

「むしろ気の毒だと思うし、なんとかならないかと思ってるわよ。ただ、うちの家はあんまり、そういう人とおつきあいがないからびっくりして……。」

「もういいよ!」

叫《さけ》んで母さんから目をそらす。両親に対して、こんなに失望する日が来ようとは。

呼吸を整え、波立つ気持ちをどうにか抑《おさ》えつける。

5「……ぼくも、人のことは言えない。」

そうだ。少し前までのぼくも、母さんと同じだったんじゃないのか?

「生活レベルが低い人」の世界に、嫌悪《けんお》や恐怖《きょうふ》すら抱いていた。

そういう世界とは、一生関わりを持たずに生きていくものだと思っていた。

今の生活が、決して楽しくもうれしくもなく、居場所すらなくしていたくせに。

なんだかんだ言っても、ここがいちばんよいはずだ、そのはずなんだと自分に言いきかせ、わずかながらの優越感《ゆうえつかん》をかき集めるようにして。

そう、優越感――。6プライドというより優越感だ。

他人との比較《ひかく》でのみ得られる、この感情。

十二歳《さい》の春、塾《じゅく》の仲間たちがぼくに向けた、羨望《せんぼう》のまなざし。

多くの中から、自分が選《えら》び抜《ぬ》かれたという甘美《かんび》な気持ち。

蒼洋《そうよう》中学をクビになっても、あのときの気持ちはまだ胸の奥底《おくそこ》にへばりついたままだ。捨てたほうが楽だとわかっているのに、捨てられない。

自分はやはり人より優《すぐ》れている、恵《めぐ》まれていると思っていたい、この厄介《やっかい》な感情。

ぼくも、母さんも。そして父さんも、おばあちゃんも。

7自分の中のこの気持ちを、どこかでつっかえ棒にして生きているのかもしれない。

ぼくらは幸せなのだろうか。それとも、哀《あわ》れなのだろうか。

（安田夏菜《やすだかな》『むこう岸』による）

問一　――線部1とありますが、「ホッと」したのはなぜですか。理由を答えなさい。

問二　――線部2「いかにも不安げなまなざしになり」とありますが、「母さん」は実際はどんなことを不安に思っていたのですか。二つ答えなさい。

問三　――線部3「絶句した」とありますが、それはなぜですか。理由を説明した文として、最も適当なものを次のア～オから選び、記号で答えなさい。

ア　母さんのことが大好きなのに、ほかの人に好意を寄せているとかんちがいされたから。

イ　佐野さんが苦労していることについて、母さんは何とも思っていないようだったから。

ウ　社会の調べ学習で、生活保護の制度について調査を進めていたことを否定されたから。

エ　受験勉強とは全く無関係で無駄なことに、うつつをぬかしているように思われたから。

オ　「ぼく」が佐野さんに対して、特別な好意を持っているのではないかと疑われたから。

問四　――線部4「あぜんとした」とありますが、それはなぜですか。次の説明文の［A］・［B］に入れるのに適当な言葉を答えなさい。ただし、［A］は問題文中から二十字以内でぬき出して答えなさい。また、［B］は問題文中の言葉を使って十五字以内で答えなさい。

［A］と思っていた母が、［B］ことに気付いたから。

問五　――線部5「……ぼくも、人のことは言えない」のはなぜですか。理由を答えなさい。

問六　――線部6「プライドというより優越感だ」とはどのようなことですか、答えなさい。

問七　――線部7とありますが、「自分の中のこの気持ちを、どこかでつっかえ棒に」するとはどのようなことを言っているのですか、答えなさい。

三　次の詩を読んで、下の問いに答えなさい。

台風　池井《いけい》昌樹《まさき》

すぎたようだな
たいふうも
1 ……………
そのようですね
2 ひくいこえ
ちちははがかたらっている
あけがたちかく
ふとんのなかで
それをだまってきいている
3 おさないぼくはきえてしまったし
4 ちちはとっくにいってしまったし
しせつのはははともながくあわない
つまはとなりでまだねむっていて
このこえをきくもうだれもいない
そうだった
すぎてしまった
5 なにもかも
すぎてしまった
……………
6 そのようですね
なごりのかぜが

問一　═══線部「すぎたようだな／たいふうも」を「ちち」が言った言葉だとすると、――線部1「…………」はどのような様子を表していると考えられますか、答えなさい。

問二　――線部2「ひくいこえ／ちちははがかたらっている」とありますが、なぜ「ひくいこえ」なのですか。理由を答えなさい。

問三　――線部3「おさないぼくはきえてしまったし」、4「ちちはとっくにいってしまったし」とありますが、それぞれどのようなことですか、答えなさい。

問四　――線部5「なにもかも／すぎてしまった」とありますが、ここで「ぼく」が感じている気持ちとして、最も適当なものを次のア～オから選び、記号で答えなさい。

ア　幼いころ、両親の会話に入れてもらえなかった悔《くや》しさ。
イ　台風が来たのに大きな災害にはならなかったうれしさ。
ウ　楽しかった妻との生活を、急に失ってしまったつらさ。
エ　父母とともに過ごした時間がもう戻《もど》ってこない寂《さび》しさ。
オ　母親を早くに亡《な》くし、ひとりになってしまった悲しさ。

問五　――線部6「そのようですね／なごりのかぜが」がどのような場面を表しているのか、さまざまな読み方ができますが、あなたはどのように考えますか。自分で想像して答えなさい。

令和２年度　灘中学校　入学試験問題　※100点満点（配点非公表）

算数　（第２日　３枚のうちの１枚目）

［解答上の注意］

- 3，4，5(1)，(2)は答え以外に文章や式，図なども書きなさい。それ以外の問いは，答えのみ記入しなさい。
- 問題にかいてある図は必ずしも正しくはありません。
- 角すいの体積は，（底面積）×（高さ）×$\frac{1}{3}$　で求められます。

(60分)

1

１周 600m の円形の散歩コースがあります。A さんと B さんはコース上の S 地点を同時に同じ向きに進みはじめ，A さんは毎分 50m の速さで歩き，B さんは一定の速さで走ります。A さんが１周して S 地点に戻《もど》った時点で２人は止まります。２人が進んでいる間，S 地点と A さんの距離《きょり》，S 地点と B さんの距離，A さんと B さんの距離の３種類の距離を測ります。ただし，これらの距離は散歩コースに沿って，短い方（等しいときはその等しい距離）が計測されます。そして，これら３種類の距離のうち最も短いものを「最短距離」と呼ぶことにします。例えば，S 地点と A さん，B さんの位置が，下の図１，図２，図３，図４のとき，３種類の距離と「最短距離」は右の表のようになります。

図	図１	図２	図３	図４
S 地点と A さん	40m	60m	60m	60m
S 地点と B さん	100m	100m	60m	0m
A さんと B さん	60m	40m	120m	60m
「最短距離」	40m	40m	60m	0m

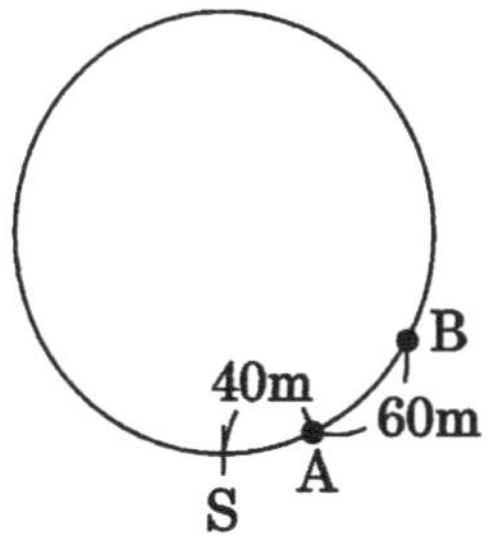

図1

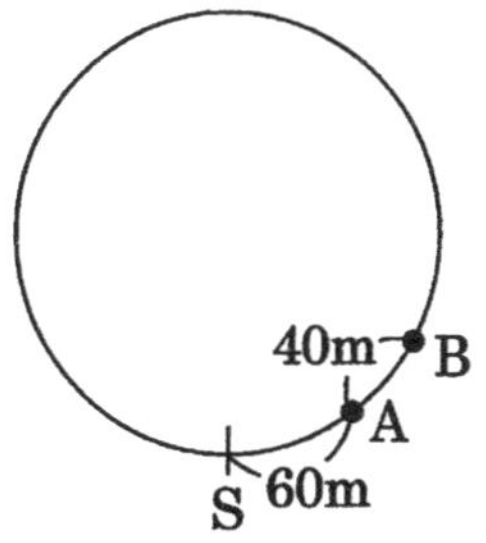

図2

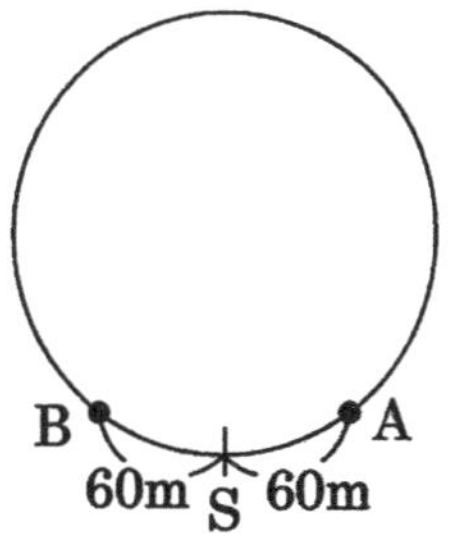

図3

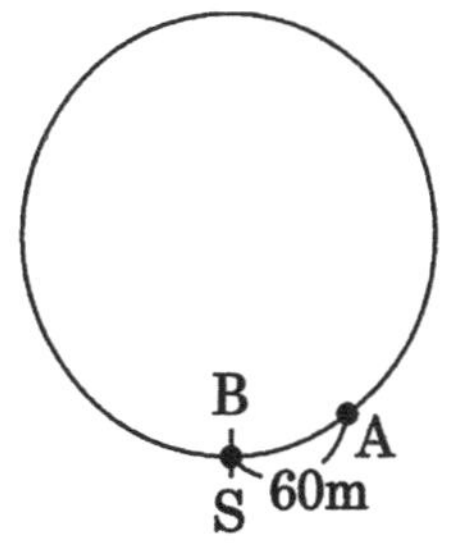

図4

(1)　B さんが毎分 100m で走る場合，出発後の時間（分）と「最短距離」（m）の関係を表すグラフを，右ページの方眼に実線でかき入れなさい。

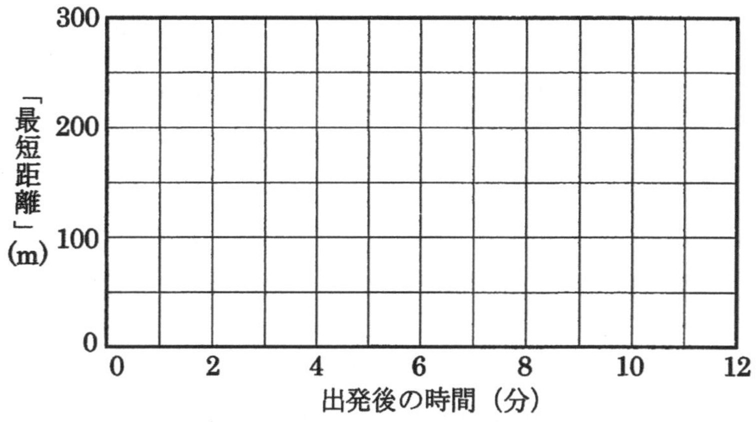

(2)　B さんが毎分 150m で走る場合，出発後の時間（分）と「最短距離」（m）の関係を表すグラフとして正しいものを，次の４つから１つ選び，選んだグラフの右上のグラフ番号を囲った破線をなぞりなさい。さらに，選んだグラフの空欄《らん》に適切な数を書き入れなさい。

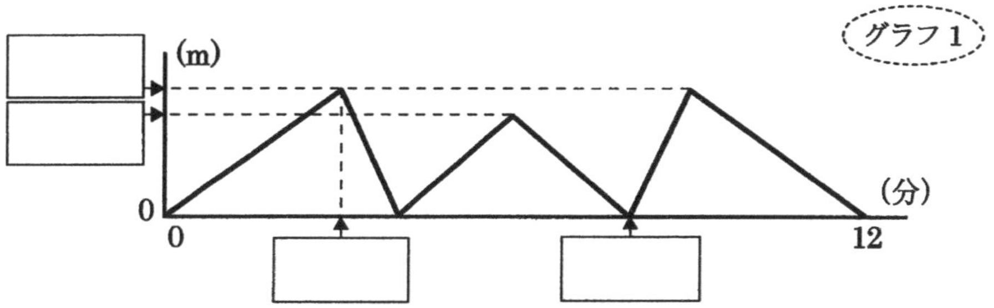

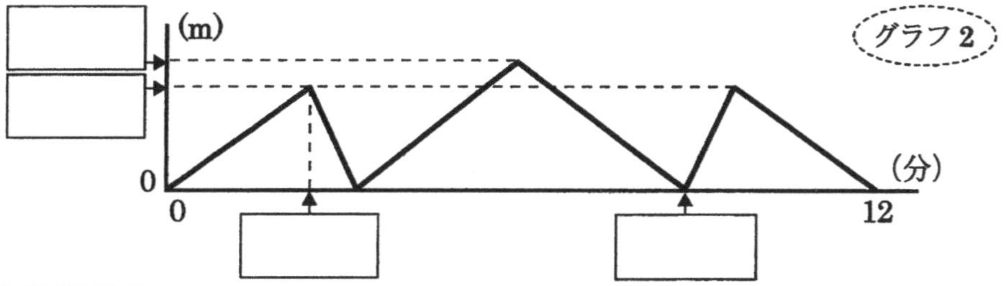

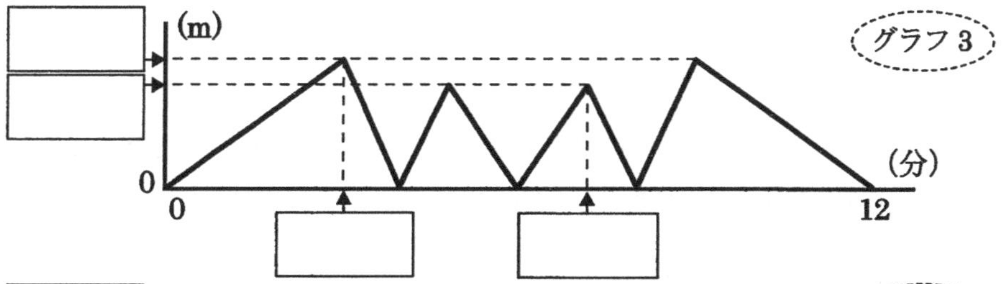

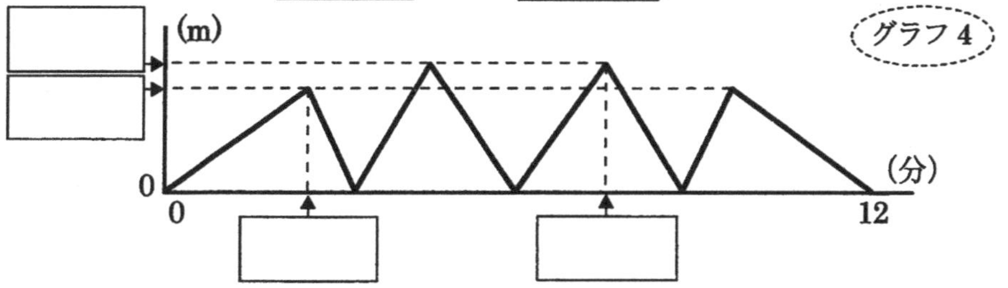

令和２年度　灘中学校　入学試験問題

算数　（第２日　３枚のうちの２枚目）

2

この問題では，01234，00123 なども５桁《けた》の数，012345，001234 なども６桁の数とします。また，整数 x が整数 y で割り切れるとき，x を y で割った余りは０であるとします。

(1)　太郎さんは５桁の数 ABCDE を紙に書いて次郎さんに渡《わた》しました。ただし，A，B，C，D，E の中に同じ数字が含《ふく》まれてもよいものとします。また，E は $A+B+C+D$ を 10 で割った余りです。

次郎さんは A，B，C，D，E の中の１個を別の数字に書き換《か》えて花子さんに渡しました。花子さんが受け取った紙に書かれた数は 28973 でした。

(ア)　太郎さんが紙に書いた ABCDE として考えられる５桁の数をすべて書きなさい。

(イ)　太郎さんははじめと同じ数 ABCDE を再び紙に書いて次郎さんに渡しました。次郎さんは A，B，C，D，E のうち先ほどと異なる１個を別の数字に書き換えて花子さんに渡しました。花子さんが受け取った紙に書かれた数は 21673 でした。

太郎さんが紙に書いた ABCDE は　　　　　です。

(2)　太郎さんは６桁の数 PQRSTU を紙に書いて次郎さんに渡しました。ただし，P，Q，R，S，T，U の中に同じ数字が含まれてもよいものとします。また，T は $P+Q+R+S$ を 10 で割った余りで，U は $P+Q\times3+R\times7+S\times9$ を 10 で割った余りです。

次郎さんは P，Q，R，S，T，U の中の１個を別の数字に書き換えて花子さんに渡しました。花子さんが受け取った紙に書かれた数は 735631 でした。

太郎さんが紙に書いた PQRSTU は　　　　　です。

3

24 時間表示のデジタル時計があります。この時計は，23 時 59 分を，：で区切られた４つの数字の並び「23：59」で表示し，「23：59」の次は「00：00」と表示します。

この時計を 24 時間動かしたとき，次の条件を満たす表示がされている時間は，あわせて何分間ですか。ただし，表示が変わるのにかかる時間は考えないものとします。例えば，「00：00」が表示されている時間は，１分間です。

(1)　４つの数字のうち，２がちょうど３つある。

答　　　　　分間

(2)　４つの数字のうち，２がちょうど２つある。

答　　　　　分間

(3)　４つの数字のうち，２がちょうど１つある。

答　　　　　分間

受験番号

令和２年度　灘中学校　入学試験問題

算数　（第２日　３枚のうちの３枚目）

4

平面上に，１辺の長さが 6cm の正三角形 ABC と，半径が 6 cm の円の形をした輪があります。輪ははじめ右の図のように置かれていて，輪の中心は点 B と重なっています。

次のように輪を平面上で移動させるとき，輪が通過する部分の面積をそれぞれ求めなさい。ただし，輪の太さは考えないものとします。また，円周率を 3.14 とし，三角形 ABC の面積を 15.59cm^2 とします。

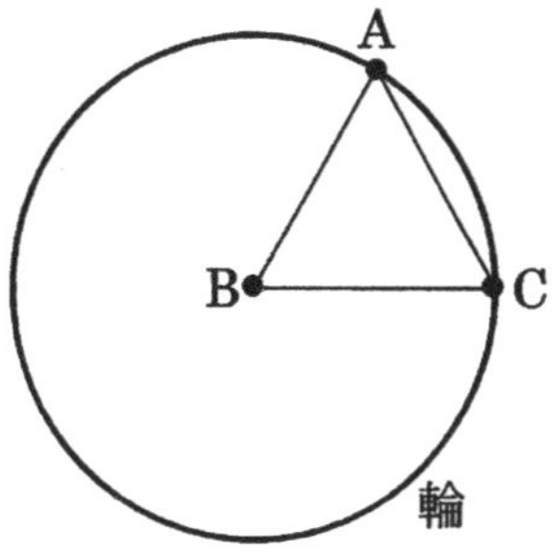

(1)　輪の中心が，辺 BC 上を B から C まで動く。

答　　　　　cm^2

(2)　輪の中心が，辺 AB 上を B から A まで動いたのち，辺 AC 上を A から C まで動く。

答　　　　　cm^2

5

右の図は，１辺の長さが 6cm の立方体 ABCD−EFGH です。P は辺 AB の真ん中の点，Q は辺 FG の真ん中の点，R は辺 GH の真ん中の点です。この立方体を３点 P，Q，R を通る平面で切ったとき，この平面は辺 AD の真ん中の点 S を通ります。

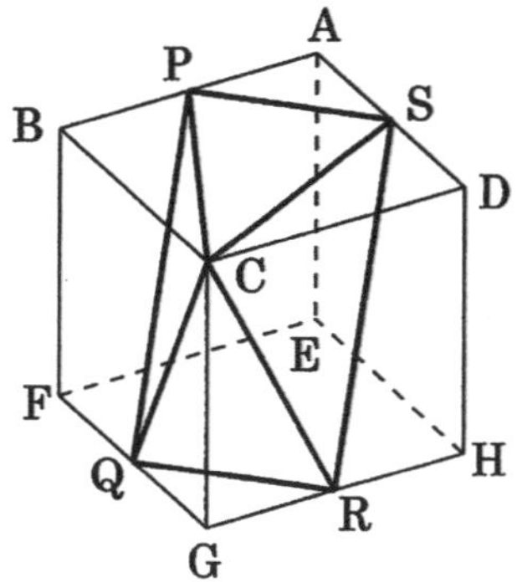

(1)　四角すい C−PQRS の体積を求めなさい。

答　　　　　cm^3

(2)　３点 A，B，G を通る平面で四角すい C−PQRS を２つの立体に分けたとき，点 Q を含む方の立体の体積を求めなさい。

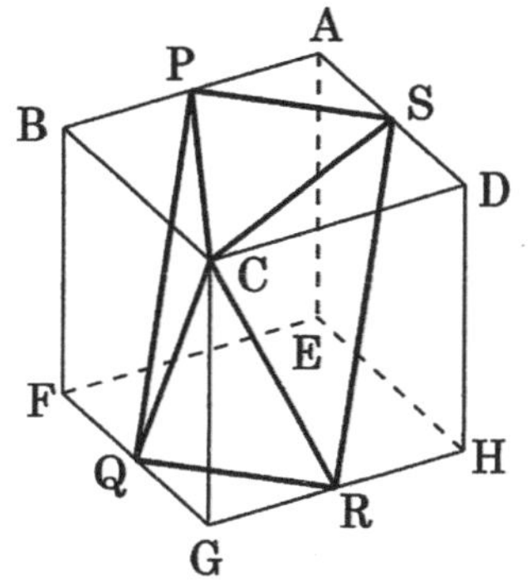

答　　　　　cm^3

(3)　３点 B，D，F を通る平面で四角すい C−PQRS を２つの立体に分けたとき，その切り口の面積は，四角形 BFHD の面積の □ 倍で，点 Q を含む方の立体の体積は □ cm^3 です。

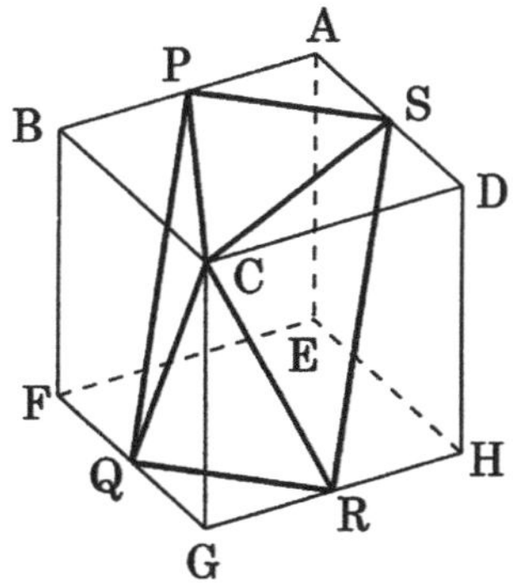

（　問題は以上で終わりです　）

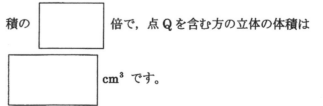

令和二年度　灘中学校入学試験問題　国語　二日目　五枚のうちの五枚目

受験番号

◎解答に字数制限のある場合、句読点などの記号も字数に数えます。

一

問一　A　B　C（わって）　D　E　F　G　H　I

問二

問三　段階。

問四

問五

問六

問七

二

問一

問二　・　・

問三

問四　A　B

問五

問六

問七

三

問一

問二

問三　3　4

問四

問五

※120点満点
（配点非公表）

一　次の文章を読んで、後の問いに答えなさい。

子供の頃《ころ》、私は作文が苦手だった。

学校で原稿《げんこう》用紙を配られ、さあこれから「夏休みの思い出」について作文を書きなさいなどと言われると憂鬱《ゆううつ》になった。原稿用紙を前にした私は、まるで白い広野に向かって立ちすくんでいるときのような恐怖感《きょうふかん》を覚え、[1]鉛筆《えんぴつ》を持つ手が動かなかった。

そんな私がいまは職業的なライターとして日常的に文章を書きつづけている。それには、文章の書き方において、[2]ひとつの方法を身につけることができたことが大きかったように思える。

私は、これまで、ノンフィクションと言われるものを多く書いてきた。しかし、私は、新聞社や出版社に勤めたこともなく、編集[a]プロダクションのようなものにも属したことがない。だから、誰《だれ》かに文章の書き方を教わったりしたことがない。すべてひとりで書き方を工夫《くふう》してきたのだ。そして、どうにか身につけることのできたその書き方とは、ひとことで言ってしまえば「できるだけ眼《め》に見えるようにする」ということだった。頭の中にあるものを視覚化する。いや、実際には、頭の中にあると思っているだけで、視覚化するまでは本当の意味では頭の中にも存在していない場合が多い。眼に見えるものにしたとき、初めて存在していたということが確認《かくにん》できるだけなのだ。

なぜ書けないのか。それは最初からきちんとした文章を書かなくてはならないという脅迫感《きょうはくかん》があるからだ。それをまず取り除いてしまう。

そのために私が見出《みい》だした具体的な方法は「単語から文章へ」というものだった。

頭の中のもやもやしているものを、まず暗号のように簡単な単語で記してみる。それはとても簡単なことだった。次に、その単語を並べて短い文章にしてみる。これもそう難しいことではない。たとえば、《子供の頃　作文　苦手》とあったら、《子供の頃、作文が苦手だった》とするだけなのだ。それを繰《く》り返すうちに、いくつかの*センテンスが生まれる。

そのようにして生まれた文章に、何度か眼を通していると、そのセンテンスに何か付け加えたいことが出てきたり、センテンスとセンテンスの間に入ってくるべき文章が浮《う》かんできたりする。

しかし、重要なのは「書こうと思うこと」が浮かんでこないという場合である。

私はライターになったばかりの頃、主に仕事をしていたある雑誌の編集部に行っては、その日に取材したことを逐一《ちくいち》話したものだった。その編集部の人たちは聞き上手で、「それで？」とか、「それが？」とか合いの手を入れながら聞いてくれる。そこで熱中して話しているうちに、自分にとって面白《おもしろ》いことと他人にとって面白いことが少しずつわかってくるということが続いた。

もし作文で何を書いたらいいかわからない子供がいたら、とにかく話を聞いてあげることだ。どんなに話し下手な子でも、話しているうちにはいくつかの単語が[b]口をついて出てくるだろう。話のあとで、その単語を書き取らせるのだ。基本的にはそれだけで作文は書けると思う。

いまの私なら、「夏休みの思い出」という題の作文をうまく書けないでいる小学生の私にこんなふうに話を聞いてあげるかもしれない。

「夏休みは何をしていたの？」　「毎日セミを捕《と》ってた。」

「セミって、どうやって捕るの？」　「網《あみ》で。」

「むずかしい？」　「アブラゼミは簡単だけど、ミンミンゼミはむずかしい。」

「どうして。」　「ミンミンゼミは高いところにとまっているから。」

「柄《え》の長い網なら捕れるの？」　「長い網でもミンミンゼミはうまく捕れない。」

「どうして。」　「用心ぶかくて、網を近づけるとすぐ逃《に》げちゃうから。」

「アブラゼミは？」　「ちょっとバカだからあまり逃げない。」

「おもしろいね。」　「アブラゼミはたくさん捕れる。」

「この夏休みに何匹《なんびき》捕った？」　「一〇〇ぴき以上。」

「ミンミンゼミは？」　「三びき。」

そこで、私は小学生の私に単語を書き取らせる。すると、小学生だった私はこう書くかもしれない。

《夏休み　セミとり　ミンミンゼミ　アブラゼミ　用心ぶかい　ちょっとバカ　一〇〇ぴき　三びき》

ここまでくれば、もう作文の半分くらいは書けたも同然だ。

もし、こうした経験を何回か繰り返せば、質問者がいなくても同じことができるようになるかもしれない。[c]自問自答ができるようになるのだ。しかし、とにかく大事なのは、ぼんやりとしていることを単語という形で眼に見えるものにするということである。その単語を簡単なセンテンスという形でさらに明瞭《めいりょう》に視覚化する。視覚化されたセンテンスは、さらに新たな言葉、新たなセンテンスを呼び寄せてくれることになるだろう。

（沢木耕太郎《さわきこうたろう》『銀河を渡《わた》る　全エッセイ』新潮社刊による）

＊注　センテンス――文のこと。

問一　――線部1「鉛筆を持つ手が動かなかった」とありますが、これはなぜですか。理由を説明した部分を問題文中から三十五字以内でぬき出し、始めと終わりの五字で答えなさい。

問二　――線部2「ひとつの方法」とありますが、これはどんな方法ですか。解答らんに合わせて、問題文中から十五字でぬき出して答えなさい。

問三　〰〰線部a「プロダクション」とありますが、次の1～5の外来語を漢字の熟語で表現するとどうなりますか。後のア～オから最も適当なものを選び、記号で答えなさい。

1　プログラム　　2　プロジェクト　　3　プロセス　　4　プロフィール　　5　プロポーズ

ア　過程　　イ　企画　　ウ　求婚《きゅうこん》　　エ　人物紹介《しょうかい》　　オ　番組表

問四　〰〰線部b「口をついて出てくる」とありますが、次の1～4は「口」を用いた慣用句です。これについて、次のⅠ・Ⅱの問いに答えなさい。

1　口□を合わせる　2　口□に乗せられる　3　口□を切る　4　口に□を立てる

Ⅰ　1～4の□にあてはまる漢字一字をそれぞれ答えなさい。

Ⅱ　1～4の意味として最も適当なものを、それぞれ次のア～エから選び、記号で答えなさい。

ア　うまい話でだまされる　イ　最初に発言する　ウ　世間の悪口やうわさを防ぐ　エ　ほかの人と話の筋道を合わせる

問五　〰〰線部c「自問自答」とありますが、次の1～4の意味をもつ、「自□自□」という形の四字熟語を答えなさい。

1　必要な物資をみずからの生産だけでまかなうこと
2　自分のしたことを自分でほめること
3　人をだますために計画から実行まで自分ですること
4　思いのままにすること

問六　問題文中の会話文の内容を参考に、═══線部の言葉をこのままの形ですべて使って、五十字以上百字以内で作文をしなさい。ただし、「夏休み」は最初に、「三びき」は最後に用いるようにすること。他の言葉の順序は入れかえても構いません。また、同じ言葉を何度用いても構いません。

二　次の1～3の各組の俳句を、春から季節の順に並べ、記号で答えなさい。

1
ア　風《かざ》さきを花びらはしる田打《たうち》かな　山上樹実雄
イ　大根をどこかに干《ほ》せりどの家も　右城暮石
ウ　天窓も隠《かく》さむばかり今年藁《ことしわら》　寺島ただし
エ　日の照れば帽子《ぼうし》いただき草むしり　小沢青柚子

2
ア　遠方の雲に暑を置き青さんま　飯田龍太
イ　浮鮎《うきあゆ》をつかみ分けばや水の色　椎本才麿
ウ　初鰤《はつぶり》やほのかに白き大江山《おおえやま》　季友
エ　俎板《まないた》に鱗《うろこ》ちりしく桜鯛《さくらだい》　正岡子規

3
ア　立去《たちさ》ればまだ日は高し藤《ふじ》の花《はな》　大島蓼太
イ　水湊《みずばな》やどこも真赤な実南天　波多野爽波
ウ　夕空や切先《きっさき》のぞく軒菖蒲《のきしょうぶ》　草間時彦
エ　欄干《らんかん》にのぼるや菊《きく》の影法師《かげぼうし》　森川許六

三　次の1・2の――線部の言葉と同じ使い方のものを、それぞれ後のア～オからすべて選び、記号で答えなさい。

1　試合に勝つために熱心に練習している。
ア　雨が降ることをいのるために祭りをおこなう。
イ　宿題を忘れたために注意された。
ウ　準備がおくれているために延期となった。
エ　つかれをいやすために温泉へ行った。
オ　雪が積もっているために通行止めとなった。

2　市場が閉まると目に入るのはシャッターばかりになった。
ア　かれはいつも不満ばかり言っている。
イ　ゲームばかりしていてはいけない。
ウ　先ほど目的地に着いたばかりだ。
エ　なみだを流さんばかりに喜んだ。
オ　六月に入って雨ばかり降っている。

四　次の1～5の各組の□に同じ漢字一字を入れると、三つの言葉ができ上がります。□に入れるのに適当な漢字をそれぞれ答えなさい。

1　時□　交□　千□紙
2　大□　□乳　□知識
3　年□　屋□　□すべり
4　夕□　平□　□用品
5　今□　王□　□飯前

五　次の1～4の文の□に入る言葉をそれぞれ答えなさい。ただし、すべて「あ」で始まるひらがな三字で、「あ」以外の二字もア段（あ、か、さ、た…）です。

1　かれは見るからに不満を□にした顔つきをしていた。
2　不注意から、□大事故になってしまうところだった。
3　父は有能で、いろんな企業から引く手□だったそうだ。
4　中学に入学し、思いを□にして学習にいそしむ。

六　次の漢字しりとりを、〔条件〕に合わせて完成させなさい。

〔条件1〕　漢字の読みはすべて音読みで、かなで二字です。
〔条件2〕　一つの字の読み方は二回ともまったく同じです。
〔条件3〕　各組の[1]～[3]の漢字の読みの一字目は、すべて同じ行（たとえばカ行ならカキクケコ）の別の読み方です。
〔条件4〕　各組の[1]～[3]の漢字の読みの二字目は、すべて同じで、「く」「つ」「ん」のいずれかです。

（例）相[1]―[1]知―知[2]―[2]解―解[3]―[3]止
〔答え〕1　関（かん）　2　見（けん）　3　禁（きん）

A　快[1]―[1]動―動議―議[2]―[2]意―意気―気[3]―[3]肉
B　保[1]―[1]心―心痛―痛[2]―[2]食―食[3]―[3]分
C　目[1]―[1]画―画集―集[2]―[2]着―着[3]―[3]地

平成３１年度　　灘中学校　入学試験問題

算数　（第１日　３枚のうちの１枚目）

次の問題の $\boxed{}$ にあてはまる数を３枚目の解答欄《らん》に書き入れなさい。

［注意］

・問題にかいてある図は必ずしも正しくはありません。

・円周率は 3.14 とします。

・角すいの体積は，（底面積）×（高さ）× $\frac{1}{3}$ で求められます。

(60分)

1　$\left(17-\boxed{}\times 77\right)\times\frac{2019}{5}=31+\frac{3}{5}-\frac{7}{13}$

2　$\frac{\boxed{ア}}{\boxed{イ}}\times\frac{\boxed{ウ}}{\boxed{エ}}=\frac{1}{\boxed{オ}}$ の $\boxed{ア}$ ～ $\boxed{オ}$ に 2，3，4，5，6，7，8，9 の数から１つずつ当てはめて式を完成させました。ただし，同じ数を 2 回以上使うことはできません。また，$\frac{\boxed{ア}}{\boxed{イ}}$ と $\frac{\boxed{ウ}}{\boxed{エ}}$ は仮分数でもよく，これ以上約分できない分数です。このとき，$\boxed{オ}$ に当てはまる数は $\boxed{}$ です。

3　A，B，C，D，E，F，G，H はどの 2 つも異なる 2 から 9 までの数字です。3 桁《けた》の整数 ABC と DEF を足すと 4 桁の整数 10GH になり，この足し算でくり上がりは百の位から千の位にだけあるとき，G と H の和は $\boxed{①}$ です。さらにこのとき，A が D より大きいとすると，ABC として考えられる 3 桁の整数は全部で $\boxed{②}$ 個あります。

4　$A=377\times377\times377\times377\times377\times377$ とするとき，A の約数の中で 14 で割ると 1 余るものは，1 を含《ふく》めて全部で $\boxed{①}$ 個あります。また，A の約数の中で 15 で割ると 1 余るものは，1 を含めて全部で $\boxed{②}$ 個あります。

5　ある品物を仕入れ，利益を見込《みこ》んで 1 個 400 円で売りました。しかし，いくつか売れ残ったため，売値を半額の 200 円にして残りをすべて売りました。その結果，売上高は 26000 円，利益は 11600 円になりました。品物 1 個の仕入れ値は 1 円未満の端数《はすう》はありません。また，400 円で売れた品物の個数は仕入れた品物の個数全体の 6 割より多く，7 割より少ないことがわかっています。このとき，品物 1 個の仕入れ値は $\boxed{①}$ 円で，400 円で売れた品物の個数は $\boxed{②}$ 個です。

6　89 の倍数と 113 の倍数を，

89，113，178，226，……

のように小さいものから順に並べるとき，50 番目の数は $\boxed{}$ です。

7　A 地点と B 地点を結ぶ道を，太郎君は A から B へ，次郎君は B から A へ向かって，それぞれ一定の速さで同時に走り始めました。2 人の間の距離《きょり》は 3 分間に 1km の割合で縮まりました。途《と》中，2 人は C 地点で出会うとすぐに折り返し，速さをそれぞれ時速 1km だけおとして，来た道を戻《もど》りました。2 人はそれぞれ A，B に到着《とうちゃく》してすぐに折り返し，C よりも 130m だけ A に近い D 地点で再び出会いました。D で出会った 2 人はまたすぐに折り返し，速さをさらにそれぞれ時速 1km だけおとして，来た道を戻りました。そして，2 人はそれぞれ A，B に到着してすぐに折り返し，D よりも $\boxed{}$ m だけ A に近い E 地点で出会いました。

平成３１年度　　灘中学校　入学試験問題

算数　（第１日　３枚のうちの２枚目）

8

右の図のような点Oを中心とする円について，斜線《しゃせん》部分の面積の和は［　　］cm^2です。

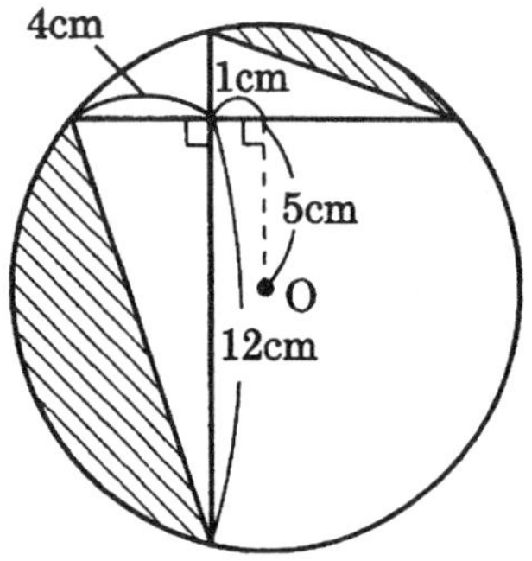

9

右の図で，三角形ABCは正三角形で，面積は1cm^2です。PBの長さがPAの長さの2倍のとき，三角形CAPの面積は［　　］cm^2です。

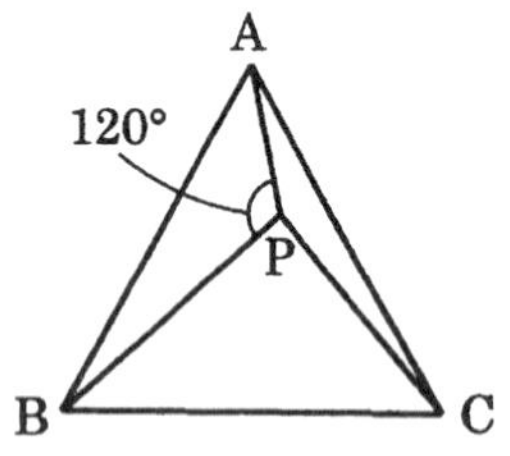

10

表面が青色で塗《ぬ》られている正四面体を，底面に平行な2枚の平面で高さを3等分するように切り，残りの3つの面についても同様に切ります。このとき，もとの正四面体はいくつかの正四面体といくつかの正八面体に分かれます。2つの面に色が塗られている立体は全部で［①　］個あり，3つの面に色が塗られている立体は全部で［②　］個あります。

ただし，正四面体とは，右の図1のような，どの面も合同な正三角形でできている三角すいです。また，正八面体とは，右の図2のような，どの面も合同な正三角形でできている，8つの面をもつ立体です。

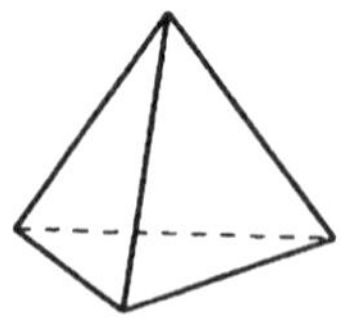

図1

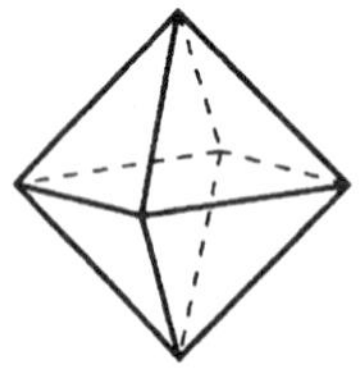

図2

11

展開図が右の図のような立体の体積は［　　］cm^3です。ただし，実線で囲まれた三角形は3つの大きな直角二等辺三角形，3つの正三角形，3つの小さな直角二等辺三角形です。また，3本の破線は小さな直角二等辺三角形の 2 本の辺の真ん中を結ぶ直線です。折り方は，直角の印以外の実線が山折りで破線が谷折りです。

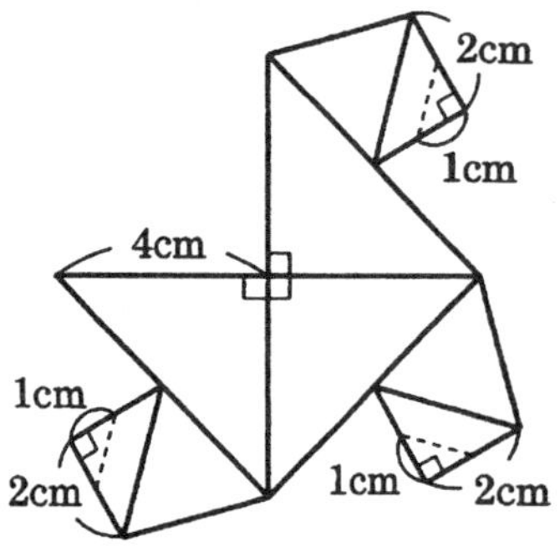

12

右の図の六角すいは，底面が正六角形でOはその中心です。頂点Pと点Qはどちらも Oの真上にあり，PQの長さはQOの長さの 2 倍です。3点A，B，Qを通る平面でこの六角すいを切り2つの立体に分けるとき，頂点Pを含む方の立体の体積はもとの六角すいの体積の［　　］倍です。

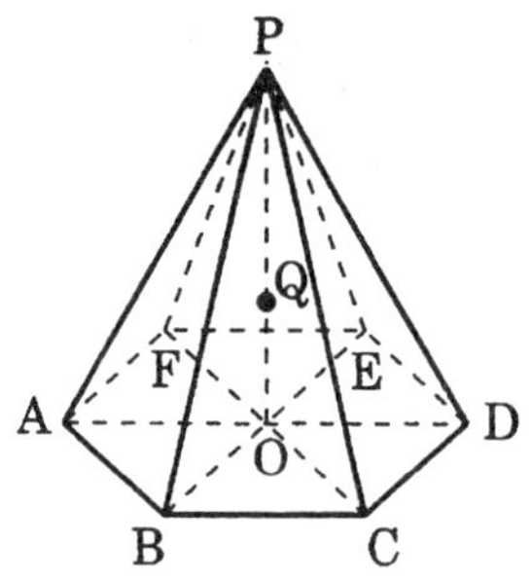

平成31年度灘中学校入学試験問題（理科）

※解答は4枚目の解答らんに記入すること。この用紙の裏面は計算に使ってよろしい。

（60分）

1 自然界では，食う側も食われる側も，ともに工夫して生きています。

問1 次の文章を参考に，食う食われるの関係を示した『　　』内の 1 ， 2 にあてはまる**すべての**動物を下の**ア**～**オ**からそれぞれ選び，記号で答えなさい。

本州中部地方の山地に見られるオコジョはイタチの仲間で，体長20cm～30cm程度の肉食動物であり，小型の動物をエサにします。自分より少しぐらい大きい獲物《えもの》であれば飛びついてたおし，エサとすることもあります。その一方で，オコジョは，自分よりも圧倒《とう》的に大型で狂暴《きょうぼう》な肉食動物には食べられてしまいます。

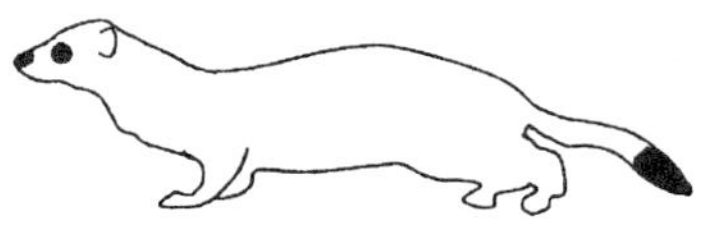

食う食われるの関係『植物 ⇒ 1 ⇒ オコジョ ⇒ 2 』

ア タカ　**イ** ネズミ　**ウ** キツネ　**エ** ウサギ　**オ** ウマ

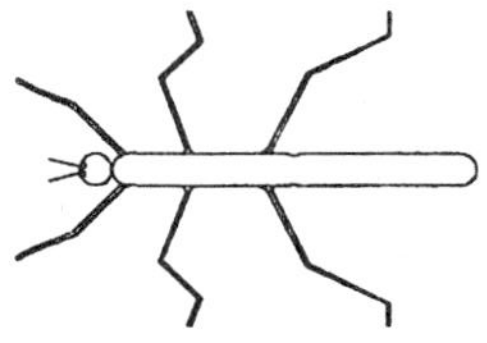

問2 次の文章中の①～③の｛　｝内にあてはまるものをそれぞれ選び，語句で答えなさい。

オコジョは，夏と冬とで体色（毛皮の色）を変えることができます。雪が積もる冬には，体色を①｛緑，白，茶，桃《もも》｝色に変え，土が露出《ろしゅつ》する夏には，体色を②｛緑，白，茶，桃｝色に変えます。これにより，周囲の景色・色調にとけこみ，見つかりにくくしています。また，ナナフシという昆虫《こんちゅう》は色だけでなく，木々の③｛枝，葉，実，根｝に似た形をしており，周囲と同化します。

問3 トラはどこにいるときに，一番姿をかくしやすいでしょうか。次の文章を参考に，下の**ア**～**オ**から1つ選び，記号で答えなさい。

トラは一見すると黄色と黒色のしま模様が目立ちますが，場所によっては，光の当たりぐあいや色調で周囲にまぎれこめます。そのためトラは，獲物に気づかれないうちに接近し，つかまえることができます。

ア 砂浜　**イ** 草原　**ウ** 雪の平原　**エ** 森林の中　**オ** 岩場

問4 動物の中には，群れを作って生活するものもいます。ある草食動物の群れについて，最適な群れの大きさを考えます。

草食動物がおそわれる危険性が高いのは，エサを食べたり水を飲んだりするときです。そのため，周囲を警かいしながら食べたり飲んだりする必要があります。群れで過ごせば，群れの中のだれかが警かいしている間に，ほかのメンバーは安心して食べられるので，メンバーが多いほど，1匹《びき》が警かいしなくてはならない時間は少なくてすみます。一方群れが大きくなると，共通のエサなどをめぐって，メンバーどうしでエサをうばい合う競争の時間が増えます。

以上のことから，「1匹が A に費やす時間と群れのメンバーの数」の関係を示したグラフA，および「1匹が B に費やす時間と群れのメンバーの数」の関係を示したグラフBは，それぞれ右図のようになります。

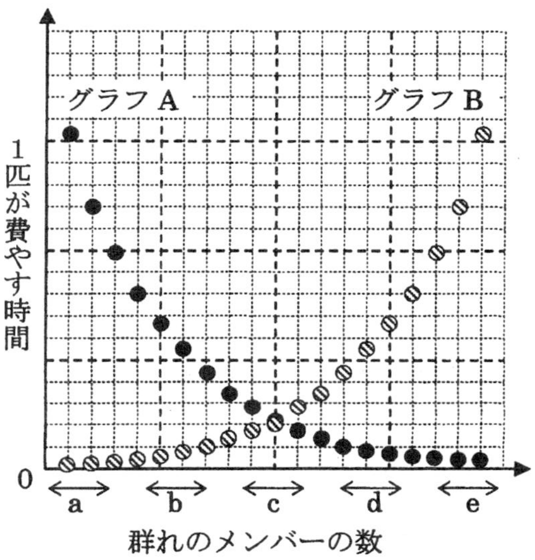

(1) A ， B にあてはまるものを，それぞれ問4の文中の語句をぬき出して3字以内で答えなさい。

(2) 右図のa～eのうち，費やす時間が最適となる群れのメンバーの数の範囲《はんい》はどれですか。記号で答えなさい。

2 金属製の大きなコップに水を入れ，実験用ガスコンロを用いて加熱し，水温の変化を調べました。下の表はその実験結果です。なお，ガスコンロは1台で，〔実験1〕と〔実験2〕では水の量だけを変えて，同じコップを用いて同じ時間加熱しました。加熱により水の量は変化せず，ガスコンロで加熱するときは常に同じ大きさの炎《ほのお》に保ちました。

	水の量(g)	加熱前の水温(℃)	加熱後の水温(℃)
〔実験1〕	200	20	43
〔実験2〕	400	20	33

この実験の間，金属製コップの温度はつねに水温と同じでした。

さらに，〔実験1〕と〔実験2〕を続けて行った後，ガスコンロのガスボンベの重さを測定すると，〔実験1〕の開始前に比べて2.0g軽くなっていました。このガスボンベの容器には，可燃性ガス「ブタン」と書いてありました。そこでブタンの燃焼をくわしく調べると，ブタン1.0gが燃焼すると，二酸化炭素3.0gと水1.6gだけが生じることがわかりました。

問1 実験後のガスボンベに手で触《ふ》れると，実験前とは温度が異なっていました。その理由を説明した次の文章中①～④の｛　｝内にあてはまるものをそれぞれ選び，記号で答えなさい。

ガスボンベ内では，ブタンはほとんどが①｛**ア** 固体，**イ** 液体，**ウ** 気体｝の状態で存在する。ガスコンロのつまみをひねると，ブタンは②｛**ア** 固体，**イ** 液体，**ウ** 気体｝となりボンベから出てくる。このとき，熱を③｛**ア** 発生，**イ** 吸収｝するので，ガスボンベの温度は実験前に比べて④｛**ア** 高く，**イ** 低く｝なる。

問2 実験に用いた金属製コップを温めるのは，何gの水を温めるのに相当しますか。

問3 〔実験1〕で用いた金属製コップに水600gを入れ，〔実験1〕と同じ時間だけ実験用ガスコンロで加熱すると，水温は何℃になりますか。小数第一位を四捨五入して整数で答えなさい。なお，加熱前の金属製コップと水の温度はいずれも20℃でした。

問4 〔実験1〕と〔実験2〕を続けて行ったとき，ブタンの燃焼につかわれた空気中の酸素は合計で何gですか。

問5 〔実験1〕で用いた金属製コップに水180gを入れ実験用ガスコンロで加熱すると，ブタンの燃焼により二酸化炭素が1.2g生じました。このとき，水温は何℃になりますか。小数第一位を四捨五入して整数で答えなさい。なお，加熱前の金属製コップと水の温度はいずれも20℃でした。

1枚目おわり

※解答は4枚目の解答らんに記入すること。この用紙の裏面は計算に使ってよろしい。

3　普通の写真は平面的ですが，立体的に見える「立体写真」というものがあります。2台のカメラを左右に並べ，同時に撮影《さつえい》すると，立体写真を作ることができます。左のカメラの写真を左目で，右のカメラの写真を右目で見ると，近くにあった物は近くに，遠くにあった物は遠くにあるように見えます。これを「立体視する」と言います。（図１，図２）

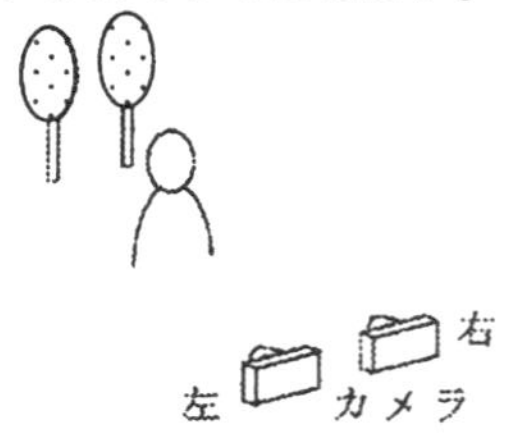

図１

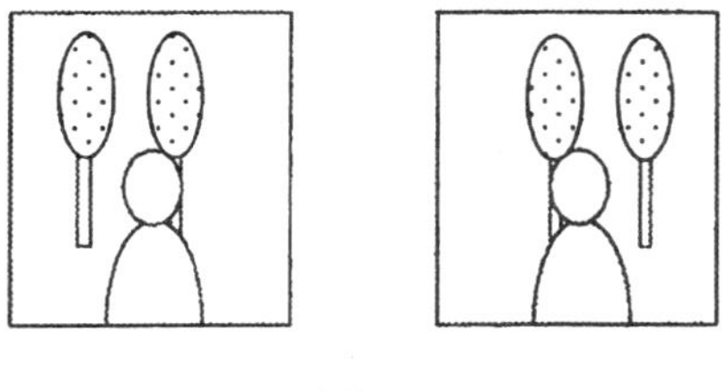

図２

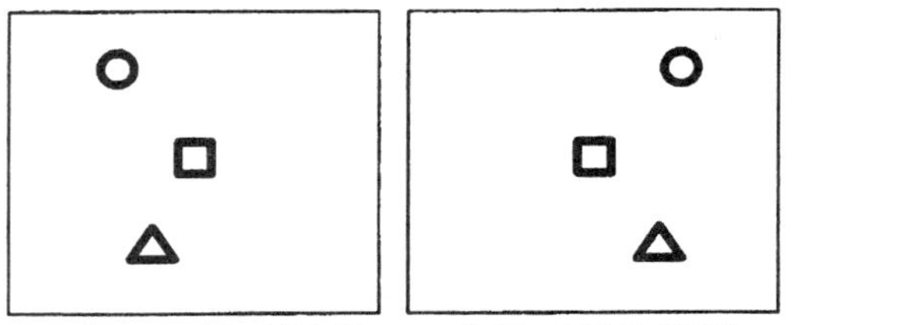

左目で見る写真　右目で見る写真

図３

問１　上記の方法で作った立体写真が図３のようになりました。3つの図形を近くにあるものから順に並べたものを下のア～カから選び，記号で答えなさい。

ア ○□△　イ ○△□　ウ □○△　エ □△○　オ △○□　カ △□○

問２　地球儀の立体写真を作りました。しかし2枚の写真を置くときに左右をまちがえて置いてしまいました。それを立体視するとどのような形が見えるでしょう。下のア～エから選び，記号で答えなさい。

ア　真ん中がふくらんだ形　　イ　真ん中がへこんだ形

ウ　左右では真ん中がへこみ，上下では真ん中がふくらんだ形

エ　左右では真ん中がふくらみ，上下では真ん中がへこんだ形

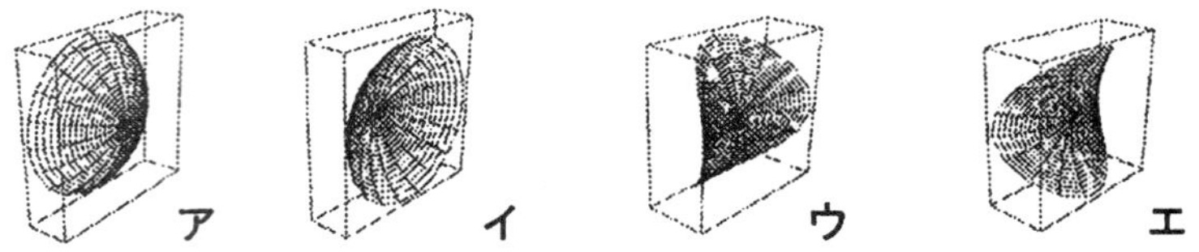

問３　写す対象が動かない（変化しない）ものであれば，1台のカメラでも立体写真が作れます。例えば図１の左の位置で1コマ目を撮影し，少し右に移動してから2コマ目を撮影します。1コマ目の写真を左目で，2コマ目の写真を右目で見ると立体視できます。飛行機から真下方向を撮影する航空写真は，この方法で地形の立体写真を作ります。（図４）

この立体写真では，道路を走る自動車はおかしな見え方をします。いま飛行機の飛行方向と同じ方向に，飛行機よりもおそい速度で，自動車が水平な道路を走っているとします。でき上がった立体写真では，この自動車はどのように見えるでしょう。下のア～ウから選び，記号で答えなさい。

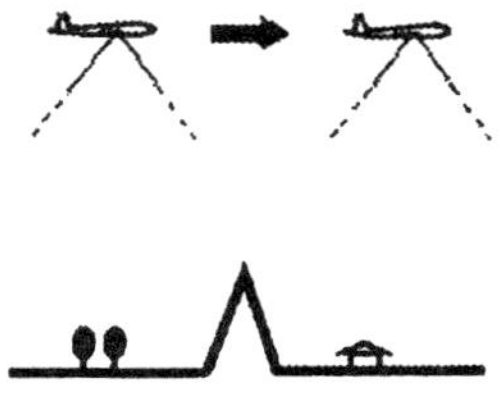

図４

ア　空中にうかんでいるように見える　　イ　地面より下にあるように見える　　ウ　消える

問４　走る電車の窓から真横の景色を続けて2回撮影しても立体写真が作れます。1コマ目の写真を左目で，2コマ目の写真を右目で見て正しい立体写真に見える（遠くの物は遠くに，近くの物は近くに見える）のは，左右どちら側の窓から撮影したときでしょう。下のア～ウから選び，記号で答えなさい。

ア　電車の進行方向に向かって左側　　イ　電車の進行方向に向かって右側　　ウ　どちら側でも正しく見える

問５　夜に月を見ながら歩いていると，月がついてくるように見えます。このように見える理由の説明として最も適当なものを下のア～エから選び，記号で答えなさい。

ア　月はとても遠くにあり，人が歩いて移動してもほとんど同じ方向に同じ大きさで見えているから。

イ　月が南の空にあるときは東から西へ動くので，西へ向かって歩いていると月がついてくることになるから。

ウ　月は球形をしているが，非常に遠くにあるので，左目で見た姿と右目で見た姿が同じだから。

エ　夕方に見える月は，毎日その形が大きくなっていくように見えるから。

4　水に溶《と》ける物質A，B，Cを用意しました。それぞれ水100gに溶ける最大量(g)と温度との関係は次の表のようになっています。以下の問いに答えなさい。ただし割り切れない数値の場合は，小数第二位を四捨五入して，小数第一位まで答えなさい。

温度(℃)	0	10	20	30	40	60	80
水 100g に溶ける A の最大量(g)	29.0	31.0	34.0	37.0	41.0	46.0	51.0
水 100g に溶ける B の最大量(g)	13.5	22.0	31.5	45.5	64.0	109.0	169.0
水 100g に溶ける C の最大量(g)	37.6	37.7	37.8	38.0	38.5	39.0	40.0

問１　60℃のAのほう和水溶《よう》液の濃《のう》度は何%になりますか。ただし，Aのほう和水溶液とは，これ以上Aが溶けない状態の水溶液のことをいいます。

問２　60℃のAのほう和水溶液が100gあります。この水溶液の温度を上げて水を蒸発させました。その後，20℃まで冷やすとAの結晶《けっしょう》が17g出てきました。何gの水を蒸発させましたか。

問３　60℃の水200gに，57gのA，57gのB，57gのCを一《いっ》緒に溶かしました。その水溶液から，A，B，Cの結晶の一部をそれぞれ別々に取り出す方法を考えました。次の文章中の（　）にあてはまる物質を記号A，B，Cで答えなさい。また，［　］にあてはまる数値を答えなさい。ただし，物質A，B，Cは一緒に溶けていても，それぞれが溶ける量は他の物質の影響《えいきょう》を受けないものとします。

まず，この水溶液を10℃まで冷やすと，（①）の結晶だけが［②］g出てきたので，これを取り出しました。

次にそのまま温度を上げて水を［③］g蒸発させた後，40℃まで冷やすと（④）の結晶だけが3.1g出てきたので，これを取り出しました。

最後に，水を［⑤］g加えて30℃まで冷やすと，（⑥）の結晶だけが1.5g出てきたので，これを取り出しました。

このようにして，A，B，Cの結晶の一部をそれぞれ別々に取り出すことができました。

2枚目おわり

※解答は4枚目の解答らんに記入すること。この用紙の裏面は計算に使ってよろしい。

5　非常に数の多いものの総数を調べる方法について，次の[1]～[3]の場合を考えます。

[1] 限られた場所にはえている，ある植物の種子《しゅし》の総数を調べる場合。
- 1本の植物あたりの花の数を調べ，Aとする。
- 1個の花あたりの種子の数を調べ，Bとする。
- その場所に生えている植物の本数をCとする。

[2] 限られた場所にはえている植物や，その場所に住んでいるほとんど動かない動物の総数を調べる場合。
- その場所の面積を調べ，Aとする。
- その場所の内側に小さな区画を設け，その面積を調べ，Bとする。
- その区画に存在する個体の数を調べ，Cとする。

[3] 限られた場所に住んでいる，動き回る動物の総数を調べる場合。
- その動物の一部をつかまえて数を調べ，Aとする。それらに印をつけて元の場所に放す。
- その後同じように，その種類の動物をもう一度つかまえ，数を調べ，Bとする。
- もう一度つかまえた動物の中で，印のついている動物の数を調べ，Cとする。

問1　[1]～[3]について，それぞれA，B，Cを用いて総数を求める計算式を下の**ア**～**キ**からそれぞれ選び，記号で答えなさい。

ア　A×B×C　　**イ**　(A×B)÷C　　**ウ**　(B×C)÷A　　**エ**　(A×C)÷B
オ　A÷(B×C)　　**カ**　B÷(A×C)　　**キ**　C÷(A×B)

問2　[1]～[3]のそれぞれの場合に，**あてはまらない生物**を**ア**～**オ**から1つずつ選び，記号で答えなさい。

[1]　**ア**　ホウセンカ　**イ**　チューリップ　**ウ**　アサガオ　**エ**　アブラナ　**オ**　エンドウ
[2]　**ア**　マツ　**イ**　スギ　**ウ**　アサリ　**エ**　ヒトデ　**オ**　イソギンチャク
[3]　**ア**　ノネズミ　**イ**　フナ　**ウ**　イナゴ　**エ**　ダンゴムシ　**オ**　テントウムシの幼虫

問3　N君はお母さんがつくった「焼きたらこおにぎり」をみつけて，ひとふさの焼きたらこの卵の総数が知りたくなりました。幸いなことに「台所用のはかり」と，お母さんがつかわなかったひとふさの焼きたらこ，お弁当につかわなかった「焼きたらこおにぎり」1個が台所にありました。卵の総数を調べるのは，[1]～[3]のどの場合に近いですか。1つ選び，番号で答えなさい。

問4　[3]の下線部「もう一度つかまえ」る際の条件として**適切でないもの**を下の**ア**～**ケ**から**2つ**選び，記号で答えなさい。

ア　二度目は一年後の同じ日にする。　**イ**　二度目までにある動物が次世代を作らない。　**ウ**　二度目までにある動物が寿命《じゅみょう》を迎《むか》えない。
エ　二度目は，一度目の動物がじゅうぶん散らばるまで時間を待つ。　**オ**　二度目は，一度目と同じような天候の日を選ぶ。
カ　つかまえる時間帯を固定する。　**キ**　つかまえる場所を同じにする。　**ク**　その場所に外から同じ種類の動物が入ってくる。
ケ　その場所から外へ同じ種類の動物が出て行かない。

6　図１のような細長い箱があります。中は仕切りで等間隔《かんかく》の9個の部屋に区切られており，各部屋にすきまなく入る重さ30gの一様なおもりを計9個まで入れられます。箱にはふたがあります。フックが各部屋の真ん中の位置につけられており，ふたを閉めてフックでつるすことができます。箱は体積が120cm³で，重さは無視できるものとします。またフックの体積も無視できるものとします。

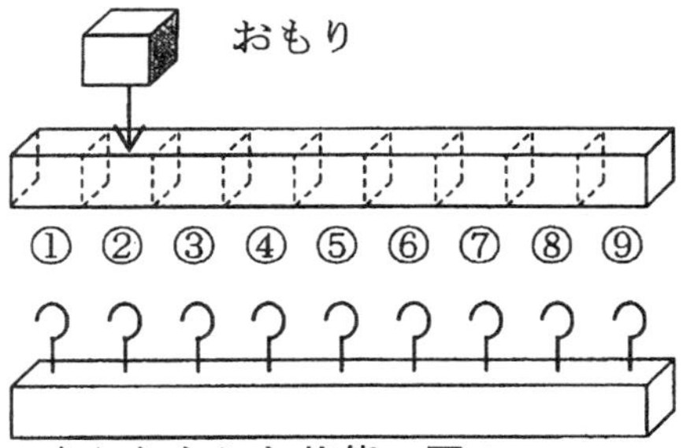

図1

まず，箱におもりが9個入った状態で，図２のように水の中に箱を沈《しず》め，⑤の部屋のフックをばねはかりでつるしたところ，箱は傾《かたむ》かずに水平に保つことができました。このとき，ばねはかりは150gをさしました。

次に①～⑧の部屋におもりを1個ずつ入れて，水の中に箱を沈めました。図３のように，④の部屋のフックをばねはかりでつるしたところ，箱は傾かずに水平に保つことができました。このとき，ばねはかりは120gをさしました。ただし，おもりの入っていない部屋には，水は入らないものとします(以下同じ)。

問1　①～⑨のうちどこか6つの部屋におもりを1つずつ入れて，水の中に箱を沈め，図４のように②の部屋のフックをばねはかりでつるしたところ，箱は傾かずに水平に保つことができました。

(1)　このときのばねはかりの読みはいくらですか。

(2)　このときのおもりを入れた6つの部屋の組み合わせは，いくつか考えられます。そのうちの**2つ**を解答らんに書きなさい。ただし，おもりを入れた部屋に○を，入れなかった部屋に×を書くこと。

問2　問１の状態から，ばねはかりでつるすフックを他の部屋のフックにかえ，問１と同じ力で引っ張ったところ，箱は①の側が下がり傾きはじめました。そこでばねはかりで箱を引き上げていき，図５のように箱の体積のうち4分の1を水面から上に出した状態にしたところ，箱は傾かずに水平に保つことができました。

(1)　このときのばねはかりの読みはいくらですか。

(2)　このとき，ばねはかりでつるしたのはどの部屋のフックですか。①～⑨から選び，番号で答えなさい。

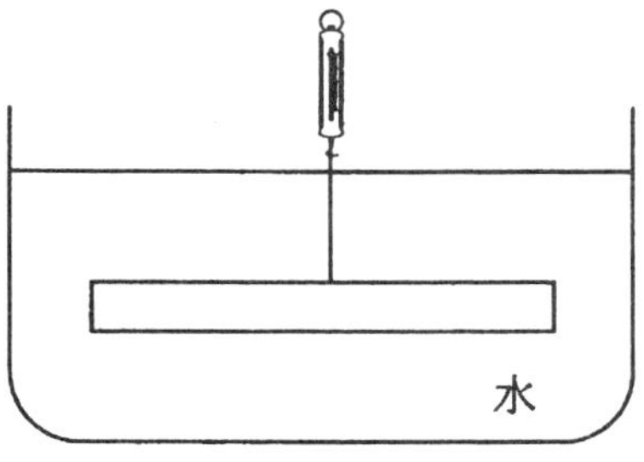

図２

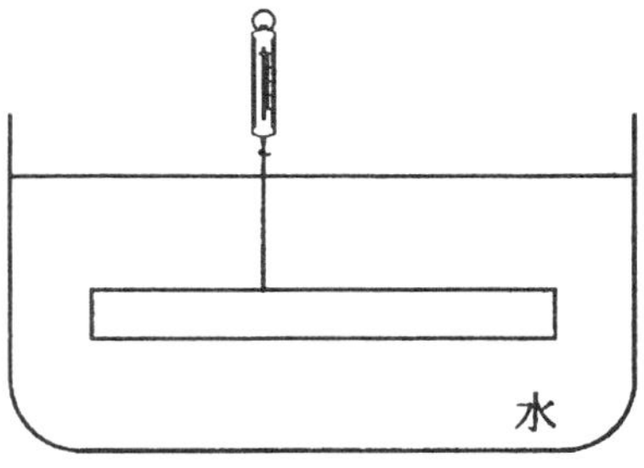

図３

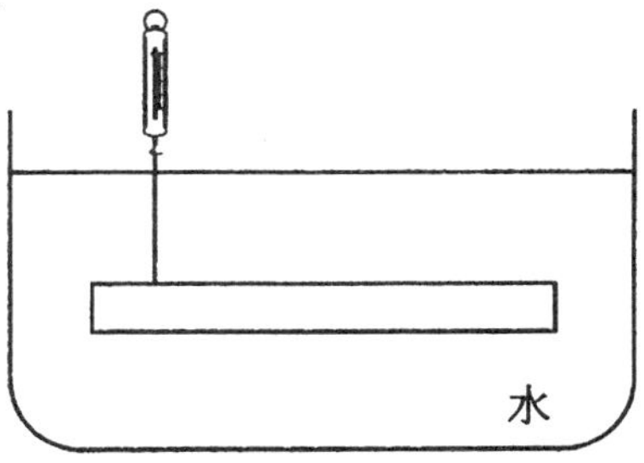

図４

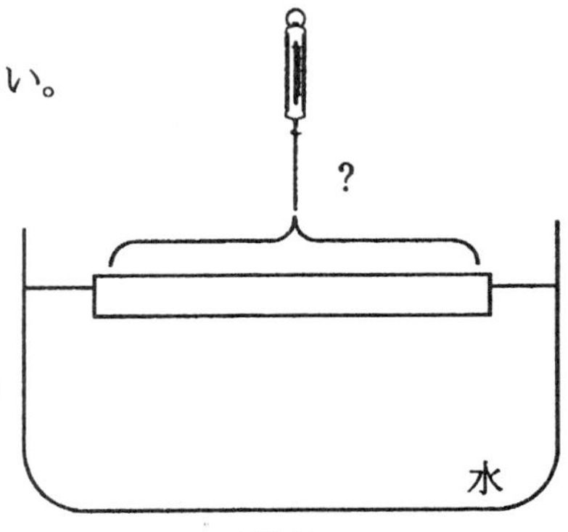

図５

3枚目おわり

受験番号

平成三十一年度　灘中学校入学試験問題　国語　一日目　三枚のうちの三枚目

※80点満点
（配点非公表）

◎解答に字数制限のある場合、句読点などの記号も字数に数えます。

一

問一　〜

問二　書こうとするものを、　方法

問三　1　2　3　4　5

問四
I　1　2　3　4
II　1　2　3　4

問五
1　自　自
2　自　自
3　自　自
4　自　自

問六

二
1　↓　↓　↓
2　↓　↓　↓
3　↓　↓　↓

三
1
2

四
1
2
3
4
5

五
1　あ
2　あ
3　あ
4　あ

六
A　1　2　3
B　1　2　3
C　1　2　3

受験番号

平成３１年度　灘中学校　入学試験問題　※100点満点（配点非公表）

算数　（第１日　３枚のうちの３枚目）

（計算用紙）

解　答　欄

（単位は記入しなくてよろしい）

1	2	3	
		①	②

4		5	
①	②	①	②

6	7	8	9

10		11	12
①	②		

受験番号

平成31年度灘中学校入学試験問題（理科）

※左に受験番号を必ず記入すること。

解答らん

※100点満点
(配点非公表)

1

問1	1	2	問2	①	②	③	問3
問4	(1)	A	B	(2)			

2

問1	①	②	③	④	問2	g	問3	℃
問4	g	問5	℃					

3

問1		問2		問3		問4		問5	

4

問1	%	問2	g			
問3	①	② g	③ g	④	⑤ g	⑥

5

問1	[1]	[2]	[3]	問2	[1]	[2]	[3]	問3		問4

6

問1	(1)	g
	(2)	① ② ③ ④ ⑤ ⑥ ⑦ ⑧ ⑨ / ① ② ③ ④ ⑤ ⑥ ⑦ ⑧ ⑨
問2	(1)	g
	(2)	

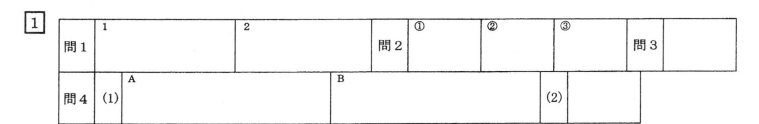

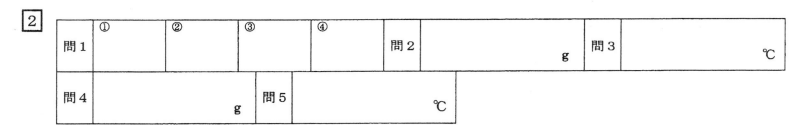

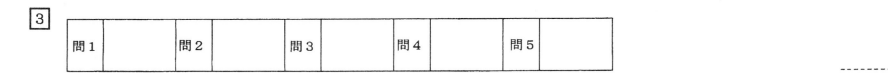

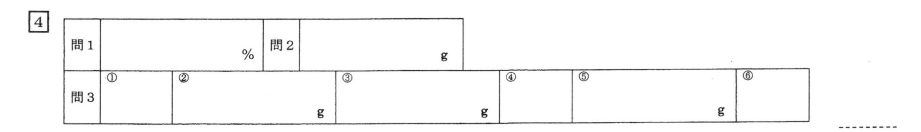

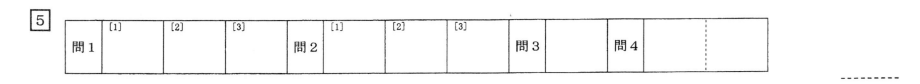

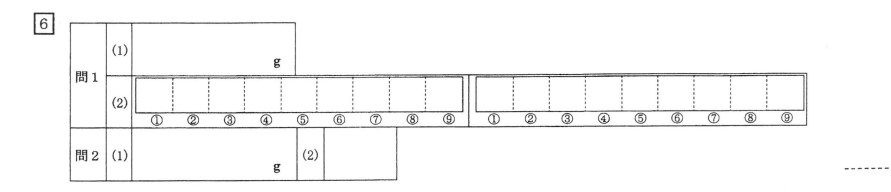

一　次の文章は、二〇一一年に発生した東日本大震災《ひがしにほんだいしんさい》による福島第一原子力発電所事故以後、電気の利用を極力おさえた生活を始めた元新聞記者が書いたものです。よく読んで、後の問いに答えなさい。

節電のため冷蔵庫のプラグを抜《ぬ》いた体験を書いたところ、テレビに出ませんかというお話を頂いた。大好きな高野山《こうやさん》からの中継《ちゅうけい》と聞き、釣《つ》られてノコノコでかけた私が[1]浅はかであった。

想像をはるかに超《こ》える反響《はんきょう》。中でも予想外の反発にたじろぐ。「お前は電車に乗らないのか。」「電気なしでは工場も動かぬ。」「高齢者《こうれいしゃ》にも節電を強《し》いるのか。」

週刊誌からも取材がきた。尋問《じんもん》のごとく数時間で答えよと迫《せま》る某誌《ぼうし》の質問状にも全力で答えたつもりだが、バカ、偉《えら》そう、[2]さんざんな書かれようである。

いやはやテレビに出る人を[A]ソンケイします。皆《みな》さん心が強い！　私一回で折れました。

それにしても、節電生活を伝えることが批判の的となることに驚《おどろ》く。血が上った頭を冷やし、そのわけを考えた。

もしや「恐《おそ》れ」ではないか。電気の否定は豊かさの否定につながる。貧しさの[B]キョウヨウ。そう受け取られたのではないか。

改めて、我《わ》が家《や》で使わなくなった家電製品を振《ふ》り返《かえ》ってみた。炊飯器《すいはんき》、電子レンジ、冷蔵庫、ドライヤー、掃除機《そうじき》、洗濯機《せんたくき》……社会人になり一人暮らしを始めたとき「これがなくては暮らせない」と、引《ひ》っ越《こ》し当日に買いそろえたものばかりだ。

私とて、一つとして手放す気はなかった。それがなぜ[3]こんな地点まで来たのか。

[C]テンキは掃除機との別離《べつり》だったと思う。大震災前のことだが、エコ生活を始めた友人が「掃除機を捨てた。ほうきで十分。」と言う。ウソでしょと思ったがまあ試《ため》してみることに。すると何ということか。私、まさかの掃除大好き人間になったのである。

元々掃除は苦手。母に「きれいにしなさい。」と何度叱《しか》られても面倒《めんどう》で、*汚部屋《おへや》から卒業できぬまま中年になった。それが今や、美しい江戸《えど》箒《ほうき》でシャッシャと床《ゆか》をはくのが毎朝の心落ち着く習慣である。軽い。すぐ出せる。音がきれい。で、部屋もきれい。すばらしい。私は掃除が嫌《きら》いだったのではなく、重くコードがからまり騒音《そうおん》をたてる掃除機が苦手だったのだと気づく。

「手放す」ことは、貧しく不便なのか。これでわからなくなった。

電子レンジは蒸《む》し器《き》でＯＫ。ご飯も鍋《なべ》でなんとか炊《た》ける。*アフロは自然乾燥《かんそう》。洗濯も風呂《ふろ》で日々手洗いすればよい。むしろ湯を使うので驚きの白さだ。

実は私、「家電の子」である。父は家電会社の[D]エイギョウマン。狭《せま》い我が家にも最新式家電はいち早く[E]ドウニュウされ、友達がカラーテレビを見に来て誇《ほこ》らしかった。電子レンジの[F]テンジ会では熱いおしぼりに感動した。[4]手に入れる幸せをかみしめて育った。

だが手放したあとにも[5]幸せがあった。ご飯をふっくら炊く手順、[G]コウカ的なつけ置き洗いの方法を探《さく》る日々は、自分の中に眠《ねむ》っていた力が生き生きと動き出す刺激《しげき》に満ちている。これって、行《い》き詰《づ》まりがちな人生を救う*イノベーションではないか。

考えてみれば、便利なものを手に入れるとは、自ら考え工夫《くふう》する機会を失うことでもある。得ることも失うことも結局は同じなのだ。なのに「あったら便利」に執着《しゅうちゃく》し、「ないと不安」とおびえていた。

生きるとは、これほど自由で身軽なものか。それが今の正直な思いである。

ところで、冷蔵庫のない暮らしは今も続行中。買った物はその日に食べる覚悟《かくご》さえ決めれば、案外どうということはない。

問題は、たくさん作らないとおいしくない煮物《にもの》。[H]コウブツなのでこれは痛い。昔の人はどうしていたのかと、時代劇を見てピンと来た。お裾《すそ》分《わ》けだ。子どもの頃《ころ》、おかずを作り過ぎたと隣《となり》の人が総菜を持ってきた。あれは冷蔵庫がないころの名残《なごり》であろう。[6]プラグで接続されていなかった時代、人はつながりとやりくりで支え合ったのだ。

確かに、節電生活は世の情けなしには成り立たぬ。スーパーは我が家のかわりに冷蔵庫で食材を保存してくれている。暑さ寒さが厳しい日はカフェへ。銭湯へ行くのも習慣になった。近所全体が私の家なのだ。気づけばカフェ店主と世間話を楽しみ、銭湯では[I]ジョウレンのおばあちゃんに「若い人は肌《はだ》がきれいねえ。」と言われて喜んでいる。

世の中は案外親切に満ちている。[7]プラグを抜いて初めて気づいたことである。

（稲垣《いながき》えみ子《こ》『アフロ記者が記者として書いてきたこと。退職したからこそ書けたこと。』朝日新聞出版による）

＊注　汚部屋――汚い部屋のことをいうくだけた表現。
アフロ――アフロヘアー。パーマで細かく縮らせて丸くふくらませた髪型《かみがた》。
イノベーション――技術革新。

問一　――線部A～Iのカタカナを漢字に改めなさい。

問二　――線部1「浅はかであった」とありますが、どのような点をそう思ったのですか、答えなさい。

問三　――線部2とありますが、「さんざんな書かれよう」であった理由を筆者はどのように考えていますか。解答らんに合わせて答えなさい。

問四　――線部3「こんな地点まで来た」とはどういうことですか。分かりやすく説明しなさい。

問五　――線部4「手に入れる幸せ」とは、どのような「幸せ」ですか、答えなさい。

問六　――線部5「幸せ」とは、どのような「幸せ」ですか、答えなさい。

問七　――線部6「プラグで接続されていなかった時代」とはどういう時代ですか、答えなさい。

問八　――線部7「プラグを抜いて初めて気づいたこと」とはどのようなことですか。最も適当なものを次のア～オから選び、記号で答えなさい。

ア　自分は厳しく批判されたが、自分を批判する人たちも、地域の人のやさしさに触れたならその考えも変わるかもしれないということ。
イ　自分は自分の責任で生きていかなくてはならないが、困ったときには、周囲の人たちが手助けしてくれる場合もあるのだということ。
ウ　自分は自分の力で生きていく必要があるので、どのような問題がおこっても、他人の力を借りることがあってはならないということ。
エ　自分は自分一人だけで生きていかなくてはならないものではなく、地域の中で、地域の人々に助けられて生きているのだということ。
オ　自分は人に批判される生活を送っているが、地域の人たちの中には批判する人だけでなく、評価してくれる人もいるのだということ。

二　次の文章を読んで、後の問いに答えなさい。

先日、講演の仕事で愛媛県《えひめけん》の八幡浜市《やわたはまし》を訪《おとず》れた。佐田岬《さだみさき》半島の付け根にあるこの街は、四国随一《ずいいち》の魚市場を持ち、また日本有数のみかんの産地で、温州《うんしゅう》みかんの銘柄《めいがら》産地としても有名である。

講演会の後で行なわれた地元の方々との茶話会《さわかい》では、参加者にさまざまな種類のみかんが振《ふ》る舞《ま》われ、利《き》き酒会《ざけかい》ならぬ、[1]さながら「利きみかん会」の場になった。

みかんと言えば私など、ただ「みかん」という認識《にんしき》しかなかったが、甘夏《あまなつ》、ぽんかん、いよかん、でこぽんをはじめ、温州みかん、きよみ、はるみ、せとか、はやか……と、まあ今や多種多様。大きさや色合いは様々だが、共通しているのは、どのみかんもとにかく驚《おどろ》くほど甘いということだった。甘みの追求こそが品種改良なのだと思い知らされた。

それから何日も経《た》たぬうち、たまたまテレビで苺《いちご》スプーンを話題にした番組を見た。そういえば[2]最近は、苺スプーンをほとんど目にしなくなったと気づく。ひと昔前は、苺にはミルクや砂糖、あるいは練乳をかけ、潰《つぶ》して食べたものだ。酸《す》っぱい苺が潰されて柔《やわ》らかく程《ほど》よい甘さになって口のなかに広がった感触《かんしょく》を懐《なつ》かしく思い出す。

苺スプーンは文字通り、苺を潰すために便利なようにスプーンの丸い部分を平らに工夫《くふう》したアイデア商品。金属洋食器の生産で圧倒的《あっとうてき》なシェアを誇《ほこ》る新潟県《にいがたけん》、燕市《つばめし》の金属会社の方が今から五十年前に考案したと番組では紹介《しょうかい》していた。しかし、その苺スプーンの生産量もかつての四万本から七百本にまで減ってしまったという。その理由は驚くほど明快だ。苺が甘くなったから……なのだ。

今や苺は丸ごと食べることが当たり前、主流になった。かつてのように潰して食べる味わい方はすっかり影《かげ》を潜《ひそ》めてしまった。ミルクや砂糖をかけて食べる酸っぱい苺はどこかへ行ってしまったのだ。

そういえば、と思い当たる。[3]私の父は昔から焼きりんごを作るのが得意で、時折自分でりんごを買ってきては作り、出来立てを自慢《じまん》げに食卓《しょくたく》に並べ、家族に振る舞っていた。しかし、最近はあまり焼きりんごにお目にかからない。

聞いてみたら、父は言った。

「近頃《ちかごろ》のりんごは甘すぎて焼きりんごの旨《うま》みが出ない。」

確かに最近は、国光《こっこう》、紅玉《こうぎょく》などの酸っぱいりんごはどの店先にもほとんど置かれていない。これは聞いた話だが、日本の高級りんごをヨーロッパで売り出そうとしたが、甘すぎて支持を得られなかったという。

まあとにかく、みかん、苺、りんご、と最近の果物の甘みについての話題に立て続けに接して、今の日本が抱《かか》える問題点の某《なにがし》かのキーワードにぶつかったような気がした。確かに最近は、[4]口先がひん曲がるような味覚の果物には滅多《めった》にお目にかかれない。みかんも、苺も、りんごも、私たちは甘いのが美味《おい》しいという感覚に慣れ切ってしまったようだ。

果物だけではない。私たちの日常生活や身の回りにも「甘い」味覚に通じるようなものが満ちあふれている。ふわふわ、もちもち、ジューシー、とろける……等々。人気を博すのはどれも、「甘く」「やさしい」「柔らかい」ものばかりだ。

明治生まれの祖母に幼いころ教えられたことを思い出す。さつまいもは別名「[A]里」と言うのだと言われた。それは、「栗《くり》より甘い」からだと。「栗（[B]里）より（[C]里）甘い」ということで、[B]と[C]を足した「[A]里」になったのだ……祖母はそう言った。

栗の甘さ、あけびやグミの甘さ、ツツジやサルビアの花の芯《しん》を吸って、ささやかな蜜《みつ》を口中で味わったこと。かすかな甘みを目を閉じて味わうような刹那《せつな》を、私たち日本人は忘れてしまった。酸味のなかのほんのりとした甘味を味わう、あるいは、甘みを際《きわ》だたせるために、西瓜《すいか》に塩を振り、お汁粉《しるこ》に塩を忍《しの》ばせる……というような、甘みを引き立たせるために対極の味覚が不可欠という感覚が、なくなってしまったのかもしれない。

いや、それだけではない。味覚や触覚《しょっかく》だけでなく、私たちは、聞こえの良い、夢のような話に過度に傾《かたむ》いてやしないだろうか。甘いものだけを受け入れ、それこそが幸せで、万人《ばんにん》の幸福だという幻想《げんそう》の中にいると、酸っぱいもの、ざらついたもの、辛《から》いものは、ことごとく遠ざけたくなる。しかし、当然のことながら、甘いものだけの中にいたら、その甘さも感じられなくなってしまうのだ。対極のものがあってこそ、甘さの価値が際だつ。辛さ、苦さ、酸っぱさ、ごわごわ、冷たさ……。そういうものを遠ざけ、排除《はいじょ》する不幸は、両者によってもたらされる調和とバランスという、程よい味わいを手放すことなのだと思う。

どうして日本は、こんなにも[5]平衡《へいこう》感覚を失ってしまったのか。その平衡感覚こそ、日本の至宝だったのに……。

（神津《こうづ》カンナ『冷蔵庫が壊《こわ》れた日』による）

問一　――線部1「さながら『利きみかん会』の場になった」とありますが、どのような会になったということですか、答えなさい。

問二　――線部2「最近は、苺スプーンをほとんど目にしなくなった」とありますが、これはなぜですか。分かりやすく答えなさい。

問三　――線部3「私の父は～買ってきては作り」とありますが、父が買ってくるりんごはどのようなものですか、答えなさい。

問四　――線部4「口先がひん曲がるような味覚の果物」とはどのような味の果物ですか、答えなさい。

問五　本文中の［A］～［C］に入る数字をそれぞれ漢字で答えなさい。

問六　――線部5とありますが、「味覚」に関して、「平衡感覚を失ってしまった」とはどのようなことを言っていますか、答えなさい。

問七　〰〰線部「今の日本が抱える問題点」とありますが、筆者はどのような問題点があると考えていますか、答えなさい。

三　**次の詩を読んで、下の問いに答えなさい。**

パッチワークと刺繍《ししゅう》　岡島弘子《おかじまひろこ》

1地面と親しい背丈《せたけ》だったころ
しゃがんで　みつめると
大地の中の
ちいさな芽がわたしをみつめかえした

芽はどれもこれも　にかよっていて
かわいらしかったが
一週間むきあっていると
すぐに2正体がばれた
これはハコベラ
あれはアカザ

わたしももうすぐ
正体をあらわす
3動物の仔《こ》でも
ニンゲンのかたちは　かくしようもなく

地面は
ぐんぐん萌《も》えて
みどりの草でいっぱいになった
あるきつくせないほど　展《ひろ》がった

草にねて
みあげると　昼のさき
太陽のかげには　たくさんの星があるようだった
みわたしきれないほどの
4*パッチワークをちりばめた大地
5刺繍でいっぱいの空

そのあいだで　ゆっくり流れる　流される
ちっぽけな　わたし

＊注　パッチワーク――小さな布をぬい合わせて、大きな布を作る手芸。

問一　――線部1「地面と親しい背丈だった」とはどのようなことですか、答えなさい。

問二　――線部2「正体がばれた」とはどういうことですか、答えなさい。

問三　――線部3とありますが、ここで「わたし」を「動物の仔」と表現したのはなぜですか。理由を答えなさい。

問四　――線部4「パッチワークをちりばめた大地」とは「大地」のどのような様子を表していますか、答えなさい。

問五　――線部5とありますが、「空」が「刺繍でいっぱい」に思えたのはなぜですか。理由を答えなさい。

問六　この詩について説明したものとして、最も適当なものをア～オから一つ選び、記号で答えなさい。

ア　風にふかれて雲の上で散歩することを、頭の中で思いえがいている。
イ　草原にねころんで夜空をながめながら、未来の自分に期待している。
ウ　植物の名前を当てるゲームをしながら、自然への関心を高めている。
エ　春の大地から芽生えたあらたな生命と、わが子の成長を願っている。
オ　みずみずしい目で自然を見つめていた、昔の自分を思い出している。

受験番号

平成３１年度　　灘中学校　入学試験問題　※100点満点（配点非公表）

算数　（第２日　３枚のうちの１枚目）

［解答上の注意］

・2，3(1)，(2)，(3)(ア)，4(1)，5(1)は答えのみ記入しなさい。それ以外の問いは，答え以外に文章や式，図なども書きなさい。

・角すいの体積は，（底面積）×（高さ）× $\frac{1}{3}$ で求められます。

(60分)

1

4桁《けた》の整数Aは百の位の数字が0です。Aの十の位の数字と一の位の数字を入れ替《か》えて4桁の整数Bを作ります。4018と4081のようにAもBも7の倍数となるようなAは全部で何個ありますか。次のヒントを参考にして答えなさい。ただし，4018と4081の2個も含《ふく》め，AとBが等しい場合も含めます。

ヒント　$4081-4018=63=9\times7=9\times(8-1)$

$4082-4028=54=9\times6=9\times(8-2)$

$1000=7\times143-1$

答＿＿＿＿＿＿個

2

1から52までの数が書かれたカードが，左から数が小さい順に次のように並んでいます。

1　2　3　4　…　51　52

これらのカードを次の手順で並べ替えます。

2の倍数が書かれたカードを左にあるものから順にすべて取り出し，取り出した順に左から並べます。その並びの右側に，取り出していないカードを順番を変えずにすべて並べます。このとき次の(A)のような並びになりました。

(A)　2　4　6　…　52　1　3　5　…　51

(A)の状態のカードについて，３の倍数が書かれたカードを左にあるものから順にすべて取り出して同様の手順で並べ替えました。そのときの状態を(B)とします。

(B)の状態のカードについて，

(1)　左から1番目，2番目，3番目にあるカードに書かれた数を答えなさい。

答　1番目＿＿＿＿　2番目＿＿＿＿　3番目＿＿＿＿

(2)　1 は左から何番目にありますか。

答＿＿＿＿＿＿番目

(B)の状態のカードについて，4の倍数が書かれたカードを左にあるものから順にすべて取り出して同様の手順で並べ替え，次に5の倍数が書かれたカードを左にあるものから順にすべて取り出して同様の手順で並べ替え，さらに6の倍数が書かれたカードを左にあるものから順にすべて取り出して同様の手順で並べ替え，最後に7の倍数が書かれたカードを左にあるものから順にすべて取り出して同様の手順で並べ替えました。

(3)　左から1番目，2番目，3番目にあるカードに書かれた数を答えなさい。

答　1番目＿＿＿＿　2番目＿＿＿＿　3番目＿＿＿＿

(4)　31 は左から何番目にありますか。

答＿＿＿＿＿＿番目

(5)　左から31番目にあるカードに書かれた数を答えなさい。

答＿＿＿＿＿＿

受験番号

平成31年度　灘中学校　入学試験問題

算数　（第2日　3枚のうちの2枚目）

3

右の図のように，板①と板②が垂直に置かれています。板①と板②のつなぎ目の直線を XY とします。板①にかかれた正方形 ABCD は一辺の長さが 10cm です。また，直線 AD と直線 XY は平行で，AB と XY が交わる点を E とすると，AE の長さは 10cm です。BF は長さが 10cm で，板①に垂直であり，点 F に電球が置かれています。電球の大きさは考えないものとします。

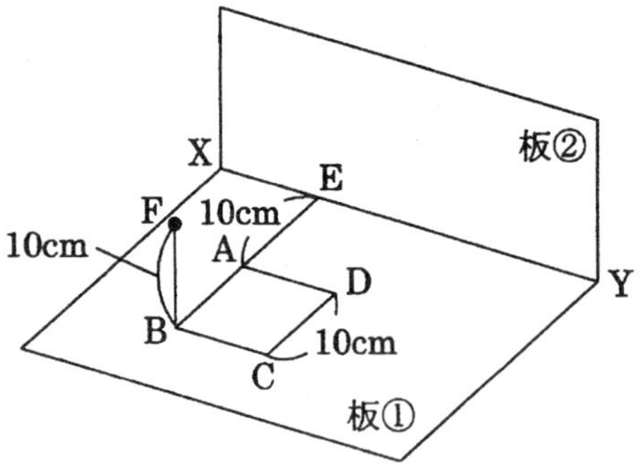

(1)　一辺の長さが 10cm の正方形の板を，板②と平行に，１つの辺が AD と重なるように置きます。板①と板②にできるこの正方形の板の影の面積の和は □ cm²です。ただし，板は光を通さず，板の厚さは考えないものとします。

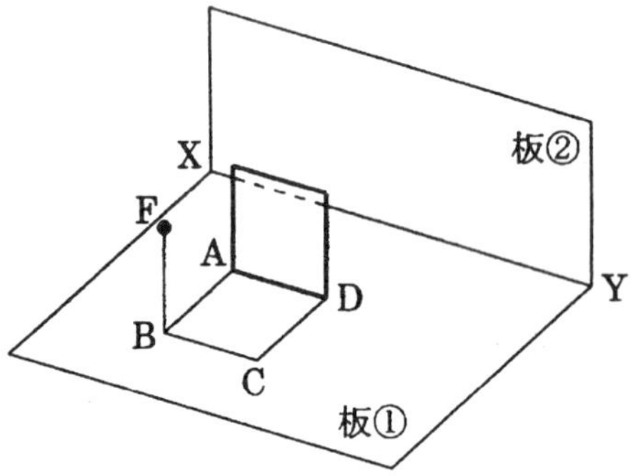

(2)　底辺の長さが 10cm で高さが 10cm の二等辺三角形の板を，板②と平行に，底辺が AD と重なるように置きます。板①と板②にできる二等辺三角形の板の影を，例 にならって右ページの上の図にかき入れなさい。

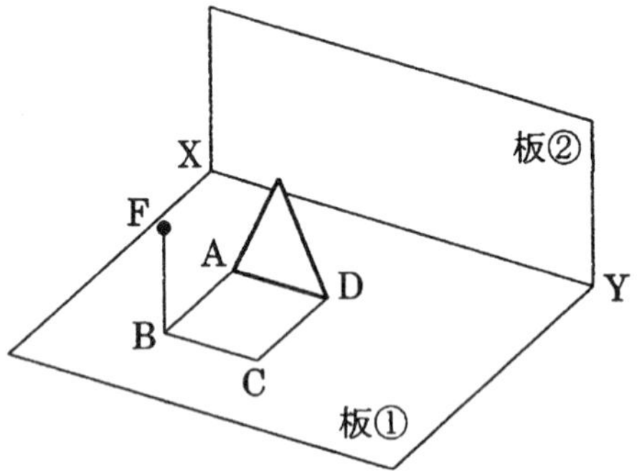

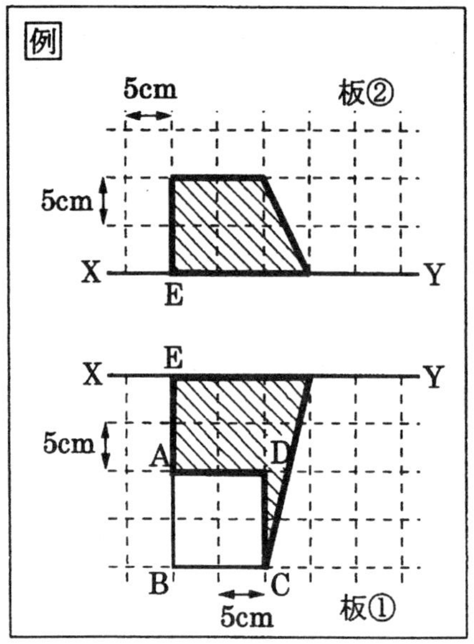

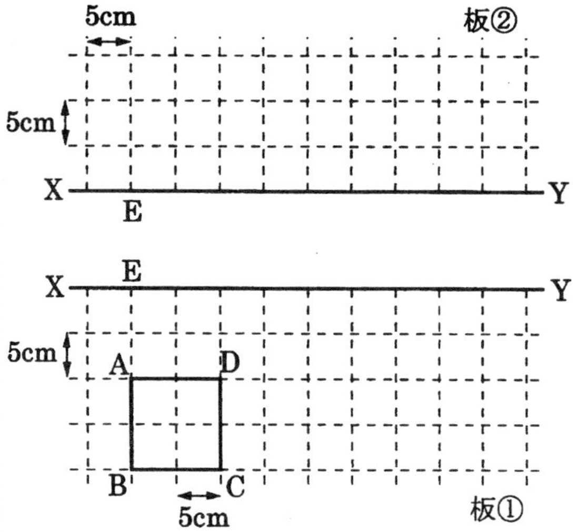

(3)　一辺の長さが 10cm の正方形を底面とし，高さが 10cm である四角すいの石像を，底面が正方形 ABCD と重なるように置きます。この四角すいの A，B，C，D 以外の頂点を O とすると，OA，OB，OC，OD の長さはすべて等しくなっています。この四角すいの石像の影が板①と板②にできます。

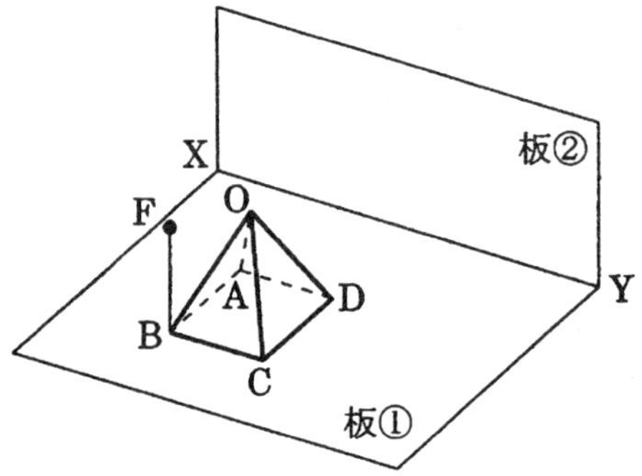

(ア)　板①と板②にできる四角すいの石像の影を，(2)の 例 にならって右の図にかき入れなさい。

(イ)　板①と板②にできる四角すいの石像の影の面積の和を求めなさい。ただし，正方形 ABCD は含めません。

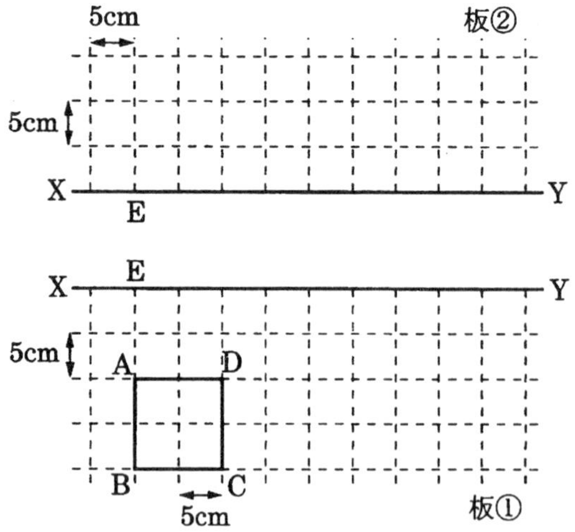

答　　　　　　cm²

受験番号

平成３１年度　灘中学校　入学試験問題

算数　（第２日　３枚のうちの３枚目）

4

どの辺の長さも，3cm のように整数に単位 cm をつけて表される長方形を「整長方形」ということにします。ただし，正方形は整長方形に含めないことにします。

(1)　整長方形の周の長さが a cm，面積が a cm^2 であるとき，a にあてはまる整数は次の 説明文 のようにして求めることができます。空欄《らん》①，②，③に入る適当な数を答えなさい。ただし，同じ番号の空欄には同じ数が入ります。

説明文　右の図のように，整長方形 ABCD があり，周の長さは a cm，面積は a cm^2 であるとします。

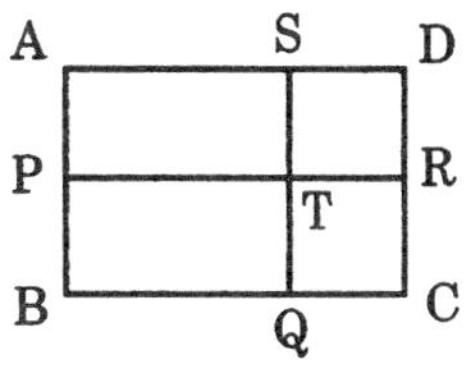

辺 AB 上に点 P，辺 BC 上に点 Q，辺 CD 上に点 R，辺 DA 上に点 S を，直線 PR と直線 BC が平行で，直線 SQ と直線 DC が平行になるようにとります。

BP の長さと SD の長さがどちらも ［①　］ cm であるとき，整長方形 PBCR の面積と整長方形 SQCD の面積の和は a cm^2 になります。このとき，直線 PR と直線 SQ が交わる点を T とすると，整長方形 APTS の面積は ［②　］ cm^2 になります。

このことから，整長方形 APTS の直角をはさむ２辺の長さとして考えられるのは 1cm と ［②　］ cm となるため，a にあてはまる整数は ［③　］ です。

答　①　　　　②　　　　③

(2)　整長方形の周の長さが a cm，面積が $(a \times 2)$ cm^2 であるとき，a にあてはまる整数をすべて求めなさい。

答

(3)　整長方形の周の長さが a cm，面積が $(a \times 2 + 8)$ cm^2 であるとき，a にあてはまる整数をすべて求めなさい。

答

5

一辺の長さが 4cm で中身がつまった２つの立方体 A，B があります。立方体 C は一辺の長さが 12cm で，はじめ，図のように立方体 A の上面は立方体 C の上面の㋐に，立方体 B の上面は立方体 C の上面の㋒に重なっています。立方体 A は回転することなく一定方向に進み，下面が立方体 C の下面の㋑に到着《とうちゃく》しました。そののち，立方体 B は回転することなく一定方向に進み，下面が立方体 C の下面の㋓に到着しました。このとき，立方体 A が通過した部分を X，立方体 B が通過した部分を Y として，X と Y が重なった部分を Z とします。

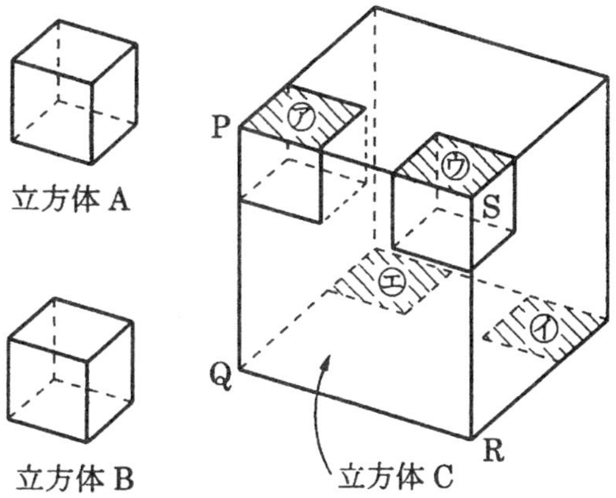

(1)　右の図は，立方体 C の下面から 9cm の高さにある平面で Z を切ったときの真上から見た切り口をかき入れたものです。その平面と面 PQRS の交わりを太線で表しています。立方体 C の下面から 8cm，7cm，6cm の高さにある平面で Z を切ったときの真上から見た切り口を，右の図にならってそれぞれかき入れなさい。

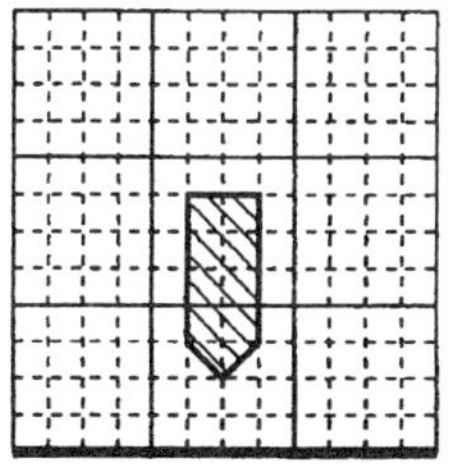

高さ 9cm

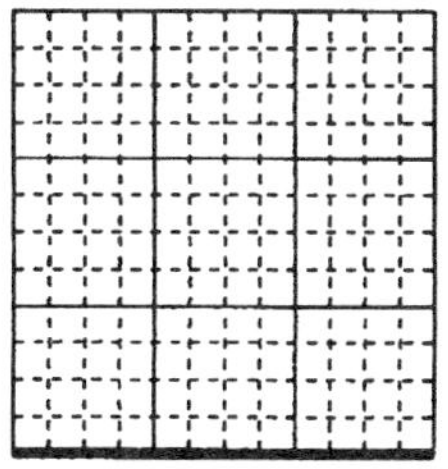

高さ 8cm

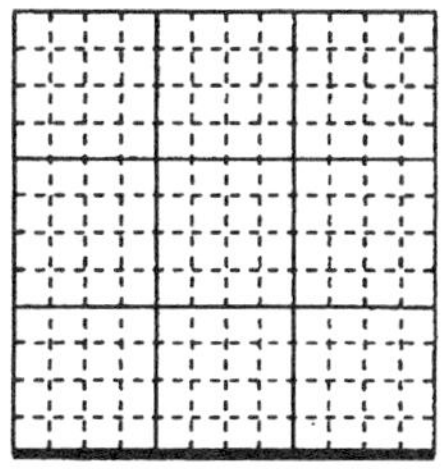

高さ 7cm

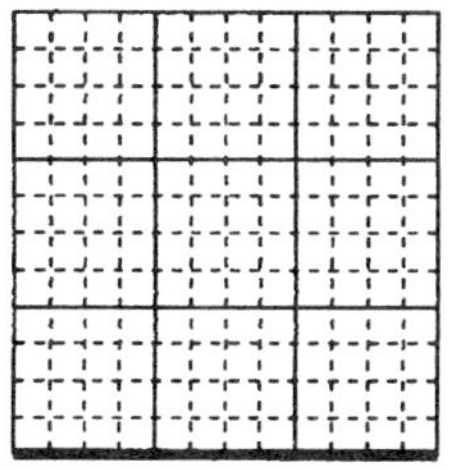

高さ 6cm

(2)　Z のうち，立方体 C の下面から 8cm の高さにある平面と 10cm の高さにある平面ではさまれた部分の体積を求めなさい。

答　　　　cm^3

(3)　Z のうち，立方体 C の下面から 6cm の高さにある平面と 8cm の高さにある平面ではさまれた部分の体積を求めなさい。

答　　　　cm^3

（　問題は以上で終わりです　）

受験番号

平成三十一年度　灘中学校入学試験問題　国語　二日目　四枚のうちの四枚目

◎解答に字数制限のある場合、句読点などの記号も字数に数えます。

一

問一

A

B

C

D

E

F

G

H

I

問二

問三

からだと考えている。

問四

問五

問六

問七

問八

二

問一

問二

問三

問四

問五

A

B

C

問六

問七

三

問一

問二

問三

問四

問五

問六

※120点満点
（配点非公表）